노모스의
뜨락

양 창 수

박영사

머 리 말

작은 꽃을 피게 하는 것은 오랜 세월의 노고이다.

(To create a little flower is the labour of ages.)

— 윌리엄 블레이크,『천국과 지옥의 결혼』,「지옥의 격언」에서

이 책은 내가 그동안 써서 발표한 글 중에서 말하자면 '가벼운' 것들을 모은 것이다. 나는 전에 같은 뜻에서『民法散考』(1998)와『민법산책』(2006)을 출간한 일이 있다. 이 책은 그에 이어지는 것이다. 그러나 이번에는 전의 경우와는 달리 민법만이 아니라 두루 법 일반에 관련된 글들을 모아 책을 엮었다.

이 책과 같은 때를 보아『민법연구』제10권도 출간 작업이 진행되고 있다. 민법학 관계의 '무거운' 혹은 '덜 가벼운' 글들은 그 편에 모아 두었다. 그러나 그 구분이 반드시 엄격한 것은 물론 아니다.

나는 2018년 2월 말로 대학교수의 직을 정년퇴임하였다. 물론 바로 이어 한양대학교 법학전문대학원의 석좌교수가 되어서 정년 전과 마찬가지로 연구실이나 대학의 다른 시설을 두루 이용한다. 그리고 같은 해 9월에는 대법원으로 가기 전에 23년 동안 봉직했던 서울

대학교의 명예교수로 위촉되었다. 책 기타 자료를 읽고 글을 쓰고 강의를 하는 등 생활은 별로 달라진 것이 없어 보이는 듯도 하다.

그러나 만 65세의 정년이 하나의 새로운 국면임은 물론이다. 정년의 제도가 그렇게 해서 꾸며진 것이지만, 무엇보다도 나이가 만만치 않은 어떠한 의미를 가지고 다가온다. 나를 삶에서 학문에서 이끌어 주신 두 분 선생님이 안타깝게도 작년에 돌아가셔서(곽윤직 선생님은 2월에, 이호정 선생님은 12월에), 이제 옆에 계시지 아니하다. 또 강의는 이제 의무가 아니며 내가 자원해서 하는 말하자면 권리이다. 대학원에서 '지도교수'가 되어 이른바 '학문 후속 세대'를 키우는 일도 맡지 않는다.

이런 때를 맞이하여 전에 발표했던 글들을 정리해 보고 싶어졌다. 나의 지난 자취를 되짚어 보고자 하는 것이다. 그러니 우선 나의 전공인 민법에 직접 관련된 것이 아니라고 하여 여기서 건너뛸 이유는 없을 것이다. 어차피 그것도 내가 생각하고 느꼈던 바로서 '나'를 드러내지 않을까? 또 세월이 어지간히 지났다고 해도 크게 달라지지는 않으리라(그래도 그것들은 글이 쓰인 때를 배경으로 해야만 선명하게 이해되지 않을까?).

그리하여 이 책에는 신문 등의 '칼럼'으로 쓰인 것이 많이 등장한다. 나아가 사건 처리의 압박으로 좀처럼 틈을 내기 어려웠던 대법원 시절에 내 정신의 내부 압력을 발산하는 수단으로 써 두었다가 법원 내부의 사람을 위한 월간지 『법원사람들』에 실린 글들도 여기

모아 보았다. 또한 꼭 글이 아니고 인터뷰 같은 부류도 실었다(제6부).

이 책을 내는 데는 여러 사람의 도움을 받았다. 그 중에서도 박영사 편집부의 김선민 부장님에게 고맙다는 말을 하고 싶다.

2019년 6월 3일

양 창 수

목   차

제 1 부

지난 삶의 단편들

01
내 고향
제주의 여름

고향 제주濟州의 여름은 아름답고 그 무더움 속에서도 항상 푸근하다. 서늘한 얼굴을 하고 섬 어디에서나 사람들을 지켜보면서 누워 있는 한라산漢拏山 때문일까, 아니면 맑고 파란 바다 빛깔 때문일까. 물론 그러한 산천 때문일 수도 있지마는, 그보다도 내 가슴 한구석에 아주 순수하고 부드럽게 자리잡고 있는 고향의 여름에 대한 추억 때문일 것이다. 그것은 서늘한 산지물의 감촉과 매미 우는 먹구슬나무 그늘의 한가함과 알몸으로 미역감던 용수龍水의 기억들이다. 그러한 것들이 고향을 찾을 때마다 계절에 관계없이 나를 푸근하게 만들어 준다.

그러나 한편 고향은 그러한 여유만을 주는 것은 아니다. 고향에 돌아오면 오히려 정신이 긴장된다. 사방의 물건들이 더 또렷하게 보이고, 사람들의 일도 투명하게 꿰뚫려 보인다. 잠자던 감각, 감수성, 그리고 인식력이 때를 벗고 다시 살아나는 듯하다.

왜일까 생각해 보게 된다. 아마도 초심에 돌아가게 되기 때문일 것이다. 가령 산지 부두에서 가야호를 타고 떠나가면서 멀리 손을 흔드시는 부모님을 바라볼 때, 아직 풋내 나는 중학생의 속이 얼마나 쓰렸을 것인가. 그 마음고생을 스스로 위로하느라 어린 나이에 어울리게 다짐하였던 "훌륭한 사람이 되겠다"는 단순한 대의가 아직도 다 사그러들지 않은 것이다.

어떠한 사람이 훌륭한 사람인지 알지 못하겠더라는 회의주의는 이 깨끗한 정열의 순수함 앞에서는 기를 펴지 못한다. 이 정열의 불씨가, 언제나 묵묵히 우리들의 삶을 지켜보고 있는 한라산을 볼 때, 저 끝도 없이 뻗어나간 수평선을 볼 때, 화산돌 사이에서 억세게 자라고 있는 못난 풀들 사이를 걸을 때, 다시 살아나 타오른다. 한세상을 제 욕심 속으로, 게으르게, 더럽게 살아가서는 안 된다 하고 스스로에게 새삼스럽게 다짐하여 보는 것이다.

오랜만에 제주에 와보면 예와 달라진 것이 많이 눈에 띈다. 그러나 이미 내 삶 속에 파고든 이 땅의 숨결은 변함이 없다. 나에게는 그것이 소중하고, 나를 여전히 제주의 자식으로 남아 있게 한다. 고향 여름의 그 푸근하고 서늘한 인상이 내 혈관에서 지워지지 않고 영원히 남아 있기를 바란다.

제주신문 1987년 8월 18일자, 4면

1. 이 글은 필자의 고향인 제주에서 발간되는 『제주신문』으로부터 '나와 여름'이라는 일반 주제로 수필을 원고청탁받은 것에 응하여 쓰여진 것이다.

2. 글 중의 '산지물'은 지금의 제주시 건입동에 있던 우물을 말한다. 화산으로 인한 특이한 지질 탓으로 마실 수 있는 물이 귀한 제주에서 조선시대에는 산지물이 '성안 사람', 지금의 제주 시내에 사는 사람들에게 생명줄이었다. 수질이 좋고 수량이 풍부하여 가뭄을 모르는 것으로 알려져 있다. 여름철에는 얼음처럼 차가운 물로 몸을 씻어 더위를 잊었고 어린이 목욕터로도 이용되었다. 여기서 나오는 물은 제주항으로 흘러들어갔는데(그 개천은 '산지천'이라고 한다), 그래서인지 제주의 그 시절 부두를 '산지 부두'라고 하였다.

3. 현재의 제주시 용담동에 있는 '용연龍淵'('연못 연'의 한자를 썼다고 해도 정확하게는 개천의 일부가 널찍하게 퍼져 있는 곳인 줄 안다) 또는 그곳에 있는 물을 우리들은 어렸을 적에 그렇게 불렀다.

4. '가야호'는 제주와 목포 사이를 오가던 정기 여객선의 하나이다. 그 외에 황영호나 화양호, 안성호 등도 있었던 것으로 기억하나, 1960년대 중·후반에는 가야호가 최신이었다. 그래도 목포까지 8시간쯤 걸렸다. 요즈음은 완도에서 페리를 타면 제주항까지 2시간 남짓 걸린다.

02
그리운
문채기文采基 선생님

세월은 빠르게도 흘러갑니다. 벌써 40년도 더 지났습니다.

가만히 눈을 감아 봅니다.

어둠 속에서 조그만 교실이 봉곳 떠오릅니다. 제주북국민학교 6학년 2반, 아니 숫자가 아니라 무궁화반, 아니 봉선화반입니다. 생각이 잘 나지 않습니다. 1963년의 일입니다.

그 교실에서 남쪽으로 난 창으로는 멀리 한라산이 보이고, 북으로는 낭하 너머 바다가 보입니다. 바다는 손에 잡힐 듯 가까이 있습니다. 횟빛 하늘 아래 성난 파도가 덮칠 듯 넘실대는 것을 넋을 놓고 내다보던 기억이 납니다.

다른 건물은 나무판자를 이어서 벽을 세운 것이었습니다. 긴 쇠막대로 벽을 받치고 있어서, 그것을 타고 놀았었습니다. 저희가 5학년이 되던 때인가, 교문을 들어서면 마주 보이는 정면에 2층의 벽돌 건물이 새로 완성되었습니다. 우리 교실은 바로 그 새 집의 2층에 있었습니다. 1층과 2층을 잇는 계단의 시멘트 난간을 타고 미끄러져 내려오기도 하였습니다.

문채기 선생님께서는 그 교실에서 저희를 가르치셨습니다. 학생이 몇 명이었던가요. 아마 60명은 족히 넘었던 것 같습니다. 그 아이들은 지금 다 어디서 무엇을 하고 있는가요.

약간 각이 진 얼굴에 피부 빛깔이 거무스레하신 선생님을 저희는 처음에 조금 어려워했습니다. 그것은 무서운 인상이었기 때문이 아니라, 선생님의 어디에선가 저절로 풍겨 나오는 그 성실함에 저희들도 긴장이 되었기 때문이었을 것입니다. 선생님이 입고 계셨던 재건복이라고 부르던 검소한 옷은 아직도 뚜렷이 머릿속에 박혀 있습니다. 그 옷 칼라의 호크는 항상 단정하게 잠겨 있었습니다.

선생님께서는 저희들을 참으로 성심으로 가르쳐 주셨습니다. 시험을 거듭거듭 보았습니다. 이제는 무엇 하나 제대로 기억나는 것이 없지마는, 하여야 할 일과 과정을 제대로 견실하게 끝냈을 때 가지는 그 뿌듯한 느낌을 몇 번이고 누렸던 것을 분명하게 기억합니다. 저는 그 후로 선생님으로부터 배운 대로, 그러한 느낌이 쌓여서 내 버릇이 되도록, 하여야 할 일을 다 마치지 못하고 아쉽게 넘겨 버리는 일이 없도록 노력하였습니다.

선생님의 지도를 받으며 한밤중에 운동장에서 달리기를 하였던 것이 생각납니다. 그때는 중학교 입시가 있었고, 턱걸이 · 달리기 ·

던지기·넓이뛰기의 네 종목으로 된 체능시험도 포함되어 있었습니다. 저는 턱걸이와 달리기에서는 만점을 받을 만큼 잘 하지 못하였습니다. 그것을 걱정하셔서 선생님께서 직접 제 손을 붙잡아 끌고 나오신 것입니다.

또 글라이더 날리기 대회에 나갔던 일이 있습니다. 저는 별로 한 것이 없습니다. 단지 그때의 도청 앞 운동장에서 열린 대회에서 선생님께서 만들어 주신 글라이더를 들고 나가 사과상자 위에 올라서서 날린 것뿐입니다. 그것이 역시 선생님께서 만드신 것이니까, 제대로 바람을 타더니 제법 오래 공중을 휘젓고 다녔습니다. 이것으로 도내 대회에서 일등을 해서, 서울에서 열리는 전국 대회에 나가게 되었습니다.

저는 혼자서 배와 기차를 타고 상경하여 처음으로 서울구경을 하였습니다. 대회장인 한강 백사장에서는, 선생님이 곁에 계시지 않은 탓이겠지요, 발판 위에 올라가 글라이더를 날리자마자 바로 모래에 처박혔습니다. 그래도 먼 곳에서 온 것이 가상해서인지 대회를 주최한 한국일보사에서는 저에게 장려상인가를 주고 비행기를 타고 내려가도록 배려해 주었습니다. 당시 여의도 비행장에서 비행기에 앉아 창밖을 보았더니 덩그마니 공항 건물이 쓸쓸하게 서 있던 기억이 납니다. 학교로 돌아오니, 상을 받았다고 선생님께서 무척 기뻐하셨습니다.

졸업을 앞두고는 선생님을 따라서 학교 서쪽에 있는 식물원 돌담에 붙여 나무 한 그루씩을 심었습니다. 끝에서 몇 번째인가이니 나중에도 잊지 말라고 하셨습니다. 그 후로 몇 번인가 그곳에 가서 '내 나무'를 살폈었는데, 이제는 죄송하게도 다 잊었습니다.

저는 중학교를 서울에서 다니게 되었습니다. 그 후로 계속 서울에 머물면서 학교를 다녔고, 또 직장을 얻고 가정을 꾸몄습니다. 방학을 이용하여 또는 다른 일로 고향에 가도, 바쁜 척하면서 선생님을 찾아뵙지 아니하였습니다. 아니 선생님 생각조차 하지 아니하고 지냈습니다. 가끔, 아주 드물게, 요즈음은 무엇을 하고 지내시는지 궁금해 하였지만, 또 곧바로 잊어버리곤 했을 뿐입니다.

선생님, 저를 용서하여 주십시오.

원봉교육자료집발간위원회 간, 敎壇의 黎明: 圓峰 文采基 先生 정년퇴임 기념(1998.2),

60면 이하

후 기
1. 나는 1964년에 「제주북국민학교」를 제54회로 졸업하였다. 요즈음도 서울에서 '국민학교' 동기동창 모임을 매년 가진다.
2. 문채기 선생님은 후에 제주의 각급 학교 교장을 여러 군데 거치셨고, 부교육감까지 지내셨다. 요즈음도 사모님과 함께 건강하게 잘 계신다.
3. 이 글은 한참 후에 제주북초등학교 총동창회에서 발행하는 『북교동문』 제5호(2006.9), 2면에 실리기도 하였다.

03
우리 젊은
정완호 선생님

　정완호 선생님은, 지금도 그렇지만, 젊으셨을 때는 어린 우리의
미숙한 안목으로 보기에도 정말 눈이 부신 미남이었다. 키가 훌쩍
큰 데다가, 코가 우뚝 하고 눈이 움푹 파인 것이 미켈란젤로의 「다비
드 상像」이 그대로 생명을 얻은 듯했다. 한참들 외모에 신경을 쓰던
무렵이라, 선생님은 우리에게 질투를 일으킬 정도였다.

　또한 선생님은 열성으로 가르치셨다. 선생님을 생각할 때마다 나
는 내가 고등학교 때 배운 것들의 소중함을 다시금 되씹어 보곤 한
다. 요즈음에도 DNA가 어쩌니 RNA가 어쩌니 리보좀이 어쩌니 미
토콘드리아가 어쩌니 하는 말을 들어도, 또 예를 들면 「체세포핵이
식에 의한 인간개체복제의 법적·윤리적 문제」가 이렇고 저렇고 하
는 글을 읽어도 그다지 무섭지 않은 것은 오로지 정완호 선생님으로
부터 이것들에 대하여 '잘 배운' 덕분이다. 아마도 그 시절, 그러니까
1967년 초부터 1969년이 기울어가는 때까지 사이에 고등학교에서

이런 최신의 생물학 지식을 배운 학생은 드물 것이다. 우리들은 그후에 선생님께서 문교부에서 교과서 편수의 일을 담당하시고, 나중에는 한국교원대학교로 옮기셔서 학문적 업적을 혁혁하게 남긴 것, 또 그 대학교의 총장으로서 학교 행정을 원만하게 담당·처리하신 것은 오히려 당연한 일이라고 생각한다.

무엇보다도 중요한 것으로, 선생님은 우리들을 사랑하셨다. 이것은 가르침을 받는 학생들이 먼저 민감하게 느끼는 것이다. 잘못을 저지르면 야단도 호되게 치시기는 했다. 그렇지만 잘못한 일을 보고서도 야단을 치지 않는 스승이란 도대체 무엇이란 말인가? 야단을 맞으면서도 우리는 그것이 사랑에서 나오는 것을 잘 알고 있었기에 선생님을 조금도 미워하거나 원망하지 않았다.

아마 고3 때라고 기억한다. 눈이 많이 오던 어느 날 선생님께서 우리 반에서 수업을 하고 계셨다. 이영호가 뒤늦게 문을 드르륵 열고 교실에 들어섰다. 역시 —나중에 영화에 출연하기도 했지만— 대리석을 깎은 듯 수려한 얼굴에, 오버코트의 어깨 위에 눈을 잔뜩 얹은 채로. 우리는 저 지각생이 선생님에게 어떻게 야단을 맞을 것인지 긴장하지 않을 수 없었다. 그런데 선생님께서는 영호에게 눈길을 한 번 주고 나서 이렇게 말씀하시는 것이었다. "알료샤가 왔네." 그리고 별다른 말씀도 없이 자리로 들어가 앉으라고 하셨다.

알료샤가 누구냐고? 말할 것도 없이 도스또예프스키의 「카라마조프가의 형제들」에 나오는 아름다운 영혼을 가진 젊은이다. 나는 그때 영호와 끊임없이 삶과 사회에 대해서 말을 나누고 있었던 터이라, 영호 개인, 그리고 우리들의 마음에 대한 선생님의 이해가 소홀 찮으시구나 하는 것을 어렴풋하게나마 짐작할 수 있었다.

2003년 5월 9일에는 선생님께서 서울대학교 관악캠퍼스에 오셨다. 교수 노릇을 하고 있던 이곳의 제자들을 만나기 위해서. 다들 바쁜 중에도 열댓 명 모였다. 선생님께 한 말씀을 부탁드렸더니, 선생님께서는 부끄러운 듯 천천히 교학상장敎學相長에 대해서 말씀하셨다. 나는 옆에서 선생님을 내내 바라보면서, "그렇습니다. 선생님이 저희에게 베푸신 대로 저희도 학생들에게 베풀 수 있는 능력과 마음을 주십시오"하고 되뇌었다.

이제 선생님이 정년을 맞으신다고 한다. 실감이 나지 않는다는 표현은 진부하지만, 정말 실감이 나지 않는다. 앞서 말한 대로 지난 5월에 뵈었을 때도 오히려 우리들보다도 젊어 보이셨다.

부디 오래오래 건강하셔서, 이 못난 제자를 전과 같이 꾸짖고 이끌어 주시기를 간절히 기원 드립니다.

한국교원대학교 발간, 東山 鄭玩鎬 文集: 한국교원대학교 총장 퇴임 기념(2004.2),

448면 이하

본문에서 말한 "고등학교 때 배운 것들의 소중함"과 관련하여서는 다른 주요 교과목, 예를 들면 국어·영어나 수학도 그렇지만, 무엇보다 독일어를 들어야 할 것이다.

독일어는 나중에 한양대학교 독문과로 가신 김성대 선생님(대학에 계시는 동안 고등학교 학생을 위한 독일어 교재도 펴내셨다)으로부터 배웠다. 우리는 처음의 der, des, dem, den … 정관사부터 마지막의 접속법 제2식, 그리고 가정법假定法까지 그야말로 철저하게 배웠다. 거기다가 선생님은 군데군데 '요령'을 곁들이셨다. 예를 들면 동사의 비분리전철은 '뱀팬티개버쩌'로 외우라고 하셨다. be-, emp-, ent-, er-, ge-, ver-, zer-를 붙여서 빨리 읽으면 그렇게 된다는 것이다. 우리는 나이에 어울리게 거기서 재빨리 어떤 성적性的 냄새를 맡아내었던 탓도 있어서 이것을 결코 잊게 되지가 않았다. 요즈음도 독일어에서 비분리전철동사를 식별하는 것은 물론이고 그 외에도 문법을 따지는 데는 아무 문제가 없다.

04
회고기: 연극이 뭐길래

대학에 들어온 후 연극을 해 볼 생각을 낸 것은, 영화를 좋아했다는 것도 있고, 또 고등학교 때 카뮈의 『시지프스의 신화』를 열심히 읽었기 때문일 게다.

카뮈는 스스로 젊은 시절 연극을 열심히 했고 나중에 희곡도 여럿 썼지만, 그 책의 뒷부분에서 연극을, 특히 배우로 연기하는 것을 예찬하고 있다. 예를 들면, "내 자신이 이아고의 역을 해보지 않는 한 결코 이아고를 충분히 이해하지 못할 것이다. 아무리 이아고의 말이 귀에 들려와도 실제는 그를 자신의 눈으로 보았을 때 비로소 이아고를 파악할 수 있다", "배우는 멸망해 가는 것 중에 군림하고 있다. 우리들은 가장 확실한 것, 즉 직접적인 것에 전념하게 될 것이다. 모든 영광 중에서 가장 인간을 기만하지 않는 것은 영광 그 자체를 살리는 영광이다. 영광 그 자체에 봉헌된 영광, 영광 그 자체가 스스로 맛보는 영광 …"

아직 시골에 있을 때 부모님이 가끔 저녁 후 영화를 보러 가시곤 하였는데, 우리 형제들은 거기에 따라붙지 못해 안달이었다. 서울에 올라와서 부모님의 감시를 받지 않게 되자, 고등학교에 들어오면서 주로 '이본동시상영'의 극장, 예를 들면 미우만, 우미관, 동대문, 이런 데를 출입하게 되었다. 이모님이 상경하셔서 같이 명동극장에서 로렌스 올리비에 주연의 「폭풍의 언덕」을 보았는데, 속이 저르르하였다. 「쉘부르의 우산」(「세르부르의 우산」이라고 했다)이나 「카라마조브의 형제」(율 브린너 주연의 영화는 그 우리말 제목이 이랬다)도 기억에 생생하다.

1970년 3월, 입학식은 동숭동의 문리대 운동장에서 하였지만, 우리는 저 공릉의 황량한 벌판 위에 새로 지은 건물의 교양과정부를 다녀야 했다(얼마 전 학교 달력에서 옛날 교양과정부 건물의 흑백사진을 발견하였는데, 그 몰취미한 시멘트 덩어리가 새삼 그리웠다). 입학하고 얼마 되지 않은 어느 봄날 연극반에서 회원을 뽑는다는 공고를 보게 되었다. 멈칫멈칫 가보니, 키가 장대 같고 눈이 맑은 '어른'이 한 사람 우리를 지도한다고 와 있었다. 문리대 연극회에서 오셨다는 것인데, 그 이, 이수찬에게 이끌려 지금 생각해 보면 무리였음에 틀림없는 이재현의 「사할리스크의 하늘과 땅」을 공연하게 되었다. 처음에는 불문과의 송의경 형이 왜 멀리서부터 우리 연습하는 데를 오곤 하는가 몰랐다.

우리는 손동작에서부터 무대 만들기까지 모든 것을 처음으로 배웠다. 입술이 흙빛으로 두툼한 정한룡 형이 무엇 때문인지는 모르나(아마 '더 어른'이라서인 것 같기도 하였다) 가끔 와서 보고 갔다. 이수찬 형은 마늘 한 쪽을 안주로 막걸리를 흠뻑 들이키고, 우리가 하는 것이 마음에 들지 않으면 두통약인지 무언지 「뇌선腦鮮」을 사오라고 야단을 해서 아직 어린 우리들을 주눅들게 하였다. 문리대의 시청각관이 공연장이었다. 그 앞에는 잎이 좋은 큰 나무가 서 있고, 그 아래 벤치가 있었다. 시청각관 조교를 하는 길죽한 얼굴의 심리학과 대선배한테 신세를 많이 졌다.

이른 아침 청진동 해장국을 먹고 종로 거리에서 만세삼창을 하고 헤어지는 것이 쫑파티의 끝이었다. 그래도 여름방학을 끝내고 돌아오자, 자연스럽게 다시 모이게 되었다. 이번에는 뒤렌마트의 「노부인의 방문」을 하였다. 연출은 여전히 이수찬 형이었다. 이 복잡하고 어려운 극을 어떻게 소화했는지 모르겠다. 얼마 전에 대학신문의 복사본을 보니, 연극평이 그럴 듯하게 나와 있어 오히려 놀랐다. 마지막 장면에서 문리대 역도반이라 근육이 좋은 심양홍 형이 내가 맡아 한 늙은 「일」(주인공 이름이다)의 목을 졸라 형을 집행하는데, 정말로 팔뚝 힘을 발휘하여 목을 휘감는 바람에 숨이 막혀 죽는 줄 알았다. 막이 내리고 형에게 그러지 말아 달라고 말하였는데, 형은 다음 공연에서도 사정없이 목을 조르는 것이었다.

여하튼 교양과정부 연극반으로부터 아예 연극으로 간 것이 김석만, 이상우이고, 그리고 지금은 신문사에서 일하는 조상기, 외무부에 있는 이규형, 그의 평생의 짝이 된 한덕순, 은행에 있는 윤성학, 사업을 하는 양동희, 그리스어를 공부한 유재원, 그의 평생의 짝이

16

된 마은영, 고인이 된 유우근, 이름도 그리운 윤지연, 이영현, 조현경 등이다.

겨울방학 때 시골에 갔다가 일찍 서울로 돌아오니, 이번에는 총연극회에서 셰익스피어의 「줄리어스 시저」를 한다고 나도 오라고 하였다. 흩어져 있던 단과대학마다의 대배우들이 그 판에 다 모여들어서, 말로만 듣던 쟁쟁한 연극회 선배들의 진면목을 보게 되었다. 그래도 내가 보기에는, 도대체 서양치마를 입고 우리말 같지 않은 고상한 대사를 읊는 것이 좀 어색하기는 하였다. 나는 나무칼을 든 '병사' 또는 '군중'의 역을 받아, 넓디넓은 명동 국립극장의 그 무대를 신바람나게, 그러나 한두 차례만 휘젓고 다녔다.

2학년이 되기 전에 나는 문리대로 전과를 하려고 하였다. 문리대의 그 조용한 교수 연구실로 국사학과의 김철준 선생님을 찾아뵙고 말씀을 올렸더니, 대뜸 "장남이냐", "집안에 돈이 있느냐"고 물으셨다. 장남은 집안의 책임을 져야 하고 집에 돈이 없으면 배가 고파서 학문은 안 된다는 것이었다. 그러시면서, 당신 친구 중에 변호사 하는 사람이 있는데 그것도 알고 보면 골치아픈 노릇이더라, 당신처럼 일제 때 공부한 사람은 일본 학자들의 관점이나 의식을 극복하는 데 한계가 있어 후학에게 기대하고 있다고 하시고, 앞으로는 우선 한문을 배우고 데이트도 박물관 같은 데서 하는 등으로 일체를 '우리 것'의 이해에 집중하라고 엄숙하게 말씀하시는 것이었다.

그러나 어르신의 반대로 그것이 좌절되어서, 나는 이제 낙산 밑의 법과대학에서 법 강의를 들으면서도 풀이 죽어 있었다. 법대에도 연극반이 있다고 하였다. 지금은 재경원에 있는 엄낙용, 국세청에 있는 이석희, 이런 선배들은 이름만 먼 이야기처럼 들었다. 이들은 1966년에 하근찬의 「왕릉」(또는 「왕릉과 주둔군」)으로 창립공연을 가졌고, 그 후 유주현의 「연기된 재판」, 카뮈의 「정의의 사람들」을 무대에 올렸다고 한다. 그러나 내가 교양과정부에서 법대로 온 때에는 한 해 위의 김상욱, 반기로, 최정수 형들이 계셨다. 이 형들은 그 전 해에 허술 연출로 「임금놀이」(누구의 희곡이었던가?)와 박조열의 「관광지대」를 공연하였다고 한다. 그런데 이제 3학년이 되고부터는 별로 열을 내는 것 같지 않았다.

한편 장소현, 오종우, 이동진, 이런 선배들이 「상설무대」라는 극회를 만들어서, 아현동 고개 마루턱에 있는 카톨릭회관에서 장소현의 「일설호질—說虎叱」을 공연하였는데, 나도 거기에 참여하였다. 그러나 지금 생각하여 보면 나는 그때 자신의 재능이나 열정에 대하여 한계 같은 것을 느꼈다고 해야겠다.

법대 연극반은 베케트의 「놀이의 종말」이나 귄터 카이저의 「칼레의 시민들」 같은 것을 모아서 연습하고 있으면, 학교가 문을 닫아 버리거나 학교측으로부터 공연할 수 없다는 통보를 받곤 하였다. 각종 선거의 부정을 규탄하거나 교련을 반대하거나 하는 모임이 잦았다. 결국 공연에 이른 것은, 아마도 1972년 가을이라고 생각되는데, 역시 이수찬 연출의 「서울 1964년 겨울」뿐이었다. 그 해 10월 17일에 소위 국가비상사태가 선포되고 학교가 문을 닫았으니, 아마 공연은 그 직전이었을 것이다. 김상욱 형은 4학년이 되었는데도 열심이었고, 그 해 입학한 지금은 변호사를 하는 서현이 힘껏 도와주었다. 또 김선중도 애를 많이 썼다. 누구의 아무런 도움도 없는 터에, 그리고 무엇보다 우리가 할 일을 하고 있는 것인지를 확신하지 못하면서, 김승옥의 소설을 각색하고, 공업연구소쪽으로 난 목조건물의 횅하게 빈 넓기만 한 방에서 연습을 하였다. 암울한 시절이었다.

내가 4학년이 되자, 1학년 학생 중에서 연극을 하겠다는 후배들이 많이 나섰다. 지금은 검사를 하는 임안식, 교회에 열심인 남성수, 『대학신문』 기자로 서울대 연극사를 정리한 울산대 교수 도회근, 회사에 취직한 김용주, 지금은 미국에서 사업을 하는 김찬웅, 변호사를 하는 심재두 등이었다. 이들과 함께 카뮈의 「정의의 사람들」을 준비하였으나, 역시 학교가 문을 닫는 바람에 공연을 하지 못하였다. 그러나 그들은 결국 그 다음해 봄에 사르트르의 「더러운 손」을 나의 어줍잖은 연출 아래 공연할 수 있었다.

서울대 개교 50주년 기념 공연 「난장이가 쏘아올린 작은 공」 팸플릿(1996)

〰〰 1. 서울대 총연극회는 서울대학교 개교 50주년을 기념하여 조세
후 기   희 원작의 「난장이가 쏘아올린 작은 공」을 무대에 올렸다. 그

스태프의 면면을 보면, 예술감독 김지하, 연출 이상우, 음악 김민기, 조명 김광림 등이다.

　위 공연의 준비위원회는 단과대학마다 그 연극회 활동을 회고하는 글들을 모아서 공연 팸플릿에 싣도록 했다. 위 글은 법과대학 연극회에 대하여 쓴 것이다.

2. 지난해에 연구실을 정리하다가 문득 본문에서 말한 「서울 1964년 겨울」의 입장권 1매를 책갈피에서 발견하였다. 앞면에 있는 연극 제목의 글씨는 내가 가지고 있던 원작자 김승옥의 소설을 모은 책 『서울 1964년 겨울』(創又社, 1966)의 제자題字(이 역시 김승옥의 것이다)를 그대로 따온 것이다. 그 뒷면에는 내가 가지고 있던 애독서愛讀書 생 떽쥐페리, 안응렬 역, 인간의 대지(新太陽社, 1958)(*Terre des hommes*, 1939)의 목차와 면수를 적어서 그 책에 꽂아두었던 것이다. 여기에 앞뒷면을 모두 실어둔다.

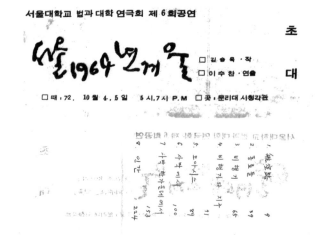

3. 본문에 나오는 이수찬 형과 송의경 형은 나중에 부부가 되었다. 결혼식이 끝나고 김석만·유우근 등 연극반 친구들과 같이 종로에서 술을 마셨는데, 밤이 깊어서 누가 불쑥 "[신혼여행을

간] 부산 가보자"고 해서 새벽에 기차를 타고 부산의 해운대 호텔로 '쳐들어'갔었다. 그 얘기는 다른 기회에 하기로 하자.

4. 나중에 정한룡 형은 김석만·이상우 등과 「연우무대」를 만들고 꾸려갔다. 주지하는 대로 이 극단은 우리 연극사의 한 페이지를 장식하는 터이다. 형은 「사할린스크의 하늘과 땅」을 문리대의 시청각관에서 공연하는데 무대세트를 만들어 주시기도 했다. 나무판자로 바깥 출입문을 만들었는데 거의 다 된 문을 내가 보니 그 중 한 변 부분에 세운 각목 하나가 문 크기에 꼭 맞지 않고 팔뚝만큼 더 크게 삐져나와 있었다. 형 일을 도운다는 생각으로 톱으로 잘라서 크기를 꼭 맞추었다. 그렇게 하면 문이 무대 바닥과 붙어서 열리지가 않게 된다는 것을 모르고서. 형한테 혼도 나고, 스스로의 실수에 얼마나 민망했는지 모른다. 결국 형은 출입문을 새로 만들어야 했다.

05
유학 갈 때 이야기

요즘 젊은이들은 나이 든 사람이 "내가 젊었을 때는"으로 시작해서 훈계조의 잔소리로("그러니까 이렇게 해야지!") 또는 자기 자랑으로("내가 그 일을 멋지게 해냈지!") 끝나는 얘기를 듣는 것을 아주 싫어한다고 한다. 그러나 요즘만 그런 게 아니고, 실은 어느 시대나 그랬다. 아래의 이야기는 무슨 훈계나 자랑을 하자는 게 아니라, 날이 서늘해진 탓인지 젊은 시절이 회상되어서 하는 것뿐이다.

나는 1982년 7월에 독일(당시는 통일되기 전이므로 정확하게는 서독)로 유학을 갔다. 당시 법원에서 일하며 들으니 독일로 유학 갔다 온 선배 판사님들이 계시다고 해서, 나도 알아본 결과 어찌어찌 해서 독일학술교류처(DAAD)의 장학금을 받게 된 것이다. 이 유학 가는 길에 일어난 일 몇 가지.

비행편은 당연히 그쪽에서 제공하는데 독일의 국적기인 루프트

한자를 탄다고 했다. 당시 그 항공사는 우리나라까지 오는 정기 항공편이 없었다. 그래서 일단 일본 도쿄까지 가서 거기서 비행기를 갈아타야 했다. 그 말을 들은 아버님께서 일본에 가면 그곳에 사는 친척들에게 인사를 드리라고 하셨다. 나는 고향이 제주인데 일제때 일본으로 건너가서 자리 잡은 분들이 많다. 48시간(으로 기억한다)의 트랜짓 시간 동안에 그러기로 해서, 결국 도쿄에서 친척들을 뵙게 되었다. 놀라운 것이, 나이 드신 어르신들은 순도 100%의 제주도 사투리를 그대로 쓰고 있었고, 예를 들면 조상 제사도 제주를 떠난 수십 년 전의 풍습 그대로 지낸다고 했다. 그러면서 어느 집 아들이 일본 여자와 결혼했다고 한탄들을 하셨다. 나중에 들으니, 요즈음은 세대가 아주 바뀌면서 더 이상 그러지 않게 되었다고들 한다. 그러나 그때 나는 벌써 반세기에 이르는 이국에서의 살림도 자신들의 '정체성'에 대한 집착 또는 사랑을 꺾지 못한다는 사실에 적지 않게 놀랐다. 사람은 쉽게 변하지 않는다. 또는 변하려 하지 않는다.

　도쿄를 출발하여 미국 알래스카의 앵커리지 공항에서 잠시 쉬고 북극을 건너 함부르크에 도착하였다. 도합 스무 시간 정도였던 것으로 기억한다. 독일에서는 먼저 독일어를 익히도록 했는데, 그 과정은 하필 저 남쪽 끝의 보덴호수를 끼고 있는 도시 콘스탄츠에 여름방학 동안 임시로 개설된 괴테인스티투트(이하 '괴테')에서 열렸다. 그러니 함부르크에서 비행기를 갈아타고 슈투트가르트까지 가서, 다시 기차를 타야 했다. 그 사이에도 지금 생각하면 우스운 일이 많앉지만, 어쨌거나 간신히 콘스탄츠에 무사 도착했다(지도를 찾아보면, 이 여정이 얼마나 지독한 것이었나 짐작할 수 있을 것이다).

괴테가 차려진 콘스탄츠대학에 가니 담당자가 우선 들어갈 반을 정해야 하니 '등급시험'이라는 것을 보라고 했다. 그게 대체로 문법 실력을 측정하는 시험이었다. 나는 고등학교 시절에 독일어 문법을 정관사부터 접속법 제1식·제2식, 가정법까지, 나중에 대학교 독문과로 직장을 옮기신 선생님으로부터 그야말로 잘 배웠다(감사합니다). 그러니 시험 점수가 좋을 수밖에. 제일 높은 등급의 반이 배정되었다. 그 반은 어떤 주제를 놓고 학생들이 자유롭게 토론을 하고 가끔 담당 교사가 끼어드는 방식으로 운영되고 있었다. 거기서 나는 꿀 먹은 벙어리 신세였다. 나도 서울 남산 밑의 괴테에서 독일어회화를 배우기는 했지만, 여기서는 학생들이 독일어를 거의 모국어처럼 하였고 무엇보다도 누구나 적극적으로 끼어들어 쉴 새 없이 떠들어대는 것이어서 처음부터 완전히 질려버렸다. 교사도, 학생들도 저 노란 얼굴의 아주 과묵한 인종을 슬슬 꼬나보는 게(또는 꼬나보는 듯한 게) 견디기 어려워서, 더 등급이 낮은 반으로 옮겨달라고 청하여 다행히 그렇게 되었다. 사정이 아주 달라진 것은 아니지만, 여기는 예쁜 미소의 스페인 여학생도 있고 해서 마음이 훨씬 덜 불편했다.

그때 나는 막 서른을 향해 가는 참이었다. 그래도 그리운 추억이다.

후 기

독일 유학시절의 다른 에피소드는 뒤 제3부의 제12「양성평등의 사실상 실현, 그리고 베를린 추억」의 뒷부분 5.에도 간략하게 적혀 있다.

상허대상 수상 소감

먼저 저에게 이렇게 과분한 상을 주신 상허문화재단의 여러분, 특히 건국대학교의 비약을 주도하시고 앞으로 탄탄한 발전의 길을 닦으신 김경희 이사장님, 그리고 이번 로스쿨제도 도입의 소용돌이 속에서 조금도 흔들림 없이 착실하게 주도면밀한 계획을 실행에 옮겨서 빛나는 성과를 거둔 김영철 건국대 법대 학장님께 감사의 말씀을 드립니다. 그리고 홍일표 교수님과 김동건 변호사님은 평소에 제가 여러 모로 그 인품과 학식을 존경해 마지않는 선배님으로서 법조계에 빛나는 발자취를 남기셨고 남기고 계신 분들이므로 오히려 당연히 이 상을 받으셔야 할 분들인데, 이번 시상의 심사를 맡으시어 한참 후배가 되는 저를 그 자리에 대신 앉도록 해 주셨습니다. 감사합니다.

또 무엇보다도 저의 까까머리 학창 시절부터 무려 40년 이상이 지난 오늘날까지 조금도 변함없이 그 풍부한 경험과 지혜로 저를 이끌어 주시는 홍순정 선생님께 이 자리를 빌어 마음 속 저 깊은 곳으로부터 "선생님, 고맙습니다" 하는 말씀을 올립니다.

　저는 그저 책상 앞에 앉아 책을 읽고 글을 쓸 때가 가장 행복하다고 느끼는 일개 책상물림으로서, 무슨 뚜렷한 업적이 있는 것도 아닙니다. 돌이켜 보면, 제가 1985년 초에 법원에 사표를 내고 학교로 일터를 옮길 때에 법학 또는 민법학이라는 분야에 대해서 아는 것이 거의 없었고, 학문을 한다는 것이 무엇인지, 나아가 무엇을 어떻게 해야 하는 것인지 좀처럼 갈피를 잡지 못하고 있었습니다. 단지 그 당시에 법원에서 재판 일을 하다 보니 거의 모든 구체적인 법문제에 대하여 우리말로 된 문헌이나 자료가 거의 없고, 일본말로 된 글을 소중하게 여기는 경향이 없지 않아서, 이것은 조금 낯뜨거운 일이 아닌가 하는 생각을 했습니다. 그리고 무엇보다도 법관들은 우수하고 부지런하지만, 끊임없이 밀려드는 개별 사건의 부담이라는 것은 실로 무거운 것이어서, 그 처리와 관련이 없는 보다 기본적인 사항을 공을 들여 파헤쳐 본다는 것은 법관 개인에게 적지 않는 희생을 요구하는 일이었습니다.

　또 제가 학교에서 가르침을 받은 스승님, 그리고 선배님들은 외국, 그것도 제가 전공하는 민법학을 두고 보자면 독일의 이론을 말씀하시는 경우가 적지 않았고, 그것이 우리 사회에서 일어나고 있는 구체적인 법문제를 해결하는 데 어떠한 기여를 할 수 있는지에 대해서는 아무래도 관심이 덜 하지 않는가 여겨졌습니다. 그런데 여러분이 다 아시는 대로 법적인 분쟁은 대부분의 경우에 그것을 직접 맞닥뜨리고 있는 당사자들에게는 실로 심각한 문제입니다. 그런데 그들에게 그 타당성을 납득시킬 수 있는 법리라는 것은 단지 법학에서 우리보다 훨씬 앞선 외국의 이론이 이렇게 저렇게 되어 있다는 것을 말하는 것만으로는 아무래도 가죽신의 밑창을 긁는 느낌이 있지 않겠습니까? 다른 한편 제가 공부하고자 하는 민법은 사람들의 보편적인 재산과 가족관계를 다루는 것으로서, 우리 사회의 기초질서를 어떻게 형성해 나갈 것인가 하는 근본이념의 문제와도 깊은 관련이 있는데, 이 점은 우리나라에서 조금 소홀히 되고 있는 부분도 없지 않다는 생각을 할 때도 있었습니다.

그래서 저는 뚜렷이 정리된 방법론 같은 것을 미리 염두에 두고 민법학 연구에 나아간 것은 결코 아닙니다마는, 우선 "현재 우리의 민법은 어떻게 되어 있는가?"를 명확하게 인식하는 데서부터 출발해야겠다고 생각했습니다. 그것은 얼핏 쉬운 일로 여겨질지도 모르지만, 사실은 매우 어렵고 품이 드는 일입니다. 그것은 법전에는 물론이고 교과서에도 쓰여 있지 않으며, 하물며 어느 재판례의 어느 설시부분을 가지고 섣불리 그것이 「우리 법」이라고 할 수도 없습니다. 그것은 거칠게 단순화하면, 앞으로 어떠한 전형적인 사건이 법원에서 판단을 받게 되었을 때 어떠한 이유로 어떠한 권리와 의무가 인정될 것인가를 법전과 민법 문헌과 재판례 사이에서 끊임없이 시선을 이동하면서 예견하고 그 예견을 정당화하는 이유들의 논리적인 틀로 만들어지는 체계를 우선 구축하고, 거기서 한편으로 그 예견이 타당한지를 그 후의 이론과 재판례의 전개에 의하여 확인하고, 다른 한편으로 새로운 예견에 의하여 그 체계를 수정·보완함으로써 조금씩 얻어지는 것입니다. 거기에는 우리 법이 어떻게 움직인다는 총체적인 이해를 배경에 두지 않으면 안 됩니다.

그리고 나아가 그「현재 있는 법」의 타당성과 이유에 자신을 납득시키지 않는 점이 있다면, 거기서 무엇이 충분히 설득적이 아닌 것인가, 왜 그런가, 결국 무엇이 '문제'인가를 명확하게 알아야 합니다. 저는 지금까지 공부를 해 오면서, 문제를 올바르게 설정하는 것이 문제를 올바르게 해결할 수 있는 첫걸음임을 뼈아프게 느낀 것이 한두 번이 아닙니다.

그런 다음에 이 문제의 해결에 향하여진 다른 사람들의 견해를 잘 살필 필요가 있습니다. 법학은 무엇보다도 의견의 학문입니다. 그것은 자연법칙을 찾는 것이 아니고, 입법자의 선택의 제약 아래서 옳은 규범을 사람들의 공감 속에서 찾아가는 것입니다. 다른 사람들의 견해에 겸허하게 귀기울여 이를 음미하는 것이 —다른 모든 학문 활동에서와 마찬가지로— 법학에서도 제1차적으로 중요한 덕목입니다.

그런데 그 '다른 사람'이 우리보다 법학에서 앞선 나라의 훌륭한 학자라고 하여 맹목적으로 좇아서는 안 될 것입니다. 그들의 저술을 읽으면서 우리의 눈앞이 밝아지는 경험을 해 보지 않은 사람은 별로 없을 것입니다. 그것으로부터 우리는 사태의 새로운 측면에 착안하게 되고 문제를 처리하는 시각을 획득하게 되곤 합니다. 그럼에도 우리는 법학이 속성상 그 각 나라에 고유한 여러 사정에 영향을 받지 않을 수 없다는 것도 잊어서는 안 됩니다. 그러므로 다른 나라의 법이론을 그대로 수입하는 것에는 아무래도 결정적인 한계가 있으며, 결국 우리는 항상 비판적인 자세로 외국의 자료에 접하지 않으면 안 될 것입니다.

여러분이 다 잘 아시는 대로 우리의 법은 이성理性을 갖춘 개인을 전제로 합니다. 우리는 법학을 수행함에 있어서도 우리 자신의 이성을, 자신의 이성만을 잣대로 하지 못할 이유가 없습니다.

부족한 저에게 귀중한 상을 주신 뜻을 새기면서, 이 상을 마련하신 상허문화재단 여러분께 다시 한 번 감사의 말씀을 드립니다.

이상으로 수상 인사에 갈음하고자 합니다. 감사합니다.

본서 초출

후 기

1. 나는 2008년 5월에 상허문화재단이 마련한 상허대상常虛大賞 법률부문('상허법률대상') 제1회 수상자로 선정되었다. 이 글은 그 수상식 자리에서 인사말로 준비한 것이다.

상허문화재단은 건국대학교의 설립자인 유석창兪錫昶의 호인 상허常虛를 딴 재단으로서, 유석창의 건학 이념을 실천하기 위하여 설립되었다.

한편 위 수상에 즈음한 건국대측의 인터뷰는 뒤 제6부의 제
3("우리를 위한 민법…") 참조.

2. 「수상 소감」이라는 것을 나는 그 전에 1997년 1월에 한국법학
원의 법학논문상 제1회 수상자로서 밝힌 일이 있다. 그 글은
한국법학원보 73호(1997.2)에 실렸다가 후에 梁彰洙, 民法散考
(1998), 3면 이하에 「民法學의 어려움」이라는 제목으로 수록되
었다.

3. 본문의 앞머리에 쓴 '홍순정 선생님'께서는 내가 서울중학교
에 다니던 시절의 은사이다. 선생님은 그때부터 몇 년 되지 않
아 교단을 떠나 건설업을 영위하면서 크게 성공을 거두셨다.
그러나 같이 사업을 일구었던 아우님이 암으로 일찍 돌아가시
자 사업을 접고 그 후로 유유자적의 생활을 하고 계시다. 선생
님은 지금부터 50년도 훨씬 전의 제자인 나에게 무슨 일이 있
을 때마다 또는 아무 일이 없더라도 찾아오거나 연락하여 격
려 또는 충고 등을 아끼지 않으시는데, 위에 적은 상허법률대
상 수상식장에도 직접 와 주시었다. 또 하나의 예를 들면, 내가
대법관으로 제청되어 2008년 8월 국회에서 대법관 임명동의
안 처리를 위한 청문회가 개최되었을 때 그 자리에 오시어 저
녁에 그 일정이 모두 끝날 때까지 줄곧 앉아 계셨다.

07
화갑 기념 논문집을 받으며

1.

제가 대법관이 된 후 회장을 맡았던 민사실무연구회로부터 지난해 겨울에 '전통'에 밀려 화갑 기념 논문집을 '증정'받은 일이 있는데, 이번에도 우리 연구회의 '관례'대로 저의 화갑 기념호로 펴낸 『민사판례연구』를 받게 되었습니다.

저 개인으로서는 60세가 되는 날을 다른 생일과 다르게 특별히 기념할 만한 날이라고는 여기지 않고 있습니다. 『논어』의 위정편爲政編에 공자님이 자신의 일생을 15세로부터 시작해서 30세부터 70세까지는 10년 단위를 끊어서 한 마디로 정리하였던 것을 여러분도 잘 아실 것입니다. 거기에 "60에 이순耳順"이라고 하였습니다. 저는 우리나라에서 나온 『논어』 책에는 별로 끌리지 못하고 있다가, 이호정 선생님이 말씀하여 주신 요시카와 코지로(吉川幸次郞)의 책을 읽고 그야말로 흠뻑 빠졌는데(저는 지금은 돌아가신 사학자 이기백 선생이 대학 때 방학 동안 시골에서 논어를 읽는 재미에 시간 가는 줄 몰랐다고 한 글을 읽고

서는[그 글은 한참 전에 분명 李基白, 讀史隨錄, 1974에서 읽었는데, 서재 어디에 꽂아 두었는지 얼른 찾을 수 없었습니다] '정말 그랬을까?' 하고 의심한 일조차 있습니다), 그 책에서는 이 부분에 대하여 "이것은 난해한 말인데, 자기와 다른 견해를 들어도 반발을 느끼지 않게 되었다, 즉 이들 견해에도 각각 존재이유가 있음을 감득하게 되었다, 다시 말하면 인간의 생활의 다양성을 인식하여 함부로 반발하지 아니할 정도의 마음의 여유를 얻었다는 것이라고 나는 이해한다"고 해설합니다(『論語 上』, 1965, 32면 이하). 저는 공자와 같은 성인이 아니므로 60세에도 그러한 '마음의 여유'는 별로 없고, 이불순耳不順일 뿐만 아니라 심지어는 반이순反耳順, 즉 자기와 다른 견해를 들으면 가만히 있지 말고 서로 논의하여 봄이 옳다는 지론이라는 것이 진상에 가깝습니다. 그런데 위의 저자는 이 유명한 구절에 대한 뜻풀이 마지막을 "그러나 나는 이 구절이 지나치게 추상적이고 구체적으로 어떠한 것을 말하고 있는지 나와 같은 사람에게는 잘 알 수 없는 것을 포함하고 있음을 이 구절에 대하여는 유감으로 여긴다"고 드물게 유보적인 태도로 맺고 있음을 덧붙여 둡니다.

어쨌거나 저는 이러저러한 인연으로 부득이 화갑과 관련한 행사의 대상이 되어 있는 자신을 발견합니다. 굳이 '반항'하지 말고 그냥 받아들이자고, 이 점에서만이라도 '이순耳順'하자고 생각하게 되었습니다. 저는 전에서부터 무슨 인삿말을 하거나 학술대회 기타 모임에서의 사회 같은 것을 맡는 것과 같이 정치하는 것도 아닌 사람이 공부와 별로 관계도 없는 말을 여러 사람 앞에서 꼭 하여야 하는지

의문이 없지 않았지마는, 오늘은 민사판례연구회와 관련된 옛일을 조금 회상해 봄으로써 짐을 벗고자 합니다. 길어지더라도 '주책' 정도로 생각하여 주시기 바랍니다.

…

7.

이미 너무 길어진 듯하여 이쯤에서 마무리를 지어야겠습니다.

저는 오늘날까지 여러 분의 선생님, 동료로부터, 그리고 후배들로부터도 귀중한 가르침과 도움을 많이 받았습니다. 일일이 존함을 들지는 않겠으나, 이 자리를 빌어 이 분들께 진심으로 감사의 말씀을 올립니다. 특히 민사판례연구회의 많은 선배님들은 —전에 송년회에서도 잠깐 말씀드린 바와 같이— 법학 또는 법실무에 대해서뿐만 아니라 사람 됨됨에 대하여, 그리고 성실성이라는 덕목과 사물에 대한 감수성에 대하여 더할 나위 없는 모범을 보여 주셔서, 제가 그 분들로부터 받은 자극은 쉽사리 말로 표현할 수 없을 정도입니다.

앞으로도 여러분께서 많이 돌보아 주시고 가르쳐 주시기를 빌면서 이것으로 어리석은 '답사'를 마칩니다. 대단히 감사합니다.

법원사람들 2013년 5월호(제337호); 7월호(제339호), 각 16면 이하

후 기

1. 나는 2004년부터 대법원에 가기 전의 2008년까지 민사판례연구회의 회장을 맡았었다. 민사판례연구회는 회장을 지냈던 사

람이 환갑을 맞으면 그 직후에 나오는 발표논문집『민사판례연구』를 화갑 기념으로 그 사람에게 헌정하는 관행이 있다.

2. 본문의 맨 앞에서 "민사실무연구회로부터 지난해 겨울에 '전통'에 밀려 화갑 기념 논문집을 '증정'받았다"고 하였는데, 그 증정식 모임에서 한 답사가 뒤의 제2부 제9의 글("민사실무연구회 논문집 증정식 답사")이다. 대법원의 민사실무연구회에도 위 1.에서 말한 바와 같은 관행이 있다.

3. 본문에서 말한 李基白의 글은 "『論語』와의 인연", 讀史隨錄 (1974), 158면 이하이다("나는 논어에 심취하다시피 하고 말았다. 그 짤막짤막한 표현 속에 담긴 인생의 풍부한 경험, 그리고 하나하나의 경험을 자기의 성장을 위하여 흡수하려고 한 강인한 정신, 나는 깊은 공감 속에 휘말려 들어간 것이다").

4. 본문의 2.부터 6.은 교수로서의 지난날을 회고하는 내용으로서, 그 개요의 일부가 "어느 법학교수가 살아온 이야기"라는 제목으로 발표되었으므로(저스티스 2017년 8월호(통권 제161호), 383면 이하. 후에 민법연구, 제10권(2019), 1면 이하 소재), 여기서는 생략하였다.

08
그 사이에 일어난 일

오늘 아침에 정말 오랜만에 동기회 사이트를 찾았다. 여기저기 다니면서 우리 친구들 소식을 새로 알고 좋은 글을 읽었다. 그러다가 나 역시 한마디 하고 싶은 마음이 들었다.

그 사이에 우선 나는 고아가 되었다. 아버지가 작년 12월에 돌아가셨다. 살아생전에 금슬이 좋으시던 어머니를 하늘나라에서 11년 만에 부둥켜안으셨을 것이다. 아버지 돌아가시기 전에는 그렇지도 않았는데, 이제 두 분이 다 곁에 없으니 참으로 허전하다. 가끔 저녁 해질 무렵 연구실 창밖으로 청계천 끝자락 물길을 내다 볼 때면 가슴이 한없이 저려온다.

나는 고향이 제주다. 고향에서 국민학교를 졸업하고 서울중학교를 왔는데 방학이면 서울고등학교에 다니던 형과 함께 고향으로 내려갔다. 서울로 돌아올 때는 대개 목포행 배를 탔다. 우리를 전송하는 어머니는 더 이상 알아볼 수 없이 멀어질 때까지 부두에 서 계셨다.

대법원에서 나와 학교로 옮기면서 묵은 짐을 정리하였다. 그 중에 내가 학교 다닐 때부터 어머니로부터 받은 편지들의 꾸러미가 나와 다시 읽어 보았다. 어머니는 일제 때 신의주여고("신의주여자고등보통학교")를 나오셨는데 글씨가 예뻐서 할아버지는 중요한 문서가 있으면 어머니에게 옮겨 쓰도록 하셨다. 그 단정한 필치. 타향에 떠나보낸 자식에 대한 크고 작은 걱정들. "그럼 안녕! 모母 씀". 그로부터 50년이 지났다. 어머니는 이제 이 세상에 안 계시다.

그 사이에 나는 할아버지가 되었다. 딸은 한참 전에 시집을 갔고 아들을 두었다. 아들은 작년 8월에 장가를 가서 며느리가 지난 7월 역시 아들을 낳았다. 마누라와 둘이서 휑하니 빈 집을 지킨다.

외손자가 귀여운데(벌써 초등학교 3학년이다) 친손자도 귀엽다. 이 아이들이 잘 자랐으면 좋겠다. 이번에 손자 이름을 지어 전하면서 그 희망을 담아 "청심덕행清心德行 현려명철賢慮明哲" 운운 하는 붓글씨를 써 건넸다.

어제는 저녁 7시가 넘어 피곤한 몸으로 집에 돌아와 보니 처가 아들 집에 가 있다고 한다. 며느리가 무슨 부득이한 일로 집을 비워야 된다고 해서 손자를 대신 건사한다는 것이다. 아들은 직장에서 일이 많아 늦는다나. 나도 낙성대로 쫓아갔다. 젖먹이를 안고 얼굴을 들여다 보고 있으니, "그래, 이제 내가 맨 위구나" 하는 생각이 들었다. 머지않아 물러나게 될 것이다.

뭐니 해도 마누라가 고맙다. 30여 년 전에 법원에서 학교로 일터를 옮겼을 때 여러모로 어려웠다. 나는 고등학교 시절 이리저리 고민을 하다가 결국 "이 조그만 가능성을 끝까지 실현하는 성실한 삶!"이라는 괴테적 이상으로 '허무한 인생'에 맞서기로 마음먹은 후 그대로 살아 보고자 노력했다. 학문의 전통을 찾기 어렵고 도서관에는 없는 책이 더 많은 환경에서 모자란 능력으로 연구라는 것을 스스로에게 '성실하게' 하려니 아이들 교육 기타 집안일은 아무래도 뒷전이었다. 처는 특히 베를린에서 유학하고 있는 동안 내가 하고 싶은 일에 대하여 많이 들어서인지, 결코 온후지사溫厚之士라고는 할 수 없고 오히려 성질이 고약한 나를 군소리 없이 꾸준히 지지하여 주었다. 앞으로는 호강도 좀 시키고 싶다.

그 일이 많던 대법원에서 학교로 돌아오면 유유자적한 시간을 보낼 수 있으리라 생각했었다. 그렇게 되지 않는다. 아는 사람이 또는 아는 사람을 통하여 보낸 귀찮은 일들이 어쩔 수 없이 내 앞에 놓인다. 그리고 무엇보다 늦기 전에 공부를 정리하여 결론을 내야 한다. 두고볼 일이다.

서울고등학교 22회 동기회 인터넷 사이트, 2016년 9월 21일자(http://www.22seoul.
com/bbs/board.php?bo_table=sarangbang&wr_id=2505&sfl=wr_name%2C1&stx=
%EC%96%91%EC%B0%BD%EC%88%98&sop=and)

09
법학전문대학원
입학식 축사[1]

여러분이 우리 법학전문대학원에 입학한 것을 진심으로 축하드립니다.

이 축하는 무엇보다도 여러분이 선택하신 법률가의 길, 즉 여러분이 앞으로의 삶을 법률가로서 살아가기로 한 결단에 대한 것입니다. 오늘날의 우리 사회에서 법률가는 그야말로 할 일이 많은, 따라서 보람이 큰 직업인 것입니다. 그리고 법률가는 사람의 사회적 생활을 다루는데, 다양한 사람들, 그리고 그 사람의 다양한 일들을 접하고 음미하는 동안에 여러분은 하나의 인간으로서도 크게 성장하게 될 것입니다. 이와 같은 성장의 가능성은 사람이 살아가는 '의미'를 생각하는 데 극히 중요한 요소라고 저는 믿습니다.

---

1 이 글에서 성별性別을 내포하는 단어를 '신사' 또는 '그' 등으로 한 것은 단지 편의를 위한 것이고, 성 차별을 함의하는 것이 전혀 아닙니다.

저는 원장님으로부터 10분의 축사를 하라는 말씀을 듣고, 여러 가지로 생각을 굴리던 끝에 저의 지난 경험에 비추어서 내가 법률가가 되려는 공부를 시작하였을 때 들었으면 좋았을 것으로 생각되는 바를 여러분에게 말씀드리면 어떨까 하는 생각을 하게 되었습니다. 제가 당시의 법과대학에 입학한 것이 1970년이니 이제 법 공부를 하는 것이 45년여가 되었고, 그 동안 저는 지방법원 판사 6년, 교수 24년, 다시 법원으로 와서 대법관을 6년 하고, 이제 또 교수로 있습니다.

여러분은 이제 법률가가 되었다고 해도 좋습니다. 아직 3년의 학업과 변호사시험이 남아 있지 않느냐고 하시겠지만, 학업은 여러 훌륭한 교수님들의 지도 아래 무사히 마치리라고 믿어집니다. 또 변호사시험에는 —작년의 예를 들면, 이것은 그 전에 비하면 오히려 저조한 비율인데— 우리 학교에서의 지원생 가운데 거의 전부가 합격하였다고 하니, 비록 아직 정식으로 법률가가 된 것은 아니지만 이제 별다른 이변이 없는 한 넓은 의미에선 '법률가 계층'에 속하게 되었다고 해도 되겠습니다. 이것은 사법시험제도 아래서 사법연수생들을 「예비 법조인」이라고 부르던 것과 크게 다를 바 없습니다.

저는 이 점을 힘써 강조하고 싶습니다. 법학전문대학원제도의 도입 · 실행이 있게 한 '시험이 아니라 양성으로'라는 법률가 양성 방식의 획기적인 변화 아래서 여러분은 물론 학생이기도 하지만 동시에 오늘의 입학과 함께 이미 법조계의 일원, 즉 '직업으로서의 법률가'이 된 것입니다.

막스 베버도 애써 말하는 대로 오늘날의 사회에서 '직업'은 곧 전문가를 의미합니다. 이것은 단순히 밥벌이를 위한 수단이 아니라 여러분의 삶에서 가장 중요하게 평가하는 가치들을 법률가로서의 일을 통하여 실현하여야 나아가야 한다는 것을 의미합니다.

여러분은 이제부터 법에 관한 전문가로서의 법률가를 지향하여야 합니다. 그런데 법률가는, 모든 제대로 된 전문가가 그러하듯이, 먼저 사람으로서 마땅한 품격을 갖출 것이 요구됩니다. 이에 가장 알맞는 표현은 '신사紳士(gentlemen)' 또는 —조상들의 표현에 의하면— '군자君子'라는 것입니다. 말과 행동에서 남의 모범이 될 수 있어야 합니다. 저는 대법원에 있을 때 법관징계위원회라는 미묘한 일을 하는 기구의 위원장으로도 일했는데, 거기서의 경험에 비추어보면 판사들 중에도 드물기는 해도 이러한 관점에서 비난의 여지가 있는 경우도 있는 듯합니다. 얼마 전에 "매너가 사람을 만든다"라는 어떤 영화의 대사가 회자되었는데, 그 매너라는 것은 단지 대외적으로 사회적인 예의범절을 지킨다는 것에 그치지 않고 여러분의 마음속에서 강고한 자기통제장치가 항상 작동하고 있는 것을 의미한다고 저는 생각합니다. 이것은 여러분이 앞으로 하게 될 법률가로서의 일이 대부분의 경우에 사람의 선량한, 또는 잘 된 부분보다는 악한, 병든, 또는 악착스러운 측면, 달리 표현하자면 '지저분한' 부분과 관련되는 것이기에 더욱 요구되는 바입니다.

이러한 품성은 하루아침에 이루어지는 것이 아닙니다. 또 앞으로는 군자가 되어야겠다고 다짐하는 것만으로도 부족합니다. 그것은

사실은 하루하루의 자그만 일을 접하여 스스로를 단련하여 가는 과
정에서 조금씩 연마되어 가는 것입니다.

또한 앞서 말한 대로 법률가는 법에 관한 전문가입니다. 여러분은
대체로 지금까지 법을 배우고 익힌 일이 없다고 들었습니다. 과연 3
년의 교육으로 여러분이 제대로 된 법률가가 될 수 있을까요? 우리
학교의 학업과정을 수료하여 변호사시험에 합격함으로써 법률가의
자격을 얻을 수 있을지는 모르겠습니다마는, 과연 3년의 교육으로
'좋은 법률가'가 될 수 있을까요? 저는 여러분이 앞으로의 3년을 불
철주야不撤晝夜의 비상한 노력으로 꽉 채우지 않고서는 그것은 실로
어려운 일이 아닐까 생각하고 있다는 것을 이 자리에서 솔직하게 고
백하여야겠습니다. 이는 여러분의 법조계 선배들이 종전에 법률가
의 자격을 얻기 위하여 거쳐야 했던 그 길고도 어려운 과정을 상기
하는 것만으로도 쉽사리 이해될 수 있으리라고 여겨집니다.
　그런데 모름지기 법률가를 포함하여 전문가가 하는 일의 특성은
그 일이 비전문가, 만일 법률가라고 한다면 법을 잘 모르는 일반 국
민들로부터의 '의뢰'에 의하여 주어진다는 것입니다. 비전문가가 없
으면 전문가에게는 일이 없습니다. 그런데 일반 국민들로부터 맡겨
지는 일을 제대로 처리할 능력, 그리고 그에 못지않게 중요한 그 성
의誠意를 갖추지 못한 법률가는 결국 그 일을 그르치고 망치기 마련
입니다. 몇 번은 요행으로 잘 넘어갈지 몰라도 어느 계기엔가는 그
속내가 드러나게 될 것입니다. 그것은 의뢰인으로부터의 비난, 법

적 책임의 추궁은 둘째로 하고서라도 스스로에게 부끄러운, 스스로가 부끄러워하지 않으면 안 되는 사태입니다. 다른 전문가인 의사를 예로 들어서 그가 능력 또는 성의의 부족으로 진료하는 환자를 잘못 다루어 질환을 낫게 하기는커녕 그의 건강을 망치고 생명을 앗아가게 하는 결과를 낳았다고 하면, 그는 과연 '의사'라고 불리기에 부끄럽다고 해야 하지 않겠습니까?

직업으로 말하면 판사·검사·변호사 그리고 법학교수를 포함하는 법률가 계층은 「평판評判의 세계」입니다. 영어로 하자면 reputation이 결정적으로 중요합니다. 어느 판사, 어느 변호사, 어느 교수 하는 사람들의 이름을 들으면 그를 아는 사람은 흔히들 "아, 그 사람, 실력 있지" 또는 "게으르지" 또는 "일 열심히 하지" 또는 "무슨무슨 분야에서는 타의 추종을 불허하지" 또는 "어디에 발표한 어느 논문, 엉터리였어" 등으로 평을 합니다. 그리고 이러한 평판이 그가 앞으로 어떠한 일을 맡게 될지, 그것이 열성을 낼 만큼 중요한 일인지, 하루 밥벌이에 그치는 일인지를, 아니면 아무 일도 하지 못할 것인지를, 그리고 그 일에 대한 가장 넓은 의미에서의 '보수' 또는 '대가'도 좌우합니다.

그러므로 저는 여러분에 다음과 같이 간곡하게 말씀드리고 싶습니다. 앞으로의 3년은 여러분의 삶에서의 다른 어떤 3년보다 중요합니다. 이 3년 동안 어떻게 공부하느냐에 따라서 삶의 전체적인 양상이 달라지게 될 것입니다. 왜냐하면 법학전문대학원에서의 3년 사이에 여러분은 법률가로서의 기초를 닦기 때문입니다.

모든 전문분야에서 '기초'는 일정하게 정형화된 일련의 과정過程 속에서 익혀지도록 미리 정하여져 있는 것입니다. 여러분은 사람의 수명이 길어진 이 시대, 그리고 앞으로의 시대에 앞으로 적어도 50년 동안은 법률가로서 일하게 될 것인데, 기초가 부실한 설비는 오래 가지 못하거나 설령 오래 가더라도 꼴사나운 몰골을 하고 있게 마련입니다. 요행으로 변호사시험에 합격하기만을 바라지 말고, 이 긴 세월 동안 수련을 거듭하면서 그 자양분을 축적하여 갈 수 있는 밑바탕이 되는 공부를 튼튼하게 착실하게 하시기를 충심으로 바랍니다.

여러분의 앞날에 무궁한 발전과 행복이 함께 하기를 기원하면서 부족하나마 이것으로 '축사'의 짐을 덜고자 합니다.
다시 한 번 여러분의 한양대학교 법학전문대학원 입학을 진심으로 축하드립니다. 감사합니다.

본서 초출

후 기   2017년과 2018년에, 그리고 올해 2019년에도 나는 한양대학교 법학전문대학원의 원장으로부터 입학식에서 신입생들에게 「축사」라는 이름 아래 10분 정도로 '한 말씀'을 하라는 요청을 받았다. 위의 글은 이를 위하여 작성한 원고이다.

제 2 부

대법원에서

01
학교 떠나기

　2008년 8월 2일은 토요일이었다. 오전 10시 30분 조금 넘어서라고 기억하는데, 나는 서울대학교 제17동 5층 연구실의 책상에서 『독일 민법전 2008년판』의 교정을 보고 있었다. 아마 3교째이었을 것이다. 다른 글도 그렇지만, 이와 같은 법전 번역의 교정은 특히 정신의 집중이 요구된다. 한참 몰두해 있던 중에 전화가 왔다. 대법원장으로부터라고 한다. "대법관에 제청하였다"는 짧은 통화.

　집으로 전화해서 처에게 알렸다. 그리고 고향의 본가에 연락했다. 얼마 안 되어 사방에서 전화가 쏟아졌다.

　여러 일을 정리하여야 했다.

　우선 글빚이 있었다. 웬만한 것은 사정을 길게 설명하지 않아도 선선히 양해하여 주어서 더 이상 '마무리'라고 할 것도 없이 바로 해결되었다. 그리고 교정까지 마친 글도 있어서 다행이었다. 예를 들면, 그 해 10월 12일에 나고야에서 열리는 일본의 사법私法학회에서 발표하기로 되어 있던 「한국의 2004년 민법개정안 : 그 후의 경과와 평가」는 일본의 법률잡지 『쥬리스트』에 이미 교정지를 보내 놓고 있어서, 후에 9월 1일자 제1362호의 84면 이하에 실렸다(여기서 '그 후의 경과'라는 부제는 내가 이미 2003년에 "최근의 한국민법전 개정작업"이라는 제목의 글을 역시 일본의 『민상법잡지』 제127권 4 · 5호, 642면 이하에 발표한 바 있어서, 그에 이어진다는 뜻으로 붙인 것이다).

이 글에 관하여 덧붙이자면, 나를 초청하여 준 오무라 아츠시(大村 敦志) 도쿄대 교수는 그 발표 자리에서 질의응답이 예정되어 있으므로 내가 대법원으로 온 후라고 해도 그 학회에 참석하여 주기를 원하였다. 대법원은, 이유는 별로 듣지 못했는데, 하여튼 이 여행은 출장, 즉 '공무상 여행'에 해당할 수가 없다고 하였다. 교수일 때 정하여진 일정은 대법원에 온 후에는 대법관의 일이 될 수 없고, 교수 일은 깨끗이 싹둑 잘라내서 '과거와의 연'을 아예 끊어야 한다는 것인가. 학술논문을 발표하는 것은 대법관의 '공무'가 아니라는 것인가. 나는 토요일 오후에 출국하여 다음날 발표를 하고 질의에 응한 다음 월요일에 돌아왔다. 그 월요일은 연가年暇로 처리하였다.

그러나 도저히 무를 수 없는 일도 적지 않게 있었다. 예를 들면, 그해 9월 29일에 대법원이 「사법부의 어제와 오늘, 그리고 내일」이라는 주제 아래 「대한민국 사법司法 60주년 기념 학술 심포지엄」을 여는데, 그 중에 '민사재판 편'을 맡아서 최수정 · 김형석 교수와 같이 원고 작성 및 발표를 분담하기로 되어 있었다. 물론 여기서 '발표'는 다른 분에게 부탁하여 본다고 하지만, 민사법 전반을 셋이서 나누었는데도 분량이 엄청나게 많고 시간도 촉박하여서 원고 작성을 지금 시점에서 남에게 부탁할 수는 없었다. 물론 그 전에 써 놓은 부분도 없지 않았으나, 결국 심포지엄 당일에 배포된 자료집으로 쳐서 200면이 넘는 원고를 서둘러 작성하여야 했다.

또 앞서 말한 『독일민법전 2008년판』의 교정을 끝내야 했다. 법전의 번역은 우선 용어가 전문적이면서도 같은 용어 또는 표현이 앞뒤로 여러 차례 나오는 일도 빈번하므로, 같은 번역어가 일관되게 쓰이도록 주의를 기울여야 한다. 그리고 문장을 우리말로 옮기는 데에는 구절의 파악이나 배치 등에서 번역자의 취향이 자연히 묻어 나오므로, 끝까지 한 사람이 하는 것이 바람직하다. 부랴부랴 출판사에 독촉해서 8월 20일인가에 4교까지 모두 마쳤다. 이제 '교료校了'를 넣어도 되지 않을까 여겨질 즈음에 마지막으로 별 생각 없이 인터넷으로 독일민법전의 개정상황을 체크해 보았다. 아뿔싸, 바로 얼마 전 8월 12일에 짧지 않은 규정 몇 개가 새로 삽입되는 등의 개정(「금융투자에 따르는 위험의 제한에 관한 법률」)이 있었다.

『독일민법전』 번역본은 원문을 짝수면에, 역문을 홀수면에 서로 조문별로 맞추어 배열한 이른바 대역對譯의 체제로 되어 있다. 그리하여 요즘의 이른바 컴퓨터 조판에서 하는 대로 새로 끼워 넣는 것만으로는 저절로 페이지가 조정되지 않으니, 성가시게 원문과 번역이 서로 똑바로 대면하도록 배치하여야 한다. 위와 같은 개정규정을 번역하는 것 자체는 크게 품이 들지 않지만, 이들을 삽입하게 되면 그 후로 면수는 물론이고 지금까지의 행들을 다음 면으로 보내는 등으로, 가지런하게 맞추어 놓은 틀을 모두 새로 짜야 한다. 물론 개정을 몰랐으면 그냥 지나쳤겠지만, 이제 알게 된 이상은 어쩔 수 없이 이 개정부분의 번역원고를 보내고, 출판사에서 급히 마련하여 보낸 새로운 교정지에 다시 손대야 했다. 9월 10일이 발간일로 표시된 『독일민법전 2008년판』의 서문은 9월 1일자로 쓰여졌는데, 그것은 "이제 독일민법전의 번역작업은 이것으로 일단 마무리를 지을 수 있기를 바라는 마음이다"라는 말로 끝나고 있다. 당시로서는 그 책에 다시 손대고 싶은 마음이 별로 없었던 것이다.

그리고 『서울대학교 법학』에 투고해 놓은 헨리 메인의 『고대법 (Ancient Law)』 일부(제6장 「유언상속遺言相續의 초기 역사初期歷史」)의 번역문도 교정을 보아야 했다(후에 제49권 3호(2008.9), 502면부터 532면까지에 실렸다).

그 외에도 법학전문대학원의 민법 강의 교재를 만드는 일도 있었다. 법학전문대학원제도가 2009년부터 도입되기로 확정된 것이 2008년 초이었다. 그에 대비하여 나를 포함해서 우리 학교의 민법 교수 몇이 힘을 모아 그 교재를 빠른 시일 내에 펴내기로 하였었다. 그러나 이것은 오히려 단기간 내에는 도저히 끝낼 수 없을 것이므로 우선은 제쳐두기로 했다. 느지막이 2010년 10월에 김재형 교수와 공저로 나온 『계약법』이 그 결실의 하나이다. 물론 그 머리말에서 보는 대로 나는 "민법 강의와 교과서 집필을 위하여 작성하여 두었던" 원고를 제공하는 데 그치고, 나머지 일은 고맙게도 김 교수가 맡아 주었던 것이다.

학사學事에 관련해서도 매듭지을 일이 적지 않았다.

9월부터 시작되는 다음 학기에 개설하기로 되어 있던 채권총론 강의는 개설이 취소되고 그 강의의 수강을 신청한 학생들은 다른 교수의 강의로 돌릴 수밖에 없을 것이다.

그러나 그보다도 대학원에서 나의 지도를 받고 있는 학생들, 특히 이제 머지않아 학위논문을 제출할 예정인 학생들은 어떻게 하나 걱정이었다. 대학원에서의 '지도'는 단지 논문지도에만 그치지 않는다. 대학원에 들어와 전공분야를 정하고 교수로부터 지도를 받는 단계에서는 어떤 인적인 관계, 상호간의 신뢰가 바탕이 된 인격과 인격의 만남이 없으면 지도는 불가능하거나 피상적일 수밖에 없다. 이제 나는 그러한 학생 지도로부터 몸을 빼지 않을 수 없게 되었다. 그것은 그러한 관계로부터의 돌연한 결별을 뜻하였다. 그리고 나는 내 지도를 받는 대학원 학생과 '헤어지기' 전에 충분한 이야기를 나눌 시간이 없었다. 그때는 여름방학 중이라서 학생들은 학교에 나오지 않는 경우가 대부분이었고, 무엇보다 내가 시간을 낼 수가 없었다. 내 지도를 받는 학생들이 학위논문으로 다루려고 하는 주제에 대하여 그들에게 해 줄 말도 적잖이 있었지만 말이다.

법원이나 검찰에 있다가 대법관이 되면 나와 같이 교수 일 또는 학교 일을 허둥지둥 마무리지어야 하는 일은 없을 것이다. 거칠게 말하면, 그것은 단지 '자리'를 옮기는 것일지 모르고, 후임자에게 업무를 인계함으로써 종전의 일을 매듭짓게 되어서, 대법관으로 일하기 전에 반드시 정리하거나 혹은 처리하여야 할 직장 일이란 별로 없지 않을까 하는 생각도 든다. 그런데 교수의 자리에는 그러한 '후임자'란 있을 수 없는 것이다.

법원사람들 2011년 4월호, 24면 이하

후 기　　이 글에는 원래 다음과 같은 "[글을 실으면서]"가 앞에 붙어 있다.

"대법원으로 일터를 옮기고 이제 2년 반이 넘었다. 그 사이에 새로 겪어 알게 된 일, 느낀 바가 적지 않다. 이런 것들을 적어 두는 것이 현재 또는 장차 나 스스로를 위하여, 또 법관을 비롯한 '법원 사람들'을 위하여 참고가 되는 점이 있을지도 모르겠다는 생각이 들었다. 앞으로 몇 차례로 나누어서 정리하여 보기로 한다. 글 중에서 경칭은 일단 생략한다."

02
대법관 취임사

존경하는 대법원장님, 대법관님들, 그리고 이 자리에 참석하신 법관 및 직원 여러분!

저는 오늘 대법관으로 임명을 받아, 상고심 법관의 일을 맡게 되었습니다.

제가 5년 여 몸담던 법원을 떠난 것이 1985년 5월 말로서 벌써 23년 전이므로, 이제 구체적 사건의 재판은 저에게 낯설기만 한 일입니다. 제가 비록 그동안 민법을 연구하면서 판례를 포함한 「현재 있는 법」의 정확한 인식과 그 비판적 음미를 항상 마음에 두고 있었어도, 그것은 기본적으로 보다 일반적인 법리의 수립을 목표로 하는 이론적 시각에서 이루어졌고, 직접적으로 당사자들의 거친 숨결이 느껴지는 개별 사건의 해결을 지향하는 것은 아니었습니다. 판결쓰기나 기록읽기에 대한 기억은 아득히 멀고, 또 그 사이에 바뀐 것도 적지 않습니다. 저는 대법관이라는 막중한 직무를 제대로 수행할 수 있을지 두려운 마음으로 이 자리에 섰습니다.

또 저는 대학교수의 생활이 몸에 배어 있습니다. 그것은 비록 연구실의 쓰레기통을 비우고 걸레로 그 바닥을 훔치는 일을 스스로 하는 것이기는 하여도, 자신의 시간을 자율적으로 조직하고 자신의 열과 성을 자신이 좋아서 고른 작업에 쏟을 수 있는, 말하자면 「자신의 의사로써 규율된 자유」의 생활이었습니다.

대법원장님께서는 제가 대법관으로 제청된 후 처음으로 찾아뵈었을 때 제게 그러한 자유의 생활이 끝나게 되었다는 것을 "여기 오면 다른 건 아무것도 못 해"라는 말씀으로 깨우쳐 주셨습니다. 그 말씀은 재판 이외의 다른 일을 해서는 안 된다는 것이 아니라, 대법원의 과중한 재판업무로 말미암아 다른 일은 그야말로 할 수가 없다는 뜻이었습니다. 외람된 표현입니다마는, 앞으로 저는 제 연구실에 두고 온 저 「자유」를 그리워하게 될지도 모르겠습니다.

대법원장님, 대법관님, 그리고 이 자리에 참석하신 법관 및 직원 여러분!

그러나 저는 역시 마음을 다잡고 새로운 각오로써 대법관의 일에 임하고자 합니다.

저는 우리 법원의 그 자랑스러운 전통 안에 다시 몸담게 된 것이 기쁩니다. 법원 안에 계신 분들에게는 뚜렷이 느껴지지 않을는지 모르겠습니다마는, 우리 법원은 의심할 여지 없이 가장 뛰어난 능력과 자질을 갖춘 분들로 구성되어 있으며, 무엇보다도 우리 사회가 농업을 중심으로 한 저개발의 사회에서 민주화와 산업화의 두 목표를 모두 달성하는 엄청난 변화 속에서 그 사이에 제기된 무수히 많은 법적 과제들을 커다란 잘못 없이 처리하여 왔습니다. 올해가 건국 60주년이라들 하는데, 20세기 중반에 식민지상태로부터 벗어난 여러 나라들 중에서 우리나라의 법원만큼 일반적인 효력을 가지는 객관적 법을 적용하여 적정하고 신속한 재판을 함으로써 국민생활의 법적 기준을 제시하고 법적 분쟁의 고통을 타당하게 해결하여 온 예는 없다고 자부하여도 좋을 것입니다. 저 김병로 선생 이래로 우리 법원은 정치권력의 자의적 행사를 억제하고 국민의 기본적 인권과 권익을 보호한다는 확고한 사명의식을 가지고 이를 실행하여 왔습니다. 물론 그 사이에는 잘못도 없지 않았습니다. 그러나 우리 법원은 항상 「올바른 법」에 대한 목마름으로 사정이 허락하는 한 최선을 다하여 잘못을 바로잡아 왔습니다. 그러므로 우리 법원은 「자랑스러운 전통」이라는 말을 써도 조금도 부끄럽지 않다고 생각합니다.

그런데 전통은 변화하는 현실 안에서 항상 재창조되어야 하며, 옛 것을 그대로 따르고 있어서는 이를 지켜갈 수 없다는 것을 역사는 가르쳐 줍니다. 저는 대법관으로서 우리 법원의 전통을 지키고 재창조하는 데 부족하나마 저의 역량과 정성을 모두 기울이겠습니다.

그렇게 하려면 무엇보다도 사건 사건마다 그 배후에 놓인 생활관계의 속살을 생생하게 직관할 수 있도록 정신의 탄력을 잃지 말고 상상력과 감수성을 예리하게 연마하는 것이 필요하다고 생각합니다. 법률요건과 법률효과의 틀에서 한걸음 물러나서, 제가 존경하는 독일의 법학자 사비니의 말대로, 「삶에 대한 생생한 직관」이야말로 실무가이든 이론가이든 법률가의 최상의 덕목일 것입니다.

대법원장님, 대법관님, 그리고 이 자리에 참석하신 법관 및 직원 여러분!

제가 대법관에 제청된 것이 알려지자 많은 기자들이 저에게 "당신은 현재 대법관들의 성향으로 보아서 보수입니까, 아니면 진보입니까?" 하고 물었습니다. 대체로 저는 아직 절차가 많이 남아 있으므로 그러한 물음이 적절한지 모르겠다고 말하여 답을 피했습니다. 그러나 저는 생각하고 있습니다. 보수와 진보 사이에서 자신의 입장을 정립하기 전에, 보수이든 진보이든 그것이 온전히 서기 위해서는 「문명」의 바탕이 마련되어야 하고, 우리 사회에서는 아직 문명이냐 야만이냐가 오히려 훨씬 더 큰 문제가 아닌가 하는 것입니다. 문명은 예를 들면 의견이나 입장이 자신과 다르다고 해서 벌레를 눌러 잡듯 상대방을 핍박하지 않는 태도, 어떠한 사람이라도 존엄 있는 하나의 인격으로, 수단이 아니라 목적으로 대하는 태도라고 믿습니다. 그러므로 한편으로 포스트모던과 정보화의 구호가 요란하면서도 다른 한편으로 「근대적 인간」의 품성이 보편화되었다고 하기 어려운 우리 사회에서 법은 무엇보다도 바로 그러한 개명된 태도를 체현한다는 점에서 어떠한 의미에서는 가장 과격하다고 해도 좋을지 모릅니다.

대법원장님, 대법관님, 그리고 이 자리에 참석하신 법관 및 직원 여러분!

　저는 앞서 말씀드린 대로 대법관의 직무를 시작하면서 기쁨과 불안이 교차하는 마음으로 이 자리에 서 있습니다. 새로 배우고 익혀야 할 것이 매우 많습니다. 여러분께 도움을 청합니다. 게으르고 무능한 저를 도와주시기를 부탁드리면서, 대법관 취임의 말씀을 마칠까 합니다.

　대단히 감사합니다.

법원사람들 2008년 10월호, 36면 이하

03
법원 들어오기

1.

대법원으로 오자 바뀐 것은 먼저 내 일의 외적인 환경이었다.

연구실보다 훨씬 넓은 '집무실'이 생겼다. 억지로 가득 채워 넣어 서가書架에 이중삼중으로 꽂히고 가로세로로 첩첩이 쌓여 있어서 책상과 의자가 간신히 놓일 자리조차 잡아먹을 듯이 연구실을 채우던 책이나 기타 자료들은 집무실과는 따로 구획된 종전에 '접견실'이라고 불리던 공간으로 점잖게 물러났다. 그리고 주해서나 대표적인 교과서와 같이 항상 좌우座右에 두고 보아야 할 것들만 황송하게도 유리문까지 좌우로 달려 있는 집무실의 붙박이 책장에 꽂아 두었다. 책상에 앉아서도 멀찍이 놓인 텔레비전을 틀어 볼 수 있다.

또 집무실에는 샤워실을 겸한 전용 화장실이 딸려서, 내가 앉아 기록을 읽는 의자에서 열댓 걸음 정도만 걸으면 바로 거기 있다. 리클라이너를 놓아두어서 낮잠을 자거나 다른 책을 읽을 수 있는 '사실私室'이라는 것도 바로 붙어 있다. 취임 얼마 후에는 부족한 운동을 메울 수 있도록 체련용 자전거까지, 비록 지금까지 한 번도 이용한 일은 없지만, 거기에 설치되었다.

2.

그리고 나를 도와주는 사람들이 생겼다.

나의 '대법관 방'에는 여직원이 셋 있다. 또 관용차를 운전하는 기사에다가 비서관도 있다. 학교에 있을 당시 우표를 사거나 등기우편물을 부칠 때면 직접 우체국에 가야 했었으나, 대법원에 온 후로 나는 한 번도 우체국에 간 일이 없다. 연구실이 지저분하면 또는 그냥 어수선한 마음을 달래기 위하여 대걸레를 들고 연구실 바닥을 닦곤했었는데, 이제 방 청소는 내가 하지 않는다. 언젠가 무슨 서면을 작성할 일이 있어서 새벽에 집무실에 나왔을 때, 아침 6시쯤에 청소 아줌마들이 방방을 돌아다니며 쓰레기통을 비우고 진공청소기로 집무실의 카펫을 문지른다는 것을 알게 되었다.

무엇보다도 나에게 전속연구관이 셋 배속되었다. 지금까지 나와 함께 일한 전속연구관들은 대체로 나로서는 그야말로 '놀랍다'고밖에 형용할 말이 없는 능력과 성실함을 보여 주었다. 나는 특히 실무 처리의 기준 또는 요령이라는 것으로서 익숙하지 않은 점이 많아서, 쉴새없이 물어보았다. 대법원은 여전히 사건의 최종심으로서, 단지 이른바 '법률문제'를 해결하는 것만으로 족한 처지는 분명 아닌 듯하다.

3.

한편 일하는 방식도 바뀌었다.

그 방식을 보여주는 지표의 하나는 언제나 시간 씀씀이다. 나는 교수로 있을 때와는 달리 이제 대체로 정하여진 시간에 출근해서 정하여진 시간에 점심을 먹고 정하여진 시간에 퇴근하는 사람이 되었다. 대법원에 오고 며칠 되지 않아 처음으로 점심을 하려고 대법관식당으로 갔을 때의 일이다. 학교에서 늘상 그랬듯이 점심시간인 12시부터 1시 사이이면 아무때나 괜찮으려니 생각했다. 대법관식당의 문을 열어젖힌 것이 아마 12시 45분쯤이었을 것이다. 식당 안에 앉아 있던 대법관들의 시선이 일제히 나에게 쏠렸다. 그리고 어느 대법관이 왈 "아이고, 이제야 오시는군요." 무슨 실수라도 했다는 말인가? 알고 보니, 대법관들은 '다른 식당이용자들이 불편하지 않도록' 12시 25분을 전후하여 식당에 모인다는 것이다.

이제는 12시 25분에 대법관식당으로 가고, 1시 10분쯤 내 방으로 돌아온다. 이제는 드물기는 하지만 그날 중으로 처리하여야 할 일이 남아 있어도 그 사이에 비서관이나 다른 직원이 방을 정리하고 퇴근하도록 저녁에 일단 집으로 퇴근하였다가 다시 집무실로 온다. 집이 대법원에서 가까운 것이 다행이다. 전에는 관악산 밑의 어둠을 창밖으로 보면서 밤새 일하는 일도 드물지 않게 있었지만, 이제는 그리하지 않는다. 전에는 집에서 점심을 하고 연구실로 나오는 일도 없지 않았지만, 또 아예 하루 종일 학교에 나가지 않는 일도 있었지만, 이제는 그리하지 않는다.

내 처는 이런 출퇴근 시간의 변화를 아주 기꺼워한다. 다만 토요일이나 일요일에도 '출근'하는 버릇이 바뀌지 않은 것에는 여전히 불만이다. 학교 있을 때부터 주말의 고요함이 좋았다. 나는 웬만해서는 집에서 일하지 않는다.

4.

대학은 무엇보다도 자유를 바탕으로 한다. 기본적으로 3시간 단위의 강의(그 중 하나는 대학원에서 한다)를 한 학기에 셋 맡아 하는 것 외에 의무로 하여야 하는 일은 없다고 해도 좋다. 무슨 일을 어떻게 할 것인가를 자신이 정한다. 누가 무슨 일을 청하든 내가 마음이 내키지 않으면 안 한다. 무엇을 연구할 것인가, 무슨 책 또는 무슨 글을 읽고 어떠한 내용의 글을 어떠한 형식으로 쓸 것인가, 언제 어디에 발표할 것인가는 각자가 스스로 알아서 할 일이다. 판사처럼 일이 바깥에서 주어지지 않으며, 자신에게 배당되어 처리하여야 하는 그 '사건'이란 게 없다.

그리고 나는 교수로서 혼자 일했다. 혼자 책이나 논문이나 기타 자료를 찾고, 혼자 나의 연구실 책상에 앉아서 그것을 읽고, 혼자 생각하고, 혼자 글을 썼고, 내 이름으로 발표하였다. 어느 외국 민법학자의 말대로 "내가 썼다는 것은 내가 쓴 것이다(Was ich geschrieben habe, habe ich geschrieben)." 내가 초를 잡고, 내가 원고를 쓰고, 교정을 보았다. 그리고 강의를 맡아서도 혼자 강의실에 들어가 강의를 했다.

나는 이 자유, 그리고 이 혼자서 하는 일이 좋았다. 내가 아침에 늦게 일어나든, 골프장에 가든, 헌책방을 돌아다니든, 소설을 읽든, 밤 늦게까지 연구실에 남아 일하다가 피곤에 절어 집으로 돌아오든, 혹은 연구실에서 밤을 꼬박 새우든, 또 그 무엇을 하든 또는 안 하든, 내가 알아서 내 책임으로, 내 마음의 불꽃으로 하는 것이다. 내가 일할 때 내 옆에는 언제나 아무도 없었다.

5.

법원에서는 그렇게 할 수 없었다. 그렇게 되어 있지 않았다.

우선 법관은 재판을 주된 업무로 한다. 재판이란 결국 소송사건을 처리하는 것이다. 그리고 그 사건은 법관이 만들어내는 것이 아니라 국민 또는 검사와 같은 다른 사람이 법원에 '제기'하는 것이다. 국민 등이 법원에 소를 제기하지 아니하면 사건이란 성립하지 않고, 사건이 없으면 법원 일, 즉 법관의 일은 없다.

또 사건이 있더라도 법관은 자신이 하고 싶은 사건을 골라서 맡지 못한다. 나에게 배당되는 사건만이 내 몫이다. 배당은 어떤 사람의 의사를 배제하는 엄격히 객관적인 기준에 의하여 행하여져야 한다. '객관적인 기준'의 적용이란 배당받는 법관의 취향이나 기호嗜好 또는 희망이 개입할 여지가 없다는 뜻이 된다. 나는 내가 대학에서 그 분야의 전임이었던 민사의 사건뿐만 아니라, 형사사건, 행정 기타 특별사건도 처리하여야 한다.

그리고 이제 나는 혼자 일하지 않는다. 나는 다른 대법관들, 그리고 전속과 공동조의 수많은 재판연구관들과 같이 일한다. 내가 주심인 사건의 판결이라고 해도, 그 구상에서부터 최종의 표현까지 구석 구석 빠짐없이 모두 나의 머리와 손에서 나왔다고는 할 수 없다.

또 나는 나의 법의견에 좇아서만 일하지 않는다. 내가 이른바 판례의 태도를 다 수긍할 수 없고 그것에 반대라고 하여도, 그것이 그 나름대로 합리적인 것이라면, 또는 지금 '판례'의 변경을 주장하여 문제를 전원합의체의 논의에 돌리는 것이 반드시 현명한 것이 아니라고 생각되면, 나는 종래의 판례에 좇아 재판한다. '판례'에 좇아 행하여지는 법관 기타 법률가들의 실무 처리(거기에는 주장과 입증을 그에 맞추어서 해 온 변호사들의 일도 포함된다), 나아가서는 국민의 법생활을 뒤집는다는 부負의 무게를 아울러 생각하지 않을 수 없는 것이다. 교수로서는 그렇게 하면 안 된다. 법문제에 대한 대답은 때로는 서로 백중하게 설득력을 가지는 의견들 중에 하나를 선택하는 것으로 제시된다. 나는 이 해결이 보다 더 설득력 있다고 보지만, 다른 사람은 저 해결이 더 동의할 만하다고 생각한다. 나는 논문을 써서 내 의견을 애써 변호하여 논증하고 남을 설득하려 한다. 법관이 되었다고 해서 내 생각이 하루아침에 바뀔 수는 없고, 나는 여전히 이 해결이 더 낫다고 본다. 그러나 나는 나의 법의견이 아니라 판례 기타 '객관적 법'에 따라 재판하여야 하는 것이다.

6.

내가 사법연수원을 수료한 다음 군법무관으로 병역을 마치고 서울민사지방법원 판사로 임명된 것은 1979년 11월 1일이었다. 당시

덕수궁 옆의 서울 법원 구내에 있던 제1신관 건물의 7층에서 합의부 좌배석 판사로 일했다. 통상 '신청부申請部'라고 불렸던 제16부(서울 민사지법의 수석부장판사가 이 부의 부장을 맡았다)에서 1년 정도 가압류·가처분이나 회사정리 등의 사건을 처리하기도 했다. 1982년 봄에 서울형사지방법원으로 전보되어 항소부에 있던 중 그 해 7월에 서독 「해외학술교류처(DAAD)」의 재정적 지원을 받아 통일 전의 베를린으로 가서 베를린자유대학에서 공부하다가 1983년 10월에 돌아왔는데, 귀국하기 전에 이미 부산지방법원으로 발령이 나 있었으므로 부산으로 가서 민사단독판사로 일하였다. 그러다 1984년 6월부터 대통령비서실로 파견을 나가 있는 중에 법관직을 사임하고 1985년 6월 1일자로 서울대학교 법과대학으로 일터를 옮겼다. 그러니까 판사직에 있었던 것이 5년 반쯤이고, 그 중에서 재판 일을 한 것은 도합 3년이 조금 넘었다. 그리고 대법관으로 임명된 2008년 9월 8일까지 나는 23년이라는 긴 세월을 법원 밖에 있었다.

학교에서 알게 되는 법원 소식이란 대체로 『법원공보』 또는 『판례공보』를 통하여 읽는 대법원의 재판례들이었고, 그 외에는 그저 가까이 지내는 사람들 중 여럿이 판사이거나 변호사이거나 해서 그들을 만나는 이러저러한 기회에 그들로부터 법원에 대한 이야기를 듣는 것뿐이었다. 그들이 하는 법원 이야기는 사건보다는 전보轉補나 무슨 '승진' 등과 같이 인사에 관한 것이 오히려 많았다. 그러한 것은 아무래도 나와는 상관없는 '남의 일'이었다.

사람은 남한테서 들은 것만 가지고는 어떠한 대상을 잘 파악할 수 없는 법이다. 판사로서의 경험과 견문은 시간이 갈수록 아득히 멀어지고, 나는 점차로 내가 몸담아 일하고 있는 대학의 교수로서 사물을 보고 생각하게 되었다.

7.

내가 대법관으로 처음 처리한 일은 「출국가능확인요청서」라는 서류에 '허가' 도장을 찍은 것이었다.

대법관으로 임명받은 날 청와대에 가서 임명장 받기, 대법원 건물 16층에서의 취임식, 그리고 대법원장 및 내가 속하게 된 제3부의 김영란·이홍훈·안대회 대법관과 오찬을 마친 후 오후 2시쯤 대법원 704호의 내 자리에 처음 앉았을 때, 내 책상 위에는 「결재」라고 적힌 회색의 파일이 덩그러니 놓여 있었다. '결재'라는 말 자체도 낯설었지만, 그 안에 들어 있는 「출국가능확인요청서」라는 제목의 서면이 무엇인지, 어째서 이게 여기서 나를 기다리고 있는지, 나는 전혀 알 수가 없었다. 그래서 '전속연구관'으로 있는 이원범 부장판사에게 물어보았다. 법원에서 형사재판을 받고 있는 피고인이 해외로 출국하려는 경우에 법무부장관은 그 출국을 금지할 수 있는데, 그와 관련하여 재판부의 의견을 묻는 것이라고 했다. 이 부장이 간략하게나마 적어준 바에 따라 찾아보니, 아닌게아니라 그에 관련되는 법규정으로 출입국관리법 제4조 제1항 제2호, 같은 법 시행령 제1조 제1항이 있었다. 그런데 그 시행령 조항은 "법무부장관은 법 제4조 제1항에 따라 **출국을 금지하려면** 그 기간을 정하여 금지하여야 한다. 이 경우 법무부장관은 관계 기관의 장에게 의견을 묻거나 관련 자료 제출을 요구할 수 있다"라고 정하여져 있었고, 출국하여도 좋다고 판단되는 경우에 대하여는 아무런 말이 없었다. 그러면 법무부장관(또는 그에 관한 권한을 위임받은 또 누구. 여기서는 어느 곳의 경찰서장이었다)은 이 사건에서 무슨 이유가 있어서 피고인의 출국을 금지하려는 것인가 하고 물었더니, 이 부장은 그것이 아니라 출국을 허용하려고 하는 경우에도 법원에 의견을 묻는 것이 상례라고 하면서, 덧붙이기를 상고심에서는 해외도피의 우려가 있다는 등의 특별한 사정이 없는 한 출국에 반대하는 경우는 없다고 한다. "별일을 다 하는군" 하고 생각하면서 그대로 도장을 찍어 처리했다.

8.

나는 이제 김 아무개, 이 아무개와 같은 구체적인 사람의 일을 다루게 된 것이다. 그 사람에게는 자기만의 주민등록번호가 있다. 피와 살의 육신을 가지고, 또 다른 구체적인 사람 누구의 자식이고, 가족이 있고, 무슨 직업으로 생계를 세우고, 슬프면 울고 기쁘면 웃고 흥분한다. 그리고 그는 비록 형사피고인이 되었어도 해외로 여행을 가야 할 일이 생길 수 있다. 그 사람은 그 사람만의 '이야기'를 배경으로 해서 또는 그 '이야기'를 들고 법원에 오는 것이다.

내가 공부한 법 책이나 논문에 나오는 사람은 피와 살의 육신을 가진 바로 그 사람이라기보다는 매도인, 임차인, 가해자, 피해자, 남편, 어머니 등의 추상적인 지위로 표상되는 무형인無形人이다. 이론의 세계에는 그러한 사람만이 사는 것이다. 재판례를 읽을 때에도 거기 나오는 원고 또는 피고가 김갑돌 씨인지, 이을숙 여사인지, 그 래야만 할 특별한 경우라면 모를까, 별다른 주의를 기울이지 않았었다.

물론 법이론도 그 실무에서의 적용을 아예 외면할 수는 없고, 이를 끊임없이 염두에 두어야만 한다. 사비니가 말한 대로, "이론 과 실천 사이의 분리가 절대적인 것이 되면, 불가피하게 이론은 공 허한 유희로, 실천은 단순한 수공작업으로 퇴화할 위험이 발생한 다."(Savigny, *System des heutigen Römischen Rechts*, Bd.1(1840), Vorrede, S.XX. 사비니, 『현대로마법체계』 서언, 양창수 편역, 독일민법학논문선(2005), 8면 이하)

법에 관련한 이 두 종류의 활동 중 실무는 법의 적용을 맡는다. 그 런데 법의 적용이란 형식논리학의 삼단논법을 훨씬 뛰어넘는 것이 다. 그 점을 단적으로 보여주는 좋은 예는 사실인정이라는 작업이다 (이에 대하여는 실무에서도 최근에야 관심이 기울여지고 있다. 우선 사법발전재 단 편, 법관의 의사결정. 이론과 실무(2010)에 실린 관련 논문들 참조). 대법원 은 법률심이라고 하지만, 실제의 사건에서 상고이유로 주장하는 바 를 들여다보면 여전히 사실을 잘못 인정하였다는 것이 적지 않은 부 분을 차지한다. 앞서 말한 1983년에 독일에 가서 잠시 베를린지방법 원에서 '참관(Hospitation)'을 하고 있을 때 들은 바로는 그곳의 민사소 송에서 사실관계가 다투어지는 경우는 많지 않다는데,[1] 우리의 경우

─────── 1 내가 배치된 부의 쿠취바흐(Kutzschbach) 부장판사가 그 예외라면서 든 것이 다음의 둘이었다. 하나는, 원고가 시발 몇 초인가 안에 시속

는 이와는 사뭇 다른 것이 실정이다. 그리고 지금까지 우리 실무도 사실의 인정에 적용되어야 하는 이른바 '논리와 경험의 법칙'을 위반함으로써 자유심증주의의 한계를 일탈한 경우는 이를 법령의 위반으로 보아 적법한 상고이유에 해당한다는 태도를 취하고 있음은 주지하는 대로이다(민사소송법 제423조, 형사소송법 제383조 제1호 참조). 그러나 적어도 내가 대학교수로서 전공한 민법해석론은 사실인정에서의 그러한 '논리와 경험의 법칙'의 구체적인 내용과는 전혀 상관없는 것이었다(이 점은 소송법학자라고 해서 크게 달라지지 않는다고 추측된다). 내가 읽고 공부한 책이나 논문에서는 예외없이, 부동산매매계약은 이미 체결되었고, 매수인은 대금을 지급하지 않아서 그 채무를 불이행했거나 대금을 다 지급하여서 대금채무는 소멸하였으며, 혹은 매도인은 매매계약을 체결하면서 목적물의 성상性狀에 관하여 잘못된 관념을 품고 있었다. 그러나 실제의 사건에서 상대방은 매매계약이 체결되지 않았다고 주장하고, 매수인은 대금을 다 지급했고 매도인은 다 지급받지 못했다고 주장하며, 매수인은 매도인이 목적물

100km에 도달한다고 해서 일본 자동차를 샀는데 아무리 해도 그렇게는 안 된다고 주장하여 하자담보책임을 묻는 소송에서 피고는 그 예정된 성능대로라고 다투어서 감정을 해야 했던 사건이었다. 다른 하나는, 채무자의 어머니에게 보증책임을 묻는 소송에서 피고가 보증사실을 다투면서 보증서상 서명의 진정성립을 부인한 사건이었다. 또한 당시만 해도 우리는 상대방이 제출한 서증에 대하여 일일이 그 진정성립의 인정 여부를 밝혀야 했고, 이를 시인하지 않는 한 상대방이 이를 입증하여야 했는데, 거기서는 요즈음의 우리처럼 특별히 다투지 아니하는 한 진정성립 여부는 아예 문제되지 않았다.

68

의 진정한 성상을 다 알고 있었다고 주장한다. 그런데 어떠한 내용
의 어떠한 증거가 어느 만큼 있으면, 매매계약은 체결된 것으로, 대
금은 지급된 것으로, 매도인은 착오에 빠졌던 것으로 사실인정되는
가? 어떠한 경우에 김갑돌 씨가 이을숙 여사를 살해하였다는 것에
"합리적인 의심의 여지가 없다"(형사소송법 제307조 제2항)고 할 수 있
는가? 소송기록을 읽은 일이 아득히 먼 기억으로 있는 나는 머리 한
구석에 일말의 불안을 떨칠 수 없었다.

법원사람들 2011년 6월호, 22면 이하; 8월호, 24면 이하

04
대법원에서 책 읽기

1.

대학원에서 내 지도를 받은 바 있는 인하대학교의 박인환 교수가 일본에서 구입한 신간서적 한 권을 얼마 전에 가져다주었다. 오쿠다 마사미치(奧田昌道) 교수의 『분쟁 해결과 규범 창조(紛爭解決と規範創造)』(2009년)라는 것인데, '최고재판소에서 배운 것, 느낀 것'이라는 부제가 붙어 있다. 오쿠다는 일본의 최고재 판사로 일한 대학교수로서, 이 책에서 그의 최고재 시절을 말하고 있는 것이다. 이런 종류의 책으로는 그 외에 도쿄대학의 헌법 교수이었다가 역시 최고재 판사로 일한 이토 마사미(伊藤正己)의 『재판관과 학자 사이』(1993년) 등이 있는 줄로 안다.

2.

오쿠다의 이름을 들었거나 그가 쓴 글을 읽어 본 사람도 있을 것이다. 그는 교토대학에서 죽 민법 교수로 있다가 1996년에 정년으로 퇴직하고 '스즈카(鈴鹿)국제대학'이라는 귀에 익지 않은 대학으로 갔다. 그러던 중 1999년에 최고재판소 판사가 되었다가 2002년에 거기서 만 70세로 역시 정년퇴직하였다. 그 후 다시 도시샤(同志社)대학의 교수로 갔고 2008년 초에 여기서도 물러났다. 결국 1932년 생인 그는 만 75세까지 대학교수를 한 셈이고, 이처럼 '정년퇴직'을 세 번 한 드문 경력의 소유자다.

대표적인 저서로는 체계서로 『채권총론』(1982년 초판, 1992년 증보판. 나에게는 그야말로 즐겨 들추어 보는 '좌우座右의 서書' 중의 하나로서, 2002년에 내가 도쿄대학에 8개월 동안 머무르고 있을 때 만난 어느 일본 교수는 "일본민법학 최고의 저서"라고 칭찬한 바 있다), 그리고 논문으로는 무엇보다도 『청구권 개념의 생성과 전개』(1979년)가 있다.

3.

오쿠다는 주로 글을 통해서 알게 되었지만, 이호정 선생님이 한참 전에 나에게 들려 준 에피소드가 머리에 남아 있었다. 이 선생님은 1970년부터 1972년까지 독일 쾰른대학에 가서 민법 및 국제사법 교수인 케겔(Gerhard Kegel) 교수(그는 2006년에 93세의 나이로 서거하였다. 그의 짧막한 회상록 *Rumor und Humor* (1997년)는 법학교수의 글이라고 믿어지지 않을 만큼 흥취와 유머, 그리고 안목이 있다)의 「국제사법 및 외국사법 연구소」(독일의 교수들은 이러한 연구소를 하나씩 '꿰차고' 있는 것이 상례이다)에서 연구를 하신 일이 있다(그 후 1977년에도 잠깐 가 계셨었다). 오쿠

다는 그 전의 1961년부터 같은 연구소에 있었고,[2] 귀국 후에도 케겔

────── 2 그 재독연구의 성과는 'Über den Anspruchsbegriff im deutschen BGB(독일민법전상의 청구권 개념에 대하여)'라는 논문으로 1964년에 독일의 가장 권위 있는 민사법 전문 잡지의 하나인 *Archiv für die civilistische Praxis*(통상 AcP로 약칭된다), Bd. 164, S.536ff.에 실렸다. 내가 아는 한 이 잡지에 실린 일본 학자의 글로서는 최초의 것이다. 같이 교토대학에서 민법 교수를 하던 키타가와 젠타로(北川善太郎) 교수의 'Das Methodenproblem in der Dogmatik des japanischen bürgerlichen Rechts(일본민법학에서의 방법문제)'는 1966년에 AcP, Bd.166, S.330ff.에 게재되었다.

기회에 덧붙이자면, 키타가와는 1970년에 *Rezeption und Fort-bildung des europäischen Zivilrechts in Japan*이라는 책을 독일의 법률 전문 출판사 Alfred Metzner Verlag에서 출간하였는데, 이것이 내가 아는 한에서는 민법 분야에서 일본 학자가 처음 독일어 단행본을 낸 것이다. 위의 책은 키타가와가 1968년에 출간한『일본법학의 역사와 이론 ─ 민법학을 중심으로』를 독일적 시각에 맞추어 재구성한 것이다. 한편 위『일본법학 …』(나는 이 책을 군법무관 시절에 숙독하였고, 그의『계약책임의 연구』에서와 같이 많은 것을 배웠다. 서재에서 다시금 이 책을 꺼내 보니, 속표지에 '1977. 4. 25. 淳惠 아주머니로부터'라는 기입이 있다. '순혜 아주머니'는 일본에서 재일교포로 자라다가 대학 졸업 후 서울에서 공부한 나의 친척으로 당시 일본과 왕래가 있어서 책의 구입을 부탁하였었다)에서 전개된 이른바 법전계수法典繼受와 학설계수學說繼受 및 그로 인한 '일본민법의 이중구조'의 이론은 교토대학에서 키타가와의 지도로 박사학위를 취득한 정종휴 교수에 의하여 위 이론으로 설명이 시도된 독일/일본 사이의 민법전이轉移 관계를 일본/한국 사이에도 적용되는 것으로 새롭게 전개됨으로써 우리와도 아주 관계없는 것은 아니게 되었다. 정 교수가 그 학위논문을 바탕으로 일본에서 출간한『한국민법전의 비교법적 연구』(1989년. 일본어)의 주요한 취지는 일본민법의 이중구조(일본민법전에서의 프랑스적 제도가 독일 학설의 압도적 영향 아래 독일식으로 설명·해석되는 것과 같은 법전과 학설의 괴리현상)가 우리 민법전에

과 죽 문통文通이 있었다. 이 선생님이 케겔로부터 들은 바에 의하면, 오쿠다가 보내는 편지는 항상 정중하면서도 정성을 다한 것으로서 ("사람이 아주 좋지." Er ist sehr nett!), 그 안에 반드시 성서 구절을 인용한다고 한다.

4.

지난번(법원사람들 2011년 4월호, 24면. 본서 47면 이하)에도 말했지만, 나는 대법관으로 임명되기 전에 일본의 사법학회로부터 2008년 10월 12일부터 나고야에서 채권법 개정을 주요한 테마로 하여 열리는 정기학술대회에서 우리나라의 민법개정작업에 대하여 말하여 달라는 요청을 받고 응낙한 바 있었다. 그리고 대법관으로 제청된 2008년 8월 2일 전에 이미 원고를 보냈었다. 나는 나를 위 학회 초청을 알선한 도쿄대학 오무라 아츠시(大村敦志) 교수의 소개로 그 학회장에서 처음으로 오쿠다를 만나 인사를 나누었다. 그는 이호정 선생님으로부터 들은 대로 온화한 신사의 풍모를 하고 있었는데, 그는 만 76세의 나이에도 불구하고 놀랄 만큼 젊어 보였다. 그 자리에는 그의 제자인 교토대학의 야마모토 케이죠(山本敬三) 교수도 같이 있었는데, 야마모토와 점심을 같이 하면서 그로부터 오쿠다는 스포츠를 좋

서 일본민법학의 성과를 법조문화함으로써 입법작업을 통하여 해소되었다는 것이다. 이에 대한 나의 비판적 평가를 간단하게 피력한 것이 "지정토론: 비교법적 시야에서 본 한국민법전", 민법연구, 제3권(1995), 149면 이하[원래는 법사학연구 제12호(1991), 139면 이하]이다.

아하여 교토대학 OB야구팀의 투수를 했었고, 도시샤대학에서도 야구팀 감독을 맡았다고 들었다. 또 최고재 판사 시절에도 오쿠다는 최고재 부근에 있는 해자로 둘러싸인 왕궁(그들은 '황거皇居'라고 부른다)의 주위를 조깅으로 돌았는데, 우스운 것은 비서관이 같이 뒤를 따라 뛰었다는 것이다.

5.

그런데 오쿠다의 이번 책에 의하면, 그가 왕궁 주위를 뛰기 시작한 것은 최고재를 퇴임하는 해의 4월부터이다. 그 전에는 아침에 "나의 숙사에서 1.7킬로미터 정도 떨어져 있는 요요기(代代木)공원"을 뛰는 것이 일과이었다. "사철마다 계절의 변화를 즐길 수 있고, 이른 아침의 공원은 공기도 맑고 갖가지 나무의 푸르름이 신선하여 실로 상쾌하다. 심신의 재충전에 최적이라고 생각했다." 그런데 다른 최고재 판사의 제안으로 한 달에 한 번 왕궁 주위를 달리는 모임(「오쿠다 스쿨」)이 만들어졌다. 이 달리기 팀 외에 걷기 팀도 있어서, 앞서 말한 제안자가 그 팀의 리더이다. 아마 오쿠다의 비서관은 이 달리기 팀에 속해서 같이 뛰었던 모양이다(17면 이하).

오쿠다의 '격무에의 대처법' 제2호가 야구, 특히 투구 연습이다. 그는 고교 시절부터 야구를 즐겨서 처음에는 포수를 했는데, "2루까지 볼을 던지지 못하여 포수 실격이 되었다. 그 활로를 투수에서 찾았다. … 연투형軟投型의 기교파 투수로 자임하고 있다." 최고재로 와서 1개월 정도 되었을 때 최고재 건물의 지하 주차장에서 비서관에게 포수 역할을 맡기어 캐치볼을 하기 시작했다. 그런데 조금 있다가 불평이 들려서 거기는 그만 두고 지상으로 올라와, 별로 이용되지 않는 배드민턴 코트에서 1주일에 한두 번, 낮 휴식시간에 30분 정도 한다는 것이다. 그 후 '도쿄지방재판소 재판관 야구 클럽'의 멤버가 되어 일 년에 한두 번 사법연수생 팀과 시합을 하였다. 오쿠다는 자신이 "선발투수를 하였음"을 자못 흐뭇해 하면서 "연수생들은 나로부터 홈런이나 장타를 뽑아내는 것을 자랑으로 생각하고 있다"고 덧붙인다(18면 이하).

6.

대법원으로 온 후로 차분히 앉아 책을 읽는 시간이 훨씬 줄었다. 법 관련의 전문서적으로 끝까지 읽은 것은 심헌섭 선생님이 번역하신 『켈젠의 자기증언』, 서을오 교수의 『물권행위론에 관한 학설사적 연구』 정도이다. 대개는 서문을 읽고, 또 목차를 보고 흥미롭다고 생각되는 부분을 들추어 몇 면 읽다가 만다. 학교에서는 저서를 보내 주신 분이 있으면 감사의 표시로 그 책에 대한 감상 같은 것을 정리해서 보내곤 했다. 그것이 최소한의 예의라고 생각했다. 이런 글들을 모아 발표하기까지 했다("書信으로 쓴 讀後感 — 非正統的 書評에서조차 벗어나서", 서울대학교 법학 제48권 4호(2007.12), 331면에서 350면까지).

이제 밀려드는 그 많은 사건은 제대로 된 책 읽기에 반드시 필요한 '일정한 길이의 조용한 시간'을 허락하지 않는다. 당장의 사건 처리에 필요한 '참고자료'로서의 문헌을 숨가쁘게 읽어 내려가는 데 바쁘다. 그 외에는 이처럼 짤막하고 가벼운 글이 고작인 것이다.

그리고 오쿠다의 이 책에서도 제1부의 "최고재판소 판사의 일
상"(다 합해 20면이 채 안 된다)을 읽었을 뿐이고, 정작 '중요한' 제2부
("인상에 남는 사건과 판결"), 제3부("이제부터의 학자, 법조, 학생에 대한 멧시
지")는 들추어 보거나 띄엄띄엄 읽기만 했다.

법원사람들 2011년 10월호, 20면 이하

∽

후 기

교수가 일본 최고재의 판사를 지낸 후 그 시절에 대하여 써
서 낸 책으로는 그 후 도호쿠(東北)대학의 행정법 전공인 후지
타 토키야스(藤田宙靖) 교수의『최고재 회상록: 학자법관의 7년
반(最高裁回想錄: 學者判事の七年半)』(2012)과『재판과 법률학: 최
고재 회상록 보유(裁判と法律學:『最高裁回想錄』補遺)』(2016)가 있
다.

또 도쿄대학의 형법 교수를 지내다가 정년퇴임한 후 최고재
판사를 지낸 단도 시게미츠(團藤重光)의 자서전『내 마음의 여
로(わが心の旅路)』(1986)에도 최고재 시절의 회고가 포함되어 있
다(247면 이하).

05
대법관들,
그리고 빌려준 책 이야기

1.

미국 연방대법원의 대법관들은 서로를 「형제(brother)」로 부른다고 한다.

『워싱턴 포스트』지의 기자 시절, 동료 칼 번스틴과 함께 워터게이트 사건 보도에서 맹활약을 하여 그 신문이 1973년 공공봉사 부문 퓰리처상을 받는 데 커다란 공헌을 한 밥 우드워드는 1979년에 스콧 암스트롱과 공저로 『형제들(*The Brethren*)』이라는 책을 공간한 바 있다. 그 제목은 바로 위와 같은 대법관들끼리의 호칭에서 유래하는 것으로서, 그대로 번역하자면 오히려 '연방대법관들'이라고 해도 좋으리라.

2.

얘기가 잠시 빗나가지만, 그 내용은 워렌 버거가 대법원장으로 취임한 1969년부터 1976년까지 연방대법원 안에서 일어난 내밀한 일들을 들여다 본 책으로,「연방대법원의 내부(*Inside the Supreme Court*)」라는 부제가 붙어 있다. 이 책은 안경환 교수가 우리말로 번역하여 지금은 『지혜의 아홉 기둥』이라는 제목으로 발행되고 있어서 우리나라에서도 쉽사리 접근·구입할 수 있다. 위 번역서의 제목은 T. E. 로렌스(그 별명이 '아라비아의 로렌스'이다)의 자서전 『지혜의 일곱 기둥 (*Seven Pillars of Wisdom*)』(1922)에 빗대어 아홉 사람의 연방대법관이 모두 '지혜의 기둥'이라는 의미에서 붙인 것이다(과연 그렇게 볼 수 있는 지는 의문이 없지 않다. 우선 양창수, "미국 연방대법원의 나쁜 판결 10선", 민법산책(2006), 12면 이하를 보라. 모름지기 사람이 하는 일이란 어느 것이든 절대화하기에 어울리지 않는다). 한편 『지혜의 일곱 기둥』이란 다시 구약성서의 잠언 제9장 제1절("지혜가 일곱 기둥을 세워 제 집을 짓고…")에서 따왔다. 위 번역서는 1997년에 처음 발간되었을 때부터 『판사가 나라를 살린다』라는 조금은 거창한 제목이었다.

이 책은 우드워드 특유의 방식대로 대법관이나 재판연구원 등과 직접 가진 인터뷰 또는 대법관들 사이에 오간 개인메모와 같이 '공개하지 않기로 한(off-the-record)' 자료 기타를 다양하게 구사하여 이른바「버거 코트」가 위 7년 동안에 낸 중요한 판결들의 상당수에 대하여 그것이 구체적으로 어떠한 '내부 과정'(거기에는 "그러면 귀하가 고집하는 이 판결에 대하여는 내가 양보할 터이니, 저 판결에서는 귀하가 양보하시지요"라는 식으로 놀랄 만한 '흥정'까지도 포함된다)을 거쳐 나왔는가를 상세하게 묘사하고 있다. 그런데 위 책이 발간되고 몇 년이 지난 후 1985년에 포터 스튜어트 대법관이 죽었을 때 우드워드는 위 책의 중요한 자료 제공자가 바로 스튜어트 대법관이었음을 밝힌 바 있다. 우리나라의 '사법저널리즘'은 아직 갈 길이 멀다고 여겨지는 측면이 많은데, 우리나라에서도 머지않은 장래에 이러한 일이 벌어지지 않으리라는 보장은 없다는 생각도 든다.

3.

앞서 말한 우드워드/암스트롱의 책에 대하여는 다른 기억도 있다.

1981년에 내가 서울민사지방법원의 제16부("신청부") 배석판사를 하고 있을 때, 위 책을 손에 넣었다. 지금은 없어졌지만, 당시는 명동 입구에서 지금의 중국대사관까지 사이에 난 좁다란 골목에 영어책 고서점이 몇 개 있었다. 그 서점들은 주로 미8군에서 흘러나오는 책을 모아 오는 것 같았다. 언젠가 우연히 거기에 들렀다가 위 책을 '발견'하였던 것이다.

그때 신청부에서 배석판사로 있던 두 사람은 민원실 비슷한 개념으로 덕수궁 옆의 서울 법원 구내에 있는 이른바 제1신관의 1층 종합접수실 바로 옆으로 판사실을 옮겨서 거기서 일하고 있었다. 이런 일은 그때가 처음이어서 법원행정처장께서 손수 와서 둘러보기도 하였다. 마침 서울고등법원에 계시던 고등학교 선배의 판사님 한 분 (그 전에 미국에 유학하셨었다)이 거기에 오셔서 둘러보다가 내가 틈틈이 읽느라고 책상 위에 놓아두고 있던 이 책을 집더니 "좀 보고 돌려줄게!" 한마디 하고서는 가져가셨다. 그리고는 좀처럼 돌려주지 않았다. 1년이 다 지나고서야 책이 돌아왔는데, 그 책은 표지가 없어지고 제본이 흐트러져 책장이 너덜너덜한 채로 만신창이였다. 물론 그분이 이 책을 사랑하여 다 읽은 흔적을 보는 것은 기쁜 일이라고 하겠지만, 역시 책이란 빌려주는 게 아니라는 생각을 했다.

4.

기왕 말이 빗나갔으니 덧붙이자면, 이런 경험은 또 있다.

1983년에 서독 유학에서 돌아올 때 당시로서는 만만치 않은 투자를 하여 키셀의 『독일법원조직법』 주석서를 구입하고 와서 기회 있을 때마다 들추어 보고 애지중지하고 있었다. 예를 들어, 나는 거기서 "법관이 법관으로서의 직무를 처리함에 있어서 고정된 근무시간에 얽매이지 아니하는 것이 법관의 인적 독립의 한 내용"이라는 것이 '독일의 전통적인 이해'라는 것을 처음으로 알았다. 즉 법관은 재택근무를 할 수 있으며 정해진 시간에 출근하도록 일률적으로 요구하는 것은 '법관의 독립'에 반한다는 것이다(Otto Rudolf Kissel, *Gerichtsverfassungsgesetz : Kommentar* (1981), § 1 GVG Rn.154 (S.166)를 보라. 지금은 Kissel/Mayer, 6.Aufl.(2010), § 1 GVG Rn.154 (S.160) 참조). 아, 비교의 놀라움이여!

언젠가 내 연수원 동기인 어느 판사 친구와 무슨 얘기를 하던 끝에 이 책을 자랑하였더니 잠깐 빌려주면 흥미를 끄는 부분을 복사하고 돌려준다고 한다. 자랑을 늘어놓은 터이어서 거절하기가 민망하였고 또 그도 책을 사랑하는 사람이어서 앞서의 다짐도 잊어버리고 언뜻 내주었다. 그랬더니 얼마 후에 돌아온 책은 원래는 덧씌워져 있던 플라스틱 보호 커버가 자취도 없이 사라지고 복사집에서 꽉 꽉 누르면서 복사를 한 탓으로 책등이 다 허물어져 제대로 된 책꼴 을 갖추지 못하고 있었다. 그런데 그 친구는 그것이 내 마음을 아프 게 하였다는 것을 모르는 것 같았고, 아니면 알면서도 애써 외면했 고, 결국 그에게 싫은 소리 한마디 못하였다.

고고학·미술사학의 김원룡 선생은 당신 소장의 책에 "貧書生元 龍 苦心求得之書 借覽勿過五日 用之須淸淨(가난뱅이 김원룡이 고생해 서 산 책이니, 빌어가면 닷새를 넘기지 말고 반드시 깨끗이 이용하시오)"이라 는 2행 22자의 장서인을 찍는다고 한다(金元龍, 老學生의 鄕愁: 考古學者 의 自傳에세이(1978), 89면 이하). 선생이 1993년에 작고한 후에 그 장서 가 내가 일하던 법대의 건물에서 가까이 있는 박물관에 기증되었다 고 해서 가보았더니 역시 책마다 그 도장이 또렷하게 찍혀 있었다.

남에게서 책 기타 자료를 빌려간 사람은 부디 마음에 새길지어다.

5.

다시 본론으로 돌아가서, 대법관끼리 형제라고 부르는 것에는 일 리가 있다는 생각도 하게 된다(아래에서 '형제'는 넓은 의미로 좁은 뜻의 자매를 포함한다). 여기서 '형제'라는 것은 한 가족에서처럼 누가 형이 고 누가 아우라는 것이 아니라, 같은 목표를 추구하면서 같은 일을 수행하는 친애하는 동료라는 뜻이다.

우선 대법관은 혼자 재판하지 않는다. 적어도 같은 부의 다른 대 법관과 같이 일한다. 아무리 주심이라고 하여도 사건의 올바른 처리를 같이 논의하고 고민할 수 있는 믿음직한 동료가 곁에 있다는 것은 마음 든든한 일이다.

나아가 대법관들은 대등한 자격에서 일한다. 나이가 위이든 아래든, 사법시험 기수가 어떻든, 대법관이 되기 전의 경력이 어떠하든 상관없이 모두 단지 대법관일 뿐이다. 여기에는 흔히 말하는 '부장'이 없고, 그러니 '배석'도 없다. 자신을 대법관으로 제청한 대법원장에 대하여도 재판에 관한 한 조금도 다를 바 없다.

또 대법관은 재판을 함에 있어서 자신의 의견을 말할 권리가 있음은 물론이지만, 자신의 의견을 말하는 것은 그의 직무상 의무이기도 하다. 법의 해석·적용, 나아가 사법司法작용에 관한 다양한 입장이 대법원의 재판에 반영되어야 하는 것이다. 우리 사회에서는 '웃어른'을 공경하여야 한다는 윤리가 여전히 큰 힘을 발휘하고 또한 온갖 종류의 동조同調에의 압박이 노골적으로 또는 은근하게 행사되고 있으나, 대법관은 철저하게 '독립적 개인'의 바탕 위에서 일하여야 한다. 그리고 자신의 의견을 말하는 데에는 때로 용기가 필요하다.

다른 한편 절실하게 느끼는 것은 자신의 의견이 그것을 다른 대법관에게 내세워 설득할 수 있을 만큼 '법적으로 근거 있는 것'이 되도록 끊임없이 사람과 공동체와 법을 성찰하고 반성하여야 한다는 점이다. '독립(independence)'은 또는 '자유'는 어김없이 '덕(virtue)'과 같은 걸음으로 가야 하는 것이다.

한편 더 나아가 생각하여 보면, 대법관뿐만이 아니라 법관이라면 누구나 그리 하여야 하는 것 아닌가. 그것이야말로 출근시간을 정하여야 하는지와는 차원이 다른 근본문제이리라.

법원사람들 2011년 12월호, 22면 이하

06
또 하나의
책 이야기

1.

이번에는 대법관들에 대한 얘기를 본격적으로 하려고 했다. 그러나 지난번에 책 얘기를 잠깐 하였는데(법원사람들 2011년 12월호, 22면 이하. 본서, 77면 이하), 그 후 다시 책에 대하여 쓸 일이 생겼다. 대법관에 대한 얘기는 나중으로 돌리도록 하자.

지난 연말에 지금은 서울에서 연구년을 지내고 있는 도쿄대학의 민법 전공 오무라 아츠시(大村敦志) 교수로부터 다음과 같은 이메일을 받았다. 같은 대학 헌법 전공의 이시카와 겐지(石川健治) 교수가 이메일을 보내 왔다. 2007년에 서울대학교에서 있은 학술대회에서 글을 발표하러 갔을 때 만난 "어떤 민법 교수"가 우카이 노부시게(鵜飼信成) 교수의 장서인이 찍힌 독일어 책 두 권을 자기에게 보여 준 일이 있다. 그 교수의 이름을 깜빡 잊었는데 혹시 누구인지 짐작이 가는 사람이 있으면 알려 달라고 했다. 그래서 필시 양 아무개일 거라고 답신을 했는데, 맞느냐는 것이다. 또 그 책들은 어떻게 해서 가지게 되었냐는 것이다.

2.

나는 2003년 6월에 낙성대 부근의 고서점에서 독일어 법학 서적
두 권을 구입하였다. 하나는 오토 폰 기르케의 『국법國法의 기본개
념』(Otto von Gierke, *Die Grundbegriffe des Staatsrechts*, 1915)이고, 다른 하
나는 나비아스키의 『현대의 국가유형』(Hans Nawiasky, *Staatstypen der
Gegenwart*, 1934)이다. 기르케는 굳이 소개가 필요 없을 것이고, 나비
아스키는 학문적 업적도 그렇지만, 특히 독일의 제2차대전 패전 후
바이에른 주 헌법을 기초한 사람으로 유명하다(그는 뮌헨대학의 교수로
있다가 나치스의 박해를 받아 1934년에 스위스로 망명하였다. 위 책은 스위스의
장크트 갈렌에서 발간되었는데, 저자를 '전前 뮌헨대학 교수'로 소개하고 있다).
그런데 이들 책의 속표지를 살펴보니 거기에 우카이의 장서인이 선
명하게 찍혀 있었다.

그 책들은 고서점 안도 아니고, 바깥에 늘어놓은 가판대 위에 다
른 책과 뒤죽박죽 섞여 있었다. 내가 속표지에 적어 둔 구입날짜를
보면 2003년 6월 9일이다. 그때쯤이면 제1학기 강의를 다 끝내고 기
말시험을 치른 후(그 해의 일정수첩에 의하면 6월 3일 화요일 오후에 물권법
기말고사가 있었다) 성적도 다 낸 터이어서 이제 막 방학에 들어가 마
음이 한결 가벼웠고, 그래서 거기 쌓여 있는 책더미를 들추어 볼 여
유도 있었을 것이다.

3.

우카이는 1930년에 동경제국대학 법학부를 졸업하고 이듬해 경
성제국대학의 강사가, 1943년에 교수가 되었다가, 8 · 15 후에 일본
으로 돌아가 동경대학 교수로 있던 사람이다. 앞서 말한 이시카와는
그에 대하여 외국어를 많이 섞어서 다음과 같이 쓴 바 있다(학자에 대
한 평가라는 것은 그때그때의 사정에 지배되는 바가 많으므로, 그대로 다 믿을
필요는 없다).

"미노베(美濃部達吉) 문하의 리베랄리스트. 전전[= 1945년 전]에는
경성제국대학 법문학부에서 교편을 잡았다. 스마트, 핸섬, 댄디가 그
의 사람됨을 말할 때 늘상 등장하는 단어다. 입헌군주제 아래서의 일
본에서 바이마르공화국의 직접민주주의론을 연구하고, 로크의 『시
민정부론』을 번역하였으며(이와나미문고), 당시 극히 예외적이던 미
국 유학을 감행한 우카이는 근대적 비판정신의 체현자이고자 한 사
람이었다. 그 언설이 문제시되어, 이등병으로 북조선의 국경경비에
보내어진 체험도 있다. 전후에는 동경대학 사회과학연구소를 중심으
로 활약하고 전후 헌법학을 리드하였다. 스마트한 이와나미전서판(岩
波全書版)의 『헌법』(1956)은 디테일하게 채워진 정보의 풍부함이나 시
대 비판의 예리함으로 유비類比가 없는 작품이다."("コスモス拾遺", 法
學敎室 2006년 11월호, 1면)

당시 경성제국대학의 법학교수는 방대한 개인장서를 가지고 있
었다(그들의 연구 업적에 대하여는 최근에 나온 정근식 외, 식민권력과 근대지
식 : 경성제국대학 연구(2011), 400면 이하 참조). 예를 들면 서울대학교 법

학도서관에는 로마법의 후나다 교지(船田享二) 교수가 소장하던 주로 로마법 및 서양법사에 관한 상당한 양의 서적이 보관되어 있다. 8·15 후에 그들은 가족들과 함께 제 한 몸을 온전하게 보전하여 본국으로 돌아가기 바빴다. 그러면 그 장서들은 어떻게 되었을까? 나는 단지 이호정 선생님으로부터 김증한 선생님께서 민법 교수 아리이즈미 카오루(有泉亨)가 그 장서를 민복기 전 대법원장에게 맡겼다고 하시더라는 말씀을 한참 전에 들은 일이 있을 뿐이었다.

4.

오무라 교수에게 '독일어 책 두 권'에 대한 위와 같은 사실을 적어 이메일로 보내고 며칠 후, 한 해의 마지막 날인 12월 31일이 마침 휴일이어서 거실의 소파에 누워 그동안 입수한 책들을 쌓아놓고 뒤적거리고 있었다. 그러다 중앙일보 '대기자'인 김영희가 쓴 홍진기의 전기『이 사람아, 공부해: 유민 홍진기 이야기』에도 손이 갔다. 홍진기에 대하여는 이미『維民 洪璡基 傳記』가 1993년에 발간되어 있었는데, 무슨 연유인지는 알 수 없으나 다시 그 전기가 나왔다는 기사를 신문에서 보고 구입하였던 것이다.

나는 홍진기에 대하여 잘 모른다. 그런데 나는 우리나라 법학의 역사에 대하여도 관심이 없지 않아서 그 산물의 하나로 1999년에 "우리나라 最初의 憲法裁判 論議 ― 妻의 行爲能力 制限에 관한 1947년 大法院判決에 대하여"라는 논문을 서울대학교 법학 제40권 2호(1999), 125면 이하에 게재한 바 있다(뒤에 民法硏究, 제6권(2001), 37

면 이하 수록). 일정 때의 법에 의하면, 처가 일정한 중요한 행위를 하려면 남편의 동의를 얻어야 했고(그리고 일정 때의 법은 1945년 해방 후에도 원칙적으로 효력을 가졌다), 그러한 행위 중에는 소송의 제기도 포함되어 있었다(의용민사소송법 제45조, 의용민법 제14조 제1항 제1호, 제12조 제1항 제4호). 대법원 1947年民上제88호 사건에서는 어떤 사람의 처가 남편의 동의를 얻지 않고 가옥인도청구소송을 제기하여서 그 소 제기 행위의 적법 여부가 문제되었다. 대한민국헌법이 제정되기도 전인 1947년 9월 2일에 대법원은 처의 행위능력을 제한하는 위의 법조항들을 "적용하지 아니한다"고 선언하고, 처는 남편의 동의가 없어도 유효하게 소를 제기할 수 있다는 획기적인 판결을 하였다.

이 판결에 관하여 오히려 문제가 되었던 것은 아직 헌법도 마련되지 아니한 터에 과연 대법원에 위와 같은 선언을 할 권한이 있느냐 하는 점이었다(그러한 면에서는 미국 연방대법원의 저 유명한 Marbury v. Madison(1803) 판결을 상기시키는 점이 있다). 이에 대하여는 찬성과 반대의 양론이 당시 가장 활동적인 법률가에 속하는 이들에 의하여 제기되었다. 그 중 가장 돋보이는 것이 내 생각에는 홍진기의 찬성론("司法裁判所의 法律審査", 法政 제2권 11호(1947.11), 4면 이하)이었다. 당시에 이미 이 글이 "찬성론 중의 백미편"이라고 평가하는 사람이 있었다. 나는 그 글을 쓰면서 홍진기가 당시 우리나라의 법률가로서 매우 우수한 사람이었구나 하는 생각을 하였던 것이다.

나는 『이 사람아, 공부해』를 무심코 뒤적이다가 문득 뜻밖의 구절에 접하였다. 8·15 후에 홍진기가 "민복기 등과 함께 아직 귀국 못한 일본인 은사들을 찾아 그들의 귀국 문제를 의논했다. 그 과정에서 홍진기는 행정법 교수 우가이의 집과 장서를, 민복기는 니시하라[西原寬一. 상법 전공]의 집과 장서를 물려받았다"는 것이다(114면). 나중에 앞서의 『傳記』를 찾아보았더니 "이래서 뜻밖에도 유민과 민복기 씨는 아담한 저택과 귀중한 장서를 넘겨받아 동숭동의 아래윗집에 사는 이웃이 되었다"고 하였다(42면). 아하!

이 에피소드에 붙들려서 결국 나는 그 책을 끝까지 읽게 되었다. 그리고 "1970년경 원남동 홍진기의 자택에 불이 나서 많은 장서가 훼손되는 불상사가 일어났다. 누전으로 인한 화재 자체는 대수롭지 않았는데 소방서의 과잉 화재 진압으로 서재의 장서들이 모두 젖어 버렸던 것이다. 책이 떡처럼 뭉쳐 버려 펼 수도 없게 됐다"(358면)는 서술에 접하였다. 아하, 아하!

서고에서 그 책 두 권을 다시 꺼내와 살폈더니, 기르케 책의 하드커버에는 물에 젖었던 흔적이 뚜렷하였다. 그러나 소프트커버의 나비아스키 책은 그렇지 않았다. 이건 어찌 된 일일까? 그래서 다시 나비아스키 책의 속표지를 자세히 보니 우가이의 장서인 말고도 '조선사회과학연구소도서인'이라는 한자로 된 도장이 희미하게 찍혀 있었다. 이 연구소는 해방 직후 좌익계 학자들이 결성한 연구단체인데 (우선 『송건호전집 제5권: 한국현대사의 빛과 그늘』(2002), 120면 참조), 어떠한 사연으로 이 책이 그 손에 들어갔을까? 나는 도저히 가늠을 할 수 없어, 그 책 두 권이 결국 내 손에 들어오기까지 60년 가까운 세월 동안 겪었을 일들을 속절없이 상상하여 보기만 하였다.

후 기

1. 그러니까 민복기 전 대법원장에게 간 책이 김증한 선생님의 말씀처럼 아리이즈미 교수의 장서인지, 『이 사람아, 공부해』에 쓰인 것처럼 니시하라 교수의 장서인지, 아니면 혹 둘 다인지 또는 둘 다 아닌지에 대하여는, 또는 무언가 착오가 있었는지에 대하여는 보다 면밀한 조사가 필요하다.

2. 본문에서 적은 일에 대하여는 약간의 후일담이 있다.

애초의 『이 사람아, 공부해』에는 1947년의 대법원판결에 대하여 별다른 언급이 없었다. 나는 위 책을 읽은 후 2012년 새해의 벽두에 전혀 면식이 없던 김영희 '대기자'에게 간단하게 편지를 써서, 홍진기가 위 판결에 대하여 글을 쓴 바 있으며, 그에 관련한 논의 등에 대하여 내가 논문을 쓴 것이 있다고 밝히고 위 논문의 복사본을 보냈다. 그랬더니 바로 그로부터 연락이 와서 그와 점심을 같이하게 되었다. 내 수첩을 이제 들춰보면 그것은 2012년 1월 31일의 일이다.

그 후 같은 해 3월 15일자로 위 책의 제2판이 발간되었는데, 이 제2판의 121면부터 129면까지 위 대법원판결에 대한 서술이 새로 들어갔다. 그리고 나의 '평가'도 인용되었다. 그러나 나의 위 서신에 대하여는 달리 언급이 없다.

3. 한편 김영희 씨는 위 점심 자리에서 나에게 "나는 우리나라 대법원이 어떻게 해서 처음부터 하필 '대법원'이라고 불리게 되었는지, 평소부터 의문이다"고 말하였다. 그러고 보니 그 연유를 잘 알지 못하여 당장은 제대로 된 대답을 하지 못하였다.

그 후 2013년 9월 17일에 나는 위 연유에 관하여 다음과 같은 편지를 보냈다.

"다름이 아니오라, 작년 1월인가에 하얏트호텔 음식점에서 뵈었을 때에 대기자님께서 '대법원'이라는 호칭의 유래에 대하여 물은 일이 있습니다. 저도 이를 잘 알지 못하여 제대로 대답을 하지 못하였었습니다. 그 문제는 항상 제 머리 한 편에 남아 있었으나, 사건 처리에 밀려 천착을 하지 못하고 있었습니다. 근자에 그 단서가 될 만한 자료를 찾았기에 전하여 드립니다.

현재 대법원에 있는 법원도서관 소장 군정청임해면직사령집軍政廳任解免職辭令集(페이지가 매겨져 있지 않습니다)의 '재조선미국육군사령부군정청 임명사령在朝鮮美國陸軍司令部軍政廳任命辭令 제12호'(영문, 일문 및 국문으로 되어 있습니다. 별첨합니다)에 의하면, 1945년 10월 11일에 'The Supreme Court of Korea'의 여러 직위에 김용무金用茂 등 한국인 법률가들을 임명하고 있는데, 그 국문본(및 일문본)에 그 법원을 '조선대법원朝鮮大法院'이라고 부르고 있습니다. 아마도 이것이 우리나라에서 '대법원'이라는 명칭이 최초로 쓰여진 경우가 아닌가 여겨집니다.

그 후로 미군정 아래서도 '대법원'이라는 명칭이 줄곧 쓰여서 재판도 '대법원'의 이름으로 이루어졌고(이는 전에 전해드린 바 있는 처의 행위능력에 관한 저의 논문에서 다루어진 1947년의 대법원판결에서도 마찬가지입니다), 그리하여 1948년의 헌법에서도 대법원이 우리나라의 최고법원의 명칭으로 자연스럽게 받아들여진 것으로 추측됩니다.

오히려 더욱 흥미로운 문제는 The Supreme Court를 '대법원'이라고 옮기는 것이 어디에서 왔는가 하는 점을 밝혀 보는 일이 아닐까 하는 생각도 듭니다. 그러나 저의 여러 사정상 그것은 다음을 기약하면서 오늘은 이만 간단히 줄입니다."

김영희 씨는 이 편지에 대하여 아무런 답신 기타 반응을 보이지 않았다.

07
책 이야기 또 하나
— 플루메 장서

1.

기왕 책에 대하여 말을 하였으니, 책 이야기를 또 하나 하기로 한다. 독일의 민법학자 베르너 플루메(Werner Flume. 1908년 9월 12일 출생, 2009년 1월 28일 사망)가 가지고 있던 장서 일체를 한양대학교가 구입·소장하기에 이르렀다는 것이다.

사실은 법률신문 제3919호(2011년 3월 17일자), 14면에 한양대학교의 이준형 교수가 「세기의 기회」라는 제목의 글을 발표한 바 있다. 이 글은 플루메라는 학자, 그리고 5천 권에 가까운 정예의 연구자료를 포용하는 그의 장서를 간략하게 소개한 다음, "플루메의 장서를 확보하기 위하여 전 세계의 많은 대학도서관이 나서고 있지만, 이번에 특히 눈에 띄는 것은 중국 대학들의 적극성이다. 오늘날 우리 대학에는 소위 '법학전문도서관'이 넘쳐나건만, 과연 누가 여기에 뛰어들 것인가?"라고 글을 맺고 있다. 이어서 2011년 3월 26일자의 조선일보가 역시 플루메 장서를 소개하면서 그 구입을 둘러싼 한국·

일본 · 중국 세 나라의 여러 대학들 사이의 각축을 전하는 기사를 싣고 있다.

그 후에 일이 어떻게 되었는가 하면, 우여곡절 끝에 그 장서를 결국 한양대학교가 구입하여 2012년 4월 중에 책 기타 자료들이 모두 도착하였고, 오는 5월 14일에 크뉘텔(Rolf Knütel) 교수 등도 참여하는 조촐한 기념 학술대회가 예정되어 있다.

2.

나는 1978년도 석사논문을 원시적으로 불능인 급부를 목적으로 하는 계약은 무효라는 이른바 「원시적 불능론」의 법리에 대하여 썼다(나중에 보완하여 서울대학교 법학에 "원시적 불능론"이라는 제목으로 그 일부를 실었고, 결국 그 발표 부분은 『민법연구』, 제3권(1995), 159면부터 266면에 다시 수록되었다). 그것은 사법연수원에 다니면서 대학원 수업도 듣고 있던 시절(그럴 수 있었던 좋은 시절!)에 언젠가 이호정 선생님의 반포아파트 댁으로 놀러갔을 때 선생님께서 라벨의 『물품매매법』(Ernst Rabel, *Das Recht des Warenkaufs*), 제2권(1958)을 보여주시면서(문자 그대로 '선구적인' 이 연구성과가 뒤에 '국제물품매매계약에 관한 국제연합 협약', 즉 CISG로도 약칭되는 이른바 비엔나협약으로 이어진다) 라벨의 학문에 대하여 말씀하신 일에서 시작된다. 그 후 입대하여 갓 군법무관이 되었을 때 서울대 법학도서관에서 라벨의 책이 무엇이 있나 찾아보았더니, 다행히 이제 막 입고된 『논문집(*Gesammelte Aufsätze*)』이 눈에 띄었다. 이 책은 모두 4권으로 되어 있는데(1965년부터 1971년까지 발간), 그 중 제1권을 대출해서 야심차게도 이를 처음부터 읽어 보려고 시도하였다. 그 앞부분에 실린 논문이 이행불능에 관한 것들이었다(특히 중요한 것은 맨 앞의 「이행불능. 독일민법전의 태도에 대한 비판적 고찰(Die Unmöglichkeit der Leistung. Eine kritische Studie zum Bürgerlichen Gesetzbuch)」, 위 책, Bd.1(1965), S.1-55이다). 라벨은 그 논문들에서 앞서 본 바와 같은 내용의 「원시적 불능론」이 비록 독일민법 제306조에 명문으로 채택되기는 하였으나(나중에 2002년 채권법 대개정에서 위 제306조는 별다른 반대도 없이 삭제되었다) 이는 로마법상의 '불가능한 것에 대하여는 채무가 성립하지 아니한다(Impossibilium nulla obligatio)'라는 법명제(D. 50. 17. 185) 등 관련 로마법문에 대한 역사적인 몰이해에서 비롯되었고 비교법적으로도 근거가 없다는 것을 논증하려고 시도하였다.

나는 우리나라의 교과서에서 계약의 유효요건일 뿐만 아니라 채권의 유효요건, 나아가서는 법률행위의 유효요건으로까지 격상되어서 한결같이 당연시되고 있던 이른바 「목적의 실현가능성」 또는 「급부의 실현가능성」의 명제에 대한 이 철저한 학문적 공격에 동요하였고, 종내는 설득되지 않을 수 없었다. 우리나라의 교과서에서는 아직도 법률행위의 유효요건의 하나인 「목적의 실현가능성」에 대하여 "법률행위의 목적은 그 실현이 가능한 것이어야 한다. 확정된 목적의 실현이 처음부터 「불가능」한 경우에, 그 법률행위는 「무효」이다. 불가능한 법률행위에 법률효과를 준다는 것은 불가능하기 때문이다"고 설명되고 있었고, 지금도 그러하다(최근에는 곽윤직·김재형, 민법총칙, 제8판(2012), 264면). 이는 「목적의 실현가능성」의 명제를 절대적 참인 것으로 설명하고, 다른 해결은 **논리적으로** 오류인 것으로 몰아붙이는 데 그 특징이 있다("실현이 불가능한 법률행위에 법률효과를 준다는 것은 불가능하다"). 그러나 다시 생각하여 보면, —현행의 독일민법 또 오늘날 세계 각처에서 행하여지고 있는 계약법 통일작업에서 일치하여 그러하듯이— 원시적으로 불능인 급부을 목적으로 하는 계약이라도 이는 유효하고 이행불능의 문제는 일반적으로 이를 채무불이행법으로 얼마든지 처리할 수 있는 것이다. 이 경우에도 홈즈의 말처럼 법의 생명은 논리가 아닌 것이다.

어쨌거나 그때 나는 라벨의 위 논문들을 나침반으로 삼아 이「원시적 불능론」이라는 것의 이론사理論史를 로마법에서부터 역사적으로 추적하여 보기로 했다. 그리고 서울대학교 도서관은 그 추적에 적절한 자료들을 대부분 소장하고 있었다. 그것은 바로 이른바 '구관舊館 도서', 즉 경성제국대학에서 이어받은 장서들이었다. 예를 들어, 학문적으로 위와 같은 로마법 명제의 실정법적 도그마화를 결정적으로 수행한 것이 프리드리히 몸젠이고(Friedrich Mommsen, *Beiträge zum Obligationenrecht*, 3 Bde., 1853-1855) (그는 유명한 역사학자 테오도르 몸젠(1817-1903)과는 물론 다른 사람이다), 이를 통설화한 것이 빈트샤이트인데, 그들의 책 기타를 모두 구관 도서 중에서 찾을 수 있었다.

그리하여 서울대 도서관을 들락거리면서 나는 경성제국대학 장서의 —서울대학교 법학도서관에 소장된 1945년 이후의 이른바 '신관 도서'와 비교하였을 때— 철저함에 경탄하지 않을 수 없었다. 그리고 그 철저함은 이런 사정을 잘 아는 어느 분의 말씀에 의하면 일본이 제1차 세계대전 전승국으로서 독일 등에서 받은 배상금으로 당시 엄청난 인플레이션에 시달리던 독일에서 물밀듯 고서점으로 쏟아져 나온 독일 법학교수들의 장서를 구입하였던 덕분이라는 것이었다. 그리고 2002년 전반기에 동경대학에 가 있을 때 1923년의 관동대지진 때 완전히 잿더미가 되었던 동경제국대학의 장서도 이러한 방식 기타로 다시 채웠다는 말을 들었다(그 중앙도서관 벽에 그때 록펠러재단이 크게 도와주었다는 기념패가 붙어 있었다). 그리고 일본은 그러한 '전통'을 이어가서 제2차 세계대전 이후에도 예를 들면 사비니의 장서 일부를 어느 대학(토인요코하마대학桐蔭橫濱大學)에서 구입 · 소장하고 있다고 한다.

3.

1985년 초 교수직을 제안받고 법관직을 사임할 것인지를 생각하고 있을 무렵 군법무관 시절에 내가 일을 거들어드린 적이 있는 어느 변호사께 이 전직轉職 건을 어떻게 생각하시느냐고 물어보았다. 그는 하바드대학 로스쿨을 졸업하였는데 귀국하여서는 잠시 무슨 사립대학에서 교수로 있은 적도 있었다. 그는 한마디로 잘라 말했다. "가지 마세요. 우리나라 대학은 교수들 연구를 뒷받침할 설비도, 자세도 되어 있지 않으니, 가면 쓸데없이 고생만 하게 될 겁니다."

그때는 나이가 새파랗게 젊어서인지, 그럴수록 학교로 가서 학교를 제대로 만들어야 할 것이 아닌가 하는 반발심이 슬며시 치밀었었다. 그런데 막상 대학으로 일터를 옮기고 보니, 그 말씀이 생각나는 때가 적지 않았다. 나는 도서 구입 건으로 법학도서관 및 중앙도서관 관계자들을 많이 괴롭혔고, 외국 자료를 신속하게 손에 넣을 수 있도록 무슨 기회에 다른 나라에 가 있는 동료 교수나 친지·제자들을 '전진기지前進基地'로 이용함으로써 간신히 그때그때의 필요에 대응하여 넘어갈 수 있었다. 그리고 내 자신이 외국에 나갈 때면 어김없이 책방을 돌아다녀야 했고, 복사기 앞에서 많은 시간을 보냈다. 1993년에 연구년을 맞아 독일 프라이부르크대학에 가 있을 때는 복사기 앞에서 몇 번 마주쳤던 어느 독일 학생이 빙긋이 웃으면서 나에게 "그렇게 복사를 할 시간이면 오히려 그걸 머릿속에 넣는 게 낫지 않냐?"고 하는 말에 속이 편치 않게 되는 것을 어쩔 수 없었다.

4.

1990년대 초반 무렵이라고 기억된다. 독일의 법학교수 한 사람이 무슨 일로 서울대학교를 방문한 적이 있다. 그 사람에게 학교 구경을 시키는 일이 나에게 맡겨졌다. 그에게 어디를 보고 싶으냐고 물었더니, 법학도서관 서고를 둘러보고 싶다고 한다. 나는 차마 법대 건물 옆에 있던 '국산도서관'(국산菊山은 법대 도서관 건물의 신축자금을 기증한 김택수 동문의 호이다)의 그 비참한 서고로 안내할 수는 없었다. 결국 그를 중앙도서관의 '구관 서고'로 데리고 갔다. 그는 눈이 휘둥그레져서 이 책 저 책을 꺼내서 이리저리 살펴보고 서가 사이를 왔다 갔다 하더니, "와, 정말 놀랍다. 이러한 책들이 지구 반 바퀴를 돌아 여기에 꽂혀 있다는 것이 믿어지지 않는다!" 하고 거듭 감탄하는 것이었다. 그리고 1990년에 독일이 통일되고 나서 옛 동독에 있던 법과대학들이 그동안에 소홀히 할 수밖에 없었던 문헌 자료를 뒤늦게나마 채워 넣으려 애쓰고 있는데, 여기 도서관에 와 보면 매우 부러워할 것이라는 것이다.

나는 "이것은 일본사람들이 식민지시대에 모은 책들이고, 해방 후에 우리가 모은 자료들은 아주 보잘 것 없습니다"라는 말은 하지 못했다. 말하자면 나는 그가 서울대학교 도서관의 '실상'에 관하여 가지는 잘못된 생각을 바로잡아 줄 올바른 정보를 제공하는 것을 고의로 소홀히 하였던 것이다.

5.

법학 관련 도서관으로 말하면, 나에게 인상적인 것의 하나는 동경대학 법학부의 도서관이었다. 독일, 미국, 영국, 프랑스 등의 유수한 대학에도 가 보았다. 거기에는 그 나라의 자료는 빈틈없이 모아져 있었다. 그러나 다른 나라의 것은, 물론 기본적인 것은 다 갖추어져 있었어도, 중요한 자료라고 하여도 빠진 경우가 없지 않았다. 그것은 자랑스러운 자족自足의 법학 전통을 가진 나라로서는 오히려 당연한 일이라고 할 수 있지 않나 하는 생각도 든다.

그러나 동경대학 법학부는 그야말로 전방위체제全防衛體制를 갖추어서, 주요한 나라의 법학 자료를 꼼꼼하게 모아놓고 있었다. 도서관 사무실 옆에 최신 수집의 자료를 서가에 제대로 꽂아놓기 전에 몇 주 동안 모아놓고 보게 하는 방이 있었는데, 거기에 가 보면 법학

연구에서 문제될 만한 주요국들의 자료들, 그 언어도 제각각인 자료들이 오롯이 모아져 즐비하였다. 그리고 서고에 들어가 보면, 각 주제별로 케케묵어 책등이 시커멓게 된 것에서부터 새로 구입하여 색깔도 선명하게 빛나는 것까지, 논문 발췌에서부터 두꺼운 전문단행본까지 나란히, 무질서한 듯 질서정연하게 꽂혀 있었다. 물론 자료들이 완벽하게 갖추어진 것은 아니어서 드물게는 없는 것도 있기는 했다. 그러나 서울대학교 국산도서관의 그 엉성한 서가들과는 도대체 비교조차 되지 않았다.

6.

나는 우리나라의 기본됨됨이에 무슨 큰 흠이 있다는 생각을 하곤 했다. 그리고 이 생각은 유감스럽게 아직도 별로 변하지 않았다.

대학교수가 항용 자료를 찾아 여기저기 뛰어다니고 이리저리 연락을 해서 보내도록 하는 나라를 제대로 된 나라라고 할 수 있을까? 외국의 학생으로부터 "그렇게 복사를 할 시간이면 오히려 그걸 머릿속에 넣는 게 낫지 않냐?"는 비아냥을 들은 것은 내가 모자란 탓인가? 그리고 가장 우수한 학생이라면 이들을 외국에 보내서 박사학위를 받게 하는 것이 당연한 나라가 제대로 모습을 갖춘 나라라고 할 수 있을까? 이것은 당나라로 유학 가던 1,500년 전 삼국시대 이래의 전통인가?

1992년 여름에 교육부 주관의 중국방문단에 끼어서 서안西安에 갔을 때 그 시내 중심에 있는 종루에 올라가 시내를 내려다보았다.

우리나라의 뜻있는 젊은이들을 이 멀고도 먼 이 '장안'에까지 온갖 고생을 무릅쓰면서도 허위허위 오게 만든 것은 과연 무엇이었던가, 하는 생각으로 가슴이 저려왔다.

7.

플루메가 죽은 후에 그가 가지고 있던 책 기타 자료들, 즉 그의 개인장서(Privatbibliothek)가 고서점에 나왔다는 말을 들은 것은 내가 대법원으로 일터를 옮긴 후 얼마 되지 않은 때로 기억한다. 이화여자대학교의 서을오 교수로부터인가? 그 후 서 교수는 독일 프랑크푸르트의 비코 고서점(VICO Wissenschaftliches Antiquariat und Verlag. 그 주인이 법학박사(Dr. jur.)의 학위를 가진 사람이다)에서 발간된 『플루메장서목록』 한 권을 나에게 건네주었다. 서 교수는 위 서점에 연락하여 그 목록 세 권을 받았다고 했다. 이것을 들추어 보고, 이것은 우리 법학, 특히 민법학이 안고 있는 자료 공백을 메우기 위하여 우리에게 꼭 필요하다고 생각했다. 무엇보다도 우리나라 어디에서도 찾기 어려운 '보통법(ius commune)', 특히 사비니 이전의 시대에 나온 관련 서적이 풍부하다. 그리고 1943년 이후(서울대학교 구관 장서도 대체로 1940년 이후로는 많이 비어 있다)의 민법은 물론이고 로마법 · 법사학 · 비교법 · 상법 · 세법(플루메는 세법에도 조예가 깊었다) 등에 관한 자료들도 현역으로 활발하게 활동하던 학자가 용의주도하게 모은 것으로서 우리들에게 절대적으로 필요한 것이었다. 그 외에 플루메의 스승인 프리츠 슐츠(Fritz Schulz. 1879-1957. 슐츠의 주요한 저서로는 이제는 모두 고전이 되었

다고 해도 좋을 *Prinzipien des Römischen Rechts* (1934) (영역본으로 *Principles of Roman Law* (1936). 일본의 原田慶吉, ロ一マ法の原理(1951)는 말하자면 그 번안판이다); *Classical Roman Law* (1951); *History of Roman Legal Science* (1946) (그 독역보완본이 *Geschichte der römischen Rechtswissenschaft* (1961) 이다) 등이 있다)가 유대인 박해를 피해 독일에서 영국으로 가면서 플루메에게 남긴 일부의 연구자료들, 그리고 그와 플루메 사이의 왕복 서한 원본 수백 매도 들어 있다. 이 훌륭한 로마법학자 슐츠에 대하여는 우선 Wolfgang Ernst, Fritz Schulz (1879-1957), in: Jack Beatson & Reinhard Zimmermann(ed.), *Jurists Uprooted. German-speaking Émigré Lawyers in Twentieth-century Britain* (2004), p.105-203이 읽을 만한데, 이 글에는 슐츠의 "유일한, 그러나 일당백一當百(unus, sed leo)"의 제자(위 글, p.194)인 플루메의 성실하고 진지한 사람됨을 알게 하는 에피소드가 많이 소개되어 있다.

유족들은 그 가격을 27만 유로로 책정했다. 당시 환율로 약 4억 원이 된다. 앞서 들었던 이준형 교수의 글에서 잠깐 언급된 대로 처음에 구입의사를 밝힌 것은 중국의 대학들로서, 특히 독일 법학계와의 교류에 지대한 관심을 쏟고 있는 어느 저명 대학이었다. 그러나 사적 자치와 개인의 자유를 강조한 법학자 플루메의 유족들은 고인이 자신의 장서가 사회주의 중국으로 가는 것을 원하지 아니하였을 것이라는 이유를 들어 그 매각을 거절하였다고 한다. 아하!

여하튼 우여곡절 끝에 그 책 기타 자료들은 이제 남김없이 한양대학교 법학학술정보관의 지하에 특별히 마련된「플루메자료실」에 보관되어 있다. 그것에 앞으로 우리 젊은 학자들이 손때를 잔뜩 묻히기를 기원하는 바이다.

법원사람들 2012년 5월호, 20면 이하; 7월호, 16면 이하

〜〜〜

후 기

1. 플루메에 대하여 한마디만 덧붙이자면, 이영준 변호사의 『민법총칙』 중 특히 법률행위에 관한 부분은 플루메의 『민법총칙, 제2권: 법률행위』(Flume, *Allgemeiner Teil des Bürgerlichen Rechts, 2.Bd.: Das Rechtsgeschäft*)의 압도적인 영향(혹은 그 이상) 아래 쓰여졌다.

2. 이번에 나온 서울대학교 법학 제59권 1호(2018.3)에는 로마법 전공 최병조 교수의 정년퇴임 기념 대담이 수록되어 있다. 그의 발언 중에 "대학원 오니 … 도서관도 훨씬 더 접근성이 좋아졌지요. 중앙도서관 구간舊刊 도서를 직접 보니까, 문헌에서 이름만 들던 좋은 책들이 다 있었습니다. 판덱텐법학 책들은 거의 완벽하게 있고, 로마법 원사료들도 복본으로 있었습니다"라는 것이 있다. 본문에서 말한 대로 동감이다. 그런데 바로 이어서 **"해방 이후 내가 거기 가서 구경할 때까지, 아무도 안 들어와서** 먼지가 그냥 켜켜이 쌓여 있었고, 사람 손자국이 하나도 없었습니다"라고 한다(22면). 최 교수가 대학원에 입학한 것은 1975년인데, 위 고딕체 부분은 말 그대로라면 지나치다고 생각한다. 감히 말하자면, 그 외에도 위 대담(그 수록 원고는 최 교수의 엄밀한 교열을 거친 것으로 추측된다)에서의 최 교수 발언에는 마음이 오래 두어야 할 좋은 말로 가득차 있기도 하지만 다른 한편으로 아쉽게도 과장이라고밖에 말할 수 없는 경우가 종종 있다.

08
어느 신문기사 중에서
— 과거사 청산, 그리고 성매매 규제

1.

대법원에 온 후로 차분하게 책을 읽을 시간이 없게 되었다는 것은 전에 언젠가 적은 듯하다. 그 대신에 고작 하는 것 중의 하나가 외국 신문을 뒤적이는 일이다. 대충, 그리고 종종은 한꺼번에 여러 날치를 모아서, 아니면 아예 건너뛰면서. 그리고 알아보고 싶은 것이 있어도 우선 위키피디아나 구글을 뒤지는 것이다.

2.

2013년 12월 6일자 『인터내셔널 뉴욕 타임즈』(이하에서는 INYT라고 한다. 전에는 '인터내셔널 헤럴드 트리뷴'이라고 불렀다)에서는 다음과 같은 기사가 눈에 띄었다.

12월 3일 프랑스의 퇴역 장군 뽈 오사레스(Paul Aussaresses)가 95세로 죽었다고 한다(2면). 이 사람이 왜 신문의 부고란(obituary)에 오르게 되었을까?

그는 이른바 알제리해방전쟁(1954년에 시작되어 드골이 대통령이 되면서 1962년에 알제리의 독립을 인정함으로써 끝났다. 그 후에도 죽 프랑스 정부는 이 사태를 '질서 유지를 위한 작전'으로 불러오다가, 1999년에 이르러서야 '전쟁'으로 인정하였다. 또 2012년에 올랑드 대통령은 그 전쟁 중 프랑스가 알제리인들에 대하여 "잔인하고 불공정하였다"고 인정하였다. 그러나 사과의 말은 없었다)에서 프랑스군을 지휘한 사람 중의 하나이다. 그가 세간의 주목을 끈 것은 2000년 12월에 『르몽드』지와 인터뷰하면서, 위 전쟁 중에 알제리인 '죄수'들을 고문하고 재판 없이 살해하였다는 것, 그리고 그 일이 상부의 용인 아래 이루어졌음을 전적으로 인정하였기 때문이다. 그리고 다음해 2001년에는 그에 관하여 더욱 상세히 밝힌 책『알제리에서의 특별근무 1955-1957: 고문에 관한 나의 증언 (*Services spéciaux, Algérie 1955–1957 : Mon témoignage sur la torture*)』을 발간하였다(2008년에는『나는 다 말하지 않았다(*Je n'ai pas tout dit*)』도 출간되었다). 그 책은 고문의 실제 모습을 생생하게 그리고 있다. 때리고, 귀 또는 고환에 전기줄을 연결하여 서서히 강도를 높이면서 전기고문을 하고, 얼굴을 덮은 천 위로 물을 부어 자백하든지 죽게 하였다(우리도 많이 들었던 일이 아닌가?). 장군은 자백한 경우에도 '죄수'를 살려 두지 않고 처형하였다고 한다.

그리고 2001년에 군사 관련 잡지와 가진 인터뷰에서 그는 자신이 1955년에 직접 어느 '죄수'를 고문하여 죽게 하였음을 밝혔다. 어떤 사람이 도끼에 찍혀 죽었는데 그 피살자가 죽기 전에 가해자로 그 '죄수'를 지목하였던 것이다. "나는 아무것도 생각하지 않았다. 나는 그의 죽음에 가책을 전혀 느끼지 않았다. 내가 유감으로 느낀 것이 있었다면 그것은 그가 죽기 전에 아무것도 인정하지 않았다는 것이다. 그는 그의 적이 아닌 사람에게 폭력을 휘둘렀던 것이다. 그는 받아야 할 것을 받았을 뿐이다."

이 '증언'은 프랑스를 발칵 뒤집어 놓았다. 당시의 자크 쉬라크 대통령은 "장군의 증언에 격분하였다"는 성명을 즉각 발표하고, 장군이 받았던 영예로운 레종도뇌르 훈장을 취소하였을 뿐만 아니라 징계절차를 밟도록 하여 그는 비록 이미 제대한 후이지만 하급장교로 강등되었다.

흥미로운 것은 이 기사를 통하여 처음으로 알게 된 다음과 같은 사실이다. 1968년에 프랑스 정부는 알제리에서 근무하였던 사람들에 대하여 그들이 범한 범죄가 어떠한 것이든 간에 이들을 전면적으로 백지사면하는 조치를 취하였다. 이 조치에 의하여 장군은 그가 알제리에서 한 행위에 대하여 재판을 받지는 않았으나, 그럼에도 불구하고 그는 위와 같은 책의 출간으로 "전쟁범죄의 정당화를 —출판업자들과— 공모"하였다는 죄목으로 벌금형을 선고받았다. 이 판결은 2004년 12월 파기원에서 상소기각으로 확정되었다. 그런데 출판업자의 제소에 기하여 유럽인권법원은 2009년 1월 위의 프랑스 판결이 표현의 자유를 정하는 유럽인권조약 제10조에 위반된다고 판단하고, 프랑스 정부가 피고인들에게 손해배상을 하여야 한다는 —아무래도 심상하지 아니한— 판결을 내렸다는 것이다(상세는 우선 http://fr.wikipedia.org/wiki/Paul_Aussaresses 참조).

3.

12월 6일자의 같은 신문에는 역시 프랑스에 관한 다음의 기사도 실려 있다(5면).

프랑스 하원은 매매춘을 억제하기 위한 일련의 법률을 4일 통과시켰다. 지금까지 프랑스에서 매매춘은 성을 파는 사람이 남성이든 여성이든 불문하고 일반적으로 용인되었고(toléré. 이 표현은 단지 소극적인 시인을 뜻한다), 다만 유객행위(racolage)와 매춘알선행위(proxénétisme)가 금지되었다. 여기서의 알선행위에는 공중에게 공개된 장소에서 1인 또는 수인이 성을 제공하는 것을 허용하는 이른바 '접객업자 알선'과 포주 등과 같이 타인의 성매매를 돕거나 보호하는 이른바 '관리 알선'을 포함한다. 프랑스 정부의 통계에 의하면, 직업적으로 성을 제공하는 사람은 약 2만 명에 이르고, 이 중 80% 이상이 여성이라고 한다.

위의 새로운 법률은 그 금지의 범위를 훨씬 확대하여 '대가를 지급하고 행하여지는 성관계를 권유하거나 수령하거나 취득'하는 자에 대하여 1,500유로 이하의 벌금에 처하고 또 성매매의 폐해에 관한 교육을 받을 것을 명할 수 있도록 하는 것이다. 이는 실제적으로 보면, 성매수, 특히 남성의 성매수가 일반적으로 금지되는 것을 의미한다.

이 법률에 대하여 '성매매녀'(라고 부르는 것이 여전히 적절할까?)들이 거리로 나와 반대시위를 하였고, 「성노동자 노동조합(Syndicat du Travail Sexuel)」의 대변인은 "우리는 완전히 쇼크상태이다. 이는 성매매에 반대하는 법률이다. 그것은 우리가 일하는 방식을 바꾸도록 강요할 것이다. 우리는 혼자이고 취약한 아파트에서 숨어서 일하여야 한다"고 말하였다. 그리고 우리나라에도 꽤 알려져 있는 '국경 없는 의사회'를 포함하여 일련의 사회단체들은 이러한 입법적 조치는 "기만적이며, 성매매녀들을 시내 중심부에 있기 마련인 건강 및 예방센터에서 멀리 떨어진 곳으로 몰아내서 에이즈와 같은 성행위로 전파되는 질병에 더욱 노출되게 할 것"이어서 "그들의 건강에 해롭다"는 내용의 성명을 발표하였다. 또 유명 인사 중에도 이에 반대하는 사람이 적지 않다. 유명한 에꼴 폴리테크닉의 여성 교수 한 사람은 이 법률안은 "남성의 섹슈얼리티에 대한 증오의 선언"이라고 말하였다고 한다.

그럼에도 불구하고 프랑스 하원은 찬성 268, 반대 138의 압도적인 표차로 위 법률안을 통과시켰다. 그리고 이에 대하여는 찬성의 목소리도 드높다고 한다.

유럽의 여러 나라에서 성매매에 대한 법적 규율은 매우 복잡한 양상을 드러낸다. 독일이나 네덜란드에서는 성매매를 기본적으로 적법한 직업으로 간주하려는 경향을 보이기도 한다. 이런 상황에서 전통적으로 성에 개방적으로 알려진 프랑스가 성매매를 제한하는 방향의 입법을 시도하는 것은 우리에게 무엇을 시사하는가?

법원사람들 2014년 1월호; 3월호, 각 16면 이하

09
민사실무연구회 논문집 증정식 답사

나는 지난 10월로 만 60세가 되었다. 이른바 환갑이다. 환갑 기념 논문집 같은 것을 만들려 하지 말라고 미리 여기저기에 단단히 일러 두었기 때문에, 그대로 지나갈 줄 알았다. 그런데 유감스럽게도 그렇게 되지 않았다. 내가 2009년 초부터 회장을 맡았던 민사실무연구회에서 회장이 환갑이 되면 그 연구회에서 나오는 연간年刊 『민사재판의 제문제』를 그 환갑 기념으로 편집하는 관행을 우여곡절 끝에 도저히 거스르지 못하였던 것이다(얼마 전에 민사판례연구회로부터도 같은 말을 들었다).

그렇게 되면 논문집 헌정식이라는 행사에 나가야 하고, 그 행사 진행의 일환으로 '답사'라는 것을 해야 한다. 그 틀에서는 아무래도 자신에 대하여 말하지 않을 수 없지만, 이는 꺼려지는 일이다. 나는 우리나라 법률가가 자신에 대하여 말하는 바 —그 결정판은 자서전이리라— 안에서 남들이 기억하기를 원하는 자기 사람됨의 이미지에 '사실'을 꿰어 맞추는 경우를 많이 보았고, 또 아직 그 '자신'이라는 것이 여전히 형성 도상이어서 변한다고 믿고 있는 것이다. 다음은 그럼에도 불구하고 12월 10일 저녁에 있었던 행사에서 그 '답사'로 말한 바이다.

1.

연말에 공사다망하신 가운데, 그리고 이처럼 추운 날씨에 소중한 시간을 쪼개어 저를 위한 '화갑기념논문집 헌정식'에 와 주신 여러분께 충심으로 감사의 말씀을 드립니다. 그리고 글쓰기의 어려움을 잘 아는 저로서는, 이 논문집을 위하여 귀한 글을 애써 마련하여 주신 집필자들 한 분 한 분께 저의 고마움을 나타내기에 적절한 표현을 찾기 어렵습니다. 또 이 논문집의 편집·발간을 위하여 애쓰신 민일영 대법관님을 비롯한 민사실무연구회 집행부 여러분께도 감사를 드립니다.

이 행사의 한 부분으로 '답사'라는 것을 하게 된 저로서는 소중한 시간을 공허한 말로 채우기보다 평소에 조금씩 마음에 담게 된 몇 가지 소회를 솔직하게 펼쳐 보이는 기회로도 삼고자 합니다. 그 소회라는 것이 두서가 없이 이리저리 흐르는 것을 용서하여 주시기 바랍니다.

...

5.

한편 이 기회를 빌어 법원에서의 일과 관련해서 요즈음 생각하는 바를 간략하게나마 밝혀보고자 합니다.

법원에 대하여는 여러 가지 이해가 있을 수 있겠으나, 기본적으로 사법권이라는 국가권력을 행사하는 기관이 아닌가 생각합니다. 역사적으로도 보아도, 국민들에 대하여 재판을 한다는 것은 세금을 거두는 것, 군역軍役을 과하는 것 등과 같이 언제 어디서나 국가권력의 중요한 한 내용이었습니다. 일부 사람들 중에는 이러한 법원의 권력기관적 성질에 충분히 주의를 기울이지 못하고 있지 않나 하는 느낌을 가질 때가 있습니다. 법관을 흔히 '성직자'에 비견하는 등으로 진지함이나 염직성을 바라는 것은 어떠한 직업에도 향하여질 수 있는 것이고, 그러한 요청은 법관이 권력을 행사한다는 핵심적 측면으로부터 눈을 돌리게 하는 점이 있지 않는가 하는 생각도 해 봅니다. 가끔 법관의 일을 '조용한 방에서 소송서류를 꼼꼼하게 읽어 파악한 사실에다가 법을 논리적으로 적용하는 단순히 지적知的인 작업'이라는 시각에서만 말씀하시는 분을 만나면, 그 분에게 재판을 받는 사람의 입장에서 법대에 앉아 있는 법관이 어떻게 보이는지 물어보고 싶어집니다. 그렇게 보면 권력을 행사하는 법관이야말로 국가란 도대체 무엇을 위하여 존재하는가, 국가권력은 어떻게 정당화될 수 있는가 하는 기본적인 문제를 잊지 않고 끊임없이 음미하여 볼 필요가 있을 것입니다.

그런데 법원의 이러한 권력기관적 성질과 관련해서 민주국가에서 법관이 선거에 의하여 선임되지 아니하는 것 등을 들어 그 민주적 정당성을 제한적으로 파악하거나 법관에 대한 국민의 '통제'를 강화할 것을 구하는 목소리도 있습니다. 그러나 저는 거기에 쉽사리 찬성할 수 없습니다. 사법권은 국민 의사의 궁극적 표현인 헌법에 그 기초를 두며, 그 점에서 다른 국가권력과 하등 다를 바 없습니다. 그러나 권력을 행사하는 다른 모든 사람에 대해서와 마찬가지로 법을 적용하는 권력의 사람에 대해서도 그에 따르는 '책임'이 무거움은 두말할 필요가 없습니다.

6.

근자에는 '소수자의 권리'를 말하는 분이 법원 안팎으로 많습니다. 그것이 사람의 기본적 인권은 그가 비록 이른바 소수자에 속한다고 하여서 경시되어서는 안 된다는 요청을 가리키는 것이라면 이는 자명한 이치를 말하는 것입니다. 헌법은 예를 들어 보편적으로 '법 앞의 평등' 또는 '양성의 평등'을 말하고, "모든 국민은 인간다운 생활을 할 권리를 가진다"고 하고, "국민의 자유와 권리는 헌법에 열거되지 아니한 이유로 경시되지 아니한다"고 정하고 있습니다. 이들 규정이 불평등한 대우를 받고 있는 사람, 인간다운 생활을 하지 못하고 있는 사람, 그렇게 될 소지가 많은 사람 등에게 특히 의미가 있고, 그들에게 법의 요청이 실현되도록 애써야 함은 물론입니다.

또 헌법은 개별적으로 '근로자'나 '형사피고인'이나 '저작자 · 발명가 · 과학기술자와 예술가'나 '언론 · 출판에 의한 피해자'의 권리를 말하고, '농가 및 어업'의 보호 · 육성을 말합니다. 그러나 그와 같은 차원이 아니라 막연히 '소수자의 권리'를 운위한다면, 이는 소수자란 과연 누구를 가리키는가를 누가 어떠한 기준으로 어떠한 방법을 통하여 정하여야 하는가 하는 매우 어려운 문제를 제기합니다. 뿐만 아니라 설사 어떠한 사람들이 어떠한 일반적 징표에 의하여 그 소수자에게 속하는 것으로 치부될 수 있다고 하더라도, 그러한 사람도 사정에 따라서는, 또 어떠한 징표의 다른 사람과의 관계에서는 '힘 있는 사람'이 되는 것을 저는 대법원에 와서 접한 재판기록을 통하여 수없이 보았습니다. 허드렛일로 생계를 유지하는 가난한 사람도 의붓딸에 대하여는 때로 아주 무서운 사람이 되어 그 몸을 함부로 탐하기도 하는 것입니다. 오늘날처럼 '소수자의 권리' 자체가 고창되는 때에는 그에 앞서서 구체적인 일이 벌어진 개별적 맥락에서의 '힘 관계'를 따져보는 것이 더 의미 있지 않느냐고 외쳐보고 싶게 됩니다.

제 생각에 '소수자의 권리'란 말은 넓은 의미에서 매우 정치적인 함의를 가지는 레토릭입니다. 그 함의의 내용에 대하여는 여기서 굳이 늘어놓지 않도록 하겠습니다. 국가권력의 한 부분을 행사하는 법원이 정치적인 사상事象에 무관심할 수 없고, 또 레토릭도 법원의 정치적 측면에서 보면 상당한 의미가 없지 않다고 하더라도, 헌법은 "법관은 헌법과 법률에 의하여 그 양심에 따라 독립하여 심판한다"

고 정하고 있으므로 재판은 역시 그러한 레토릭으로부터는 거리를 두어야 하지 않을까요?

7.

마지막으로 예를 들어 성범죄에 대한 양형이 제가 대법원에 온 2008년 이래 많이 늘었습니다. 양형이 형사피고인에게 극히 중요한 관심사의 하나임은 다 잘 아시리라 믿습니다. 그런데 그와 같이 큰 의미가 있는 양형에 있어서의 변화가 법관들이 숙고한 결과인지, 개정된 법률 때문인지, 혹 양형기준표를 반영하여서인지, 아니면 인터넷에서 보이는 여론 혹은 보다 구체적으로 말하면 언론의 압력에 기인하는 것인지 잘 모르겠습니다.

만일 마지막에 든 사정이 적지 않게 작용하였다면, 이는 현재 우리 법관이 행하는 심판작업의 실체에 대하여 기본적인 문제를 제기하는 일입니다. 앞서 든 대로 법관이 "헌법과 법률에 의하여 그 양심에 따라 독립하여" 심판하여야 한다는 헌법 규정은 법관이 각성되고 성숙한 하나의 개인으로서 독자적으로 합리적인 판단을 할 수 있음을 전제하는 것입니다. 과연 오늘날 우리 법관들은 그러한 각성되고 성숙한 개인으로 굳건히 서 있어서 누구의 압력으로부터도 자유롭다고 단언할 수 있는가요? 언필칭 국민의 신뢰라는 것이 정체도 모르는 그 '여론'이라는 것의 눈치를 보고 그것에 스스로를 굽혀야만 얻어지는 것이 아님은 물론입니다. 그리고 그 여론이라는 것이 법관에게도 먹히는 것을 알아차리게 되면, 법관에 대한 유무형의 압

114

박은 더욱 기승을 부리고 수단방법을 가리지 않는 악순환에 빠질 것입니다.

8.

육십이라는 나이라면 얼마 전까지만 해도 늙음에 들어섰다고 보아도 좋고, 혹 또 하나의 고비라고 할 것이었는지도 모르겠습니다. 그런데 요즘은 그렇게 보는 사람은 별로 없는 듯하고, 저 개인적으로도 그렇게 생각되지 않습니다. 따라서 오늘의 논문집 제목에서 보는 '기념'이라는 말도 어색하기만 합니다.

또 외국의 경우를 보면, 대법관과 같이 높은 관직—대법관이 '높은 지위'가 아니라는 분은 안 계시겠지요?—에 있는 사람, 베이컨의 말을 빌리면 "주권자 또는 국가의 종이고, 명성의 종이며, 또한 직무의 종"이라는 삼중三重의 머슴인 '높은 지위(great place)'의 사람을 위하여 '기념 논문집'을 만드는 경우는 드문 듯합니다. 그래서 대법관의 직에 있으면서 이를 받으려니 부끄럽다는 것이 솔직한 심정입니다.

저는 한때 어느 시인과 같은 '멋진 삶'을 동경하기도 했습니다. 그런데 저는 그처럼 창작과 도취 사이를 오고가는 힘차고 거침없는 도도滔滔한 인생을 살 만한 그릇이 못 되고, 오히려 자신을 끊임없이 감시 속에 두고 옥죄어야만 조그만 안식이나마 얻을 수 있는 나약한 존재라는 것을 깨닫게 되었습니다. 그럼에도 하나의 독자적인 개체로서 품고 있는 가능성을 끝까지 펼치고 항상 자신을 발전시키려고 노력한다는 젊은 시절 품었던 ─혹은 '괴테적인'이라고 불러도 될지 모르겠습니다─ 이상은 아직 다 잃지 않았습니다. 어쨌거나 이번 일을 계기로 앞으로 나에게 주어진 시간을 가슴 속에 불꽃을 살리고 일상의 의무를 게을리 하지 아니하면서 성실하게 살아 삶을 끝까지 소진하여야겠다고 다짐해 봅니다.

앞으로도 여러분께서 많이 돌보아 주시고 저의 잘못을 깨우치고 가르쳐 주시기를 빌면서 이것으로 어리석은 '답사'를 마칩니다. 대단히 감사합니다.

법원사람들 2013년 1월호, 16면; 3월호, 20면 이하

후 기   여기 옮기지 않은 2.부터 4.까지에서는 나의 지난날을 회고하는 내용으로서, 그 개요의 일부가 "어느 법학교수가 살아온 이야기"라는 제목으로 발표되었으므로(저스티스 2017년 8월호(통권 제161호), 383면 이하. 후에 민법연구, 제10권(2019), 1면 이하 소재), 여기서는 생략하였다.

10
대법관 퇴임사

존경하는 대법원장님, 대법관님 그리고 이 자리에 와 주신 법원 가족 여러분.

저는 이제 대법관의 임기를 마치고 대법원을 떠납니다.

지난 6년을 돌아보면 물론 여러 가지 감회가 없지 않습니다. 저는 그동안 한 분의 대법원장님과 열세 분의 대법관님으로부터 퇴임의 말씀을 들은 일이 있습니다. 그 말씀들은 대체로 한편으로 개인적으로 대법원 생활의 회고, 그리고 대법관이라는 막중한 소임을 제대로 하였는지에 대한 반성을 담고 있고, 다른 한편으로 현재 우리 법원 또는 법관의 현실에 대한 통찰, 그리고 앞으로 우리나라에서 법의 발전을 위하여 법관들이 달성하여야 할 과제에 대한 여러 가지 희망적 소견을 밝히고 있습니다.

저는 그 말씀들에 전적으로 공감하기 때문에 이 자리에서 다시 그 요점을 반복하여 여러분의 소중한 시간을 조각낼 필요는 없다고 생각합니다.

다만 저는 이 자리를 빌어, 종전에 별로 말씀되지 아니하였던 것을 몇 가지 말씀드리고자 합니다.

우선 대법원이 제도적 차원에서 시급히 해결하여야 할 과제로 무엇보다도 두 가지를 들고 싶습니다. 첫째가 헌법재판소와의 관계이고, 둘째는 상고사건 부담의 경감입니다.

헌법재판소는 헌법불합치결정 등을 통하여 법률의 해석에 대한 영향을 넓히려고 시도하고 있으나, 헌법재판소법도 법률인지라 종국에는 그 내용, 예를 들면 위헌결정에 관한 제47조의 의미 여하도 대법원의 해석에 달려 있는 것입니다. 그러나 반면에 헌법재판소가 헌법재판소법의 개별 규정이 위헌임을 선언하는 일도 전혀 상정할 수 없는 것은 아니고, 실제로 법원의 재판을 헌법소원심판의 대상으로부터 배제하는 헌법재판소법 제68조 제1항에 대하여 한정위헌결정을 한 바도 있습니다. 외국에서 흔히 보는 바와는 달리 두 사법기관이 적대적인 관계에 있는 것처럼 일반에게 비치는 것은 양자 모두에게 결코 이롭다고 할 수 없습니다. 대법관으로서의 경험으로 말하면, 대법원과 헌법재판소의 관계는 단순히 두 기관의 호양적 관행으로 원만하게 해결될 수 있는 단계를 벗어난 것이 아닌가 하는 생각이 듭니다.

한편 대법원에의 상고는 본안사건만 하더라도 2013년에 3만6천건에 이르렀습니다. 제가 대법원에 온 2008년에는 그것이 2만8천 건으로 그동안에도 증가 일로에 있었으나, 사건처리의 부담도 이 수준에 이르면 이미 한계를 넘어선 것입니다. 더 이상의 '무리'가 있기 전에 이쯤에서 상고심의 지위와 기능에 대하여 본원적인 반성·검토를 하고, 이를 바탕으로 무엇보다도 현실적인 대응책이 구체적으로 마련되기를 간절히 바랍니다.

말씀드린 이 두 가지의 제도적 문제는 더 이상 법원만의 문제가 아니라 법치주의의 원만한 실현 및 국민들의 권리보호의 신장이라는 나라의 기본 과제와 관련됩니다. 그러므로 이들에는 모든 국민이 관심을 기울여야 할 것이고, 따라서 국회 기타 정치권도 이 문제를 더 이상 방치하여서는 안 될 것입니다.

대법원장님, 대법관님 그리고 법원 가족 여러분.

그리고 대법관의 일과 관련하여서 제가 깨닫게 된 것의 하나는 대법관이 갖추어야 할 중요한 덕목이 개별 사건 중에서 일반적인 의미가 있는 것을 알아차리는 능력이라는 것입니다.

어떠한 사건이 대법원에서 이렇게 저렇게 처리되었다는 사실은 이제 하나의 전범성典範性을 가져서 '같은 사건'은 이제 같이 처리되어야 하는 '구속력'을 가지게 됩니다. 그것은 하급심법원은 물론이고 대법원에 대하여도 마찬가지입니다. 대법원도 '같은 것은 같이, 다른 것은 다르게'라는 正義의 제1차적 요구에 묶이는 것입니다. 그리고 그것은 심리불속행으로 상고기각되는 사건이라고 해도 크게 다르지 않습니다.

그러니 대법관은 그 구체적인 사건과 '같은 사건'이 얼마나 있는지 또는 —보다 중요한 것으로— 생길 가능성이 얼마나 있는지, 그 사건의 해결내용 여하가 개별 당사자들을 넘어서 그와 같은 이해관계 또는 직업을 가지는 사람들, 같은 계층에 속하는 사람들, 나아가 보다 일반적으로 사회의 한 부분 또는 전체, 심지어는 나라 자체의 됨됨이에 어떠한 영향을 미칠 수 있는지를 생각하여 보아야 합니다. 이것은 단순히 '판례'를 많이 알고 있다, 논리적으로 생각할 줄 안다는 것과는 다른 차원의 자질로서, 오히려 감수성 또는 상상력의 문제, 결국 사회에 대한 인식 틀의 문제라고 봅니다.

그리하여 일반적인 의미가 있는 사건은 그 해결을 개별 기록을 접하였을 때 얼핏 가지게 되는 그 사건 해결의 방향에 관한 자기 개인의 '감각'에만 맡겨서는 안 되고 이를 비판적으로 음미하는 사건과의 '거리'가 요구됩니다. 그리고 이러한 사건에 대하여는 면밀한 '검토'를 거치고 다른 여러 사람의 의견을 듣는, 보다 신중한 절차를 거쳐야 할 것입니다. 그리고 이러한 사건을 저 밀려드는 사건기록의 홍수 속에서 제대로 골라낼 수 있어야 하는 것입니다.

저는 이러한 점에서 그동안의 업무 수행에 부족한 점이 없었는지 반성해 봅니다.

대법원장님, 대법관님 그리고 법원 가족 여러분.

이제 대법관으로서의 시간을 마감하면서 새삼 지난 6년이 제게 부여한 성취과 발전의 기회에 대하여서 절실하게 느끼게 됩니다. 다 아시는 바와 같이 저는 오래 대학교수로 있었습니다. 제가 교수로서 이루려고 했던 바는 모두 결국 법 실천의 현장으로 연결되어 '현재 있는 법'이 되는 것을 지향하는 것이었습니다. 그것을 부족하나마 성취할 기회가 주어지고 또 상고심법원을 경험할 수 있었던 것은 저에게 매우 큰 축복이라고 할 수 있겠습니다.

그리고 오늘 제 마음 깊숙한 곳에 자리하고 있는 것은 늘상 저를 도와 주셨던 분들에 대한 감사의 뜻입니다.

대법원장님이나 동료 대법관님들로부터 제가 배운 것은 일일이 다 들 수 없을 만큼 많습니다. 또한 여러 가지로 모자란 저를 따뜻하게 감싸고 아껴 주신 것에 머리 숙여 감사를 드립니다.

그리고 전속조와 공동조의 많은 재판연구관님들이 없었다면 저는 그나마 부족한 자질과 능력으로 도저히 대법관으로서의 직무를 수행할 수 없었을 것입니다. 고맙습니다.

또한 저와 가까운 거리에 있던 몇 분은 특별히 여기서 이름을 밝히고 싶습니다.

서류와 기록 작업에 관하여 놀라움을 금할 수 없는 정확함과 성실함으로 일하여 준 마경희 씨,

매일 아침 나에게 차를 가져다 주고 연필을 깎아 준 정여울 씨,

이제는 애기 엄마가 되어 다른 법원에서 일하는 황미경 씨,

날로 달로 새롭게 쌓이는 책 기타 자료들을 군소리 없이 정리하고 궂은일을 마다하지 않은 양대로 씨,

저에게는 그 이름도 낯선 '비서관'으로 변덕스런 저의 요청을 일

일이 들어주신 염영철 서기관, 지금의 박수철 사무관,

그리고 아침저녁으로 주의를 기울여 저를 이리저리 태워다 준 김광성 기사, 조광영 기사.

진심으로 감사를 드립니다.

이제 저는 대법관의 무거운 짐을 내려놓고 이만 물러갑니다.

여러분의 앞날에 건강과 행운이 가득하기를 빌면서, 이만 퇴임사를 마칩니다.

감사합니다.

본서 초출

122

제 3 부

법의 뒤안길

01

한국법의 발전과 과제

— 버클리대학교 한국법센터 학술회의 기조강연

1.

오늘 버클리대학교 한국법센터의 창립을 기념하는 그 제1회 연례 컨퍼런스를 맞이하여 저에게 이러한 환영의 말씀을 할 기회가 주어진 것을 큰 영광으로 생각합니다. 그리고 이 모임에 참석하신 내외 귀빈 여러분을 만나뵐 수 있는 것 역시 매우 기쁩니다.

한국 밖의 주요한 대학에서 한국법을, 그리고 한국법만을 연구 또는 교육의 중심에 둔 기관을 설치한 예는 종전에 없었고 이번이 처음이 아닌가 생각합니다. 저는 한국의 법을 연구하고 가르치고 또 그 적용하여 실제의 사건을 해결하는 데 종사하여 온 사람으로서, 즉 한마디로 한국의 법을 자기 직무의 중심에 놓고 살아온 사람으로서 이번 일을 여러분과 함께 경축하고자 합니다.

이러한 기관을 창설하는 데 진력하시고 그 공동소장을 맡으신 버클리대학교 로스쿨의 로랑 마얄리 교수와 존 유 교수, 그리고 그 외의 여러 교수들과 직원·학생들, 그리고 이를 위하여 물심양면으로

도와 주셨다고 듣고 있는 버클리 로스쿨 출신의 한국 법률가들에 대하여 충심으로 감사의 말씀을 드립니다.

앞으로 버클리대학교 한국법센터가 더욱 발전하여 미국 안에서의 한국법의 이해에 크게 기여하기를, 그리고 그러한 이해가 다시 한국법의 발전에 도움을 줄 것을 기원합니다. 저로서도 그 발전을 위하여 크지는 않겠으나 가능한 한 노력을 다할 것을 약속 드립니다.

이 정도에서 이번 행사에서 내 소임으로 맡겨진 말씀을 끝맺는 것을 생각해 보지 않은 것은 아니나, 그래도 30분이라는 시간은 다 매워질 것 같지 않고 또 위와 같은 인사말만으로는 지난 날 35년 이상 한국의 법에 관여하여 온 사람으로서 미심쩍은 부분이 있습니다. 그래서 여기서 '한국법의 기본적인 특징들은 무엇인가'에 대한 개인적인 소견을, 그것이 왜 미국의 법률가들에게도 흥미로울 수 있는가 하는 점을 염두에 두면서 간단하게 정리하여 볼까 합니다.

2.

한국 근대법의 역사는 19세기 후반 느지막한 시기에 한국이 부득이하게 서양의 여러 나라 그리고 일본에 대하여 이른바 '개국'을 하여 서양의 문물을 받아들이지 않을 수 없게 되었을 때부터 시작되었다고 할 수 있겠습니다. 제가 1985년부터 2008년 대법관이 되었을 때까지 23년간 봉직하였던 서울대학교 법과대학은 한국에서 가장 오래 된 법학교육기관인데, 1895년을 그 기점으로 잡고 있습니다. 그러니 한국 근대법의 역사도 그때쯤 시작되었다고 해도 좋을 것입니다.

그러나 그로부터 10년 후인 1905년에 우리는 외교권·사법권 등을 일본에 빼앗겼고, 다시 5년이 지나서는 일본의 완전한 식민지 속국이 되었습니다. 그러한 식민지상태는 일본이 1945년 8월에 연합국에게 패전하여 항복하였을 때까지 계속되었습니다. 그 40년이 우리 법의 역사에서 어떻게 평가되어야 할 것인가는 아직 논의가 끝나지 아니한 문제입니다.

그리고 3년의 미군정을 거쳐 1948년 7월에 대한민국 헌법이 제정되었고, 그 해 8월에 대한민국 정부가 출범하였습니다. 헌법은 대한민국은 '민주공화국'이고(제1조) "주권은 국민에게 있고, 모든 권력은 국민으로부터 나온다"(제2조)고 정하였습니다. 그것은 "모든 국민은 법률 앞에 평등이며, 성별, 신앙 또는 사회적 신분에 의하여 정치적, 경제적, 사회적 생활의 모든 영역에 있어서 차별을 받지 아니한다"고도 말합니다(제8조 제1항). 이러한 헌법규정들은 그 후 여러 차례에 걸친 헌법의 전면적 또는 부분적 개정에서도 기본적으로 그대로 유지되고 있습니다.

그러나 사회생활의 실제, 그리고 위와 같은 헌법의 요청을 구체적인 분야에서 실현하는 개별적인 법률규정의 내용은 오랫동안, 그리고 어느 만큼은 지금도 헌법의 요청과는 거리가 있다고 하지 않을 수 없습니다. 정치적으로 많은 우여곡절을 겪었습니다. 헌법이 제정된 1948년로부터 4반세기가 더 지난 1975년을 놓고 보면, 그때 과연 한국이 진정한 의미에서 민주공화국인지, 모든 권력은 국민으로부터 나온다고 할 수 있는지는 지극히 의문입니다.

더욱 중요한 것은 실제 사회의 양상입니다. 예를 들어 헌법은 앞서 말씀드린 대로 국민은 성별에 의하여 차별받지 아니한다고 정하였습니다마는, 남자와 여자의 '평등'은 1948년 당시는 더 말할 것도 없고 최근에 이르러서도 그 실현에 많은 문제를 안고 있다고 말할 수 있습니다. 제가 전공하는 민법의 한 부분을 이루는 친족법은 그 사이의 여러 번의 개정을 지나 2006년에 이르러서야 비로소 적어도 실정법규정상으로 그 평등을 실현하였다고 할 수 있습니다.

그러나 확실하게 말할 수 있는 것은 한국 사회는 남녀의 평등을 향하여 꾸준히, 그리고 상당한 템포로 전진하여 왔다는 것입니다. 저의 할머니는 1892년생이고, 어머니는 1927년생, 처는 1955년생, 딸은 1980년생으로, 이 4세대가 거의 1세기에 걸쳐 태어났습니다. 그러나 이들 네 사람의 삶은 제가 관찰하는 바로는 확연히 다른 모습을 보이고 있습니다. 할머니는 초등교육조차 받지 못하였고 변호사인 할아버지의 '의지' 밑에 살면서 고향인 제주 섬을 잠시나마 떠난 일조차 거의 없습니다. 반면에 저의 딸은 대학을, 그것도 미국의 노스캐롤라이너 대학을 영문학 전공으로 졸업하여 지금은 외교관인 남편과 같이 워싱턴DC에서 활동을 하고 있는데, 그 중 누가 누구의 '억압' 밑에 있다고 쉽사리 말하기 어렵습니다(혹은 저는 아버지로서 그렇다고 말하고 싶습니다).

그리고 한국 사회는 1960년대 이후로 50년 동안에 세계가 모두 놀라는 경제적 성장을 이루었습니다. 그리고 그동안의 권력정권에 의한 헌법의 왜곡은 1990년대에 이르러 청산되었습니다. 이와 같이 이른바 산업화와 민주화를 짧은 기간 안에 동시에 달성한다는 인류의 역사상 드문 성취에 대하여는 여러분이 잘 알고 계시리라고 믿으므로, 여기서 굳이 말하지 않도록 하겠습니다.

요컨대 한국은 1945년 이후로 헌법이 정한 가치, 즉 모든 권력은 국민에게서 나오며 모든 사람이 평등하고 인간으로서의 존엄과 가치, 그리고 "행복을 추구할 권리"(현재의 헌법 제10조가 그렇게 정하고 있습니다)를 누리는 사회를 실현하기 위하여 부단히 노력하였고, 이를 실효 있게 성취하여 왔다고 말할 수 있겠습니다.

3.

이러한 눈부신 '발전'과 함께, 한국법은 수없이 제기되는 문제들에 직면하고 있습니다. 한국 사회의 매우 빠른 변화는 다른 나라에서는 보기 어려운 다양하고 어려운 법문제를 제기하고 있는 것입니다. 이러한 문제 제기의 양상만으로도 한국법은 법의 역사에서 흥미로운 소재를 제공한다고 할 수 있지 않을까 하고 생각합니다.

(1) 한국 사회는 모든 영역에서 여전히 종전부터의 —'유교적'이라고 부를 수 있는— 규범이나 행동양식 등을 그대로 남기고 있는 부분 또는 측면이 있는가 하면, **이와 동시에** 그야말로 '현대적' 또는 '초현대적'이라고 부를 수 있는 양상이 두드러지는 부분도 있습니

다.

예를 들면, 일부에는 아직도 여성은 한 번 결혼하면 남편에 종속되며 남편의 '집'의 일부가 된다는 관념 아래 사는 사람들이 있는 반면에, 결혼은 남자와 여자 개인 사이의 계약이고 그 각각의 '집' 또는 '가족'과는 전혀 관련이 없다는 관념 아래 사람들이 점점 늘어나고 있습니다. 그런데 가령 이러한 혼인관계의 종료사유로서의 이혼이 문제되는 경우에는 전자의 경우와 후자의 경우에 각각 다른 법규칙을 적용하는 것은 어렵다고 해야 하지 않을까요? 한국법은 이 문제에 관하여 일반적으로 보면 —일부 법률가들의 강력한 주장에도 불구하고— 아직도 이른바 '유책주의'를 취하고 있고 미국 기타의 나라들에서 보편적으로 택하여지고 있는 '파탄주의'를 취하지 않고 있다고 말할 수 있습니다.

(2) 법문제의 처리에 종사하는 법률가 또는 법학자의 문제도 단순하게 잘라 말하기 어려운 복잡한 모습을 보입니다.

제가 법과대학을 다니던 1970년대만 하더라도 한국의 법학은 압도적으로 독일법학의 영향 아래 있었습니다. 그것은 일본 식민지 시대에는 한국인이 정규 대학의 법학 교수가 되는 것은 허용되지 않았고 1945년의 해방 이후 상당한 기간 한국의 법학 교육 및 연구를 떠맡은 사람은 대체로 일본 식민지 시대에 일본법을 배운 실무가들이었는데, 그들이 법을 익히고 실행하는 동안 일본이 독일법 또는 독일법학을 모범으로 삼고 있었다는 사정과 관련이 있습니다. 그리하여 제가 보기에 적어도 1980년대 말까지 한국 법학은 대체로 말하면 독일법의 해석을 '수입'하여 적용하려는 경향이 강하였습니다. 즉 학자들은 한국의 '현재 있는 법'이나 사회·경제적 사정 또는 사람들의 도덕감정 등과는 무관하게 독일의 법개념·법규칙을 가능하면 그대로 한국에서 일어나는 일에 적용하려는 지향이 적지 않았다고 할 수 있습니다.

제가 1979년에 서울민사지방법원의 판사로 임관하여 법원실무를 경험한 후 1982년에 외국으로 유학을 가면서 독일을 선택한 것도 어쩌면 자연스러운 결정이었습니다. 그리고 지금도 한국법의 주요한 부분, 즉 헌법과 형법과 민법 등에 있어서 제가 보기에는 독일에서 공부를 하신 분들, 그리하여 독일법학이 일정한 영향력을 발휘하고 있다는 점은 부인하기 어렵습니다. 한편 한국의 법원 실무는, 전에 말씀드린 1979년부터 1982년까지의 3년, 그리고 2008년부터 오늘까지의 5년 반, 도합 8년 이상의 제 경험에 의하면, 여전히 일본의 영향, 특히 일본 판례의 강한 영향에서 다 벗어났다고 하기는 어렵습니다.

그리고 이와 같이 교수와 법관, 이론과 실무는 대체적인 경향으로 말하면 1990년쯤까지는 서로를 적대시하는 태도를 취하여 왔습니다. 교수는 법관에 대하여 '일본법의 정신적 외판원들'이라고 애써 얕보았고, 법관은 교수를 '독일법은 알지 몰라도 정작 한국법은 모르는 사람들'이라고 생각하는 경향도 전혀 없지 않았습니다. 그리고 대학과 법원 사이에는 인적 교류도 없었습니다. 이러한 상황은 다 아시는 대로 어느 편에도 그다지 바람직하지 않은 것이었습니다.

그렇지만 이제 양상은 많이 변하였고, 훨씬 복잡하게 되었습니다. 요즈음은 어떠한 외국법이라고 해도 이를 그대로 수입·적용하자는 발언은 드뭅니다. 그것은 1980년 이후로 많은 젊은이들이 독일 외에도 미국·영국이나 프랑스나 기타 다른 나라로 유학하여 '비교'의 대상을 넓힌 것과 관련이 있을지도 모릅니다. 또 제가 대법원에서 사건을 직접 처리하여서 확실하게 말씀드릴 수 있는 것인데, 어떠한 법문제에 대하여 일본의 실무태도·판례 또는 그 학설은 참고되어야 하는 자료, 물론 경우에 따라서는 중요한 의미가 부여될 수도 있는 자료이기는 하더라도, 그러나 여전히 상정가능한 다른 규율태도들과 내용적으로 그 우월을 다투어야 하는 하나의 자료에 그치는 경우가 대부분입니다.

이제 외국의 법은 말대로의 외국법이고 비교법적 자료일 뿐임이 적어도 의식의 표면에서는, 그리고 외적인 발언으로서는 당연히 말하여지고 있습니다. 그리고 특히 아직 나이가 많지 않은 법률가·교수들 사이에서는 자신의 머리로 한국 사회의 법문제를 생각하고 설득력 있는 해결을 체계적·논리적으로 제시할 수 있는 사람이 점점 많아지고 있습니다. 그러한 의미에서 한국법의 진정한 '독립'은 얼마 전에야 비로소 성취되었다고 말할 수 있을는지도 모릅니다. 저는 이 점 역시 1980년대 이후로 한국법이 이룩한 최대 성과의 하나가 아닐까 생각하여 봅니다.

4.

그렇다고 하여도 여전히 풀어야 할 숙제는 산적되어 있습니다.

우선 남한과 북한의 통일은 가까운 장래에 일어날지도 모르는데 한국에 매우 어렵고 다양한 문제들을 제기할 것입니다.

나아가 경제적 성과가 쌓여가는 다른 한편으로 사회적 · 경제적 격차의 문제도 보다 예민하게, 그리고 통렬하게 의식되고 있습니다.

또 앞서도 말씀드린 바대로 짧은 시간 내에 이룩한 '발전'은 사회의 심상치 않은 '중층적' 구조를 만들어냈는데, 그 구성원들 또는 그 이데올로기적 대변자들은 각자가 자신만이, 자신의 입장만이 '옳다'고 주장하고 있습니다. 한국 사회에 관용의 정신은 아직 계발되어야 할 여지가 많은 듯합니다. 그리고 독재의 망령, 또 공산주의의 망령, 그리고 6 · 25사변이라는 엄청난 민족적 비극에 대한 기억 등을 배경으로 하는 전쟁의 망령도 아직 어디선가 서성이고 있지 않은가 하는 생각도 듭니다.

마지막으로, 그리고 가장 기본적으로, 법관들이나 법학교수들이나 — 그것이 독일이든, 일본이든, 미국이든, 외국의 '훌륭한 학자'이든, 훌륭하다는 외국의 판례이거나 이론이든, 아니면 아버지 · 어머니 기타 가족이든, '선생'이든, 동료이든, 같은 '주의'를 가진 사람이든 — 어떠한 외부의 권위 또는 집단에 의존하거나 무의식 중에라도 억눌리거나 단순히 동조하지 아니하고 독립한 개인으로서 스스로 자유롭게 일을 끝까지 성찰하고 판단하는 태도를 내면화하였는지의 문제가 있다고 여겨집니다.

5.

한국은 세계의 역사를 통하여 보아도 여러 모로 재미있는 나라입니다. 무엇보다도 법이 먼저 선언한 종래 없던 또는 희미하던 가치를 뒤쫓아 실현하려고 애써서 이를 실제에서도 대체로 달성하였다는 점에서 그렇습니다.

서두에 말씀드린 대로 여러분께서 한국의 법 그리고 사회에 대한 이해를 더욱 깊고 넓게 하시어 여러 문제를 안고 있는 한국에 많은 도움을 주시기를 간절히 바라는 바입니다.

법원사람들 2014년 5월호; 7월호, 각 16면 이하

후 기 나는 2014년 4월 18일 미국 버클리대학교의 「한국법센터 (The Korea Law Center of UC Berkeley)」에서 그 창립을 기념하여 행하여진 학술회의에 참석하여 '기조강연(Welcome Address)'을 하였다. 본문은 그 우리말 원고이다.

02
법학의 도덕성
— 자기증식적 교과서법학과 관련하여

1.

나는 법학 중에서 민법학을 전공으로 한다. 법은 그 전체가 하나
의 체계를 이루고 있어서, 민법을 공부하려면 예를 들면 상법이나
민사소송법, 나아가 헌법이나 형법과 같은 다른 법분야에도 눈을 돌
려야 하는 일이 물론 빈번하게 있다. 그러나 나는 민법 이외의 다른
법분야에 대하여는 아무래도 잘 안다고 할 수 없다. 그러므로 이하
에서는 일단 나의 전공인 민법학, 그 중에서도 관심의 대부분을 차
지하고 있는 이른바 재산법(가족법이 아니라)에 관한 학문을 염두에
두고 말하여 보기로 한다.

한편 나는 2008년 9월에 대법관으로 임명되어서 그때부터 그 임
기인 6년 동안 대법원의 사건을 처리하는 일을 하였다. 대법관은 대
법원에 올라오는 사건이 어떠한 내용의 것이든 그것을 골고루 나누
어서 맡아 처리한다. 대법원이 처리하는 사건은 거칠게 말하면 대체

로 민사사건·형사사건·행정사건으로 나누어지는데, 한 사람의 대법관은 이들 다양한 종류의 사건을 배당되어 자신이 주심이 되는 대로 모두 처리하여야 한다. 그래서 나는 당연히 형사사건이나 행정사건 등도 처리하였다. 그 과정에서 필요한 법학자들의 논문이나 저서 등을 찾아 읽어 보거나 참고로 하는 일이 적지 않았고, 경우에 따라서는 그 분야를 전공하는 법학교수들과 논의도 하여 보았다. 그러한 경험 등에 비추어서 보자면, 다음에서 말하는 우리 민법학에 관한 사정은 —꼭 같지는 않다고 하겠지만— 다른 법분야에 대하여도 크게 다르지 않다고 해도 좋겠다고 생각한다.

2.

솔직하게 말하면, 우리의 법학을 '도덕성'의 관점에서 논할 경우에 구체적으로 무엇이 문제가 되어야 할 것인지 쉽사리 머릿속에 떠오르지 않았다. 궁리 끝에 나는 다음과 같은 점을 말하여 보기로 하였다. 우리나라의 법학자들 —그것은 직업으로 말하면 '대학의 법학교수'라고 해도 될 것이다— 이 하는 일이 자신의 전공분야에 대한 '교과서'를 내는 데 집중되어 있다는 것이다. 뒤집어 말하면, 논문을 쓰기보다는 '교과서'의 저술·출간에 대부분의 시간과 노력을 기울인다. 여기서 '교과서'는 학생들이 법 공부를 하는 데 쓰는 교재를 가리키고, 그 주요한 수요자는 법학 전공 학생 또는 각종 국가시험 준비생이다. 만일 여러분이 서점에 가서 '법률' 또는 '법학' 책을 모아 놓은 곳으로 가서 그 책장을 들여다보면, 이것을 쉽사리 알 수 있을 것이다.

대학교수의 일은 논의의 여지 없이 결국 연구와 교육이라고 말할 수 있으므로, 대학교수가 학생들의 교육을 위하여 그에 필요한 교재를 저술·출간하는 것에 무슨 문제가 있느냐고 할는지 모른다. 그러나 방금 말한 대로 대학교수의 본연의 임무의 다른 하나는 연구인데, 우리 법학교수들이 펴내는 '교과서'가 그가 —여기서 '그'라는 대명사로 법학교수 일반을 지칭하였다고 해서 무슨 성 차별적인 의도가 있는 것은 아니며, 단지 편의를 위한 것임을 명확하게 하여 둔다. 아니면 '그녀'라고 하여야만 성 차별의 무의식적 확산·유지를 막는 길이 될 것인가?— 또는 학계가 각고면려하여 수행한 연구의 소산이라고 할 수 없다는 것이 내가 여기서 지적하고 싶은 바이다. 대단히 유감이지만 오히려 '교과서'는 많은 경우에 그가 연구를 한 바 없음에도 연구를 열심히 한 것처럼 위장하는 수단이 되고 있는 측면도 부정할 수 없다고까지 여겨진다.

나는 '교과서'는 법을 전공하는 사람들, 즉 대학교수들, 그리고 때에 따라서는 법관이나 변호사와 같은 법실무가들의 구체적·개별적 연구성과를 잘 모아서 읽고 이해하여 이를 종합적·체계적으로 요령 있게 제시한다는 데 그 의미가 있고, 학생들은 그러한 '교과서'를 가지고 당해 법분야의 공부를 하여야 한다고 생각한다. 그런데 개별적인 연구성과는 곧 논문으로 표현되므로, 훌륭한 논문이 골고루 쌓이는 것이야말로 제대로 된 '교과서'가 저술될 수 있기 위한 전제이다. 그럼에도 개별적인 연구성과의 집적 없이 다수의 '교과서'가 남발되고 있는 것이다.

3.

나는 1985년 6월에 법관의 직을 떠나 서울대학교 법과대학의 전임강사가 됨으로써 대학교수로서의 생활을 시작하였다. 나는 그때부터 줄곧, 그리고 지금도 주위로부터 "언제 교과서를 써 내느냐?"는 질문 ―오히려 '질책'이라고 해도 큰 잘못은 없으리라― 을 수없이 받았다. 마치 '교과서'를 출간하지 않은 민법 교수는 당연히 제 역할을 다하지 못하기나 하는 것처럼. 우리나라의 민법교수들이 해방 이후 해 온 학문적 작업의 많은 부분은 '교과서'의 저술이었다. 이러한 책들은 거의 예외 없이 민법전의 편별編別에 좇아 『민법총칙』, 『물권법』, 『채권총론』, 『채권각론』의 네 부분으로 구성되어 있다.

이렇게 보면, 우리 민법학의 수행에 있어서 결여되어 있는 것 또는 부족한 것의 대부분이 저절로 드러나게 된다.

첫째, 편별이 아니라 기능의 면에서 보아 민법의 중요한 영역을 이루고 있는 분야에 관한 전문적이고 포괄적인 저술(독일에서는 통상 Handbuch, 미국 등에서는 treatise라는 이름으로 불리는)은 거의 없다. 쉬운 예를 들어, 『불법행위법』, 『부동산거래법』, 『부동산임대차법』, 『보증법』 등에 대하여는 그에 관련된 법문제 전부를 상세히 그리고 그 영역에서 제기되는 다른 법문제와 연관시키면서 설명하고 있는 저술이 별로 없는 것이다.

둘째, 더욱 중요한 것은 민법의 개별문제에 대하여 끝까지 파고들어 고찰한 논문 또는 저작(외국에서 monograph라고 하는 것)이 드물다는 점이다. 민법에 규정되어 있는 법제도마다 중요한 해석론상의 문제가 숱하게 미해결로 남아 있다는 것은 굳이 예를 들지 않더라도 명백하다. 우리 사회는 지난 반세기 동안 엄청난 변화를 겪었음은 누구나 아는 일이다. 나는 대법원에서 연구실에 있을 때는 상상조차 하기 어려웠던 일이 소송사건이 되어 우리 앞에 닥쳐 온 것을 많이 보았다. 그러나 거기서 제기되는 다수의 어려운 법문제에 대한 해결의 실마리를 더듬기 위하여 우리 법학자의 문헌을 뒤져 보면 별다른 도움을 얻지 못하는 것이 ―솔직하게 말하기로 하자― 많았다. '교과서'에서조차도 경우에 따라서는 이러저러한 법문제가 "장래 연구할 과제"로 지적되어 있다. 그런데도 이와 같은 '장래의 과제'가 수십 년이 지나는 동안에도 연구·천착되지 아니한 채 그대로 남아 있는 것이다.

4.

민법교수들이 그동안 그 정력의 태반을 쏟은 이들 '교과서'는 도대체 어떠한 종류의 저술인가?

우리 '교과서'들을 서로 비교하여 보면 바로 알 수 있는 바는 그것이 여러 가지 면에서 대동소이하다는 것이다. 그 구성의 점은 말할 것도 없고, 내용도 크게 다르지 않다. 우선 서술의 대상이 되는 주제는 어느 교과서나 별로 차이가 없다. 나아가 더욱 중요한 것은, 견해가 서로 대립이 있는 법문제에 대하여도 많은 경우에 그 논의가 깊이를 더하여 가지 않는다는 점이다. 실질적으로 앞서 나온 '교과서'에서 논하여진 것 이상을 논하는 '교과서'는 별로 없다.

요즈음도 계속 나오고 있는 언필칭 '교과서'를 보면, 다음과 같은 자기증식적自己增殖的 생산방식을 상정할 수 있을지도 모른다. 어떠한 법문제에 대하여 A라는 견해와 B라는 견해가 대립한다. 각 견해에는 자신의 입장을 뒷받침하고 다른 입장을 반박하게 되는 일정한 논소論素가 있다. 그리고 그 각 견해는 이를 지지하는 사람들의 목록을 가지는데, 그 지지자들이란 물론 전에 나온 다른 '교과서'의 저자들을 가리킨다. 뒤에 나온 교과서에도 논소는 전혀 증가하지 않는다. 아니, 개별적인 연구성과가 없는 만큼 갑자기 엉뚱한 논변을 하는 것이 아니라면 논소가 증가하게 되지가 않는 것이다. 다만 그동안 나온 교과서의 수만큼 지지자의 목록만이 늘어갈 뿐이다. 거기다가 그 사이에 나온 우리 대법원의 '판례'라는 것을 끼워 넣으면 교과서 저술의 작업은 끝나는 것이다('교과서'에서의 '판례' 이해에 대하여도 할 말이 많지만 여기서는 그대로 넘어가기로 한다).

이러한 맥락에서 매우 의미 있는 사실은 이들 '교과서'에는 논문 또는 다른 모노그래프를 전혀라고 해도 좋을 만큼 인용하지 않는다는 점이다. 설사 어떠한 개별 법문제에 관하여 읽어 숙고하여 볼 만한 논문 또는 논문들이 나왔어도, 이는 거기에 인용되는 일이 별로 없다. '교과서'는 전에 나온 다른 교과서 또는 그에 준하는 주석서들만을 좌우座右에 놓고 들여다보면서 저술되는 것이다.

5.

이와 같이 교과서를 중심으로 하는 저술 작업의 양태에 대하여는 일정한 역사적 설명이 가능하다.

(1) 1948년 7월의 우리 제헌헌법은 그 제100조에서 "현행 법령은 이 헌법에 저촉되지 아니하는 한 효력을 가진다"고 정하였다. 여기서의 '현행 법령'에는 우리가 일제 아래 있던 1945년 8월 9일 당시 효력을 가지던 법령, 즉 일제 당시의 법령이 특별한 사정이 없는 한 포함되는 것이었다. 우선 미군정 당국은 "위 날짜 당시 시행 중이던 법률적 효력을 가지는 규칙 등은 군정청에서 특별한 명령으로 이를 폐지할 때까지는 완전히 효력을 가진다"는 태도를 취하였었다(군정법령 제21호). 따라서 일본의 민법을 포함하여 일본의 법령은 일제시의 조선민사령 등에 의하여 '의용依用'되고 있는 한 우리에게 그대로 효력을 가지게 되었다. 물론 미군정 당국이 1948년 8월까지의 3년 동안에 법령의 효력을 가지는 각종의 법령 등을 발포하였는데, 그 중 민사에 관하여 중요한 것으로 창씨개명에 관한 일제의 법령을 폐지한 군정법령 제122호(「조선성명복구령」) 등도 있기는 하다. 어쨌든 이와 같이 '현행 법령'의 절대 다수를 이루는 일본 법령은 일제 아래서와 마찬가지로 해방 및 건국 후에도 대부분 그대로 효력을 발휘하였던 것이다. 그리하여 가령 1951년에 간행된 『법학통론』 교과서는 "법학 공부를 하려며는 일정 시대의 육법전서가 절대로 필요하다"고 말하고 있다(김증한金曾漢, 법학통론[1951], 56면. 이하의 인용문에서는 오

늘날의 맞춤법이나 띄어쓰기 등에 맞추어 인용자가 고친 개소가 있다).

헌법은 유진오 등의 노력으로 앞서 본 대로 1948년 7월에 마련되어 있었다. 그러나 국가권력의 직접적인 발동인 형벌권의 내용을 정하는 형법조차 그로부터 5년이 지난 1953년 9월에, 형사처벌의 절차를 정하는 형사소송법도 그로부터 다시 1년이 지난 1954년 9월에 이르러서야 제정되었던 것이다.

(2) 8·15 해방 후 일제의 지배구조가 붕괴한 상황에서 행정부·사법부를 막론하고 공직을 담당할 사람, 즉 공무원을 채용·선발하고 양성하는 것은 시급한 과제이었다. 이러한 공무원의 채용 등에서 법 지식은 적어도 장래의 또는 현재의 나라, 즉 대한민국이 민주주의를, 따라서 그 핵심인 법치주의를 표방하는 한에서는 필수적인 것이었다. 그리하여 공무원시험 기타 그 선발 등을 위한 법학서적에 대한 수요가 대학의 법학 강의에서 사용될 '교과서'에 대한 수요와 맞물려서 폭발적으로 증가하였다. 법 공부는 우선 국민의 기본적 권리와 국가권력의 구조를 정하는 헌법, 나아가 중요한 기본법률들의 내용을 배워 익히는 것으로써 이루어진다. 그리고 민법·형법·상법·민사소송법·형사소송법과 같이 헌법과 함께 이른바 '육법전서'의 그 '육법六法'을 이루는 법률이 여기서의 '기본적 법률'에 해당함은 물론이다.

그런데 1945년 8월 15일에 우리가 일제의 억압에서 풀려나 다시 '빛을 얻게'("광복光復") 되었을 때, 어느 학문분야이나 크게 다를 바는 없었다고 추측되지만, 법학에 있어서도 "도저히 독립한 단위를 가진 학계라고는 볼 수 없는 형편"이었다(유진오, "한국법학계의 회고와 전망", 고대신문高大新聞 제60호[1954년 11월 24일자], 3면. 이 글은 나중에 그의 고희를 기념하여 1975년에 나온 논문집『헌법과 현대 법학의 제문제』, 489면 이하에 그 '부록'의 하나로 수록되었다). 이를 단적으로 보여 주는 것은 정부 수립의 전망이 명확하게 되는 1948년을 전후하여 개시된 기본적 법률의 편찬작업에 있어서 그 중심을 차지하고 있던「법전편찬위원회」의 위원 중에 대학교수의 직을 가지고 있는 사람은 유진오, 그리고 갓 출범한 서울대학교 법과대학의 초대 학장의 직위에 있던 고병국(그는 동경제국대학을 졸업하였는데 1938년부터 연희전문학교 교수로 있었다) 등 겨우 몇 사람뿐이었고, 나머지 50명 전후의 사람은 모두 법률실무가들이었다는 사실이다.

이와 같이 제대로 된 법학자가 거의 없는 형편에서, 일본의 법령이 대부분 그대로 일제 당시와 마찬가지로 효력이 있었던 것이니, 법학을 배우는 데 필요한 '교과서'에 대한 엄청난 수요를 우선 일본의 대표적인 '교과서'를 번역하는 것을 충족하자고 생각하는 것은 어쩌면 자연스러운 일이었다고 할 수 있을는지도 모른다. 우리 법학은「번역법학」으로부터 출발하였다고 하여도 과언이 아니다.

그리하여 각 법분야에서 일본의 대표적인 교과서가 일찍부터 번역되어 출간되었다. 당시 민법 이외의 분야에서도 일본의 대표적 교과서를 번역·출간하는 일은 어려움 없이 관찰될 수 있다. 다만 헌법 분야에서는 유진오의 여러 저서, 특히 1949년에 발간된『헌법

해의憲法解義』가 있었음을 여기서 분명하게 말하여 두고자 한다. 그
후 6 · 25전쟁 직전인 1950년 2월에 그 '수정판'이 나왔고, 1953년에
는 그 사이의 헌법 개정을 반영한『신고新稿 헌법해의』가 발간되어
1959년 3월까지 도합 14쇄가 발간되었다. 또 유진오는 그의 논문 등
을 모아 1950년에는『헌정의 기초이론: 헌정연구 제1집』을(애초에는
「헌정연구 제1집」이라는 부제가 없었던 것이 나중에 쇄를 거듭하면서 —아마
도 바로 뒤에서 보는 책의 부제에 발맞추어— 그 부제가 붙게 되었다), 1953년
에는『헌정의 이론과 실제: 헌정연구 제2집』을 냈다. 그 외에도 일반
인을 상대로 한 것으로 보이는 보다 평이한『헌법입문』이 1952년에,
교과서에 해당하는『헌법강의(상)』을 1953년에 출간한 바 있고, '중
등사회생활과' 또는 '고등사회생활과'를 위한 검정 교과서로서『공
동생활』,『국가생활』및『국제생활』등을 집필 · 공간하였다.

　그러나 나의 전공분야인 민법에서는 그러한 일은 일어나지 않았
다. 그리고 동경제국대학(나중에는 동경대학)의 교수인 와가츠마 사카
에(我妻榮)가 1930년대에 출간한『민법강의』시리즈 4권, 즉『민법총
칙』,『물권법』,『담보물권법』및『채권총론』이 6 · 25 전쟁의 발발
전인 1950년 3월부터 5월까지의 짧은 기간 동안 지금은 아예 잊혀진
어느 출판사(철야당哲也堂)에서 안이준安二濬의 번역으로 출간되었다.
그런데 와가츠마의『민법강의』시리즈는 1950년까지는 완성된 것
이 아니어서, 민법의 큰 부분을 차지하는 이른바 '재산법'을 이룬다
고 알려진 것 중에서『채권각론』은 아직 발간되지 아니하였고 1955
년에서야 나왔다. 그러나 와가츠마는『민법 II』라는 1938년 출간의

자그마한 개론서에서 그 부분을 다룬 바 있었는데, 1951년에는 그 부분이 『채권각론』이라는 훨씬 부풀려진 이름으로 역시 안이준이 번역하여 출간하였던 것이다.

이와 같은 번역작업이 행하여진 것은, 나중에 그 번역자 안이준이 말한 바에 의하면, "당시의 사정이, 일본의 서적은 매우 고가인 데다가, 그나마 구득하기 극난極難하였고, 국내에서 출간된 민법서는 태무殆無하였으므로, 학생들로 하여금 염가로 민법서를 가질 수 있게 하려는 마음으로, 그 일을 하였던 것이다."(김증한·안이준 공편, 물권법 [1956], 1면: 「편자의 말」)

이 번역서는 상업적으로 엄청난 성공을 거두었다. 우리나라의 대표적인 법률서적 전문 출판사인 「박영사」의 사사社史에는, 1953년 당시 재정적으로 매우 어려웠던 동 출판사에서 "안이준 씨가 번역한 일본 학자 와가스마(我妻)의 민법, 특히 《물권법》의 지형을 대여[차용]하여 출간한 것이 기사회생하는 계기가 되었다"(인용문 중 [ ] 괄호 안은 인용자가 가한 것이다. 이하 같다)는 기술이 보인다(박영사40년사편집위원회 편, 박영사 40년[1983], 33면).

(3) 그 후 다름아닌 서울대학교 법과대학의 민법 전임 교수이었던 김증한은 안이준과 함께 "[이 와가츠마의 교과서를] 근간으로 해서 우리 법현실에 적합하게" 민법 교과서를 만드는 작업을 수행하여, 1956년부터 1958년까지 사이에 『물권법』, 『담보물권법』, 『신민법총칙』, 『신채권총론』 및 『신민법각론(상)』을 두 사람의 「공편共

編」 또는 「편저編著」로 하여 잇달아 출간하였다. 여기서 뒤의 세 권은 1958년에 출간되었는데 거기에 각기 '신'이라는 접두어가 붙은 것은 1958년 2월에 민법전이 공포되었기에, 그것이 이와 같은 새로운 민법전(당시는 종전에 '의용'되던 일본 민법을 '구민법', 새로 마련된 우리 민법을 '신민법'이라고 통상 부르고 있었다)의 규정도 시야에 넣어 저술되었다는 뜻이다. 그런데 이들 책은 위 두 사람 스스로 "대체로 일본의 아처 교수의 민법강의를 토대로 하여, 우리 현행법령과 다른 점을 우리 법령과 맞추고, 조선고등법원[일정 당시의 최고법원] 판례와 대법원 판례를 가하여서 엮은 것"이라고 하고 있다(새로 공포된 민법은 그 시행이 1960년 1월 1일부터라고 되어 있었으므로, 위 편저서들이 나올 당시에는 아직 시행되기 전이었고, 여전히 일본의 민법이 우리 민법이었던 것이다). 이와 같이 하여 애초의 「번역법학」은 이제 말하자면 「번안법학飜案法學」으로 전개되어 갔다.

이와 같은 사정은 우리 민법전이 시행된 1960년 이후에도 크게 다를 바 없었다. 즉 김증한·안이준은, 김증한이 『물권법(상)(하)』를 1960년 및 1961년에 출간한 것 외에는, 위와 같은 '편저'의 태도를 버리지 않고 『민법총칙』, 『채권각론』 및 『채권총론』의 개정판에서 그대로 이어갔다. 그리고 이들 책은 우리 민법전이 시행된 1960년 이전은 물론 그 이후에도 10년 이상에 걸쳐 우리의 대표적인 교과서의 지위를 유지하였다.

실제로 민법에 관한 한, 위의 편저서 역시 상업적으로 굉장한 성공을 거두었다. 그 편저자의 한 사람인 안이준은 나중에 "이 편저들은 민법교과서가 전무하다시피 했던 당시의 상황과 우리의 자주적인 민법전의 제정·공포·시행의 직전·직후라고 하는 시대적 여건에다가 박영사측의 혼신의 노력 경주와 원저서가 명저라는 점 등에 힘입어 조금 과장하면 그야말로 낙양의 지가가 오를 만큼 좋은 성과를 올린 것으로 기억합니다"라고 말하고 있다(안이준, "내가 아는 인간 안원옥 회장", 위 박영사40년사편집위원회 편, 박영사 40년, 494면. 안원옥은 박영사의 창업자이다).

이와 같은 '상업적' 성공이 법학교수들로 하여금 ─수험생들이 누구나 보는 책의 저자라고 '이름이 나는 것'과 함께─ 교과서의 저술로 향하게 한 현실적 요인의 하나라고 한다면 지나친 말일까?

6.

두 사람은 자신들의 교과서 저술의 기본태도에 대하여 다음과 같이 말하고 있다(김증한·안이준 편저, 신민법총칙, 개정판[1960], 머리말["개정판을 내면서"]).

"이 개정판의 설술說述 태도도, 기본적인 점에 있어서는 구판과 그 궤를 같이하고 있다. 즉, 일본의 아처 교수의 틀을 벗어나지 못하고 있으며, 그의 민법강의를 토대로 하고 있다. 우리가 자주적으로 제정한 민법의 해석론의 전개를 지향하여 엮은 이 책이 전면적으로 외국 학자의 이론에 의거하고 있음은 참개慙慨하지 않을 수 없는 바이다. 하루 속히 외국 학자 ─특히 일본 학자─ 의 결정적인 영향력에서 벗어나서 우리 자신의 독자적인 민법체계를 완성하여야 한다는 것은 언외言外의 사실이며, 우리 자신이 이 점의 자각에 있어서 인후人後에 뒤떨어지지 않는다는 것도 또한 진실이다. 이러한 우리의 자각은『신물권법(상)』의 공간이라는 유형적 모습으로서 물권법의 일부에 한 한 것이기는 하지만 이미 그 일단이 현실화된 바 있다. 그러나 이 책이 다루고 있는 총칙의 부분을 포함한 이여爾餘의 부분에 관해서는 이 자각의 현실화는 우리 양인에게 무거운 짐이 된 채 미래의 과제로 남겨져 있다. 우리는 이 과제를 가장 가까운 장래에 있어서 수행할 것을 약속하면서, 독자 제현께서는 우리가 이 책의 개정판을 이러한 모습으로 세상에 내어놓는 것을 양납諒納하여 주심을 기원하는 바이다."

이와 같이 하여 우리 민법학의 과제의 적어도 중요한 부분은 "하루 속히 외국 학자 —특히 일본 학자— 의 결정적인 영향력에서 벗어나서 우리 자신의 독자적인 민법체계를 완성하여야 한다"는 것으로 이미 반세기도 더 전에 정립되었다. 그 사이에 이 과제는 과연 어느 만큼이라도 달성되었는가?

유감스럽게도, 대단히 유감스럽게도 그렇게 말하기는 어렵다고 하여야 하지 않을까. 이것은 무엇보다도 위와 같은 과제를 스스로 말한 바 있는 김증한의 회고로부터 알 수 있다. 김증한은 1920년 출생으로 1944년 경성제국대학 법문학부를 졸업하였다. 1946년에 서울대학교가 설립되면서부터 동 대학교 법과대학에 교수로 재직하여 40년 후인 1986년 2월에 이르러 정년퇴임하였다. 그의 생애는 "한마디로 해방 후 한국의 법질서를 학문적으로 기초 놓는 교두보의 역할을 한 일생이었다고 할 수 있다. 다시 말하면 선생의 한 평생은 곧

현대 한국법학의 역사 그 자체라고 말할 수도 있다."(안이준 편, 한국 법학의 증언. 고 김증한 교수 유고집[1989], 편자 머리말) 그러한 김증한은 서울대학교 법과대학을 정년으로 퇴직하게 됨에 즈음하여 1985년 가을에 위 대학에서 「한국 민법학의 진로」라는 제목으로 '정년 기념 강연'을 하였다. 그러니까 이것은 앞서와 같은 '독자적인 민법체계의 완성'이라는 과제를 말한 지 25년이 지난 후이었다. 그 강연은 다음과 같은 말로 시작되었다. "우선 한국에 민법학이 있는가가 의문이다. 그렇지만 민법 담당 교수들이 하는 일을 일단 민법학이라고 부르기로 한다."(김증한, "한국민법학의 진로", 서울대학교 법학 제26권 2·3호[1985], 1면)

나는 바로 김증한 교수의 정년으로 비게 된 민법 전임교수 자리를 메우기 위하여 미리 1985년 6월에 아직 박사학위도 없이 전임강사로 임용된 터로(앞서 말한 대로 그 전에 나는 판사의 직에 있었다), 바로 위 강연 자리에 열석하여 얌전하게 앉아 있었다. 그 말씀은 나에게 커다란 충격이어서 그 후로 내 머리를 떠난 일이 없다. 평생을, 거의 40년을 민법 연구에 바친 사람으로 하여금 과연 자신의 나라에 그 학문의 존재 자체를 의심하는 발언을 하게 한 것은 과연 무엇이었을까?

그 고별강연으로부터 다시 30년이 지난 지금, 사정은 달라졌는가? 물론 많이 나아지기는 했으나, 아쉽게도 크게 바뀌었다고는 여겨지지 않는다. 그러한 생각은 대법원에서 사건을 처리하면서 더욱 굳어졌다. 내가 1970년대 말부터 1980년대 초에 걸쳐서 초임 판사로 서울민사지방법원에서 일하던 때 무슨 어려운 법문제에 부딪쳐서 논문 기타 문헌자료를 들여다 볼 필요가 생기면 법원의 도서관에 가곤 했는데, 우리 문헌자료로서 마땅한 것을 찾을 수 있는 경우는 거의 없었고, 대체로 일본의 논문 등에 의존하곤 하였었다. 지금은 이러한 점이 많이 개선되어 개별적으로 믿을 만한 우리 논문 등이 있는 경우도 적지 않다. 그러나 전체적으로 말하면 구체적인 법문제에 대한 연구성과는 여전히 턱없이 부족한 것이 현실이라고 하지 않을 수 없다. 특히 그 사이에 우리 사회에 일어난 엄청난 변화로 인하여 새로 등장한 수많은 새로운 법문제를 생각하여 보면 더욱 그러하다.

이 맥락에서 우리는, 막스 베버가 학생들을 앞에 놓고 한 강연「직업으로서의 학문」(거기서의 Beruf는 동시에 '소명'이라는 뜻도 가진다)에서 강조한 바와 같이, 점점 세분화되어 가는 전문분야에서 제기되는 개별적 문제에의 헌신과 몰두야말로 근대적 학문의 본령임을 다시 상기할 필요조차 없을 것이다. 다만 앞서 본 바 있는 일본의 와가츠마도 스스로 법학교수의 '임무'에 대하여 다음과 같이 말하고 있다는 사실이 더욱 마음을 아프게 한다. "원래 나는 대학교수에게는 두 가지 임무가 있다고 생각한다. 첫째는, 그 전공하는 학문분야의 전부에 걸쳐서 강의안 또는 교과서를 만드는 것이고, 둘째는, 가장 흥미를 느끼고 중요하다고 믿는 테마를 골라 종생終生의 연구를 거기에 집중시키는 것이다. 그러한 신조에 기하여 나는 민법의 각부를 일곱 책의 『민법강의』로 종합 정리함과 동시에, 다른 한편으로 '자본주의의 발달에 따르는 사법私法의 변천'이라고도 할 테마를 종생의 연

구과제로 하려고 생각하였다."(와가츠마 사카에, 근대법에서의 채권의 우월적 지위[1953], 서, 1면)

우리는 전자의 임무에, 그것도 앞서 본 대로 자기증식적 방법으로 몰두하였던 것이고, 후자의 임무는 이를 곁가지로만 여겼거나 아예 외면하였던 것은 아닐까? 혹 이것은 법학교수들의 분발이나 지향의 문제가 아니라, 법학을 학문적으로 영위하기 위한 도서관이나 조교 등 물적 · 인적 인프라가 아직 갖추어지지 않은 탓이 더 크다고 할 것인가?

본질과 현상 제42호(2015. 겨울), 88면 이하

후 기　　　위 정기간행물의 편집자는 '학문의 도덕성'이라는 일반 주제로 각 학문별로 집필을 의뢰하였었다. 이 글은 법학 분야에 관하여 받은 위 의뢰에 기하여 쓰인 것이다.

03
대한민국의 정체성
― 제헌헌법의 기초·심의과정을 통하여 본

I. 앞머리에

편집자는 나에게 '대한민국의 정체성'이라는 제목으로 "대한민국 정부 수립 60주년에 즈음하여, 대한민국은 어떤 국가인가를 정부 수립 당시의 상황에서 확인하고 오늘의 상황에서 그 의미를 생각하는 내용"의 글을 '헌법 전문前文에 의지하여' 써 보라고 주문하였다. 그런데 나는 '대한민국의 정체성'이란, 법적인 관점에서 보면, 헌법 제1조과 제2조로서 또는 헌법 제1조의 제1항과 제2항으로서 계속 유지되었던 "대한민국은 민주공화국이다. 대한민국의 주권은 국민에게 있고 모든 권력은 국민으로부터 나온다"라는 것 외에는 없다고 생각한다.

이것은 우리가 나라를 세우던 60년 전이나 지금이나 조금도 다를 것이 없다. 다만 1972년 12월 말부터 1980년 10월까지 시행되었던 이른바 유신헌법은 이 중 뒤의 문장을 "대한민국의 주권은 국민에게 있고, 국민은 그 대표자나 국민투표에 의하여 주권을 행사한다"고 바꾸었다. 이와 같이 모든 권력이 국민으로부터 나옴을 부인한 것이야말로 유신헌법이 그 악명 높은 시대의 헌법다운 이유, 그야말로 그「유신헌법」인 까닭이 되는 것이다.

그러므로 그러한 입장에서 '대한민국의 정체성'을 논의하는 것은 결국 민주공화국이란 무엇인가 또는 무엇이어야 하느냐, 국민이 주권을 가진다는 것이란, 또 모든 권력이 국민으로부터 나온다는 것이란 무엇인가 또는 무엇이어야 하느냐, 그때는 어떠했고 지금은 어떤가를 따져보는 일이 된다. 그렇게 하자면 이 글은 누구나 별로 듣고 싶지 않은 교훈조의 장광설이 되기 쉽다. 그러니 내가 비록 법학을 전공으로 하는 교수이기는 하지만, 학생들을 염두에 두고 이 글을 쓰는 것도 아닌 터에, 그런 하품나는 말을 여기서 하고 싶지 않다.

그래서 나는 여기서 1948년 7월 17일에 공포된 제헌헌법(아래에서는 단지 '헌법')의 전문이 어떠한 경위로 만들어졌고, 어떠한 생각을 담고 있는가를 살펴보고자 한다. 그리고 그 경험으로부터 우리가 무엇을 배울 수 있는가를 짚어 보려고 한다. 그러려면 먼저 헌법 그것이 만들어진 과정을 윤곽만이라도 머리에 그려둘 필요가 있다. 지금은 거의 잊혀졌지만, 그 과정 자체도 우리에게 머리 숙여 생각하게 하는 점이 적지 않다.

II. 제헌헌법이 만들어진 과정

헌법이 제정되기까지의 과정은 대체로 다음과 같다(이 부분은, 金壽
用, 해방 후 헌법논의와 1948년 헌법제정에 관한 연구, 2007년 2월 서울대학교 법
학박사학위논문에 의지한 바 크다).

1. 해방 후 극도로 혼란하였던 정국은 1947년 후반에 들어서면
서 가닥을 잡아가서, 결국 1948년 5월의 총선거에 의하여 198명의 국
회의원이 선출되고 같은 달 31일 국회가 개회되었다. 이 국회의 가
장 중요한 일은 우리나라 건국의 기초가 될 헌법을 제정하는 것이었
다. 다시 말하면 이 국회는 무엇보다도 '헌법제정회의'이었다. 그리
하여 개회 당일에 국회는 헌법기초위원 30인과 그들을 도울 전문위
원들로 구성되는 헌법기초위원회(이하 '기초위')를 둘 것을 결의하였
다. 그에 따라 각 정파 간의 실랑이 끝에 6월 3일에 헌법기초위원 30
인이 선출되었다.

2. 기초위에는 각계각층에서 많은 헌법안이 제출되었다. 그러
나 그 위원회는 그 심의를 나중에 헌법의 제정과정을 연구한 학자들
이 '공동안'이라고 부르는 헌법안을 토대로 진행한 것으로 알려져
있다. 공동안은 그 성립과정이 간단하지 않다.

첫째, 상해에 있던 대한민국임시정부의 내무부장을 지낸 신익희
는 이미 1945년 12월에 재빠르게 일제 하에서 고급 공무원(통상 '고등

문관'이라고 불렸다)을 지냈던 사람을 중심으로 회원 약 70명의 '행정연구위원회'를 조직해서, 장차의 건국에 대비하여 여러 가지 일을 하도록 했다. 이들 중 법률전문가그룹 예닐곱이 최소한 여섯 차례의 회합을 거쳐 상해의 임시정부가 환국하면 그대로 나라가 선다는 생각 아래 1946년 3월 초에 헌법안을 완성하였다(이른바 '행정연구위원회 안'). 그 그룹이 당시 우리나라에서 최고의 법률실력을 갖추었던 사람들로 구성되었음은 부인할 수 없다. 그들은 예외 없이 실무가 출신으로서, 그 헌법안은 대체로 독일의 바이마르헌법을 모델로 하였다. 이 안에는 전문이 붙어 있지 않았다.

둘째, 1947년 6월에 미군정청 사법부 내에 장차 새로운 나라에서 시행될 기본적 법률의 기초起草를 위하여 '법전기초위원회'가 설치되었다. 유진오는 그 위원으로 위촉되어, 구체적으로는 헌법안의 작성을 담당하게 되었다. 그는 몇 명의 법률실무가 등의 협력을 얻어 115개조의 헌법안을 완성하고, 1948년 5월 초에 법전기초위원회에 제출하였다(이른바 '유진오 안'). 이 안은 정부조직과 관련해서는 영미식 헌법제도를 많이 참고하였지만, 헌법의 또 하나의 기둥이 될 기본적 인권에 관한 규정에 대해서는 역시 앞서 본 바이마르헌법의 영향을 크게 받은 것이었다. 유진오는 전문도 작성하였지만, 정작 헌법안을 제출할 때에는 이를 포함시키지 않았다. 여기서는 국호를 '조선민주공화국'으로 하고 있다.

셋째, 행정연구위원회 안은 임시정부의 환국이 그대로 새 나라의 건설로 이어지지 않게 되는 정치상황의 전개로 말미암아 한동안 빛을 보지 못하고 있었다. 그러다가 그 후 이른바 '남한단정南韓單政'의 노선에 입각한 새 정부 수립의 구체적인 전망이 분명하게 서고 또 앞서 본 유진오 안이 제출됨에 따라, 유진오와 행정연구위원회 회원 몇 사람이 1948년 5월 중순부터 그 달 31일까지 함께 모임을 열어서 위의 유진오 안과 행정연구위원회 안을 통합한 헌법안을 만들었다. 이것이 앞서 말한 '공동안'이다.

이 공동안은 대체로 유진오 안을 바탕으로 하면서 특히 사법제도 司法制度 등에서는 행정연구위원회 안에 좇은 것이다. 유진오 안은 그가 소설가이었던 것도 있어서 우선 문체가 '…하다'로 끝나는 등 현대적이었을 뿐만 아니라(행정연구위원회 안은 '…함'이라는 구식 어투이었다), 행정연구위원회 안이 나온 때로부터 2년 사이에 새로 얻어진 헌법에 대한 학문적 식견 등을 충분히 반영한 것이었다. 따라서 유진오 안이 중심이 된 것은 이해할 수 있는 일이다. 그러나 궁극적으로는 핵심적인 내용에 있어서 두 안에 본질적인 차이가 없었다는 점이 공동안을 가능하게 하였다고 할 것이다. 예를 들면, 권력구조에서는 내각책임제에 유사한 제도를, 경제질서에서는 오히려 사회민주주의에 가까운 이른바 '경제적 민주주의'를 내걸고 있었다. 그럼에도 헌법을 유진오가 단독으로 기초하였다는 속설이 널리 퍼진 것은 행정연구위원회가 일제 때의 고급 공무원으로 구성되어 있어서 겉으로 나서기를 꺼렸기 때문이라고 한다.

이 공동안에 비로소 전문이 붙게 되었고, 국호는 '한국'으로 하였다. 앞서 본 대로 전문은 유진오가 법전기초위원회에 제출할 헌법안을 만들면서 다른 법률실무가의 도움을 얻어 작성하여 두었었다. 원래의 전문은 다음과 같다(兪鎭午, 憲法起草回顧錄(1980), 109면 이하에 원문이 전사轉寫되어 있다. ○은 현재 읽기 어려운 부분이다).

유구한 역사와 전통에 빛나는 우리들 조선인민은 우리들과 우리들의 자손을 위하여 기미혁명의 정신을 계승하여 정의와 인도와 자유의 깃발 밑에 민족의 단결을 공고히 하고, 민주주의 제제도諸制度를 수립하여, 정치 경제 사회 문화의 모든 영역에 있어서 각인의 기회를 균등히 하고 각인의 능력을 최고도로 발휘케 하여 안으로는 인민의 복지를 향상하고 밖으로는 모든 침략자의 ○○를 격○하여 국제평화를 증진할 것을 결의하고 1948년 월 일 우리들의 자유로이 선출된 대표로써 구성된 국민의회에서 이 헌법을 의결한다.

그것이 이제 공동안에서 살아난 것이다. 이는 뒤에서 보는 헌법전문의 바탕이 되었으나, 달라진 점도 없지 않다.

3. 헌법기초위원회는 앞서 말한 대로 30인으로 구성되었다. 그 정치적인 구성은 김준연·허정 등 한국민주당(속칭 '한민당')계가 8명, 대한독립촉성국민회(속칭 '독촉')계가 6명, 조봉암 등 무소속이 13명이고, 나머지가 대동청년단의 이청천 등 4명으로 나누어진다. 이들을 정치적으로 보면, 한민당계와 독촉계가 같은 계열이고, 무소속에는 그들과 색깔을 달리하는 사람이 많았다. 그리고 기초위원들을 실무적으로 뒷받침하는 전문위원이 유진오를 포함하여 10인 위촉

되었는데, 행정연구위원회에 속하였거나 해서 결국 한민당쪽과 가까운 사람이 많았다.

헌법기초위원회에 제출된 다양한 헌법안 중에서 역시 신망이 집중된 것은 앞서 말한 대로 공동안이었다. 그리고 헌법기초위원회의 전문위원이었던 권승렬이 공동안을 이것저것 수정하여(특히 사법제도에 대한 것이 많다) 사적으로 제안한 헌법안('권승렬 안')도 중요하게 생각되었다. 그리하여 헌법기초위원회는 1948년 6월 초순에 공동안을 원안으로 하고 권승렬 안을 참고안으로 하여 심의를 진행할 것을 결의하였다. 이들은 6월 3일부터 같은 달 22일까지 16차에 걸쳐 회의를 열어 헌법안을 토의하고 최종안을 결정하였다.

4. 헌법기초위원회 안은 6월 23일 국회 본회의에 상정되었다. 그리고 3차의 독회를 거친 끝에 7월 12일에 본회의를 통과하여, 같은 달 17일에 공포되었다.

그 제헌헌법의 전문前文은 다음과 같다.

유구한 역사와 전통에 빛나는 우리들 대한국민은 기미 삼일운동으로 대한민국을 건립하여 세계에 선포한 위대한 독립정신을 계승하여 이제 민주독립국가를 재건함에 있어서 정의正義 인도人道와 동포애로써 민족의 단결을 공고히 하며 모든 사회적 폐습을 타파하고 민주주의 제제도諸制度를 수립하여 정치, 경제, 사회, 문화의 모든 영역에 있어서 각인各人의 기회를 균등히 하고 능력을 최고도로 발휘케 하며 각인의 책임과 의무를 완수케 하여 안으로는 국민생활의 균등한 향상을 기하고 밖으로는 항구적인 국제평화의 유지에 노력하여 우리들과 우리들의 자손의 안전과 자유와 행복을 영원히 확보할 것을 결의하고 우리들의 정당 또 자유로히 선거된 대표로써 구성된 국회에서 단기 4281년 7월 12일 이 헌법을 제정한다.

III. 자주독립과 나라 이름

우선 '대한민국'이라는 국호부터 당연한 것은 아니었다. 기초위에서 헌법을 심의하는 과정에서 뜨거운 논란의 대상이 되었고, 여러 의견이 나왔다. 결국 국호를 무엇으로 할 것인지가 표결에 부쳐졌다. 국호가 표결에 부쳐졌다는 사실은 지금 와서 아무도 주목하지 않지만, 흥미로운 일이라고 하지 않을 수 없다. 표결의 결과, '대한민국'이 17표, '고려공화국'이 7표, '조선공화국'이 2표, '한국'이 1표였다. '대한민국'은 대체로 독촉계의 의원들이 지지했고, '고려공화국'은 주로 한민당 소속의 의원들이 찬성했다.

대한민국이라는 국호에 반대하는 측에서는 다음과 같은 이유를 내세웠다. 첫째, '대한'이라는 것이 우리가 일본에 침략을 당하는 과정 전체를 놓고 보면 그 과도기적 상태로서 자주성이 없던 시대의 국호이다. 둘째, '대한'의 '대'는 제국주의의 표징으로서 스스로를 존대尊大하는 용어이다. 셋째, 1945년 8월에 해방이 된 후로 의식적으로나 무의식적으로나 '대한민국'이라는 호칭에 반감을 표시하는 사람이 많았다는 것이다.

이 중에서 첫째는 그렇다고 치고, 둘째는 귀기울일 만한 점이 있다고 생각된다. 그리고 셋째의 이유에서 말하는 그 반감은 아마도 첫째의 이유와 관련이 될 것이다. 이제 나라를 새로 건설하여 새 출발을 하는 마당에 지나간 과거의 나라, 그것도 전제왕국이어서 우리가 건설하려고 하는 민주주의의 새 나라와는 기본이념을 달리하는 나라, 게다가 무력하게도 남의 나라에 주권을 빼앗긴 나라로부터 그 이름을 이어받는 것에 대한 반감이겠으니 말이다.

대한민국을 국호로 해야 한다는 이유는 다양했다. 일본으로부터 배상을 받으려면 옛 대한제국의 법통을 계승하여야 한다는 별로 설득력 없는 이유까지 제각각이었다. 기초위의 서상일 위원장은 후일 국회 본회의에서 헌법기초위원회가 국호를 대한민국으로 정한 이유를 이렇게 설명했다.

청일전쟁 중에 마한조약馬韓條約에서 … 대한大韓이라고 이름을 정한 것이올시다. … 또 그 후에 3 · 1혁명 이후에 … 해외에 가서 임시정부를 조직해서 그때도 대한민국이라고 이름을 붙여 내려온 것입니다. 또 이 국회가 처음 열릴 때에 의장 선생님으로부터 여러분에게 식사式辭를 말씀하시는 끝에도 '대한민국 36년'이라는 연호를 쓴 관계로서 이 헌법 초안도 … 대한이라고 그대로 인용해서 실용한 것으로 생각하는 바입니다.

여기서 이미 대한민국이 임시정부의 법통을 계승하였다는 것을 중요한 것으로 의식하고 있었음을 알 수 있다. 이승만이 제헌국회의 개원식에서 한 식사의 말미에 덧붙였다는 '대한민국 36년'이라는 것 자체가 상해에 임시정부가 수립된 1919년을 나라의 원년으로 삼은 데서 유래한다(그렇다면 그로부터 1948년은 대한민국 30년이 되는데, '대한민국 36년'이라고 한 것은 오기인가?) 헌법 전문은 그 맨 앞에서 "기미 삼일운동으로 대한민국을 건립하여 세계에 선포한 위대한 독립정신을 계승하여 이제 민주독립국가를 재건함에 있어서"라고 밝혀서 이제 새로 만든 나라 대한민국이 '기미 삼일운동으로 건립된 대한민국'을 계승하였다는 점을 명확하게 하고 있다.

그런데 이와 같이 기미년 독립운동의 정신과 상해 임시정부의 법통을 이어받았음을 강조한 것에는 다른 뜻도 있었다. 이승만은 헌법안을 기초위로부터 넘겨받아 심의하던 국회 본회의에서 다음과 같은 취지의 발언을 하였다(1948년 7월 1일 제22차 회의). 미국은 자기네가 민주주의 원칙에 입각하여 나라를 세워 주겠다고 하고 있다. 그러나 우리는 우리의 정신을 헌법에 박을 생각이다. 우리는 자발적으로 일본에 대하여 싸우면서 진력한 결과로 이 나라를 세우는 것이다. 그러므로 기미독립운동과 상해 임시정부의 정신을 명확하게 밝혀서 우리와 이후의 우리 동포들이 이를 잊지 않도록 해야겠다는 것이다.

이를 받아서 국회의원 10명이 헌법안의 전문에서 단지 "기미혁명의 정신을 계승하여"라고만 되어 있던 것을 "기미년 3월 혁명으로써 대한민국을 수립하여 세계에 선포한 그 위대한 독립정신을 계승하여 이제 민주독립국가를 재건함에 있어서"라고 수정할 것을 제안하였다. 여기서는 삼일운동을 '기미년 3월 혁명'이라고 부르는 것,

또 '재건'이라는 말도 눈길을 끈다. 이 수정안이 약간의 자구수정을 거쳐 7월 7일에 표결로 채택됨으로써 우리가 보는 바와 같은 헌법 전문으로 고쳐진 것이다.

그리고 대한민국이라는 국호에 대하여도 이승만은 같은 날의 본회의에서 우선 새로운 나라를 수립하는 것이 시급하므로 국가가 세워진 후에 국호를 개정하든지 하고, 일단 대한민국으로 하자고 발언하였다. 그 결과 재석 188석에 가 163명 부 2표로 통과되었다.

이제 나라를 새로이 세움에 있어서 헌법 전문은 그것이 삼일운동과 상해 임시정부에서 보듯이 우리 자신의 독립정신에 기초해서 그리고 각고의 노력으로써 쟁취된 것이고 남에게서 주어진 것이 아님을 강조할 필요가 있었다. 그리고 그것이 1919년 4월에 수립이 선포된 '대한민국'의 법통 계승과 연결되어 국호가 결정되었던 것이다. 그러나 그 국호에 대하여 변경의 여지를 남긴 흔적이 있는 것은 주목할 만하다.

IV. '인민'에서 '국민'으로

유진오가 애초 작성하였던 전문에서는 나라 세움의 주체가 '조선인민'이라고 되어 있던 것이 헌법에서는 '대한국민'으로 바뀌었다. 여기서 '조선'이 '대한'으로 바뀐 경위에 대해서는 바로 앞에서 살펴본 바 있다. 그러면 '인민'에서 '국민'으로 바뀐 것은 어떤가?

원래 유진오는 그가 작성한 헌법안에서 인민이라는 말을 두루 쓰고 있다. 예를 들어 기본권에 관한 제2장의 제목도 '인민의 기본적 권리의무'라고 하고, 신체의 자유에 대해서 "모든 인민은 신체의 자유를 가진다"라고 하여 모든 기본권의 주체를 국민이 아니라 인민이라고 하고 있다. 행정연구위원회안에서는 그것이 '국민'으로 되어 있었지만, 위의 두 안을 절충·통합하였던 공동안은 '인민'이라는 말을 채택하고 있었다. 유진오는 기초위의 회의에서 이론상 인권의 견지에서 인민이라고 하는 것이 타당하다고 주장하였는데, 권승렬은 헌법은 어느 국가의 법으로서 그 구성원과의 약속이므로 국민이라고 하는 것이 옳다고 발언하였다. 결국 헌법기초위원회는 '국민'이라고 하기로 하였다.

그런데 국회 본회의에서 헌법안을 심의하는 과정에서 '국민'을 '인민'으로 바꾸자는 수정안이 국회의원 44명에 의하여 제출되었다. 그 이유를 그 대표발의자 진헌식은 다음과 같이 말한다(1948년 7월 1일 제22차 회의).

국민이라고 하면 국가의 구성문제로서 국가의 이해관계가 일치되는 면에서 보는 호칭같이 생각됩니다. 그러나 제2장에서는 국가라는 단체가 각 개인에 대하여 권리의무를 보장한다는, 말하자면 국가와 개인의 면에서 입각해서 규정된 것이라고 하겠습니다. 그러므로 제2장의 국민은 인민이라고 수정하면 적절하다고 하겠습니다. 중화민국 헌법에도 다른 점에는 전부 국민이라고 했지만 제2장 각조에 있어서는 전부 인민이라고 하였습니다.

그러나 이 수정안은 부결되었다. 그러자 외국인의 법적 지위는 어떻게 보호되는가가 문제되어, 새로이 이에 관한 조항이 추가되기에 이르렀다. 나중에 유진오는 이에 대하여 다음과 같이 술회하였다(憲法起草回顧錄, 34면 이하).

「인민」이라는 용어에 대하여 후에 국회본회의에서 윤치영 의원은 인민이라는 말은 공산당의 용어인데 어째서 그런 말을 쓰려 했느냐, 그러한 말을 쓰고 싶어 하는 사람의 사상이 의심스럽다고 공박하였지만, 인민이라는 말은 구 대한제국 절대군권 하에서도 사용되던 말이고, 미국헌법에 있어서도 인민 *people, person*은 국가의 구성원으로서의 시민 *citizen*과는 구별되고 있다. 「국민」은 국가의 구성원으로서의 인민을 의미하므로, 국가 우월의 냄새를 풍기어, 국가라 할지라도 함부로 침범할 수 없는 자유와 권리의 주체로서의 사람을 표현하기에는 반드시 적절하지 못하다. 결국 우리는 좋은 단어 하나를 공산주의자에게 빼앗긴 셈이다.

이 경과를 두고 잘 생각해 보면, '인민'인지 '국민'인지는 단순한 용어 선택의 문제가 아니라, 무엇보다도 기본적 인권에 관한 기본적 시각의 차이를 드러내는 점이 있다. 즉 기본권은 국가의 구성원이라는 자격에서 비로소 가지게 되는 것인가 아니면 단지 사람이라는 이유만으로 가지는 것인가 하는 점이다. 그것은 쉽게 말하면 국가가 먼저인가, 사람(유진오가 말하는 "국가라 할지라도 함부로 침범할 수 없는 자유와 권리의 주체로서의 사람")이 먼저인가의 차이이고, 이는 대한민국을 포함하여 국가는 사람의 행복한 삶을 보장하기 위하여 마련된 수단이 아닌가 하는 기본적인 문제와 연결된다. 이는 '인민'이 공산당의 용어라는 사정에 의하여 좌우될 성질의 것은 아니라고 할 것이었다. 유진오도 언급하는 미국헌법에서 그 전문은 "우리 합중국의 인민(We, the People of the United States)은 …"으로 시작하고, 기본적 인권은 "… 할 인민의 권리(the right of the people)"라거나 "누구도 … 하지 아니한다(No person shall …)"라는 식으로 정하여진다. 프랑스에서 헌법의 일부인 1789년의 권리선언은 '사람과 시민의 권리(droits de l'homme et du citoyen)'를 밝힌다.

그렇지만 일본으로부터 독립하여 새로운 국가를 수립하면서 이제 그 '국민'이 되는 그 기쁨과 흥분은 이 중요한 문제를 충분히 숙고하게 하지 않았다.

V. 평등한 사회와 자유의 내재적 제한

헌법 전문은 새 나라에서는 "모든 사회적 폐습을 타파하고 민주주의 제제도諸制度를 수립하여 정치, 경제, 사회, 문화의 모든 영역에 있어서 각인各人의 기회를 균등히 하고 능력을 최고도로 발휘케 하며 각인의 책임과 의무를 완수케 하"겠다고 선언한다.

1. 우리는 여기서 「사회적 폐습의 타파」가 높이 외쳐지고, 그것의 대척점으로 모든 영역에서 모든 사람에게 기회가 균등하게 주어

지고 그 능력이 최고도로 발휘되며 또한 각자의 책임과 의무가 완수되도록 하는 사회를 만들겠다는 다짐을 읽는다. 다시 말하면 능력을 마음껏 발휘하지 못하게 하는 질곡으로서 당시 사회의 폐습이 자리잡고 있는 것이다. 무엇이 당시 사회의 폐습인가? 유진오는 "봉건적 인습, 계급적 차별 또는 인간의 존엄을 무시하는 것과 같은 종래의 사회적 인습"을 말하고, 또 "주권상실시대[즉 일본식민지시대]는 물론 그 전에 있어서도 국민의 자유와 권리가 너무 구속되고 또 문벌, 계급, 재산 등의 관계로 기회의 균등을 얻지 못한 사람이 많았"음을 든다(兪鎭午, 憲法解義(1949), 17면). 재산은 결국 계급에 수렴된다고 가정한다면, 이는 종국적으로는 문벌과 계급에 의하여 사람의 존엄이 훼손되는 것에 귀착된다. 이와 같이 「사회적 폐습」을 떠받치는 기둥으로서의 문벌과 계급이란 조선시대를 지배하였던 신분제 옹호의 국가이데올로기로서의 유교와 분명 관련이 있을 듯하다.

그런데 사람은 어떻게 하면 그 능력을 최고도로 발휘할 수 있게 되는가? 사람은 어떻게 하면 각인의 책임과 의무를 완수하게 되는가? 헌법 전문은 민주주의의 여러 제도를 모든 분야에서 실현하는 것을 말한다. 그런데 돌이켜 보면, 제2차 세계대전 전 독일과 이태리의 경험은 민주주의, 즉 다수의 선택에 의한 합법적 독재가 가능함을 말해 준다. 물론 식민지권력의 압제에 시달리던 우리로서는 당시 전혀 경험한 바가 없던 민주주의에 목말라하는 것은 충분히 이해할 수 있다. 그러나 민주주의만으로는 부족하다. 민주주의가 다수의 독재로 빠지지 않게 하도록 막는, 양보할 수 없는 실체적 가치가 필요하지 않은가? 그 실체적 가치가 국가로부터 말하자면 위에서 미리 주어질 수 있는 것인가? 이렇게 생각해 보면, 우리는 헌법 전문에서 '자유'가 소홀하게 취급되고 있음을 새삼 발견하게 된다.

2. 한편 기초위에서 경제에 관한 기본이념을 헌법에 논의하는 과정에서 뚜렷한 입장의 차이가 드러났다. 공동안 제86조가 논란의 시발이 되었지만, 이는 그대로 헌법 제84조("대한민국의 경제질서는 모든 국민에게 생활의 기본적 수요를 충족하게 할 수 있는 사회정의의 실현과 균형 있는 국민경제의 발전을 기함을 기본으로 삼는다. 각인의 경제상 자유는 이 한계 내에서 보장된다")로 이어졌다.

이 조항은 놀랍게도 사회주의를 방불케 할 정도로 계획경제의 원칙을 당당하게 선언하고 있다. "모든 인민에게 생활의 기본적 수요를 충족하게 한다"는 것이 기본이고, '각인의 경제상 자유'는 그 한계 안에서만 보장되는 것이다. 국민경제에서의 '균형'이란 모든 인민이 골고루 윤택한 생활을 누리자는 평등 지향을 그대로 드러낸다.

유진오는 이 규정에 대하여 다음과 같이 설명하고 있다(憲法解義, 178면 이하).

우리나라의 경제질서는 먼저 사회정의의 실현을 기본으로 한다. 사회정의의 실현이라 함은 … 모든 국민에게 생활의 기본적 수요를 충족할 수 있게 하여 일방에는 포식난의飽食暖衣하는 국민이 있는데 일방에는 기한飢寒에 신음하는 국민이 있는 것과 같은 사태를 없게 함을 말한다. … 다음에 우리나라의 경제질서의 대원칙은 균형 있는 국민경제의 수립을 기하는 데 있다. … 각 산업의 균형 있는 발전을 기하고 국민 각층의 경제상의 차이를 완화시키기 위하여 필요한 때에는 국가는 적극적으로 국민경제에 간섭하고 그를 조정하여 균형 있는 국민경제의 발전을 기하고 하는 것이다.

그리고 유진오는 "균등사회의 수립을 기한 것(경제적 민주주의의 수립)"을 '대한민국 헌법의 특징' 중에서 제1의 것으로서 맨 앞에 내세우고 있다(위 책, 10면). 이러한 기본원칙의 관점에서 보면, "중요한 운수, 통신, 금융, 보험, 전기, 수리, 수도, 까스 및 공공성을 가진 기업은 국영 또는 공영으로 한다. … 대외무역은 국가의 통제 하에 둔다"는 헌법 제87조는 조금도 어색하지 않다.

3. 한편 이러한 뚜렷한 평등에의 경사, 그리고 그와 연동하여 국민의 자유를 상대적으로 중시하지 않는 태도는 헌법의 전문에서도 드러난다. 전문은 '균등'이라는 말을 두 번에 걸쳐서 쓴다("각인의 기회를 균등히 하고", "국민생활의 균등한 향상을 기하고"). 그러나 '자유'가 의미 있게 쓰이는 것은 단 한 번뿐이다("우리들과 우리들의 자손의 안전과 자유와 행복을 영원히 확보할 것을 결의하고"). 그것도 '균등'이 나라의 구체적인 지표로서의 의미를 가지는 데 반하여 단지 추상적인 가치로서만 제시될 뿐이며, 또 다른 가치, 즉 안전이나 행복과 함께 열거되어 그 중요성이 두드러지지 않는다.

4. 이는 자유의 본원성이나 중요함보다는 그 폐해를 강조하는 것과 궤를 같이한다. 헌법 전문이 "각인의 책임과 의무를 완수하도록 하겠다"고 선언하는 것에 대하여 유진오는 다음과 같이 말한다 (憲法解義, 18면).

> 민주주의 사회는 각인이 자기의 권리와 자유를 적극적으로 주장하는 동시에 자기의 책임과 의무를 자각하여 그를 스스로 이행하지 않으면 도저히 실현될 수 없음에도 불구하고 최근 우리나라에는 민주주의의 일면인 권리와 자유의 주장에만 전념하고 그의 일면인 책임과 의무의 완수를 몰각하는 경향이 적지 않으므로 그와 같은 그릇된 사상을 일소하고자 전기前記와 같이 선명宣明한 것이다.

이러한 자유와 권리의 '내재적' 한계의 사고는 제1차 세계대전 후 독일의 바이마르헌법을 지배하던 것이었고, 이는 일본의 제국대학 교수들을 거쳐 사회주의자를 포함하여 식민지 조선의 엘리트들을 지배하였던 것이다. 그리고 보면, 제헌헌법의 전문은 사뭇 바이마르 헌법이 낳은 아이라고 할 것이다.

VI. 마지막에

유진오든, 행정연구위원회를 구성하던 '고등문관'이든, 제헌국회의 국회의원이든, 내용적으로 이 헌법의 제정에 참여한 사람들을 내적으로 규정하는 것은 거칠게 말하면 전간기戰間期 일본 제국대학의 교수들이다. 그러므로 나라는 '독립'되었다고 하여도, 독립은 아직 다 이루어졌다고 하기는 어렵지 않은가? 그리고 그 독립의 과제는 여전히 우리 앞에 놓여 있지 않은가?

본질과 현상 제11호(2008. 봄), 115면 이하

04
40년 만의 민법 개정 제안

1999년 2월에 시작되어서 이제까지 4년의 세월에 걸쳐 진행되고 있는 민법 개정 작업이 막바지에 접어들었다. 이 작업의 결과가 국회에서 받아들여진다면, 재산이나 가족관계와 같이 국민의 일상생활과 가장 밀접한 관계를 맺고 있는 민법이 종전과는 사뭇 다른 모습을 가지게 된다.

대학교수 · 법관 등으로 구성된 법무부의 민법개정특별위원회에서 마련한 개정제안에는 새로운 내용이 여럿 포함되어 있다. 하나의 예를 들면 지금까지 성년이 되는 연령이 만 20세이던 것을 19세로 낮춘다는 것이다. 이미 일부 법률에서는 19세가 되지 않은 사람을 '청소년'이라고 하여 그 연령 이상의 사람과 구분하여 보호하고 있다. 또 일본을 제외하고 다른 주요한 나라에서는 성년을 18세로 낮춘 지 오래다. 우리도 그렇게 하는 것을 검토해 보았지만, 우리의 경우 18세가 되는 때에는 대개 고등학교에 재학 중이어서 그대로 하는 데는 무리가 있다. 그러므로 성년을 19세로 한다는 것이다. 이

171

제안은 현재 선거권을 가지게 되는 연령 등 정치적으로 민감한 문제에 대하여도 미묘한 영향을 줄 수 있다. 또 다른 예를 들면 보증제도도 근본적으로 바뀐다. 종전에는 섣불리 "내가 책임진다"고 말하는 것만으로도 법적으로 보증책임을 부담할 수 있어서 불필요한 다툼의 소지가 있었던 것을 이제는 서면으로 해야만 법적으로 효력이 있도록 한다든가, 또 기업의 금융기관에 대한 채무를 보증하는 경우에 그 기간이나 채무의 종류를 무제한으로 정하여도 효력이 인정되던 것을 기간과 종류를 명확하게 정하여만 하는 것 등이 그러하다. 그 외에도 중요한 개정제안은 일일이 들 수 없을 정도이다.

지금까지 민법의 개정은 주로 친족편이나 상속편과 같은 가족관계와 관련이 깊은 규정을 대상으로 하였었다. 민법은 1958년 2월에 공포되어 1960년 1월 1일부터 시행되었는데, 애초에 만들어진 민법 규정을 보면 남녀평등의 이념을 제대로 실현하고 있다고 보기 어려운 점이 많았다. 하나의 예로, 딸의 상속분은 아들의 2분의 1로 하였던 것이다. 이 규정은 1979년부터 그 상속분을 남자와 동일한 것으로 개정되었다. 그렇지만 그때에도 그 중에서 시집간 딸의 경우에는 오히려 아들의 4분의 1로 정하는 종전 규정을 그대로 두었다. 결국 이것도 1991년 1월부터는 달라져서, 시집간 딸도 아들과 같게 되었다. 물론 아직도 민법 중 친족·상속에 관한 규정에 별다른 문제가 없다고는 할 수 없겠다. 그러나 대체로 그것은 개인의 존중과 남녀평등을 실현하는 방향으로 착실하게 발전하여 왔다고 말할 수 있다.

그런데 민법이 정하는 다른 하나는 재산관계이다. 어떤 재산을 소유하는 일, 물건을 사고파는 일, 부동산을 전세내서 빌려쓰는 일, 담보를 잡고 돈을 빌려주는 일, 사고를 당해서 손해를 배상받는 일과 같이 두루 행하여지면서도 기본적인 사항과 관련한 법적 문제는 기본적으로 모두 민법이 정하는 기준에 따라 해결된다. 민법은 무서워할 필요 없는 '조용한' 존재로서, 일반 국민은 알게 모르게 그것이 정하는 틀에 맞추어 생활하고 있다. 이와 같이 재산관계에 대한 원칙적 규정을 담고 있는 민법이 시행 후 40여 년이 지나는 동안 거의 손질을 받지 않은 채로 있었던 것이다. 물론 급한 필요가 있으면 금년 11월부터 시행된 상가건물임대차보호법과 같은 특별법을 제정하여 대응해 오기는 했다. 그렇기는 해도 그 사이에 우리 사회가 겪은 급격하고도 광범위한 변화를 생각해 보면, 그 바탕을 이루는 민법의 재산관계 규정도 이를 전면적으로 다시 음미해서 개정하는 작업은 꼭 필요하였던 일이다. 특히 IMF경제위기는 나라의 기본틀에 해당하는 민법이 과연 일반 국민의 경제생활과 기업 활동을 합리적이고 활발하게 움직이는 기초로서 과연 적절한 것인지를 철저하게 검토해 볼 필요를 명확하게 의식하게 하였다. 가장 중요한 담보형태이면서도 민법에 단지 1개조를 두는 데 불과했던 근저당권에 대하여 이번의 개정작업에서 이를 13개조로 늘려 상세하게 정한 것도 그러한 필요로부터 나온 것이다.

이제 대통령선거가 끝나고 새 정부에 많은 기대와 희망을 걸게 되는 것이 일반 국민들의 솔직한 심정일 것이다. 국민의 일상생활에 매우 중요한 의미를 가지는 민법이 이제 40여 년만에 전면적으로 새로운 모습으로 다시 태어나고 한다. 국회를 비롯한 정치권에서도 그 의미를 제대로 이해하고 당파적인 이해관계를 떠나 공평한 입장에서 이를 신중하고도 내실 있게 심의 처리함으로써 새 정부에 대한 온 국민의 기대를 저버리지 않기를 간절히 바란다.

문화일보 2002년 12월 27일자, 6면

후 기

1. 이 글에서 중요한 개정항목으로 지적한 사항 중에서 성년연령의 인하와 보증에 관한 규정은 그 후 민법을 개정하는 개별적 법률에 반영되어 현행법이 되었다. 즉 2011년 3월의 개정 법률로 성년연령은 19세로 낮추어졌고(민법 제3조), 이에 맞추어 대통령·국회의원 등 공직의 선거권을 가지는 연령도 19세가 되었다(공직선거법 제15조). 한편 일본에서는 2017년 6월의 채권법 등 대개정에서도 성년을 그대로 20세로 유지하였다가, 2018년 6월에 이르러 이를 18세로 낮추는 개정법률이 성립하였다(시행은 2022년 4월 1일부터).

그리고 보증에 관하여는 2008년 3월에 「보증인 보호를 위한 특별법」('무엇무엇에 관한 법률'은 많이 있지만, 이와 같이 '무엇무엇을 위한 법률'이라는 명칭은 우리나라의 경우에는 매우 드문 것이다)이 제정되어서, 본문에서 말한 서면방식주의 또는 기간과 채무의 종류를 특정한 근보증 등이 채택되었다(동법 제3조, 제6조, 제7조 등). 그러다가 그 중요한 내용은 2015년 2월의 개정법률로 민법 자체로 옮겨 규정되고 있다(민법 제428조의2, 제428조의3). 그 외에 보증인에 대한 채권자의 정보제공의무와 통지의무 등을 정하는 민법 제436조의2도 현저한 의미를 가진다(「보증인 보호를 위한 특별법」제5조 참조).

2. 본문에서 말한 민법 개정안은 종국적으로 2004년 초에 정부에 의하여 국회에 제출되었다. 그러나 국회에서의 심의는 지지부진하였고 결국 2008년 8월에 제17대 국회의원의 임기가 만료됨으로써 위 개정안은 폐기되기에 이르렀다(헌법 제51조: "국회에 제출된 법률안 기타의 의안은 회기 중에 의결되지 못한 이유로 폐기되지 아니한다. 다만, 국회의원의 임기가 만료된 때에는 그러하지 아니하다").

그러나 민법에 대한 개정의 필요 자체가 해소된 것은 아니어서, 2009년에 법무부는 민법 중 앞 3편의 개정을 위한 작업을 다시 시작하였다. 그 성과는 법인, 소멸시효·취득시효, 유치권, 보증 및 여행계약 등에 관한 개정안으로 집약되었다. 그 중 일부는 정부안으로 국회에 상정되었고, 보증(이 부분은 앞의 1.에서 본 바와 같다) 및 여행계약 부분은 사소한 수정 후 2015년 2월에 법률로 공포되었다. 그러나 나머지는 본격적인 심의를 받지 못하다가 마찬가지로 2016년 5월에 국회의원의 임기 만료로 폐기되었다.

3. 이 시점에서 민법의 전면적인 개정 작업이 필요하다는 점에 대하여는 뒤 제6의 글(179면 이하, "민법의 조속한 전면 개정이 필요하다")에서 다시 지적하였다.

05
민법과 개인의 가치

　1999년 2월부터 5년 이상 진행된 민법 중 총칙·물권·채권의 3개 편(이들을 합하여 '재산법'이라고 부르기도 한다)의 개정작업이 일단 마무리되었다. 아직 입법예고조차 되지 않았고 국회를 통과하여 법률로 효력을 발휘하려면 더욱 시간이 필요하겠지만, 그 내용에 대한 관심은 다른 법률의 경우와는 달리 전에 없이 높은 듯하다. 민법은 사람의 재산와 가족에 대한 기본법으로서, 국민이라면 누구나 직접적인 관련을 가지지 않을 수 없다. 예를 들어 부동산을 사면 등기를 하여야 소유자가 될 수 있다든가, 결혼을 하여 법적으로 부부가 되려면 혼인신고를 하여야 하는 것과 같은 일상의 기초적인 사항이 바로 민법이 정하는 바이다. 그리고 성년이 되는 나이를 20세에서 19세로 낮추는 것이 정치권에서 선거권을 가지게 되는 연령을 정하는 것에 상당한 영향을 미치는 것처럼, 민법은 법체계 전체의 방향을 가늠하는 지표의 역할도 한다.

　민법이 제정·공포된 것이 1958년 2월이니, 지금부터 벌써 46년 전의 일이다. 우리나라가 서고 나서 6·25전쟁을 거치면서도 일본의 법률을 그대로 시행하는 수치에서 한시바삐 벗어나기 위해서 서둘러 만들어졌다. 그 시행 후로 우리 사회에 일어난 엄청난 변화를 생각하면 이제서야 민법에 전면적인 손질을 가하게 되었다는 것은 어쩌면 늦은 감도 없지 않다. 그러나 애초의 민법은 특히 가족과 상속에 관한 규정 중에 양성평등의 이상理想에 비추어 모자라는 점이 많았기 때문에, 그 사이에 이 부분에 대대적인 손질을 가한 것만도 1978년과 1990년의 두 번에 이르고, 이번에도 호주제 폐지 등을 포함하는 가족법 개정안이 새 국회에 상정될 예정이다. 그리고 재산법에 대하여 제기되는 개정의 필요는 대체로 민법규정 그 자체에 손대기보다는 따로 주택임대차보호법이나 「집합건물의 소유 및 관리에 관한 법률」과 같은 특별법을 제정함으로써 대처하곤 하였다. 그러나 민법의 재산관계 규정도 이제 그러한 미봉책으로는 감당할 수 없어서 대대적인 개정작업이 진행되었던 것이다.

이번 작업에서 눈에 띄는 것은 개인의 자유와 가치를 드높이는 규정이 전면에 진출하였다는 점이다. 현행 민법은 제2조에서 사람은 "신의에 좇아 성실하게" 행동하여야 하고 권리가 있다고 이를 함부로 휘둘러서는 안 된다는 신의성실의 원칙 등을 규정하고 있다. 그것 자체는 당연한 이치이지만, 이는 말하자면 행동의 한계를 긋는 제약적이고 소극적인 원리이다. 그에 앞서서 적극적이고 능동적인 원리로서 사람은 각자의 일을 자신의 자발적 의사에 기하여 처리함으로써 자신의 존엄을 실현할 수 있음을 선언하고 그로써 균형을 잡아야 하지 않겠는가? 그래서 이번의 민법 개정에서는 위 규정 앞에 제1조의2를 신설하여 그 제1항에서 "사람은 인간으로서의 존엄과 가치를 바탕으로 자신의 자유로운 의사로 법률관계를 형성한다"는 규정을 둘 것이 제안되었다. 이와 같이 사람은 자신의 일을 자주적으로 현명하게 처리할 수 있다는 고귀한 존재이기에, 그의 인격권은 보호받아야 하는 것이다. 그리하여 위 규정에 이어서 그 제2항은 "사람의 인격권은 보호된다"고 정한다.

이들은 어떠한 의미에서는 그 동안에 우리나라가 수립된 후에 이룩한 모든 분야에서의 발전을 배경으로 하여서만 가능한 것이라고 해도 과언이 아닐 것이다. 그렇게 보면 이러한 새로운 이념은 우리가 앞으로 그 실현과 보장을 위하여 끊임없이 애쓰고 싸워야 하는 깃발과 같은 것이다.

조선일보 2004년 6월 7일자, A31면

후 기

1. 앞의 글 "40년 만의 민법 개정 제안"의 [후기](174면)도 참조.

2. 본문에서 말한 "호주제 폐지 등을 포함하는 가족법 개정안"은 2005년 3월 31일 법률 제7427호에 법률로 성립하였다. 그 개정에 따르는 가족관계 공시방법의 전면 교체에 관한 법률로서 「가족관계의 등록 등에 관한 법률」이 2007년 5월 17일 법률 제8435호로 제정되고, 종전의 호적법은 폐지되었다.

06
민법의 조속한
전면 개정이 필요하다

우리나라에서 하루 빨리 법치주의가 실질적으로, 그리고 전면적으로 실현되어야 한다는 것에 이의를 다는 사람은 없을 것이다. 이제 각 개인이 골고루 가지는 자유와 권리가 사회 구성의 출발점이 되었다. 모든 정치적 권력은 국민의 의사에서 나오고 정권은 단지 국민으로부터 일시적으로 이를 위탁받은 것에 불과하다. "대한민국의 주권은 국민에게 있고, 모든 권력은 국민으로부터 나온다."(헌법 제1조 제2항)

이와 같이 국가 권력의 행사는 국민의 의사에 좇아 행하여져야 하는데, 그 국민적 의사는 법이라는 일반적으로 적용되는 객관적 규범의 형태로 표현되어야 함은 물론이다. 우리나라 정부가 출범한 1948년 8월부터 민법, 형법, 상법, 또 민사소송법, 형사소송법 등의 기본적 법률(이들 다섯 법률에 헌법을 합하여 '육법'이라고 한다)을 만드는 데 노력을 기울인 것은 당연한 일이다. 그러나 다른 나라들이 그랬듯이 법률이 제대로 만들어지려면 일정한 선행조건이 갖추어져야 한다. 무엇보다도 그 법분야에서 널리 적용되는 법리들을 정확한 용어를 사용하여 체계적으로 정리하는 학문적인 성과, 즉 제대로 된 법학적 작업이 있어야 한다. 그런데 1945년 해방 당시 일제 때 법공부를 한 사람은 법률가 자격이 있다 해도 몇 분의 예외를 제외하고는 법원 등에서 실무에 종사하고 있었고, 대학의 조선인 법학교수는 단 한 사람도 없었다. 그리고 3년에 걸친 6·25동란으로 인한 혼란은 많은 관여자들의 납북을 포함하여 입법작업에 심대한 지장을 초래하였다. 당시 "일본법을 그대로 베껴서라도" 하루 빨리 우리말로 된 법률을 마련하여 독립국의 면목을 세우자는 궁여지책의 주장이 나온 것도 이해할 수 있는 바이다.

사람의 재산과 가족관계에 관한 기본법인 민법은 그러한 우여곡절 끝에 1958년 2월에 공포되고 1960년 1월부터 시행되어, 이제 그로부터 60년의 세월이 흘렀다. 민법은 우선 우리에게 고유한 법문제, 쉬운 예를 하나만 들면 임대차보증금에 대하여는 일언반구 말이 없다. 나아가 그 사이에 우리 생활이 얼마나 많이 변했는가? 경제적으로만 보더라도 가난한 농업국이 공업국이 되었다. 일인당 평균소득, 국민총생산량, 경제성장률 등등의 수치를 나열할 필요는 없을 것이다. 당연히 새로운 거래유형과 담보형태가 많이 등장하였지만, 민법에는 이에 대한 규정이 없다. 법은 국민의 대표자들이 모인 국회에서 만들어지는데, 그것이 국민 다수의 그때마다의 정당성 감각을 충족하지 못하면 그 적용을 받는 사람은 국가의 존재이유 자체에 의문을 품게 되기 쉽다.

민법은 애초부터 무엇보다도 양성평등의 점에서 문제가 많았던 친족편·상속편에 대하여 여러 번에 걸쳐 심중한 개정이 행하여졌을 뿐, 주로 재산관계를 다루는 총칙·물권·채권에 관한 부분은 거의 손을 대지 못하고 60년 전과 같은 내용을 그대로 유지하고 있다. 긴급한 개정의 필요는 집합건물법이나 주택임대차보호법 등의 특별법에 의하여 간신히 땜질을 하는 데 그쳤다. 그러나 우리 민법의 모습에 큰 영향을 끼친 독일이나 프랑스의 민법전은 2002년 또는 2017년에 발본적인 대개정을 거쳤다. 일본도 2017년에 민법의 중추에 해당하는 계약법(그리고 소멸시효법)을 대폭 손보았고, 작년의 상속법에 이어 이제 부동산등기 및 토지소유권에 관한 규정의 개정에 착수하였다고 한다.

사실 우리는 이미 1999년부터 4년여에 걸친 개정준비작업 끝에 개정안이 2004년에 국회에 제출되었으나 국회에서의 심의가 지지부진하다가 2008년 5월에 제17대 국회의 임기 만료로 폐기되었다. 다시 2009년에 법무부 주도의 작업으로 마련된 개정안이 국회로 갔지만, 극히 부분적인 개정을 제외하고는 똑같은 이유로 2016년에 폐안되어 결실을 보지 못하였다.

민법과 같은 기본법률이 사회의 변화를 제대로 반영하지 못하여

낡은 규정대로 유지되는 것은 나라 운영의 전반적 효율성이라는 측면에서도 극히 해롭다. 이제라도 심기일전하여 다시 전면적 개정작업에 착수할 일이다.

매일경제신문 2019년 2월 8일자, A34면(「매경의 창」란)

07
공인公人과
프라이버시

김대중 전 대통령에게 숨겨 놓은 딸이 있다는 의혹이 제기된 것을 계기로 해서 공인公人의 프라이버시 문제가 새삼 주목을 받고 있다.

프랑스의 미테랑 대통령은 사회주의자로서는 처음으로 대권을 잡은 사람으로 1981년부터 2기에 걸쳐 14년 동안 대통령의 직에 있었다. 그런데 그에게 혼외婚外에서 낳은 딸이 있다는 사실은 프랑스 사람들 사이에서는 공공연한 비밀이었다. 그러나 매스컴이 이를 문제삼은 일은 한 번도 없다고 한다. 그 딸은 미테랑이 1996년에 사망하여 거창하게 행하여진 장례식에 이미 성년이 된 모습을 당당하게 나타내서 새삼 주목을 끈 바 있다.

우리나라에서도 대통령을 지낸 사람에게 혼외의 딸이 있다는 사실 자체보다는 김 대통령의 재임 중에 그 딸과 생모가 세상에 모습을 드러내려 하자 국가정보원의 간부들이 입막음하기 위해서 별로 깨끗하지 못한 돈을 건넸다는 점이 문제라는 시각도 있는 듯하다.

만일 그것이 사실이라면, 국가의 정보기관이 대통령의 사생활에 대해서 '해결사' 역할을 한 것이니만큼 아닌 게 아니라 문제가 심상치 않다고 할 것이다.

사생활私生活의 보호는 헌법에서도 정면으로 규정되고 있을 정도로 사람에게 중요한 이익이다. 헌법 제17조는 "모든 국민은 사생활의 비밀과 자유를 침해받지 아니한다"고 규정하고 있는 것이다. 특히 요즈음은 사람들의 생활이 공간적으로나 업무상으로나 그 간격이 좁아지고 있는데, 타인의 사적 영역에 쉽사리 침투할 수 있는 각종의 첨단장비들이 매우 발달되어 있다. 다른 한편으로 사람들의 저속한 흥미를 만족시키기 위하여 센세이셔널한 기사를 무차별적으로 구하는 상업주의 매스컴의 위험은 더욱 커지고 있다. 그러니 사람이 남의 시선과 관심에서 벗어나 혼자서 생활할 수 있는 영역을 확보하는 것의 중요성은 두말할 필요 없이 이해될 수 있다.

그러나 공인의 행적과 관련하여서는 그의 사생활이 어느 한도에서 보호되어야 하는지에 대하여 예로부터 논의가 적지 않다. 우리 헌법은 개인의 사생활만을 중요시하는 것이 아니라, 언론·출판과 같은 표현의 자유도 극히 중요한 가치로 삼고 있다. 사람들이 자신이 가지는 생각을 자유롭게 펼칠 수 없으면, 국민들 각자의 의사결정에 좇아 움직이는 민주주의란 모래 위의 성과 같은 것이 된다. 그리고 각자가 어떠한 판단을 내리려면 그 판단에 필요한 사실자료가 풍부하게 제공되어야 한다. 사실을 남에게 알리는 것은 그만큼 중요한 것이다. 그런데 정치인이나 연예인과 같은 공인에 있어서는 사생활과 공생활의 경계가 모호하다. 예를 들어 국민들이 대통령이나 국회의원을 선택해서 한 표를 행사함에 있어서는 그 후보자의 가정생활도 아울러 고려될 수 있음은 물론이다. 물론 공인이라고 해도 사람으로서 사생활이 전혀 보호받지 못한다는 할 수 없지만, 정치인들의 '사생활'이 일반 사람과 같은 기준으로 보호를 받을 수 없음은 쉽사리 납득할 수 있다. 그리고 그가 현역에서 물러났다고 하더라도 전직 대통령으로서 그 발언이나 행동이 사람들의 주목을 끌고 영향력을 발휘하고 있는 상황이라면 그 점은 크게 다르지 않다고 생각된다.

김대중 대통령 시절에 당시의 최고 실세로 알려져 있던 사람에 대하여 대통령 선거과정에서 정치자금을 불법으로 공여·지원하였다는 의혹이 제기된 일이 있었다. 그 사람이 자신이 사는 아파트의 거실에서 측근들과 회의를 하고 있었는데, 모 일간신문의 사진기자가 맞은 편 아파트의 계단에 올라가서 망원렌즈가 달린 카메라로 그 모습을 촬영하여 보도하였다. 그 실세 인사는 단단히 화가 났는지 신문사를 상대로 사생활의 침해를 이유로 해서 신문사와 편집관계자 및 사진기자를 상대로 손해배상을 구하는 소송을 제기하였었다. 그러나 서울지방법원은 2002년 12월에 이 청구를 받아들이지 않고 원고의 청구를 모두 기각하였다. 그 이유는 "그 회의 모습은 비록 그 장소가 원고의 자택거실이라고 하더라도 원고의 사생활을 해당한다고 보기 어렵다"고 하는 것, 따라서 그 보도가 법적으로 허용되지 않는 위법한 것이 아니라는 것이었다. 그리고 덧붙이기를 만일 그

것이 사생활에 해당한다고 하더라도 "원고가 정치자금 지원에 대한 의혹을 받는 상태에서 그 측근들과 회의를 하고 있는 모습은 공중의 정당한 관심이 된다"라고도 하였다. 이 판결은 물론 지방법원의 레벨에서 선고된 것이기는 하지만, '공인의 프라이버시'의 문제를 논의하는 데 있어서 생각해 보아야 할 점을 잘 드러내 준다고 하겠다.

매일경제신문 2005년 4월 26일자, A6면

후 기

1. 본문에서 말한 '최고 실세'란 권노갑 씨를 말한다. 그 사건은 2003년 10월 2일에 서울고등법원에서 항소 기각으로 종결되어 원고 측의 청구를 모두 기각하는 제1심판결이 확정되었다.

2. 일반적으로 '공인의 사생활 기타 인격권 보호의 한계'로 요약될 수 있는 법문제는 이론적으로도 실무적으로도 근자에 빈번하게 다루어지고 있다. 이에 관하여 출발점을 이루는 헌법재판소 1999년 6월 24일 결정 97헌마265사건(헌집 11권 1집, 768면)은 "신문 보도의 명예훼손적 표현의 피해자가 공적 인물인지 아니면 사인인지, 그 표현이 공적인 관심 사안에 관한 것인지 순수한 사적인 영역에 속하는 사안인지의 여부에 따라 헌법적 심사기준에는 차이가 있어야 한다. 객관적으로 국민이 알아야 할 공공성·사회성을 갖춘 사실은 민주제의 토대인 여론형성이나 공개토론에 기여하므로 형사제재로 인하여 이러한 사안의 게재를 주저하게 만들어서는 아니 된다. 신속한 보도를 생명으로 하는 신문의 속성상 허위를 진실한 것으로 믿고서 한 명예훼손적 표현에 정당성을 인정할 수 있거나, 중요한 내용

이 아닌 사소한 부분에 대한 허위보도는 모두 형사제재의 위협으로부터 자유로워야 한다. 시간과 싸우는 신문보도에 오류를 수반하는 표현은, 사상과 의견에 대한 아무런 제한 없는 자유로운 표현을 보장하는 데 따른 불가피한 결과이고 이러한 표현도 자유 토론과 진실 확인에 필요한 것이므로 함께 보호되어야 하기 때문이다. 그러나 허위라는 것을 알거나 진실이라고 믿을 수 있는 정당한 이유가 없는데도 진위를 알아보지 않고 게재한 허위보도에 대하여는 면책을 주장할 수 없다"고 판시하였다.

마찬가지로 대법원 2006년 10월 13일 판결 2005도3112사건(법고을)도 「정보통신망 이용촉진 및 정보보호 등에 관한 법률」 제61조 제1항의 '사람을 비방할 목적'에 관하여 판단하면서, 이는 "형법 제309조 제1항의 사람을 비방할 목적과 마찬가지로 가해의 의사 내지 목적을 요하는 것으로서 공공의 이익을 위한 것과는 행위자의 주관적 의도의 방향에 있어 서로 상반되는 관계에 있다고 할 것이므로, 적시된 사실이 공공의 이익에 관한 것인 경우에는 특별한 사정이 없는 한 비방할 목적은 부인된다고 봄이 상당하다. 한편 적시된 사실이 공공의 이익에 관한 것인지 여부는 당해 명예훼손적 표현으로 인한 피해자가 공무원 내지 공적 인물과 같은 공인인지 아니면 사인私人에 불과한지 여부, 그 표현이 객관적으로 국민이 알아야 할 공공성·사회성을 갖춘 공적 관심 사안에 관한 것으로 사회의 여론형성 내지 공개토론에 기여하는 것인지 아니면 순수한 사적인 영역에 속하는 것인지 여부, 피해자가 그와 같은 명예훼손적 표현의 위험을 자초한 것인지 여부, 그리고 그 표현에 의하여 훼손되는 명예의 성격과 그 침해의 정도, 그 표현의 방법과 동기 등 제반 사정을 고려하여 판단하여야 할 것이고, 특히 **공인의 공적 활동과 밀접한 관련이 있는 사안에 관하여 진실을 공표한**

경우에는 원칙적으로 공공의 이익에 관한 것이라는 증명이 있는 것
으로 보아야 할 것이며, 행위자의 주요한 동기 내지 목적이 공
공의 이익을 위한 것인 이상 부수적으로 다른 개인적인 목적
이나 동기가 내포되어 있더라도 공공의 이익에 관한 것으로
봄이 상당하다"고 판시하였다.

　이로써 법적 판단의 추상적 기준은 대체로 마련되었다고 하
겠지만, 문제는 이러한 기준을 구체적인 사안에 어떠한 모습
으로 적용하느냐에 있다고 할 것이다.

시급한
뇌사 · 장기이식 지침

세상에는 신문에 보도된 일만 일어나고 있는 것이 아니다. 이런 일도 있었다. 어느 부부가 결혼한 지 오래인데도 아이가 없었다. 의사의 진단에 의하면 여자에게는 불임 원인이 전혀 없고 남자에게 고장이 있다는 것이었다. 그들은 아무래도 아이를 갖고 싶었다. 그들은 의사와 상의한 결과 제3자로부터 기증된 정액을 가지고 임신하기로 했다. 이렇게 해서 원하던 아이를 갖게 되었고 그들의 아이로 호적에 등재도 했다.

여기까지는 별 문제가 없어 보인다. 지난 1986년에 발표된 어느 글에 의하면 우리나라에서는 한 해에 약 2백 명의 새 생명이 인공적인 임신으로 태어나는데 그 중 20% 정도는 남편의 정액이 아니라 기증자의 정액으로 하는 인공임신이라고 한다. 그 후에 이 숫자가 줄어들었다고는 생각되지 않는다.

그런데 그 후에 이 부부는 무슨 이유인지는 몰라도 사이가 돌이킬 수 없이 나빠져서 이혼을 했다. 문제는 남자가 이제 더 이상 그 아이를 자신의 아이로 여기고 싶어 하지 않는다는 것이었다. 그는 그 아이가 자신과의 사이에 친생자親生子의 관계가 없음을 확인해 달라는 소송을 법원에 제기했다.

이러한 일은 우리로 하여금 병원, 그리고 그 주위에서 행해지고 있는 일들에 대해 다시금 여러 가지를 생각하게 한다.

장기이식臟器移植을 예로 들어보자. 우리나라에서 간 이식은 1988년 3월 서울대학교병원에서 처음으로 행해졌다. 이 일은 신문에 현대의술의 '개가'로 대서특필되었다. 최근에 사고로 뇌사상태에 빠진 어느 탤런트의 간장과 기타 장기를 적출해 여러 사람에게 성공적으로 이식했다고 하고, 그 전에도 간간이 그러한 일이 보도되었던 것을 보면 1988년 이후로도 이러한 장기이식은 계속 행해지고 있음을 알 수 있다.

눈부시게 발달한 현대의학을 적용해서 인간의 생명과 건강을 보전하는 것에 대하여 이의異議를 달 이유는 없다. 그러나 생각해 보면 이는 단지 종전에는 치료할 수 없던 병을 새로운 의학으로 '정복'한 것이라고 밀어버릴 수 있을만큼 문제가 그렇게 단순하지 않다. 간이식수술을 하려면 다른 사람의 몸으로부터 간을 적출해야 한다. 그리고 간이 없으면 사람은 생존할 수 없다. 그러니까 간은 가령 신장과는 달리 산 사람으로부터 산 사람에게로 이식될 수는 없다. 산 사람으로부터 간을 떼어내는 것은 결국 살인행위가 된다. 그리하여 삶과 죽음의 경계에 관한 논의가 주로 장기이식과 관련해서 일어나게 된다. 뇌사腦死의 문제가 바로 그 대표적인 예이다.

뇌사를 죽음으로 인정할 것인가는 여러 가지 측면에서 숙고가 필요하며, 장기이식의 필요라는 한 가지로 단숨에 해결될 수 있는 것이 아니다. 비록 인공적인 장치에 맡겨져 있고, 아무런 의식도 없고 의식을 되찾을 가능성조차 없으며, 또 머지않아 심장도 결국은 멎을 것이라고 해도, 아직은 심장이 쿵쿵 뛰고 있고 안아보면 체온이 따스한 자식을 "이미 죽었다"고 밀어붙여도 좋을까.

도대체 뇌사란 무엇인가. 외국에서는 이에 대한 기준이 대체로 마련돼 있고 또 어느 정도는 일치된 기본선基本線이 있다고는 해도 나라마다 혹은 기관마다 미묘한 차이가 있다는 사실은 무엇을 의미하는가. 누가 어떠한 절차를 거쳐 이것을 판정할 것인가.

또 일반적으로 사람들은 무엇을 죽음이라고 생각하고 있는가. 물론 의학계에서는 전부터 「뇌사판정기준」이라는 것을 마련하고 이에 따르고 있다고 한다. 그러나 이는 어디까지나 의학계 내부의 일이고 이를 지켰다고 해서 사회적·법적으로 모든 것이 해결되는 것은 아니다. 한편 장기이식도 나름대로 먼저 해결돼야 할 문제들이 많다. 장기를 대가를 받고 넘기는 것은 허용되는가, 또는 어떠한 범위에서 허용되는가. 뇌사상태에 있는 사람의 몸으로부터 장기를 떼어내는 경우에 누구의 동의를 얻어야 하는가. 유족들 사이에 의견이 갈리면 어떻게 할 것인가. 뇌사상태에 빠지기 전에 본인이 동의를 했다고 해도 나중에 유족들이 반대할 경우에는 어떠한가. 또 중요한 것은 장기를 이식받을 사람을 누가 어떠한 절차에 좇아 어떠한 기준으로

정할 것인가 하는 점이다. 외국의 어느 학자는 간파 같이 극도로 희소한 자원을 어떻게 분배할 것인가는 '비극적 선택(tragic choice)'이라고 했다. 거기서 분배받지 못하는 다수의 사람에게 그것은 결국 죽음을 의미하기 때문이다.

인공임신 · 뇌사 · 장기이식 등과 같이 어려운 문제들, 여러 사람의 이해利害가 결정적으로 상충되는 문제들에 대하여 가이드라인을 마련하는 것이야말로 정부의 존재이유이고 그 중요한 책무다. 그동안 보사부나 법무부는 도대체 무엇을 하고 있었는지 맹성猛省할 일이다.

중앙일보 1994년 9월 15일자, 5면

후 기

1. 위 글이 발표되고 4년 반이 지난 1999년 2월에 「장기 등 이식에 관한 법률」이 제정되어 그로부터 1년 후부터 시행되었다. 이 법률은 2010년 5월에 전부개정되어 면모를 일신하였다.

   뇌사에 대하여는 기본적으로 위의 「장기 등 이식에 관한 법률」에서 정하여진 바에 따른 「뇌사판정기준」 등에서 규율되고 있다.

2. 필자는 대법관으로서 이른바 김 할머니 사건, 즉 말기연명장치의 제거가 어떠한 요건 아래서 허용되는가가 다투어진 사건을 다루었다. 이 사건은 대법관 전원이 심리 · 판단에 참여하는 전원합의체로 재판되었던 것이다. 그것이 대법원(전원합의체) 2009년 5월 21일 판결 2009다17417 사건(대법원전원합의체판결

192

집 9권, 217면; 판례공보 2009년상, 849면)이다. 대법관 다수의견으로 선언된 일반적 기준에 대하여는 여기서 논의하지 않는다.

　그런데 필자가 소수의견에서 말한 대로, 다수의견이 김 할머니가 "의학적으로 의식의 회복가능성이 없고 생명과 관련된 중요한 생체기능의 상실을 회복할 수 없으며 환자의 신체상태에 비추어 짧은 시간 내에 사망에 이를 수 있음이 명백한 경우", 즉 "더 이상 인격체로서의 활동을 기대할 수 없고 자연적으로는 이미 죽음의 과정이 시작되었다고 볼 수 있는 회복불가능한 사망의 단계"에 이르렀다고 판단한 점은 도저히 수긍할 수 없다. 실제로 김 할머니는 위 판결에 의하여 말기연명장치를 제거한 후에도 201일을 더 생명을 유지하고 있었다. 중요한 것은, 이와 같이 그 제거 후 짧은 시간(길어야 1주일) 안에 사망할 것이 아니라는 점은 필자가 보기에는 이미 그 주치의의 소견서를 비롯하여 소송기록에도 나와 있었다는 점이다.

　다수의견은, 정작 구체적인 사건이 말기연명장치 제거의 기준을 제시하여야 할 필요가 없는 경우이었음에도 그 추상적 기준을 제시할 필요가 시급하다는 점(이 부분은 필자도 인정한다)에만 집착한 것이 아니었던가? 대법원은 구체적인 사건 해결에 필요한지 여부에 상관없이 일정한 법문제에 대하여 추상적 기준을 제시할 권한이 있는가?

09

법무사 직무의 독립성에 대하여

법무사법에 보면, 법무사의 업무는 "법원과 검찰청에 제출하는 서류의 작성" 등과 같이 일정한 서류를 작성하는 것, 그리고 등기 등과 같은 일의 '신청대리'를 하는 것에 한정되는 것처럼 규정하고 있습니다(제2조 제1항 참조). 법규정에서 읽을 수 있는 것에만 한정하여 본다면, 그러한 서류 작성 또는 신청대리의 업무 아닌 것으로 허용되는 예외는 "민사집행법에 의한 경매사건과 국세징수법 그 밖의 법령에 의한 공매사건에서의 재산취득에 관한 상담"을 하는 것이 유일무이합니다(동항 제5호). 그렇다면 이 예외를 제외하고서 법무사는 고객(법무사법상으로는 「위임인」이라고 합니다. 예를 들면 제19조 제1항이 그러합니다)이 지시하는 서류 작성 등의 일을 기계적으로 수행함으로써 그 직책을 다한다고 할 수 있을까요?

대법원이 2003년 1월 10일에 선고한 2000다61671사건 판결(판례공보 2003, 585면. 이 판결에 대하여는 이미 이 법무사저널의 전신인 『법무사』의

2003년 11월호, 4면 이하에 김정수 법무사께서 "법무사의 민사책임"이라는 제목으로 판례연구를 하고 계십니다)에 따른다면, 그렇지 않습니다.

이 판결은 다음과 같은 사안에 대한 것입니다. 원고가 집을 팔고 대금을 다 받지 않은 상태에서 소유권이전등기를 산 사람 앞으로 넘겨주면서, 아직 못 받은 매매대금의 담보로 원고 처 명의의 근저당권설정등기를 해 받았습니다. 그런데 무슨 필요에서인지 그 후 근저당권등기의 명의를 원고 본인 앞으로 넘기고자 하였습니다. 그래서 법무사인 피고에 대하여 "[처 명의로 된] 1차 근저당권을 말소하고 원고 명의로 새로운 근저당권을 설정하는 절차를 경료하여 줄 것을 의뢰하였다"고 합니다. 피고가 그 사무원을 통하여 등기부를 열람해 보니, 위 근저당권설정등기가 된 후에 조세의 징수를 위한 압류등기가 이미 두 건 경료되어 있었습니다. 피고는 그 사실을 원고에게 알렸지만, "원고는 그러한 사실을 전해 듣고도 별다른 의사를 표시함이 없이 피고에게 그대로 1차 근저당권 설정등기를 말소하고 그 명의의 새로운 근저당권 설정등기를 마쳐줄 것을 의뢰하였다"는 것입니다. 그래서 그대로 해 주고, 보수 등으로 40여만 원을 받았습니다. 나중에 위 압류등기에 기하여 경매절차가 진행되었는데 아마도 원고는 위 압류등기에 순위가 밀려서 제대로 채권의 만족을 얻지 못한 듯합니다. 원고는 이 사건에서 피고를 상대로 그 손해의 배상을 청구하였습니다.

쟁점은 위와 같은 경우에 법무사는 '1차 근저당권의 말소등기 및 2차 근저당권의 설정등기' 대신에 애초의 근저당권등기에 관하여 그 이전移轉의 부기등기절차를 밟을 것(그리하면 애초의 근저당권의 우선적 지위가 그대로 유지될 것입니다)을 권유하였어야 할 직무상 의무가 있는가 하는 점입니다. 원심법원은 이를 부인했습니다. 그 이유는 대체로 앞에서 살펴본 규정에 비추어 보면 법무사의 임무는 서류 작성이나 신청 대리에 한정되고, "당사자가 의뢰하는 행위로 발생하게 될 법적 효력이나 결과를 판단한 다음 이에 관하여 조언하거나 임의로 당사자에게 가장 유리하도록 절차를 대행하는 행위는 그 업무의 범위에 속하지 않는다"는 것입니다.

그러나 대법원은 다음과 같이 판시하여 원심판결을 파기하였습니다. 물론 법무사법 등이 그렇게 정하고는 있지만, "그렇다고 해서 법무사가 법무사법에서 규정한 직무의 처리와 관련되는 범위 안에서 사건 관계자에게 적절한 설명 내지 조언조차 할 수 없는 것은 아니고, 또한 다른 법률 등에 기하여 발생하는 설명 내지 조언의 의무가 면제되는 것도 아니"라는 것을 전제적으로 설시합니다. 그리고 이어서 "등기의 신청 등에 관한 법무사와 고객의 관계는 민법상의 위임에 해당하는 것인데, 수임인은 위임의 본지에 따라 선량한 관리자의 주의로써 위임사무를 처리하여야 하므로, 수임인인 법무사는 우선적으로 위임인인 의뢰인의 지시에 따라야 할 것이지만 이 지시에 따르는 것이 위임의 취지에 적합하지 않거나 또는 의뢰인에게 불이익한 때에는 그러한 내용을 의뢰인에게 알려주고 그 지시의 변경을 요구 또는 권고할 수 있다"는 것입니다. 그러니까 이 사건의 사실관계 아래서도 피고는 "원고의 지시에 그대로 따르는 것이 원고에게 적지 않은 위험을 초래하여 불이익하다는 사정을 알려주고 1차 근저당권의 말소 및 2차 근저당권의 설정 대신에 1차 근저당권 이전의 부기등기를 하는 것이 적절하다는 정도로 구체적인 설명을 하여 원고 등으로부터 새로운 지시를 받을 직무상의 의무가 있다고 보아야 한다"는 것입니다.

제가 전공하는 민법에서 근자에 주목을 받고 있는 소재 중의 하나는 이른바 전문가책임(professional liability; Berufshaftung)이라고 불리는 문제입니다. 사회가 분업화되어 갈수록, 전문가 아닌 사람들은 각종의 전문가가 제공하는 정보와 조언·판단에 의존하게 됩니다. 또 전문가는 그의 식견과 경험을 신뢰하여 일을 맡기는 고객이 있기에 존재하는 것입니다. 막연히 전문가는 그 맡겨진 일을 "선량한 관리자의 주의로" 처리하여야 한다고(수임인의 의무에 관한 민법 제681조 참조) 하지만, 그 주의의무의 구체적인 내용과 수준은 전문가에게 더욱 많은 것을 요구하는 방향으로 흐르는 것이 분명한 추세라고 하겠습니다. 그리고 법무사도 전문직인 이상에는 그 업무의 범위가 법령상으로 제한되어 있다는 방패는 이제 충분히 기능하지 않을 듯합니다.

위의 대법원판결도 비록 위임인이 그 업무의 처리에 관하여 구체적인 지시를 하였더라도, "그 지시에 따르는 것이 위임의 취지에 적합하지 않거나 또는 의뢰인에게 불이익한 때에는 그러한 내용을 의뢰인에게 알려주고 그 지시의 변경을 요구 또는 권고할 수 있"다고 합니다. 이는 곧 위임인의 지시에 따르는 것만으로는 안 되고, 독자적인 지위에서 그 지시의 당부를 자율적으로 판단하여야 한다는 뜻입니다. 이러한 판단이 가지는 크나큰 의미를 잘 음미해 볼 필요가 있다고 저는 생각합니다.

법무사저널 2006년 1 · 2월호, 6면 이하

10
更改는
경개인가 또는 갱개인가?

민법은 1958년 2월 22일에 공포되었다. 당시 시행되던 공포식령公布式令(1948년 8월 30일 대통령령 제1호) 제4조, 제10조에 의하면, 법률의 '공문公文'을 공포함에는 관보로써 하도록 되어 있다. 1958년 5월 22일자의 관보에 실린 민법의 규정을 읽으면, 어색한 느낌을 지울 수 없다. 우선 띄어쓰기가 전혀 없이 한 문장은 모두 붙어 있다. 또 문장이 끝나는 곳에도 마침표가 찍혀 있지 않고, 문장이 둘 이상이면 그 사이를 한 칸 비웠을 뿐이다. 그리고 한자로 쓸 수 있는 것은 모두 한자로 쓰여져 있다. 그러므로 예를 들어 "對하여", "關하여", "爲하여", "依하고", "者", "等", "後" 등은 물론 모두 한자이다.

이와 같이 우리 민법의 정문正文은 후에 개정되지 아니한 한 이와 같이 띄어쓰지 않고 마침표가 없는 한자 투성이의 문장이다. 그런데 우리가 항용 이용하고 있는 법전류에는 민법에 띄어쓰기도 되어 있고 마침표가 찍혀 있다. 그리고 법제처의 인터넷사이트나 대법원의 법고을에 법률정보로 게시되어 있는 민법의 조항도 마찬가지다. 그러니 우리가 보고 인용하고 있는 바의 민법 규정은 엄밀하게 말하면 그 정문과는 다른 것이다(이상에 대하여는 이미 양창수, "民法典 制定過程에 관한 殘片", 同, 民法研究, 제8권(2005), 21면 이하에 쓴 바 있다).

한편 민법이 한자 투성이라고 해도 이를 이행하거나 적용하는 데에는 별다른 문제가 없다. 그런데 아주 드물기는 하지만 거기의 한자를 어떻게 읽어야 하는지 잘 알 수 없는 경우가 있다. 그 대표적인 예가 表見代理이다. 이 말은 제125조, 제126조 및 제129조의 표제表題에 등장한다(우리 민법은 당시로서는 드물게 표제도 민법전의 일부로 하였다. 예를 들면 독일민법은 2002년에 이르러서야 표제를 붙였고, 일본민법에 표제가 붙은 것도 2004년에 이르러서이다). 이것은 '표현대리'라고 읽는다는 것이 많은 분들이 말하는 바이다. 그러나 나는 그렇지 않고 '표견대리'라고 하여야 한다고 생각한다(이에 대하여는 양창수, "표견대리냐, 표현대리냐?", 同, 民法散考(1998), 87면 이하 참조). 그러나 요즈음도 법원의 판결은 변함없이 '표현대리' 또는 '표현대표이사'라고 하고 있으니, 빈들의 외침에 그친 셈이다.

그런데 얼마 전에 금년 2월 1일자의 판례공보를 보다가 '갱개'라는 말에 접했다. 대판 2006.12.22, 2004다37669(공보 2007상, 196)가 그것이다. 그리고 얼핏 얼마 전에도 그렇게 쓴 판결을 읽은 기억이 나서 찾아보니 대판 2004.9.3, 2002다37405(공보 하, 1640)도 말미쯤에서 "위 청산합의는 원고의 각 선박소유자들에 대한 이 사건 보증계약에 따른 구채무를 소멸시키고 신채무를 발생시키기로 하는 갱개계약에 해당된다"라고 하고 있었다. 그러면 이제 법원은 更改를 아예 갱개로 읽기로 한 것인지도 모른다고 생각하고 있었는데, 그 다음 호의 판례공보에 실린 대판 2007.1.11, 2005다47175(공보 상, 275)는 다행히 '경개'라고 한다.

민법 교과서를 보면 모두 '경개'라고 썼다. 내가 찾아본 우리말사전이나 법학사전에도 예외없이 '경개'라고 나와 있다. 한자사전을 찾아보면 更은 경 또는 갱으로 읽는데, 경은 고친다는 뜻이고, 갱은 다시 한다 또는 새로 한다의 뜻이라고 한다. 更改는 다시 하거나 새로 한다는 것이 아니고 이미 있는 채무관계를 고친다는 것이니, 당연히 경개라고 할 것이 아닌가 여겨진다. 한자로 같은 뜻의 말을 중복하여 단어를 만드는 경우는 매우 흔한 것이, 예를 들어 변경變更이 그렇지 않은가?

그런데 법고을에서 갱개를 검색어로 해서 판례검색을 하면 하급심을 포함하여 35개의 재판례가 뜨고, 경개로 하면 45개가 나오니, 아직 법관들 사이에서는 이 점에 대해서 견해가 팽팽하게 나뉜다고 해도 될 것이다. 한편 법령검색을 하면 경개는 민법에 나오는데, 갱개는 아예 나오지 않는다. 물론 대법원판결에서 '갱개'라고 한다고 해서 한자 읽기를 포함한 넓은 의미에서의 맞춤법이 달라지는 것은 아니다. 그러나 어제는 갱개라고 한 판결을 읽고 오늘은 경개라고 한 판결을 읽으니, 왠지 속이 편치 않다. 그렇다고 전원합의체 판결로 결판을 낼 사항도 아니고, 혹 대법원의 재판연구관들의 연구과제에는 이런 일은 포함되지 않는가 하는 어리석은 생각을 해 본다. 연구실에 앉아 있으면 온갖 일이 머릿속을 맴돈다. 그 중에는 이런 사사些事도 있는 것이다.

법률신문 제3595호(2007.10.18), 13면

후 기   이 글이 발표된 후에 상법이 2010년 5월 14일 법률 제10281호로 개정되었는데, 그 제14조의 표제를 종전의 表見支配人에서 한글로 '표현지배인'으로 바꿔달았다. 본문에서 表見代理의 읽기에 대하여 적은 것은 이로써 법률상으로는 받아들여지지 않았다. 그러나 본문에서 적은 대로, 그렇다고 해서 "한자 읽기를 포함한 넓은 의미에서의 맞춤법이 달라지는 것은 아니다." 마치 민법 제201조 제2항에서 "과실로 인하여 훼손 또는 수취하지 못한 경우"라고 정하였다고 해서 그것이 '과실로 인하여 훼손하지 못한 경우'라고 읽는 것이 맞춤법에서는 맞는다는 점을 어쩌지 못하듯이.

다른 한편 근자의 김형석, 사용자책임의 연구(2013), 173면 주 3은 길더라도 그 논의의 周到함이라는 점에서 인용의 가치가 있다.

"민법 제125조, 제126조, 제129조의 표제에 사용되는 '表見代理'를 '표현대리'라고 읽을 것인지 아니면 '표견대리'라고 읽을 것인지에 대해서는 종래 의견이 나뉘어 있다. 원래 이 용어가 만들어진 일본에서는(中島玉吉, "表見代理論", 京都法學會雜誌 제5권 제2호, 1910. 1. 참조) '見'을 'けん' 또는 'げん'으로 읽는데, 정확히는 중국 고대표준어인 관화에서 영향을 받았다고 추정하는 漢音으로는 'けん'

202

이고, 중국의 남방 방언의 영향을 받았다고 하는 吳音에 서는 'げん'으로 독음한다. 그러나 이들 사이에 어떠한 의미적 구분이 나타나는 것은 아니므로, 우리에게 크게 참조가 되지 못한다. 반면 '表見'은 종래 고전 한어에서 '顯示' '顯現' 등의 의미로 용례가 발견되지만(羅竹風 主編, 漢語大詞典, 1988 참조) 그 발음을 현재 재구성하기는 쉽지 않다. 하지만 적어도 현대 중국어에서 '表見'은 '외견' '외관'의 의미를 가지고 사용되는 단어이고 '見'은 '현'에 해당하는 'xiàn'이 아니라 '견'에 해당하는 'jiàn'으로 발음된다는 점은 확인할 수 있다(biǎojiàn; 고려대학교 민족문화연구소 편, 중한대사전, 1995; 손예철 편, 동아 프라임 중한사전, 2002; 熊野正平 編, 熊野中國語大辭典, 1984 등 참조). 즉 '表見'은 겉에서 즉 외부에서 볼 때의 관점을 의미하여 '외관'外觀과 상통하는 단어이고, '見'은 '볼 견'인 것이다. 그래서 중국 合同法 제49조와 관련하여 강학상 사용되는 용어인 '表見代理'도(江平, 中國民法, 노정환 · 중국정법학회 · 사법연수원 중국법학회 역, 2007, 507면 이하 참조) '표견대리'에 상응하는 'biǎojiàn dàilǐ'로 발음되고, '表見'이 사용되는 다른 법률 용어에서도 마찬가지이다(위 고려대학교 민족문화연구소 편, 중한대사전; Köbler, *Rechtschinesisch*, 2002, 151, 218; http://tran. httpcn. com/Html/ChinesetoEnglish/80/KOKOAZPWRNAZMERNXVRNCQ. html 2013년 1월 10일 최종 확인 등. 그러므로 이를 'biǎoxiàn dàilǐ'라고 표기하는 김주 편, 상용 중국법률용어사전, 2009, 72면의 정확성에는 의문이 있다. 한국에서 활동하는 중국법률가인 편자가 무의식적으로 종래 한국의 특정 독법을 중국어에 투영한 것으로 추측된다). 이러한 내용을 고려한다면 '表見代理'는 한자문화권에서 사용되고 있는 의미와 용례에 충실하게 '표견대리'라고 읽는 것이 타당할 것이다.

11
합의와 협의

우리 민법전에서 합의合意라는 말은 별로 쓰이지 않는다. 총칙편부터 채권편까지에서는 단 한 번 제631조에서 임대인의 동의를 얻은 전대차의 경우에는 "임대인과 임차인의 합의로 계약을 종료한 때도" 전차인의 권리는 소멸하지 않는다고 정하고 있을 뿐이다. 그리고 친족편 및 상속편에서도 제815조 제1호에서 혼인의 무효사유로 "당사자 간에 혼인의 합의가 없을 때", 제883조 제1호에서 입양의 무효사유로 "당사자 간에 입양의 합의가 없을 때"의 두 곳에서 사용됨에 그친다.

우리가 일상의 통상적 언어생활에서 '합의'라고 말하는 경우에 대하여 민법전은 협의協議라는 말을 쓰고 있다. 민법에서 '협의'는 그 사전적 의미대로 "여러 사람이 모여 서로 의논함"이라는 뜻(예를 들면 내가 좌우에 두고 보는 『연세 한국어사전』은 "비슷한 목적을 가진 여러 사람이 함께 모여 공동의 의견에 도달하기 위하여 서로 의논하는 것"이라고 풀이하고 있다) 대신 오히려 '합의의 사실' 또는 '합의된 바'라는 의미로 쓰인다. 예를 들어 공유물의 분할에 관한 민법 제269조 제1항은 "분할의 방법에 관하여 협의가 성립되지 아니한 때에는 공유자는 법원에 그 분할을 청구할 수 있다"고 한다(상속재산의 분할에 관한 제1013조 제2항도 이를 준용한다). 친족·상속편에서는 '협의상 이혼', '협의상 파양'이 규정되어 있다(제834조 이하, 제898조 이하), 또 상속재산의 분할에서도 일단 '협의상 분할'이 앞선다(제1013조). 그 외에도 부부의 동거장소의 결정에 관한 제826조 제2항, 이혼시의 재산분할에 관한 제839조의2 제2항, 혼인외의 자나 이혼에서 자에 대한 친권의 행사에 관한 제909조 제2항, 공동상속에서 기여분의 결정에 관한 제1008조의2 제2항에서도 마찬가지로 "협의가 성립하지 아니한 때" 운운한다.

그리하여 예를 들면 제834조는 "부부는 협의에 의하여 이혼할 수 있다"고 정하는데, 이것은 서로 의논하는 과정을 밟기만 하면 이혼할 수 있다는 의미가 아니라, 합의로 이혼할 수 있다는 의미임이 명백하다. 이것은 가령 파양에 관하여 제899조 본문에서 "양자養子가 15세 미만인 때에는 [대락양자代諾養子에 관한] 제869조의 규정에 의하여 입양을 승낙한 자가 이에 갈음하여 파양의 협의를 하여야 한다"고 할 때 이 규정이 파양할 것인지 여부를 의논하여야 하는 사람이 누구인지를 정하는 것이 아니라, 파양의 합의를 하여야 하는 사람이 누구인지를 정한다는 점 역시 의문의 여지가 없다. 이는 그 단서의 "입양을 승낙한 자가 사망 기타 사유로 협의를 할 수 없는 때에는 생가의 다른 직계존속이 이를 하여야 한다"에서도 마찬가지인 것이다.

이와 같이 우리 민법전에서 합의를 표현할 때에는 대체로 협의라는 말이 쓰이고 있음을 알게 된다. 그런데 협의의 사전적 의미는 앞서 말한 대로 "여러 사람이 모여 논의하는 것"이라고만 되어 있고, "여러 사람이 논의를 하여 합의하는 것 또는 그 합의"라는 뜻은 애초 나와 있지 않다. 우리는 흔히 "어떤 문제에 대하여 협의를 하였으나 결론은 못 내렸다"고들 말한다. 그렇다면 위와 같은 민법전의 용어법에는 문제가 있는 것이 아닐까. 특히 제899조에서의 '협의'란 자칫 오해를 사기 쉽다.

이것은 "협의가 성립하다"라고 하여도 크게 달라지지 않는다. 일상에서 "협의가 성립하지 아니하였다" 또는 "협의가 이루어지지 않았다"고 하면, 이는 의논하는 자리 자체가 마련되지 않았다는 뜻인가, 아니면 서로 의논은 해 보았으나 합의가 이루어지지 않았다는 뜻인가? 졸견으로는 그 어느 쪽이라고 단정적으로 말하기는 어렵다고 여겨진다. 그렇다면 그 한도에서 민법전의 용어 사용은 재고해 보아야 할 것이다.

우리 민법에서 '협의'라는 용어를 쓰고 있는 규정들은 대체로 일본민법에 그 연원을 둔 것이다. 그런데 일본민법전에서는 '협의'라는 말을 '調う(토토노우)'라는 동사와 함께 쓴다. 그리고 "協議が調う"라고 하면, 이는 "협의가 성공하여 일정한 합의에 도달하다"라는 의미를 가진다. 우리말에서는 "협의가 성립하다"는 것이 설혹 그러한 의미를 가지는 일이 있다고 하더라도, "합의가 성립하다" 또는

"합의하다"라는 말이 있는데 굳이 반드시 의미가 명확하지 않은 말을 쓸 이유는 없지 않을까? 뒤집어 말하면, "협의가 성립하다"는 민법전의 표현은 또 하나의 일본적 잔재인 것이다.

이번에 법무부에서 민법전의 표현을 보다 알기 쉬운 용어와 어법으로 개정하는 작업을 마무리하였다고 하는데, 그 결과물을 보면 위와 같은 점은 고려조차 되지 아니한 듯하다.

법률신문 제4698호(2019.5.13), 11면(「법조광장」란)

후 기

1. 본문에서 본 대로 우리 민법에서 '합의'라는 용어를 쓴 제631조는 일본민법 제613조 제3항에 대응한다. 여기서의 법문언은 우리 민법과 같이 '합의'라는 말을 채택하고 있으나, 일본민법의 이 규정은 2017년 대개정에서 신설된 것이다(2021년 4월 시행).

또한 우리 민법에서 '합의'를 채용하는 다른 예인 혼인 및 입양의 각 무효사유에 관한 제815조 및 제883조의 각 제1호에 대응하는 일본민법 제742조 및 제802조의 각 제1호는 "사람을 잘못 알거나[人違い] 기타의 사유로 당사자 사이에 혼인을 할[또는 양친자관계를 맺을] 의사가 없는 때"라고 정하여, 우리와는 그 문언이 다르다.

2. 한편 우리 민법에는 없는 저당권의 순위의 변경 또는 근저당권에 관한 일본민법의 규정들(제374조 및 제397조의2 내지 제397조의22)은 여기저기서 '합의'라는 용어를 사용한다. 그러나 이들은 역시 1971년의 개정법률로 신설된 것이다.

3. 이렇게 보면 일본민법은 애초에는 '합의'라는 용어를 전적으로 사용하지 아니하였고, 그것이 채택된 것은 근자에 이르러서임을 알 수 있다. 이 점도 일본이라는 나라의 어떤 점을 말하여주는 흥미로운 사실이 아닐까?

12
양성평등의 사실상 실현,
그리고 베를린 추억

1.

양성의 평등을 단지 법이 요구하는 바에 그치지 아니하고 사회생활의 실제에 있어서 달성하는 것은 결코 쉬운 일이 아니다. 그러한 요청은 우리 생활의 세세한 구석에까지 미칠 수 있다. 특히 남성 지배가 그만큼 편만遍滿한 우리 사회에서는. 그러나 이를 구체적인 국면에서 실현하는 일은 우리가 흔히 그 점에서 별 문제 없으리라 여기는 다른 나라에서도 그렇게 간단하지 않다.

2.

이제 독일의 수도 베를린에서 거의 중앙에 있게 된 크로이츠베르크 구(정확하게 말하면 동·서독 통일 후인 구 동베를린의 프리드리히스하인 구와 2001년에 합하여져서 '프리드리히스하인-크로이츠베르크 구(Bezirk Friedrichshain-Kreuzberg)'이다)에는 모두 375개의 명명된 거리가 있다. 독일의 거리나 광장 등에는 사람 이름을 붙이는 일이 매우 많은데, 현재 크로이츠베르크 구의 그 375개 거리 중에 여성의 이름이 붙은 것은 모두 12개밖에 없다고 한다. 그나마 2005년에 크로이츠베르크 구의회가 앞으로 거리와 공공장소을 명명함에 있어서는 "양성의 평등이 달성될 때까지" 여성의 이름을 우선하도록 한다는 조례를 통과시킨 결과로 3개가 늘어난 것이다. 이러한 조례는 1990년대 중반에 독일 라인란트-팔츠 주의 수도인 마인츠 시의 '양성평등과兩性平等課 (Gleichstellungsstelle der Stadtverwaltung)'가 독일의 거리, 광장 및 공공장소 중에 여성 이름을 딴 것이 겨우 2.4퍼센트에 불과하다는 것을 알게 되어 이를 바꾸어 나가도록 하자는 캠페인을 시작한 데서 그 기원을 찾을 수 있다.

실은 마인츠 시에 위와 같은 담당 부서가 새로 만들어진 것 자체가 1995년에 라인란트-팔츠 주가 제정·시행한 '양성평등법 (Landesgleichberechtigungsgesetz)'에 의한 것이다(독일 각 주의 양성평등법에 대하여는 위키피디아 사이트에서 Landesgleichstellungsgesetz를 표제어로 해서 찾아보면 현재 상태의 대강을 알 수 있다). 위 주법률의 목적에 대하여 제1조는 다음과 같이 정한다.

제1항 : 공공 부문에서의 여성과 남성의 평등을 실현하기 위하여 이 법률에 좇아 여성을 지원하고 또한 현존하는 여성에의 불리한 대우를 제거한다.
제2항 : 여성과 남성은 그 성별 또는 가족상의 지위로 인하여 차별을 받지 아니한다. 성별에 중립적으로 마련된 규정이나 조치라고 하더라도, 그것이 사실상으로 어떠한 성별에 보다 빈번히 불리하게 또

는 보다 드물게 유리하게 작용하는 경우에는, 그것이 납득할 만한 사유에 기하여 객관적으로 정당화되지 아니하는 때에는, 역시 차별이 인정된다(Eine Diskriminierung liegt auch vor, wenn sich eine geschlechtsneutral formulierte Regelung oder Maßnahme tatsächlich auf ein Geschlecht häufiger nachteilig oder seltener vorteilhaft auswirkt und dies nicht durch zwingende Gründe objektiv gerechtfertigt ist).

여기서 실제로 중요한 것은 물론 위의 제2항 후문에서 정하고 있는 '사실상의 불평등'의 문제이다. 이미 독일기본법 제3조 제2항은 "남성과 여성은 평등하다. 국가는 여성과 남성의 평등을 사실상 실현하는 것(tatsächliche Durchsetzung)을 촉진하고, 현존하는 불리한 대우의 제거를 도모한다"고 정하고 있는 것이다.

3.

그러나 앞서 잠깐 언급한 바 있는 베를린의 크로이츠베르크 구에서 일어난 일을 살펴보면 양성평등의 사실상 실현이 그렇게 간단한 문제가 아님을 알 수 있다. 2011년에 그 구에 유태인 기념관이 건립되었다. 그리고 그 기념관 건물 맞은편에 석재가 깔린 광장이 들어서게 되었다. 구 당국은 그 광장을 마련한 기념관측에 광장의 이름을 제안하도록 요청하였다. 기념관이 제안한 것은 '모제스 멘델스존 광장'으로 하는 것이었다.

모제스 멘델스존은 물론 유태인으로서 '독일의 소크라테스'라고도 불린 18세기 계몽주의("유태적 계몽주의")의 철학자이었다(그는 작곡

211

가 멘델스존의 할아버지이고, 유명한 은행가 요제프 멘델스존의 아버지이며, 인문주의 철학자 프리드리히 슐레겔의 장인이기도 하다). 인류의 보편적 진보와 인간의 평등을 믿고 주창하였으며(그는 약관 27세로 루소의 『인간불평등기원론』을 독일어로 번역하여 1756년에 출간하였다) 무엇보다도 유태문화를 '근대화'하여 유태인을 독일문화에 통합하는 데 큰 역할을 하였다. 그리하여 '관용'의 덕을 강조한 사람으로서, 그리고 친구 레싱이 휴머니즘과 관용의 이념을 고취하고자 쓴 그의 마지막 작품인 희곡 『현자 나탄』의 모델이 되었던 사람으로서, 인종을 이유로 차별받고 박해받은 유태인들을 위한 기념관의 광장에 그의 이름을 붙이는 것에는 오히려 각별한 의미가 있는 것으로 생각되었다.

그리고 베를린에는 이미 19세기부터 그의 손자인 작곡가 펠릭스 멘델스존(Felix Mendelssohn-Bartholdy)의 이름을 딴 거리가 있었다. 그리고 작곡가의 누이로서 역시 작곡가인 파니 헨젤(Fanny Hensel)의 이름도 1991년에 베를린의 한 거리의 이름으로 채택된 바 있었다. 그러나 위와 같은 '모제스 멘델스존 광장'의 명명 제안은 앞서 본 크로이츠베르크 구의 조례규정을 근거로 하여 거부되었다(그 규정의 법적 성질·효력 등에 관하여는 여기서 논의하지 않기로 한다).

과연 '양성의 평등'은 유태인 기념관의 광장에 유태인 계몽철학자의 이름을 그가 남자라는 이유로 붙이지 못하게 하여야 하는가? 논의는 1년 이상 끈질기게 계속되었다. 한편으로 위의 거부조치를 지지하면서 그 광장에 붙이기에 적합한 유태인의 여성 작가, 시인, 나아가 여권운동가(예를 들면 라엘 레빈-바른하겐 Rahel Levin-Varnhagen) 등의 이름을 제안하는 편지가 쏟아졌다. 그러나 기념관측은 원래의 제안을 굳건히 유지하면서, 위 조례규정이 시행된 후에도 정치적 폭력의 희생이 된 남자 두 사람(하나는 1968년의 '학생혁명' 당시 맹활약한 루디 두취케(Rudi Dutschke), 다른 하나는 좌익운동가 실비오 마이어(Silvio Meier))의 이름을 따서 공공장소의 명명이 행하여졌던 것을 들어 재고를 요청하며 버텼다. 그리고 이에 찬성하는 사람도 많았다. 적어도 이 문제에 관하여 개설된 온라인 포럼에는 찬성자가 1,800인에 이르렀다.

4.
결국 금년 4월 24일에 크로이츠베르크 구의회(녹색당이 다수를 점하고 있었다)는 그 이름을 '프로메트와 모제스 멘델스존 광장(Fromet-und-Moses-Mendelssohn-Platz)'으로 하기로 만장일치로 가결하였다. 그리고 이 결의는 "솔로몬의 지혜에 버금가는 타협"이라고 평가되었다(예를 들면 *Berliner Zeitung*, 2013년 4월 25일자).

프로메트 멘델스존이 누구냐고? 바로 모제스 멘델스존의 처로서, 이 역시 스위스에 본거를 둔 유태인의 구겐하임 가문 태생이다(구겐하임 사람들 중에 마이어 구겐하임은 19세기 중반에 미국으로 이주한 후 광업 및 제련업으로 巨財를 축적하여 여러 곳에 유명한 구겐하임 미술관 등을 세우는 등으로 이른바 '구겐하임 가문'의 우두머리가 되었다). 프로메트와 모제스는 당시로서는 드물게 중매 없이 결혼하였다고 한다.

5.

나는 1982년에 독일학술교류처(DAAD)의 장학금을 받아서, 콘츠탄츠의 괴테 인스티튜트에서 독일어 회화를 배운 다음 베를린에서 대학을 다녔다. 그때 나는 처, 그리고 만 2살 반이 된 딸과 같이 앞서 본 베를린 크로이츠베르크 구에 붙은 템펠호프 구의 곤터만 가(Gontermannstrasse)에서 살았다. 그 거리에 성 요셉 병원(St.-Joseph-Krankenhaus)이 있었는데, 거기서 일하는 우리나라의 파견 간호사 한 분이 병원 스태프들을 위한 기숙사를 소개하여 주었던 것이다.

처음에는 서로 붙어 있는 두 구획을 빌어 하나는 내 공부방으로 쓰고 다른 하나는 살림집으로 썼다. 얼마 안 가서 양쪽을 왔다 갔다 하는 것이 아주 성가시고 공부는 주로 대학의 도서관에서 하게 되어서, 한 구획에 대한 임대차계약을 해지하고 살림을 통합하였다. 그리고 중고의 프랑스제 시트로엥 차를 사서 집에서 달렘에 있는 베를린자유대학까지 운전하고 다녔다.

어느 날 식구들과 같이 그 길을 산책하다가 거리 표지판을 올려다보고 그 거리의 이름이 제1차 세계대전에서 활약하였던 독일의 전투기 조종사 하인리히 곤터만(Heinrich Gontermann)의 이름을 땄다는 것을 알게 되었다. 그는 1896년생으로서 1917년에 약관 21세의 나이에 새로운 비행기의 시험 운행 중 추락사고로 사망하기까지 역사상 처음으로 전개되고 있던 이른바 공중전에서 혁혁한 공훈을 세워서 공군사에 이름을 남기고 있다. 어쨌거나 그 역시 남성이니, 추억이 깊은 이 곤터만 가는 독일에서 남성 이름이 붙은 많은 거리 중의 하나이었던 것이다.

법원사람들 2013년 9월호, 18면 이하

13
동성동본
금혼의 문제

얼마 전 법원 쪽에서 동성동본同姓同本 남녀의 혼인을 막는 민법의
규정을 없애야 한다는 주장이 제기됐다고 한다. 사실 그러한 주장은
1950년대 중반 민법을 제정하는 작업이 진행될 때 이미 나왔었고,
그 후에도 끊이지 않고 줄기차게 행해졌던 것이다.

국회에도 그러한 내용의 민법 개정안이 여러 번에 걸쳐 제출된 바
있다. 그러나 1989년 말에 민법 중 친족편·상속편(이들은 종전에 합하
여 통상 '가족법'이라고 불렸으나, 이 중 상속편은 재산법과 가족법이 교차하는
영역이라고 함이 보다 적절하다)의 근본적인 개정이 있을 때에도 동성동
본 금혼에 관한 한 전혀 손을 대지 못했다.

이 문제에 대한 찬반의 입장은 한 치의 양보도 없이 팽팽히 맞서
있다. 그러나 그 사이 이 문제를 생각함에 있어서 반드시 고려되어
야 할 중요한 사정의 변화가 일어났다고 생각된다.

하나는 위헌성의 문제다. 어떠한 법률이 나라의 최고 규범인 헌

216

법에 위반되는 경우 그 법률의 효력을 소멸시키거나 제한하는 장치, 말하자면 법제法制의 자기정화장치自己淨化裝置를 위헌법률심사제도라고 한다. 종전에는 이 제도가 명목상은 인정되고 있기는 하였어도 실제로는 거의 유명무실한 것이었다. 그러나 1987년의 개헌으로 헌법재판소제도를 채택하고 난 후에 사정이 달라졌다. 비록 헌법재판소가 정치적으로 민감한 사항에 대하여 소극적 또는 보신적이라는 비판도 없지 않으나, 전부터 위헌의 의혹을 받아왔던 법률조항에 대하여 위헌이라는 판단을 내리고 그 효력을 상실시킨 경우도 드물지 않다.

만일 동성동본 금혼의 법규정을 위헌 여부의 심판대에 세운다면 어떻게 될까. 아마도 합헌의 판정을 받기는 어렵지 않을까 하는 생각이 든다. 무엇보다도 헌법 제10조는 "모든 국민은 인간으로서의 존엄과 가치를 가지며, 행복을 추구할 권리를 가진다"고 정하고 있다. 서로 사랑하는 남녀가 결합하여 남의 축복을 받고 사회적으로나 법적으로 인정받는 부부공동관계를 형성하고자 하는 것은 누구나 스스로의 행복을 추구함에 있어 쉽사리 포기할 수 없는 극히 중요한 사항에 속한다. 사람의 이와 같은 오히려 자연스러운 권리를 국가가 법률로 제한하려면 그럴 만한 합리적인 이유가 있어야 한다.

그런데 남녀가 동성동본이라는 사실이 그와 같이 중요한 권리를 제한할 합리적인 이유가 될 수 있을까. 도대체 동성동본끼리의 혼인은 왜 금지되어야 할까. 어떤 사람은 동성동본끼리의 혼인은 우생학적으로 폐해가 있다고 한다. 그러나 민법은 그 점을 고려해서 8촌 이 내의 혈족인 사람 사이의 혼인을 금지하는 규정을 따로 두고 있다.

또 많은 사람은 그것이 우리나라의 '전통'이기 때문이라고도 하고, 또 '고유한 미풍양속'을 살려야 하기 때문이라고도 한다. 그러나 우선 말할 수 있는 것은 관습 또는 풍속의 영역과 법의 영역은 명확히 구분되어야 한다는 것이다. 설에 고향을 찾고 성묘를 하는 것이 우리의 관습이라고 해서 그렇게 하라고 법률로 강제할 수는 없는 노릇이 아닌가. 동성동본끼리 혼인을 회피하는 것이 우리의 미풍양속이라면 그 추이도 사람들의 관념과 행동양식의 흐름에 맡겨두면 족할 것이다.

둘째로 단지 전통이 그렇다거나 고유한 미풍양속이라는 이유만으로는 그것을 법률로 유지해야 할 이유가 되지 못하며, 그것이 과연 오늘날의 관점에서 사람의 자유와 권리를 제한할 실질적인 근거를 가지는 지 여부를 따져보아야 할 것이다. 사실 19세기 후반의 '개국'開國 이래로 수많은 언필칭 전통이나 고유한 미풍양속이 개인의 창의와 독립을 기본으로 하는 민주적 질서와는 양립할 수 없다고 해서 악습으로 지탄받아 사라졌거나 오늘날도 이를 없애려 애쓰고 있다.

우리가 생각해 보아야 할 또 하나의 사정 변화는 동성동본끼리의 혼인은 이미 법률로써 사후적으로 추인되어 왔다는 점이다. 1978년과 1988년 두 차례에 걸쳐 1년 동안 효력을 가지는 특례법을 만들어 동성동본인 남녀가 사실상 혼인생활을 하고 있으면 혼인신고를 할 수 있도록 하였다. 이 법률들에 의하여 약 1만7천 쌍이 '구제'되었다.

그만큼 많은 사람이 그동안 고통을 당하고 있었다는 셈이다. 그리고 도대체 한편으로 안 된다고 금지하면서 다른 한편에서 기왕 했으면 괜찮다고 하는 것 자체가 그 금지의 근거가 박약함을 웅변으로 말하는 것이 아닐까.

이번에는 쓸데없이 '국론의 분열' 따위를 두려워하지 말고 수많은 사람이 당하는 고통의 뿌리를 뽑아 없애야 할 것이다.

중앙일보 1994년 10월 20일자, 5면

후 기

헌법재판소는 위 글이 발표된 후 2년 반 정도 후에 동성동본 금혼에 관한 당시의 민법 제809조 제1항에 대하여 헌법불합치 결정을 내렸다. 헌법재판소 1997년 7월 16일 결정 95헌가6사건(헌법재판소판례집 9권 2호, 1면)이 그것이다. 당연한 일이라고 하겠다. 당시 5인의 재판관이 오히려 단순위헌의 의견을 냈으나, 이로써 단순위헌으로 법규정의 효력을 바로 소멸시키기에는 1인의 지지가 부족하였다. 그리하여 다른 2인의 재판관이 낸 의견에 좇아 헌법불합치결정에 귀결된 것이다.

그 후 위 민법 제809조 제1항의 동성동본 규정은 2005년 5월의 민법 개정으로 결국 삭제되었다.

14
양성평등이라는 오랜 과제

우리 사회에서 여자로서 살아가는 어려움을 예리하게 지적한 소설 『82년생 김지영』이 베스트셀러가 되고 외국에서 번역되었다든지, 혜화동 집회에 많은 여성들이 모인다든지 하는 일에서 알 수 있는 것처럼, 양성평등의 문제가 새삼 주목되고 있다. 그러나 이는 여전히 민감한 주제인 듯하다. 인터넷 등에서 이미 여성이 우위라면서 '여성가족부'의 폐지를 주장하는 목소리가 높은 것만 보아도 알 수 있다. 그러나 양성평등이 잘 실현되어 있다고 알려진 프랑스나 스웨덴·덴마크 등에서도 여성가족부에 해당하는 '여성부' 또는 '양성평등부'가 내각의 한 자리를 차지하고 있는 것을 보면, 그 폐지를 쉽사리 말할 수 있는지는 의문이다.

나는 1985년부터 20여 년을 서울대학교 법과대학에서 민법교수로 있었다. 그동안에 우리 사회에서 양성평등이 아직 갈 길이 먼 지표임을 알게 되었다. 대체로 천하의 또순이이고 모범생인 그 대학의 여학생은 졸업 후 판검사나 변호사로 일하고 있는 경우가 많다. 그들로부터 나는 우리나라에서 '일과 가정의 두 마리 토끼'를 좇는 것이 얼마나 어려운가, 아이가 학교에 잘 다니고 시댁으로부터 싫은 소리 안 들으면서 판결을 때맞추어 꼬박꼬박 써내려면 몸이 열 개라도 모자란다는 말을 줄곧 들었다. 다만 나는 우리 사회가 발전하였다는 최선의 징표로 1990년과 2010년을 놓고 볼 때 그 푸념의 강도가 많이 약해지기는 했다는 점을 들곤 한다. 그러나 다시 한 번 말하지만, 아직도 갈 길은 멀다.

1948년 7월에 제정된 헌법은 제1장 총강에 이어서 '제2장 국민의 권리의무'에 관한 규정들을 놓고 있다. 그 맨 앞에 놓인 제8조는 "모든 국민은 법률 앞에 평등이며 성별性別, 신앙 또는 사회적 신분에 의하여 정치적, 경제적, 사회적 생활의 모든 영역에 있어서 차별을 받지 아니한다"고 정한다(현행 헌법 제11조 제1항도 거의 같다). 헌법의 됨됨이에 큰 영향을 미친 유진오 선생은 이에 대하여 다음과 같이 말한다. "우리나라에서도 이미 신앙 또는 사회적 신분에 의하여 법률상의 차별을 받지 아니하는 원칙은 거의 확인되어 있다 할 수 있으므로, 여기서 특히 중요시할 것은 모든 국민은 성별의 구별 없이 법률상 동일한 대우를 받는다는 남녀평등의 원칙을 규정한 점이라 할 수 있다." 우리나라에서는 기본권으로서의 평등이라 하면 애초부터 양성평등이 주안이었던 것이다.

그러나 이러한 헌법상의 요청이 구체적인 법제도에서 처음부터 제대로 실현되었다고는 말할 수 없다. 민법에서만 보더라도, 호주제 아래서 장남만이 호주상속을 하며, 또 딸의 상속분은 아들의 반이고, 특히 동일 가적 내에 없는 여자, 즉 시집간 딸은 그 4분의 1에 그쳤던 것이다. 그 후 여성계를 중심으로 '가족법개정운동'이 벌어진 것은 당연한 일이다. 그리하여 오늘날 호주제는 아예 폐지되고, 상속분은 아들 · 딸이 같게 되었다. 또 장남에게 재산을 미리 나누어줌으로써 상속에서의 평등을 유명무실하게 만드는 것을 막기 위하여 유류분遺留分이라는 제도를 신설하여 상속인이 원래 받을 수 있었을 상속재산가액의 50%는 확보될 수 있도록 하였다. 한편 현행의 헌법은 국민의 평등권 외에도 제36조 제1항에서 "혼인과 가정생활은 개인의 존엄과 양성의 평등을 기초로 성립되고 유지되어야 하며, 국가는 이를 보장한다"고 정한다. 그러나 양성평등이 단지 '혼인과 가정생활'에서만 문제되는 것이 아님은 양성평등기본법이 '양성평등'을 "성별에 따른 차별 · 편견 · 비하 및 폭력 없이 인권을 동등하게 보장받고 모든 영역에 동등하게 참여하고 대우받는 것"이라고 정의하고 있는 데서도 분명하다.

이와 같이 법제도의 정비도 중요하지만, 더욱 절실한 것은 실제의 생활에서 양성평등이 실현되는가 하는 점이다. 이것은 결국 여전히 유교적 이념이 강한 우리 현실에 독립한 개인의 자유를 기초로 하는 법의 이념을 관철하는 일이다. 양성평등은 앞으로 오랫동안 우리 사회 발전의 극히 중요한 지향점으로 남을 것이다.

매일경제신문 2019년 1월 4일자, A34면(「매경의 창」란)

제 4 부

사법부 개혁

01
판사에 대한 인사권과 사법권 독립
―개헌작업에 관련하여 생각한다―

1.

　요즈음 국민들의 관심은 새로운 헌법이 어떠한 내용으로 마련될 것인가에 쏠려 있는 듯싶다. 새로운 헌법이 이 땅에 참다운 민주주의를 실현하는 밑바탕이 되어야 하고, 다시는 집권자의 욕심을 달성하기 위한 명목만의 헌법이어서는 아니 된다는 것이 온 국민의 바람일 것이다. 그렇게 보면 사법권의 독립이 개정작업의 중요한 요목을 차지하는 것은 당연한 일이라고 하겠다. 각 정당에서 정한 개헌요강이나 각계의 헌법 개정에 관한 의견을 보더라도「사법권의 독립」을 보장하기 위한 제도를 마련하는 데 부심하고 있음을 알 수 있다.

　그런데 이러한 논의를 구체적으로 살펴보면 어딘지 모르게 소홀히 다루어지고 있는 부분이 있지 않은가 하는 생각이 든다. 그것은 바로 판사에 대한 인사권의 문제이다.

2.

사법권의 독립이라는 지표는 매우 광범위한 내용을 가지는 것이다. 그런데 이에 관련된 남의 나라의 얘기는 일단 제쳐두고 우리의 지금까지의 경험에 비추어 보면, 법관의 인적人的 독립, 그 중에서도 법관이 사법행정상의 처분에 의하여 불이익을 당하지 않도록 하는 일이 가장 주요한 대목의 하나가 아닌가 생각된다.

물론 현재의 헌법에도 법관의 신분보장에 관한 규정이 있어서 제107조 제1항은 "법관은 탄핵 또는 형벌에 의하지 아니하고는 파면되지 아니하며, 징계 처분에 의하지 아니하고는 정직·감봉 또는 불리한 처분을 받지 아니 한다"고 정한다. 그러나 여기서 말하는 '불리한 처분'에는 가령 오늘부터 서울민사지방법원에서 근무하도록 명하였던 법관을 며칠 후에 울산지원으로 전보시키는 것은 속하지 않는 모양이다. 또 오늘까지 광주고등법원에서 부장판사로 일하던 법관을 장흥지원장 직무대리로 전보시키는 일과 같은 것이 그에 해당하지 않는 것이라고 해석하신 분도 있다. 물론 헌법의 위 규정을 구체화하고 있는 「법관징계법」에는 법관에 대한 징계의 종류로서 이미 헌법에 정함이 있는 정직·감봉 이외에는 견책만을 정하고 있을 뿐이다. 그렇다고 견책 이외의 '불리한 처분'은 징계처분에 의하지 아니하고 얼마든지 할 수 있다고 할 것인가? 오히려 법관에게 불리한 처분을 하려면 반드시 징계절차를 거쳐야만 하며, 그렇게 하지 아니하고는 일절 불리한 처분을 할 수 없다고 보아야 할 것이다. 그리고 이때 '불리한 처분'이란 사법행정상의 처분도 포함된다고 함은 물론일 것이다(일반적인 법관의 독립에 관한 독일의 문헌이기는 하지만, Kissel, *Kommentar zum Gerichtsverfassungsgesetz* (1981), §§ 162 f. 참조). 그리고 어떠한 기준에 의하여 '불리'한 처분인지 여부를 가릴 것인가 하는 것은 이미 대법원에서 판결을 통하여 일반적으로 행정처분의 적법 여부와 관련하여 수차 판시하여 온 바이다(법원조직법 제22조의 2에서 정하는 '대법원장이 행한 처분에 대한 행정소송'은 어떠한 경우에 제기되어야 할 것인가?).

만에 하나 앞서 든 경우와 같은 일들이 헌법에서 정하는 '불리한 처분'에 해당하지 않는다고 하자. 따라서 법관에게 그와 같은 사법행정상의 처분을 하는 것이 현행법이 정하는 바대로의 '법관의 신분보장'에는 위반하지 않는 것이라고 하자. 그렇다고 하더라도 그러한 언필칭 '적법한' 처분이 법관의 독립을 해칠 우려가 없다고 보는 분은 한 사람도 없을 것이다. 그렇다면 사법권의 독립을 보장할 수 있는 제도를 마련해 보자고 여러 가지 논의를 하고 있는 이 마당에 어찌하여 위와 같은 우려를 씻어낼 수 있는 장치에 관하여는 말이 없는지 이해가 되지 않는다. 대법원장이나 대법원판사의 임명권자 또는 임명절차에 대하여 설왕설래가 많다고 하는 것은 우리가 신문지상에서 보는 바이다. 그런데 대법원장이나 대법원판사가 적절하게 마련된 절차에 의하여 선임되기만 하면 사법권의 독립이 보장될 것인가? 오히려 위와 같은 현금의 논의 경향 자체가 사법부의 구성을 하나의 명령감독체계로 보는 비민주적인 발상의 표현이 아닐까 의심되는 것이다.

설명할 필요도 없이 사법권은 법관 개개인에 의하여 행사되는 것이고, 따라서 사법권의 독립은 개개인의 법관이 '그 양심에 따라 독립하여 심판'할 수 있도록 함으로써만 가능한 것이다. 그리고 이때 '법관'이란 대법원장이나 대법원판사만을 말하는 것은 아니며, 오히려 일반판사들이 더욱 중요한 것이다.

3.

현행 헌법이 시행된 후 개정된 법원조직법의 제38조는 "판사의 보직은 대법원장이 행한다"고 정하여서, 판사가 속하여 일할 관서로서의 법원이나 그 법원에서 맡아 할 일을 대법원장이 정하여 주도록 하고 있다. 따라서 대법원판사가 아닌 법관에 대한 인사는 대법원장 한 사람이 전권專權을 쥐고 있다. 법문상으로는 그와 같은 사법행정상의 권한을 행사함에 있어서 아무런 제약을 받지 않는다. 무엇보다도 뒤에서 보는 대로 외국에서와 같이 본인의 의사에 반하여서 할 수 없다는 식의 제약이 없음은 물론이다(다만 판사를 다른 국가기관에 파견할 때에는 법원조직법 제43조의2에 따라 본인의 동의를 얻어야 한다). 또 유신헌법 전까지의 법원조직법이 정하였던 바와 같은 내부적인 제약도 없다. 예를 들어 건국 당초의 법원조직법 제38조는 "판사의 보직은 대법원장이 행한다"고 하였지만, 동 제62조 제1호는 '법관의 전임 및 보직에 관한 사항'을 대법관회의의 권한으로 정하고 있었다. 또 4·19 이후에는 대법원장이 '대법원판사와 관계 고등법원장의 의견'을 듣고 판사의 임명·보직을 행하였다. 또 유신헌법 전의 법원조직법은 "대법원장이 판사의 보직을 함에는 대법원판사회의의 의결을 거쳐야 하며, 관계 고등법원장의 의견을 들어야 한다"고 되어 있었다. 따라서 대법원장이 판사의 보직에 관하여 아무런 제약 없이 전권을 행사할 수 있는 것은 현행법 아래서뿐이다.

물론 유신체제 아래서는 판사의 보직 자체를 "대법원장의 제청에 의하여 대통령이 행"하였으므로 더 말할 필요도 없을 것이다. 이와 같이 판사에 대한 제약 없는 인사권이 폐해가 많았다고 한다면, 그 경험이 입법에 반영되어야 한다.

4.

문제는 이를 어떠한 법에 어떻게 규정할까 하는 것이다.

여기서 착안하여야 할 것은 다음의 두 가지라고 생각된다. 첫째는 판사의 보직을 한 사람의 자의恣意에 맡기지 않고, 타당성이 보장되는 일정한 절차에 의하게 하는 것이다. 둘째는 판사의 보직에 관하여 당해 판사 자신의 의견을 존중하는 것이다.

외국의 예를 보면, 일본에서는 재판소법 제47조가 "하급재판소의 재판관의 직은 최고재판소가 이를 보한다"고 정하는데 제12조 제1 항이 "최고재판소가 사법행정사무를 행할 때에는 재판관회의의 의議에 의하고, 최고재판소장관이 이를 총괄한다"고 정하여 첫째의 점에 대하여 고려하고 있다. 그리고 둘째의 점에 대하여는 동법 제48 조가 다음과 같이 정한다. 즉 "재판관은 공적 탄핵 또는 국민의 심사에 관한 법률이 의하는 경우 및 따로 법률로 정하는 바에 의하여 심신의 고장을 이유로 직무를 행할 수 없다는 재판이 이루어지는 경우를 제외하고는 그 의사에 반하여 면관·전관·전소·직무의 정지 또는 보수의 감액을 받지 아니한다". 여기서 전소轉所를 당해 법관의 의사에 반하여 할 수 없도록 한 점은 극히 주목을 끈다.

그런데 독일의 경우는 이러한 점이 헌법의 차원으로 고양되어 있다. 즉 독일기본법 제97조 제2항 제1문은 "법관은 법원이 판결 또는 법률이 정하는 이유 및 형식에 의하지 아니하고는 그 의사에 반하여 임기만료 전에 해직되거나 영구히 또는 일시적으로 정직되거나 다른 직으로 전보되거나 퇴직을 명받지 아니 한다"고 정한다. 이때 '다른 직으로 전보된다(an eine andere Stelle versetzt werden)'라고 하는 것이 보직의 변경을 의미함은 명백하다(가령 *Bonner Kommentar zum Grundgesetz*, Art. 97 II 3 b § 110 참조).

이러한 외국의 예나 우리의 지금까지의 경험과 현실을 생각해 본다면, 법관의 신분보장에 관한 헌법조항 가운데 다음과 같은 규정을 마련하는 것이 어떠할까 생각해 본다. "법관은 그 의사에 반하여 근무지의 변경 기타 전보처분을 받지 아니 한다."

설사 이러한 규정이 헌법에 자리 잡지 못한다고 하더라도 적어도 법원조직법에는 이에 상응하는 조항이 삽입되어야 하리라고 믿는다. 한편 판사에 대한 일반적인 인사권의 행사에 대하여는 비록 그것이 궁극적으로는 사법행정상의 우두머리인 대법원장에 속한다고 하더라도 사전에 대법원판사회의 등의 의결 등 적절한 사전절차를 밟도록 하여야 할 것이다. 이는 별로 신기한 것도 아니며, 다만 유신

헌법 전의 법원조직법의 태도로 돌아가는 것뿐이다.

법률신문 제1696호(1987.8.31), 12면

후 기

1. 본문의 2.에서 말한 "광주고등법원에서 부장판사로 일하던 법관을 장흥지원장 직무대리로 전보"하거나 "서울민사지방법원에서 근무하도록 명하였던 법관을 며칠 후에 울산지원으로 전보"한 일이란, 1985년 당시의 유태홍 대법원장이 광주고등법원의 윤석명 부장판사를 광주지방법원 장흥지원장(합의부가 없으니, 지원장이라고 해도 단독판사의 일을 하였다)으로 발령 낸 것, 그리고 이 일 그리고 다른 일에 대하여 법률신문에 「인사유감」이라는 제목의 글을 실은 서울민사지방법원의 서태영 판사(그는 그 며칠 전에 서울지방법원 동부지원에서 이리로 전보되었다)를 울산지원으로 발령 낸 것을 말한다.

2. 현행의 법원조직법 제44조 제1항도 마찬가지로 "판사의 보직은 대법원장이 행한다"고만 정하고, 이 글에서 제안하고 있는 개정은 이루어지지 않고 있다.

3. 이 글이 발표될 당시에는 대법원의 구성원은 '대법원판사'라고 불렸다. 현재는 '대법관'이라고 한다.

02
법관의 재임명권 제도 개정되어야
― 사법부 독립의 길은 어디에

한마디로 사법권의 독립이라고 하여도 그 내용은 매우 광범위한 것이다. 그러나 요즈음 어려운 사람이 관심을 기울이고 있는 것은 그 중에서도 법관이 외부로부터 압력을 받지 않고 재판할 수 있어야 한다는 바로 그 점인 것으로 생각된다. 이러한 것을 학자들은 법관의 직무상 독립 또는 실질적 독립이라고 부른다.

우리 헌법은 이 점에 관해서 "법관은 헌법과 법률에 의하여 양심에 따라 독립하여 심판한다"고 규정하고 있다. 그러므로 법규정상으로는 엄연히 법관의 직무상 독립이 인정되고 있는 셈이고, 새삼스럽게 사법권의 독립을 거론할 필요조차 없다고 할는지도 모른다. 그러나 문제의 핵심이 거기에 있는 것이 아님은 누구나 아는 일이다. 법이 무엇이라고 정하든 상관없이 현실에서는 엄연히 법관이 '그 양심에 따라 독립하여' 심판하지 않는 일 또는 심판하지 못하는 일이 있다는 것이다. 이와 같이 법규정과 현실의 불일치가 사법권의 독립에 관한 논의의 핵심을 이루는 문제임을 철저히 인식하는 것은 매우 중요한 점이라고 생각한다. 왜냐하면 이러한 인식이 전제되어야 사법권의 독립에 관한 논의에 있어서 제도개선론이라고 부를 수 있는 입장이 가지는 의미를 제대로 파악·평가할 수 있기 때문이다.

위에서 말한 바와 같은 법규정과 현실의 불일치는 무엇보다도 법관들 자신에 의해서 시인되고 있다. 가령 1980년 1월 서울제일변호사회에서 실시한 전국 법관들을 대상으로 한 설문조사에 의하면, 그 응답자 1백 71명중 67.3%에 해당하는 1백 15명이 재판의 독립은 불완전하다고 답하고 있고, 온전하게 보장되었다는 답은 단 1명에 불과하였다. 또 약 한 달 전에 발표된 글에서 서울고등법원의 어느 현직 법관은 법률의 규정이 사법권의 독립을 저해하는 경우보다 "사실상의 힘에 의하여 눈에 보이지 않는 방법으로 사법권이 제한·위축되었던 예가 이보다 훨씬 많을 것으로 확신한다"고 토로하고 있다.

그러나 다른 한편으로 사법권의 독립에 지나친 의미를 부여하는 것도 재고하여 볼 일이다. 법관이 '그 양심에 따라 독립하여' 재판하기만 하면, 그 재판의 결론이 정의에 합당한 것이 될 수 있을까? 특히 사회 전반에 걸쳐 고도의 전문화가 행하여지고 있는 오늘날에 있어서 법관이 판단의 대상인 사회관계에 대한 이해나 식견이 부족한 경우에는 그가 아무리 독립하여 재판한다고 하더라도 당사자들이 납득하기 어려운 판단을 하는 경우가 없지 않을 것이다. 또 당사자들에게 반대당사자의 모든 주장에 대하여 입장을 밝히고, 자신이 그 사건과 관련된다고 생각하고 있는 자신에게 유리한 모든 것을 주장할 기회가 주어지지 않는다면, 법관이 아무리 독립하여 재판한다 한들 그것이 '공정한' 재판이라고는 생각되지 않는다. 강조하고 싶은 것은 법관의 직무상 독립이라고 하는 것은 사법권의 적정한 행사를 위한 여러 필요조건 중의 하나에 불과하고 그 충분조건은 도저히 될 수 없다는 것이다.

「반골反骨 법관」 탈락 잦아

앞서 말한 설문조사에 의하면 법관들은 법관의 독립이나 공정성을 침해하거나 영향을 준 사례로서 대개 다음과 같은 것을 들고 있다(복수의 응답이 가능하므로 1백%를 넘는다). 정보·사정기관에 의한 직접·간접의 영향력 행사가 73.7%, 검찰의 청탁 내지 압력 또는 그들의 불평·항의가 합하여 54.9%, 사건 처리에 대한 법원 내부의 조사가 합하여 34.4% 등이다. 결국 이 설문조사의 결과를 보고한 변호사의 말대로 "재판과 법관의 독립을 잠식해 온 눈에 보이지 않는 외부의 검은 손이 휘둘러 온 위세"를 실감하게 한다. 그런데 이러한 외부의 압력을 거부하였을 때 법관들이 현실적으로 당하는 불이익은 그 응답자의 47.4%가 지적하는 대로 '보직 내지 재임명에 있어서의 불이익'이라고 할 것이다. 그러므로 만일 법관이 '그 양심에 따라 독립하여' 재판하였더라도 보직이나 재임명에 있어서 불이익을 받지 않는다면 법관의 직무상 독립은 상당한 정도 현실적으로 보장된다고 할 수 있겠다. 그런데 현재 이에 관한 제도는 어떠한가.

우선 법관의 보직에 관하여 보면, 법원조직법 제44조에 의하여 대법원장이 보직권을 갖게 되어 있다. 그리고 주목되는 것은 대법원장은 판사의 보직을 정함에 있어서 해당법관의 동의를 얻을 필요가 없음은 물론이고 어느 누구와도 협의하거나 자문을 받을 필요가 없다는 점이다. 문자 그대로 전권專權이다. 물론 대법원장이 권한을 사전에 알려진 객관적 기준(그것이 성문成文의 것이든 관행이든)에 의하여 행사한다면 별로 문제는 없을지도 모른다. 그러나 불행하게도 그 권한이 남용된 경우를 여러 차례 목격하였다. 대표적인 예가 서울민사지방법원에 근무하도록 명한 지 3일밖에 안 된 판사를 그가 법원의 인사내용에 대한 의문을 글로 써서 발표하였다는 이유로 저 먼 울산으로 전보轉補(유배流配가 아니다)시킨 경우이다. 대법원장의 비위에 거슬리는 재판을 하였다고 해서 오늘은 인천에서, 내일은 광주에, 모레는 부산에서 근무하도록 한다면 그 법관은 별 수 없이 사표를 써야 할 것이다. 그리고 그와 같은 일을 당하지 않으려면 대법원장의 비위에 거슬리는 재판을 하여서는 안 되는 것이다. 물론 이것은 극단적인 예이나, 문제는 대법원장에 그러한 전보조치를 할 수 있는 법률상의 권한이 주어져 있다는 사실이다. 그리고 눈에 보이지 않는 외부의 검은 손은 이를 뿌리칠 용기가 없는 대법원장을 통하여 이 권한을 지렛대로 만들 가능성이 있는 것이다. 게다가 헌법상 대법원장은 대통령이 골라 임명하도록 되어 있다(물론 국회의 동의를 얻어야 하나 대통령의 정당이 다수당인 경우에는 이는 유명무실한 것이다). 그러므로 다른 나라의 예를 들 것도 없이 우리의 경험을 소중히 여긴다면 법관의 보직을 대법원장의 전권에 맡기는 현재의 규정은 개정되어야 한다. 현재와 같은 제도는 법관의 보직을 대통령이 행하였던 유신헌법을 제외하고는 이른바 제5공화국에서 처음 도입된 것이다.

다음에 법관의 재임명제도에 관하여 보자. 헌법상 대법원장은 중임할 수 없고, 나머지 법관, 즉 대법관은 6년, 일반 법관은 10년의 임기를 마치면 연임할 수 있도록 되어 있다. 따라서 대법관과 일반 법관은 임기 후 임명권자로부터 재임명을 받아야만 계속 법관직을 유지할 수 있는 것이다. 그런데 재임명이라는 것도 새로운 임명과 다른 것이 없으므로 재임명제도 자체는 법관의 임명방법에 공정성이 보장되는 한 별로 문제될 것이 없을는지도 모른다.

그러나 법관의 임명방법을 어떠한 절차에 의하여서 하는 것이 사법권의 독립을 보다 잘 보장할 수 있느냐 하는 것은 실로 어려운 문제이다. 지난번 헌법개정과정에서 이 점에 대한 충분한 논의가 이루어지지 않은 것은 유감이다.

삼권三權관계 재정립도

이에 대하여는 각자 대권 장악의 꿈을 안고 있던 여·야당의 야합을 비난하는 소리가 높다. 역시 대법원장을 대통령이 골라 임명하고, 또 그를 통하여 대법관도 대통령이 골라 임명할 여지가 있는 방법(새 헌법은 이러한 방법을 택하였다)보다는 법관추천회의의 제청에 의하도록 하는 등으로 법률가들의 의사를 반영하는 방법이 바람직한 것으로 생각된다.

따라서 법관 재임명문제는 법관의 임명방법과 관련되어 법원 조직의 구성방법의 근본적인 개혁을 요구하고 있다.

　우리나라에서 재임명제도에 대한 의문이 예리하게 제기되는 것은 주로 임기 만료 후의 재임명에 대해서가 아니라, 헌법의 개정에 따라 임명권자나 임명방법이 변동되면서 다시 임명을 받도록 하는 경우를 계기로 하여서이다.

　지금까지 헌법의 개정에 수반한 법관 재임명의 실체를 보면 한심한 바가 있다. 예를 들어 1971년에 대법원은 군인이나 군속에 대하여만 국가의 배상책임을 제한한 당시의 국가배상법 조항(그 규정의 이유는 국가의 재정상 어려움에 있었다)을 평등의 원칙에 반한다고 하여 위헌으로 판단한 바 있었다. 그런데 1972년 유신헌법이 제정된 후 대통령이 대법원판사를 재임명하는 과정에서, 당시의 권력자의 뜻에 거슬리는 위와 같은 판단에 찬성한 9명의 대법원판사는 단 한 사람도 재임명되지 않았다. 반면 그에 반대한 7명은 예외 없이 재임명되었던 것이다.

　또 1980년 김재규 사건의 경우에도 비상고등군법회의의 판결에 이의(소수의견)를 제기한 대법원판사는 그 이의가 아무리 사소한 사항에 대한 것이었더라도 제5공화국 헌법으로의 개정에 따른 재임명 과정에서 전원 탈락하였다.

　새 헌법에서는 종전부터 재임하던 일반 법관들에 대하여는 그 임명방법이 변경되었음에도 불구하고 재임명절차를 밟을 필요가 없도록 하였으나 대법원장과 대법원판사(새 헌법에서는 '대법관'으로 불린다)에 대하여는 역시 새로운 임명을 받도록 하였다.

법률에 따른 재판과 법관의 양심

이와 같이 법관의 보직이나 재임명에 관하여 공정성을 보장하기 위한 제도를 갖춘다고 해서 바로 법관이 어느 경우에나 '그 양심에 따라 독립하여' 재판한다고는 말할 수 없다. 법관이 그 양심에 따라 독립하여 재판하느냐의 여부는 궁극적으로 그야말로 그의 양심에 달린 문제이다. 법관의 신분보장이 제도상 완벽하다고 하더라도 '외부의 검은 손'은 뻗쳐올 수 있는 것이기 때문이다. 그러나 재판 그 자체를 그 검은 손이 하지는 못하며 재판에는 언제나 법관이 스스로 결단할 수 있는 부분이 남아 있는 것이다.

그러므로 그러한 검은 손을 단호히 뿌리칠 수 있는 법관의 용기와 양심이 사법권 독립의 최종적인 보루이다.

여기서 문제를 어렵게 하는 것은, 앞서 본 헌법 조항에서도 정하고 있는 대로 법관은 재판을 함에 있어서 단지 그 양심에만 따라서는 아니 되며, 또한 '헌법과 법률에 따라야' 한다는 사실이다. 그런데 그 '법률'이라고 하는 것이 많은 사람의 정의관념正義觀念에 맞지 않고 권력자에 의하여 남용될 소지가 있는 것이면 어떻게 할 것인가?

우선 법률을 해석함에 있어서 헌법의 정신을 최대한으로 살리도록 노력하여야 한다. 그리고 법률이 헌법에 위배되지 않는가 하는 점을 항상 의식한다면 위와 같은 법률의 상당 부분은 그 적용이 거부되리라고 생각한다. 구체적인 사건에 대하여 법률을 해석 적용하

는 법원이 위헌법률심사권을 가지지 못하는 새 헌법의 태도는 지극
히 유감이다. 그러나 지금부터라도 헌법감각을 다루고 발휘하여서
국민의 자유와 권리는 인식을 국민들 사이에 심어 나가지 않는다면
그 권한은 영구히 회복할 수 없을는지도 모른다.

총체적 시각 갖도록

외국의 어느 법철학자는 "우리는 자기의 확신에 반하여 설교하는
목사를 경멸하나 법규에 충실하기 위하여 법감정에 흐르지 않는 법
관을 존경한다"고 말한다.

그러나 우리의 경험에 비추어 이러한 언명은 이해할 수 있는 바
가 있다고 하여도 쉽사리 동조하게 되지는 않는다. 법관들은 여기서
대법원판사를 지낸 어느 법조法曹 선배가 사법적극주의를 주장하면
서 한 다음과 같은 말에 귀 기울일 필요가 있다. "주어진 법이 법관
이 생각하는 사회 대다수나 자신의 정의관념과 일치하지 않는 경우
에 소극적으로 그 적용을 제한하고 그 적용범위를 축소하려고 하는
것은 것이 편협되고 주관적인 것이 아닌 한 오히려 법의 실현을 위
한 적극적 자세로서 높이 평가해야 할 것이다." 여기서 한 걸음 나아
가 우리는 그러한 법률의 개폐를 과감히 주장하는 법관의 목소리를
듣기를 원한다. 사회에서 일어나는 법문제에 대하여 앞장서 적극적
으로 발언·주장하는 것이야말로 '검은 손'이 법관에게 접근해 오는
것을 막을 수 있는 가장 효과적인 방법이다.

사람들은 사법권의 독립을 논하면서, 사법권도 엄연한 국가권력

의 한 부분임을 망각하는 경향이 있다. 그리고 그들이 법원에 바라는 바가 이루어지지 않는 것은 오로지 사법권의 독립이 이루어지지 않고 있기 때문이라는 그릇된 인상을 심는 데 일조를 하여 온 것은 아닐까? 또 법관으로서도 법관의 직무상 독립과는 관계없는 영역에서 얼마든지 국민들의 자유와 권리를 신장시킬 수 있으면서도 이를 게을리하면서 자신에 대한 비난을 저 장막 뒤에 가려진 정체 없이 무시무시한 익명의 '권력' 탓으로만 몰리는 일은 없었는지 반성해 볼 일이다.

요컨대 사법권의 독립이라는 표어도 그 문제설정 자체를 재음미하여야 한다는 것이다. 그러나 사태를 더욱 어렵게 하는 것은 다음과 같은 사실이다. 사법권의 독립이 저해되고 있는 보다 근본적인 이유가 권력의 인격화 또는 통제되지 않는 권력의 집중에 있다고 한다면 사법권은 이미 그와 같이 인격화된 또는 집중된 권력의 바깥에 있다는 것이다. 그러한 의미에서 그러한 권력에 의하여 그 독립이 저해된 사법권은 이미 저차원의 부수적인 권력이고 어쩌면 권력이라는 이름 자체에 합당하지 않을는지도 모른다.

이렇게 생각해 보면 사법권 독립의 문제는 집중화되고 인격화된 권력을 해체하고 국민에 의하여 정당성이 부여된 새로운 권력을 수립하는 총체적인 과정의 한 부분이라고 할 수 있다. 이것은 다름 아닌 '민주화'의 과정인 것이다.

서울신문 1988년 3월 8일자, 7면

03
사법부를 혁신하라

흔히 사법부를 가리켜 국민의 자유와 권리를 지키는 최후의 보루라고들 한다. 국민들이 억울한 일을 당했을 때 그래도 법원에 그 사정을 호소하면 법원은 자신에게 정의를 선언하여 줄 것이라는 기대가 그 말 속에는 담겨져 있다.

법원은 얼마만큼 그러한 국민들의 기대에 부응하고 있는가? 그러나 이 물음에 대하여는 선뜻 긍정적으로 대답할 수 있는 법조인은 많지 않을 것이다. 최근에 어느 법률 전문의 신문에서 실시한 법조인을 상대로 한 설문조사에 의하면, "법조계에 대한 국민들의 신뢰도가 어느 정도라고 생각하는가?"라는 물음에 신뢰받고 있다고 답한 법관은 응답자 3백24명 중 겨우 3명에 불과하였다고 한다. 특히 1980년대에 들어온 이후 법원과 관련되어 얼핏 국민들의 머릿속에 떠오르는 것은 대개 다음과 같은 일들이 아닐까 생각된다. 물론 사람들은 불쾌한 일을 더 오래 기억하는 것이기는 하지만 말이다.

김재규 사건에서 그에게 사형을 선고한 비상고등군법회의의 판결을 둘러싼 대법원판사들 사이의 의견대립, 그리고 그 판결에서 소수의견을 낸 대법원판사 6인의 돌연한 사표, 자신의 재임기간을 "회한과 오욕의 나날이었다"고 회고하면서 퇴임한 대법원장, 신임 대법원장 비서관의 엄청난 부정과 그 처리과정에서 사표를 써야 했던 두 사람의 부장판사, 대법원장의 인사에 약간의 감상을 표출한 지방법원 판사를 서울에서 울산으로 갑자기 전보발령한 일.

그리고 대법원장에 대한 최초의 탄핵발의, 수사기관에서 고문을 받았다는 사람들의 호소를 국민의 자유를 보장하기 위하여 만들었다는 바로 그 형사소송법 이론으로써 기각한 일, 수사 과정에서 성고문을 했다고 고소당한 경찰관을 검찰이 불기소한 것이 옳다고 한 결정, 그리고 그 성고문 사실을 수치심을 무릅쓰고 외친 자에게는 위장취업을 위하여 주민등록증을 위조한 죄로 징역 1년 6개월의 실형을 선고한 일, 재판정에서 수많은 재판거부·법관모욕·폭력사태.

사법부의 신뢰와 권위에 대한 도전

법원의 신뢰성과 권위에 대한 도전은 여러 방면에서 밀물처럼 제기되고 있다. 그에 대한 증언으로서는 작년 8월 초(이 시점에 주목하기 바란다) 어느 학회의 심포지엄에서 현직 대법원판사가 법관이 겪고 있는 시련을 생생하게 털어놓은 것보다 나은 것을 발견할 수 없으므로 길더라도 인용하기로 한다.

"형사법정의 소란은 학생 재판을 본격적으로 하기 시작한 유신 치하의 긴급조치시대부터 그 강도를 띠기 시작했던 것입니다. 그런데 1985년 초부터 형사법정은 종래의 소동과는 판이한 놀라운 모습을 보여주기 시작했습니다. 일부 반체제 사범들은 법정의 존엄을 깡그리 훼손시키고 법관에 대하여 표현하기조차 부끄러운 야유로 되받으면서도 재판받기를 거부하는 것부터 시작하는 것입니다.

공정한 재판이 되지 않는다는 등의 이유를 내걸었습니다만, 사법권의 발동 자체를 부정하는 것과 다를 바 없습니다. … 이러한 법정의 소동은 최근에 이르기까지 이른바 시국사건의 공판 때마다 되풀이되고 있으며 그 혼란과 폭력은 그 가족 등 방청객들과 어울려 법정을 시장판으로 만들고 피고인을 탈취하여 시위를 하는 최악의 상태에까지 몰고 있습니다. … 법정에서의 이와 같은 질서파괴로 인한 사법부의 시련과 함께 또 하나 다른 형태로 사법부의 신뢰와 권위에 도전하는 것이 있습니다. … 재판 결과가 자기에게 불리하다 하여 담당 법관을 직권남용으로 고발하는가 하면 어느 유명 월간지는 현직 대법원판사를 비롯하여 중견 법관들의 사진까지 소개하면서 이들이 어느 시민의 불만을 산 재판을 한 장본인들이라는 투로 글을 실었습니다. 대법원에는 종종 모멸에 찬 내용의 재항고이유서라든가 특별항고이유서 같은 것이 접수되고 있습니다. … 어느 때나 장난기 충만한 사건은 간혹 있습니다만, 근래의 서면에 의한 이와 같은 행패는 그 빈도가 높을 뿐만 아니라 그 기재 내용이 극히 불손하고 나아가 법관에 대한 인신공격까지 담고 있어 일종의 협박장처럼 느껴지는 사례도 있습니다."

이와 같이 현재 사법부의 신뢰성과 권위가 줄기차게 도전받고 있는 이유는 무엇일까? 물론 이 문제는 간단히 대답할 수 있는 것은 아닐 것이다. 일반적으로 법의 보수성이라는 속성 때문에 사회상태의 변화에 신속하게 대응하지 못하여 당사자들이 납득할 수 없는 판단을 내리는 일이 없다고는 할 수 없는 점, 또는 법관들의 전문화가 이루어지지 못하여 판단의 대상인 전문성을 띤 사회관계에 대한 이해나 식견이 부족하게 되기 쉬운 점, 나아가서는 권위 일반에 대한 불신까지도 그 이유로서 들 수 있을는지 모른다.

그러나 위와 같은 사정들은 다른 나라에서도 어느 정도는 발견될 수 있는 것이다. 특히 우리나라의 경우에 문제되는 것은 바로 사법부가 과연 독립되어 있는가 하는 데 의문이 있기 때문이 아닌가 하는 것이다.

법관이 헌법과 법률에 의하여 그 양심에 따라 독립하여 심판하지 않고 재판과 법관의 독립을 잠식해 온, 눈에 보이지 않는 외부의 검은 손에 휘둘리고 있다는 생각이 사법부에 대한 도전을 불러일으키는 근본적인 원인의 하나가 아닐까?

대법원 수뇌부 마땅히 퇴진해야

사법부 독립의 실상과 허상에 대하여는 많은 보고가 있다. 무엇보다도 법관들 자신이 스스로 독립되어 있지 않다고 말하고 있다. 다른 곳에서도 말했지만, 1980년 1월에 서울제일변호사회에서 실시한 전국 법관을 대상으로 한 설문조사에 의하면, 그 응답자 1백71명 중 67.3%에 해당하는 1백15명이 재판의 독립이 불완전하다고 답하고 있고, 완전하게 보장되었다는 대답을 한 법관은 단 1명에 불과하였

244

다.

그리고 법관의 독립이나 공정성을 침해하거나 영향을 준 사례로서 대개 다음과 같은 것들을 들고 있다(복수의 응답이 가능하므로 그 합계가 1백%를 넘는다). 정보·사정기관에 의한 직접·간접의 영향력 행사가 73.7%, 검찰의 청탁 내지 압력 또는 그들의 불평·항의가 합하여 54.9%, 사건 처리에 대한 법원 내부의 조사가 합하여 34.4% 등이다.

또 금년 2월 초에 발표된 글에서 서울고등법원의 현직 판사는 법률의 규정상으로 사법권의 독립이 저해되는 경우보다 사실상의 힘에 의하여 눈에 보이지 않는 방법으로 사법권이 제한·위축되었던 예가 훨씬 많을 것으로 확신한다고 뼈아프게 토로하고 있다.

한편 미국 국무부의 1987년 인권보고서도 우리나라의 법원에 대하여 다음과 같이 쓰고 있다. 사법부는 대체로 독립되어 있으며 보통 형사 및 민사문제에서는 정부의 간섭을 받지 않으나 정치적으로 민감한 사건에서는 훨씬 덜 독립적이라는 것이다.

그러나 사법부가 독립되어 있느냐 하는 물음에 대하여는 그렇다, 아니다의 양자택일의 답이 있을 뿐이라고 해야 하지 않을까? 법원이 '어느 정도 독립'되어 있다 또는 일정한 종류의 사건에 대하여는 독립되어 있지 않으나 다른 종류의 사건에는 독립되어 있다고 말하는 것은 결국 독립되어 있지 못하다는 데 대한 변명이거나 자기 위안 이상이 될 수 없다.

앞서 본 현직 대법원판사의 글은 다음과 같은 물음을 법관들에 대하여 던지고 있다. "이와 같이 시련을 겪으면서 법관들은 그때그때 자세를 흐트리지 않고 의연하게 대처하기 위하여 애쓰고 있는 것은 사실입니다. 그러나 이렇게 된 원인이 어디 있는가 하는 대목에 들어가서 사법부의 무기력을 질타하는 소리가 높습니다. 여러분은 이 소리를 외면할 자신이 있다고 생각하십니까?"

현재 논의되고 있는 사법부 개편, 구체적으로 말하자면 새 헌법이 명문으로 요구하고 있는 대법원장과 대법관의 새로운 임명은 바로 이러한 사법부의 무기력을 청산하고 법관의 독립을 실현함으로써 국민의 신뢰를 얻도록 하는 방향으로 이루어져야 한다. 그리고 이러한 무기력의 현상을 유지해 온 현재의 대법원 수뇌는 마땅히 퇴진하여야 할 것으로 생각한다.

위계질서 속의 대법원장의 힘

여기서 대법원장의 임명문제가 이 시점에서 가지는 객관적 의미를 생각해 보는 것은 의미가 있는 일일 것이다. 그것은 동시에 사법권의 독립을 위하여 대법원장이 어떠한 일을 할 수 있는가를 확인하는 것이 되고, 또 뒤집어서 말하면 대법원장이 사법권의 독립을 해치는 어떠한 일을 할 수 있는가도 파악할 수 있게 할 것이다.

전제가 되는 것은 사법권은 행정권과는 달라서 법관 개개인이 행사하는 것이며 그 행사 즉 재판작용에 대하여 누구의 명령이나 지휘를 받는 것이 아니라는 사실이다. 흔히 말하여지는 대로 어느 단위 법원의 법원장이나 평판사나 적어도 재판업무에 관한 한 모두 판사

일 뿐이다.

그러나 이와 같은 법관의 직무상의 독립은 일정한 조직적 바탕 위에서만 가능한 것이기 때문에, 뒤에서 보는 대로 사법행정 업무에 의해서 미묘한 영향을 받기 마련이다. 법적으로 보면, 대법원장은 대체로 대법원의 한 구성원인 동시에 법원 조직의 우두머리이다. 대법원의 구성원으로서 그는 다른 대법관과 같이 재판에 참여할 수 있으며(실제로는 대법원이 이른바 전원합의체로 판결하는 경우에만 재판에 참여하고, 보통의 상고사건은 3인의 대법관으로 구성된 부에서 이루어진다) 그에 있어서 그는 다른 대법관과 동등한 지위에 있다. 즉 재판을 하는 한에서 그는 한 사람의 대법관일 뿐이다. 물론 그는 전원합의체에서 '재판장'의 지위에 있기는 하나, 이는 소송의 절차에 관한 것일 뿐 사건에 대한 실체의 판단과는 무관하다.

그러나 대법원장은 동시에 법원 조직의 우두머리이다. 대법원장이 이러한 지위에 있다는 점에서 그 임명문제가 다른 대법관의 임명과는 다른 비중을 가진다고 할 수 있다. 우선 1988년 2월 25일부터 시행되고 있는 법원조직법 제9조 제1항은 사법행정사무는 대법원장이 이를 총괄하며, 사법행정사무에 관하여 관계 공무원을 지휘·감독한다고 규정하고 있다.

또 이러한 지위와 관련하여 대법원장은 법원 조직의 구성에도 결정적인 영향을 미친다. 첫째, 대법관은 국회의 동의를 얻어 대통령이 임명하나, 그 임명할 대법관을 제청하는 것은 대법원장이다(헌법 제104조 제2항). 따라서 법적으로만 말하면 대법원장이 제청하지 않는 한 대법관의 임명이란 있을 수 없다.

대법원장이 자신의 제청권을 실질적으로 행사하지 않고 자신을 임명하여 준 대통령의 뜻에만 좇아 형식적으로 행사하면 대통령은 자신에게 유리한 판결을 할 것으로 생각되는 사람만으로 대법원을 구성할 수 있게 된다. 물론 국회의 동의를 얻는 것도 요구되지만 종전처럼 대통령의 당이 국회에서 다수의석을 점하고 있는 경우에는 국회의 동의라는 것도 유명무실하게 되기 쉽다. 둘째, 대법관이 아닌 법관, 즉 판사는 그 임명권자가 대법원장이다(헌법 제104조 제3항). 뿐만 아니라 판사의 보직은 전적으로 대법원장이 이를 행한다(법원조직법 제44조). 말하자면 판사가 어떠한 법원에 속하여 어떠한 종류의 재판을 맡아 할 것인가는 대법원장이 단독으로 결정한다. 이것은 법원의 운영 전반에 걸쳐서 결정적으로 중요한 권한이다.

일단 법관으로 임명되면 그는 이른바 신분보장이라는 것을 받아서 탄핵 또는 금고 이상의 형의 선고에 의하지 아니하고는 파면되지 아니하며, 징계처분에 의하지 아니하고는 정직·감봉 기타 불리한 처분을 받지 아니 한다(헌법 제106조 제1항). 그러나 그렇다고 하여 법관이 어디서 어떠한 직무를 맡아 할 것인지를 스스로 결정할 수는 없는 바로 그것을 대법원장이, 그리고 대법원장이 단독으로 정한다는 것이다.

위의 눈치를 보게 되는 판사들

이러한 대법원장의 권한이 중요성을 가지게 하는 것이 바로 우리나라의 법원 조직이 하나의 위계질서를 이루고 있다는 부인할 수 없는 사실이다.

법관들은 거의 예외없이 고등법원 판사에서 지방법원 부장판사가 되거나 또는 지방법원 부장판사에서 고등법원 부장판사가 되거나 또는 고등법원 부장판사가 지방법원장이 되는 것을 하나의 승진으로 여기며, 오래된 관례에 의하여 뒷받침된 자연스러운 위계질서 내에서의 상승으로 생각한다.

그리고 이러한 상승은 가령 차량의 지원, 정보비 등 급료액의 증가 기타의 외형적인 대우의 개선과도 연결되어 있다. 만일 자신이 그 승진의 차례가 되었음에도 불구하고 승진되지 못하면 그것은 '탈락'을 의미한다. 이러한 탈락이 법관에게 주는 심리적인 압박이 어느 정도인가는 특히 그들이 사회에서 엘리트 중의 엘리트로 대접받고 있는 점에 비추어 볼 때 쉽사리 상상될 수 있을 것이다. 이와 같은 승진과 탈락의 구조는 전국의 많은 법관들로 하여금 위의 눈치를 보게 할 수도 있는 것임은 의문의 여지가 없다.

이러한 대법원장의 인사권을 공정하게 하기 위한 장치는 적어도 법률상으로는 존재하지 않는다. 그야말로 전권專權이다. 물론 대법원장이 이 권한을 사전에 알려진 객관적 기준(그것이 성문의 것이든, 관행 등 불문의 것이든) 에 의하여 행사된다면 별로 문제는 없다고 할 수 있을는지 모른다. 그러나 그 권한이 남용된 경우는 여러 차례 목격되었다.

대표적인 예가 1986년 초에 서울민사지방법원에 근무하도록 명

받고 3일밖에 되지 않은 판사를 그가 대법원장의 인사조치 내용에 대한 약간의 의문을 글로 써서 발표하였다고 하여 당시의 대법원장이 그 날로 저 먼 울산으로 전보시킨 경우이다.

또 그 즈음에 시위에 참가한 학생에게 무죄를 선고하거나 또는 기준보다 가벼운 형을 선고하였다고 하여 갑자기 —인사관행에 없는 시기에— 지방의 지원으로 전보발령을 냈다는 소문이 있었다.

요컨대 이러한 제한이 없는 인사권을 어떻게 행사하느냐는 대법원장의 양식에 달려 있는 문제이다. 그리고 그 인사라는 장치에 의하여 법관의 판단에 만에 하나라도 사邪가 개입되는 일이 있어서는 안 된다. 따라서 법관의 인사제도에 대하여 대법원장의 위와 같은 전권을 견제할 수 있도록 입법적인 손질이 있어야 할 뿐 아니라, 적어도 현행 법제도의 틀 아래서는 엄정하고 공평한 인사를 행할 수 있는 사람이 대법원장의 자리에 올라야 할 것이다. 그리고 이러한 엄정하고 공평한 인사는 대법원장이 외부의 압력에 굴하지 않는 용기와 사법부의 현재의 위상에 대하여 냉철한 안목을 갖출 것을 요구한다.

유명무실한 헌법위원회

사법부의 새로운 인적인 구성을 논하는 데 있어서 간과할 수 없는 것은 새로운 헌법 아래서 법원과 헌법재판소 사이의 위상관계이다. 위헌법률심사권을 법원이 가지느냐 여부는 법원이 그 통치질서 내에서 차지하는 위치에 결정적인 의미를 가진다. 이것은 미국의 연방

대법원이 그 위헌법률심사권으로써 미국 국민의 생활에 구석구석까지 영향을 미치고 있으며, 대법원장은 대통령 다음으로 영향력이 있는 인물로 치부되고 있는 것만 보아도 쉽게 알 수 있는 일이다.

우리나라에서 법원은 1963년부터 1972년까지의 제3공화국 헌법 아래에서만 위헌법률심사권을 가지고 있었다. 그리고 당시 하급심에서는 때때로 어떠한 법률이 헌법에 위반되어 무효라고 선언된 일이 있으나, 대법원이 위헌 판단을 한 것은 군인이나 군속의 국가배상청구권을 제한한 당시의 국가배상법 제2조 제1항 단서의 경우와 대법원이 위헌판단을 하려면 일반사건의 경우보다 무거운 요건을 갖추어야 한다고 정한 법원조직법 제59조 제1항 단서의 경우 둘 뿐이었다.

그러나 이 위헌판단은 중대한 후유증을 남겼다. 그것은 1972년 소위 유신헌법이 제정된 후 대통령이 대법원판사를 재임명하는 과정에서 그의 뜻에 거슬리는 위와 같은 판단을 한 9명의 대법원판사는 한 사람도 재임명을 받지 못하였다는 것이다.

사법부의 이러한 쓰라린 경험은 그 후의 법원의 행태에 지울 수 없는 영향을 미쳤다고 생각된다. 그리고 유신헌법은 위헌법률심사권을 법원으로부터 박탈하여 새로운 기관인 헌법위원회로 넘겼다. 그리고 제5공화국 헌법 아래서도 그것은 마찬가지였다. 그러나 1972년 이후 금년까지 헌법위원회는 단 한 건의 위헌심사도 한 일이 없다. 그것은 어떤 법률을 적극적으로 위헌으로 판단한 일이 없을 뿐 아니라, 도대체 헌법위원회에 위헌 여부의 심사가 청구된 일이 없는 것이다.

이와 같은 헌법위원회 유명무실화의 법적인 구조는 다음과 같다. 우선 헌법위원회에 위헌법률심사를 제청할 수 있는 권한을 일반국민에게 주지 않고 법원에만 부여한다. 그리고 법원에서 그러한 제청을 할 때에는 가령 하급심 법원이 직접 헌법위원회에 제청할 수 있도록 하는 것이 아니라 반드시 먼저 대법원을 거치도록 하고 대법원은 불필요하다고 인정할 때에는 그 제청서를 헌법위원회에 송부하지 않을 수 있도록 한다. 뿐만 아니라 대법원이 법률이 헌법에 위반된다고 판단하려면 대법원판사 3분의2 이상의 찬성이 필요하도록 한다는 것이다.

법원이 위헌법률심사권 가져야

그리하여 대법원은 어느 경우에나 위헌심사제청은 이유 없다고 판단하는 것이다. 이러한 파행적인 구조에 의하여 헌법의 정신을 저버리고 있다는 의심을 받는 많은 법률이 소위 실정법으로서 강제력을 발휘하여 왔던 것이다.

새로운 헌법은 여전히 위헌법률심사권을 법원에 부여하지 아니하였고 헌법재판소가 그 담당기관이 되었다. 헌법재판소제도는 이미 1960년의 제2공화국 헌법에서 채택된 일이 있다. 그러나 당시 헌법재판소는 실제로 설치되지 못하였다. 그 조직과 운영을 구체적으로 정하는 법률이 1961년 4월 17일 제정되었으나, 그 한 달 후에 5·16 쿠데타가 일어나는 바람에 그 조직이 애초 구성되지 못하였기 때문이다. 현행 헌법 아래서 헌법재판소의 조직과 운영을 정하는 법률은 아직 제정되지 아니하였으나, 그 법률안은 일전에 민정당의 의원입법안으로 공개된 바 있다.

이 안은 헌법재판소에의 위헌심사제청의 문을 크게 넓힌 데에 그 특징의 하나가 있다. 즉, 단독판사를 포함한 사건 담당 법원이 직권 또는 당사자의 신청에 의한 결정으로 직접 헌법재판소에 위헌심사제청을 할 수 있으며 단지 대법원을 경유하도록 한 것이다. 특히 사건의 당사자가 위헌심사제청을 당해 법원에 청구하였는데 이것이 법원에 의하여 기각된 경우에는 헌법소원의 방법으로 위헌심판을 제청할 수 있도록 하여 사실상 거의 제한이 없는 위헌심사제청을 할 수 있도록 하였다. 이에 따라 위헌법률심사제도는 대폭적으로 활성화되지 않을까 예상된다

그러나 필자는 위헌법률심사권은 궁극적으로는 법원에 귀속되어야 한다고 생각한다. 그 권한을 법원이 아닌 다른 기관에 부여하는 것 자체가 법원에 대한 불신의 표현인 것이다. 법원은 지금부터라도 헌법 감각을 다듬고 발휘하여서 국민의 자유와 권리의 최종적인 수호자는 법원이라는 인식을 국민들 사이에 심어나가지 않는다면 그 권한은 영구히 회복할 수 없을는지도 모른다.

국회 통한 사법부 감시방안

그러나 사법부 개편의 구체적인 방법이나 내용에 돌아가서 생각해보면 문제가 그렇게 쉽지 않음을 알 수 있다. 최근 대한변호사협

회는 그 회원인 변호사를 상대로 대법원의 새로운 구성에 대하여 설문조사를 실시한 바 있다. 그 결과에 따르면 대법원장에 관하여는 대개 다음과 같은 것이 요구되고 있다.

우선, 사법권 독립과 인권의 보장에 대한 신념이 뚜렷한 사람이어야 한다. 나아가 60세 이상이면 좋고(44%가 찬성), 법원 내부에서의 기용보다는 변호사 경험이 풍부한 사람이 좋다(70%). 또 대법관(종전의 '대법원판사'를 새 헌법은 이렇게 부르고 있다)에 관하여는 법원 내부에서의 기용과 외부인사의 영입이 안배되어야 하되, 법원 내부에서의 기용은 그 정원의 반 정도면 족하다는 것이다(56%). 현재의 대법관의 유임에 대하여는 개별적으로 검토하되 상당수는 교체되어야 한다는 의견이었다(77%).

이러한 설문조사의 결과에 토대하여 대한변협은 새 대법원장의 적격기준으로, 1. 사법권 독립에 대한 확고한 신념을 가진 사람, 2. 법조경력 30년 이상 된 사람으로서 재야 및 재조 법조인의 존경을 받는 사람, 3. 60세 이상으로서 민주화 시대를 이끌어 갈 사람, 4. 정당에 참여한 경력이 없거나 정당적 색채가 없어야 한다는 원칙을 내세우고 있다.

물론 왜 하필 60세 이상이어야 하며(왜 더 나이 젊은 분이어서는 안 되는가?), 또 왜 법조경력이 하필 30년 이상이어야 하는가 하는 의문이 없지 않으나, 적어도 1.과 2.의 점에 대하여는 누구나 수긍하는 바일 것이다. 특히 1.과 관련하여서는 종전에 흔히 말하여지던 '국가관이 있는 법관'이라는 표어가 청산되어야 한다고 생각한다.

위에서 말한 대로 법원은 모든 종류의 사건에 대하여 철저히 자신의 독립을 지켜야 한다. 이 점에 대한 인식을 잠식해온 하나의 가짜이론이 바로 소위 법관은 국가관이 있어야 한다는 주장이다. 예를 들어 전의 어느 대법원장은 그 취임사에서 다음과 같이 말하고 있다.

"우리는 국방의식·국가안보의식을 고취하여야 하겠습니다. 국방은 행정부나 입법부의 소관이니 우리 사법부는 오불관언이라 해도 좋을 만큼 우리나라는 여유가 있는 상태가 아닙니다. … 법을 해석·적용함에 있어서도 항상 국가의 존망을 의식하면서 하여야 한다는 것은 당연지사가 아닙니까?"

법관의 국가관에 대한 견해

유신시대 이래 강조되고 있는 이와 같은 주장의 이념적인 당부를 여기서 논하자는 것이 아니다(오히려 국가의 안전은 헌법규정을 들먹이지 않더라도 당연히 법이 실현하여야 할 가장 중요한 가치 중의 하나라고 할 것이다). 다만 그 주장이 현실적으로 어떠한 가치판단을 합리화하기 위한 기능을 수행하여 왔는가 하는 점을 따져보아야 한다는 것이다.

그러한 관점에서 본다면, 그 주장은 국가를 그때그때 체현하고 있는 정치권력이 원하는 바를 법원에 강요하는 것을 정당화하는 하나의 구실이론으로서의 기능을 하여 왔음을 부인할 수 없을 것이다. 개인의 자유와 권리란 구체적이고 현실적이며 절실한 것이다. 그러나 국가의 안전이란 막연하고 추상적이며 오히려 구호에 가까운 것이다. 국가의 안전이란 도대체 무엇인가? 누가 그 내용을 정하며, 그 것을 어떠한 수단으로 달성할 것인가?

우리나라의 '국시'라고 하는 자유민주주의란 바로 개인의 자유와 권리를 최대한 신장하는 것이 바로 그 공동체의 가장 확실한 안전보 장수단이 된다는 원칙에서 출발하는 것이 아닐까? 권력자가 국가의 안전을 보장하기 위하여 필요하다고 생각한 것이 과연 국가의 안전 에 진실로 필요한 것인가는 어떠한 방법에 의하여 검증되어야 하는 가를 엄밀하게 생각해 보아야 할 것이다.

법원을 구성하는 법관이 국가관을 가져야 한다는 것은 대체로 위 와 같은 의미에서 검증받은 일이 없는 국가의 안전을 위한 권력자의 조치를 국민의 자유와 권리의 실현보다 우위에 두어야 한다는 편향 된 주장 이외의 아무 것도 아니었다.

따라서 사법부는 오히려 그러한 국가관이 있는 법관보다는 인권 의식과 헌법감각을 갖춘 인물을 요구하고 있다.

새 헌법에 의하면, 대법원장은 국회의 동의를 얻어 대통령이 임명 하고 대법관은 대법원장의 제청으로 국회의 동의를 얻어 역시 대통 령이 임명한다(제104조 제1항, 제2항 참조). 종전과 달라진 것이 있다면 대법관(앞서 말한 대로 종전에는 대법원판사라고 불렸다)의 임명에 국회의 동의를 요하도록 한 것이고 이 점을 제외하고는 종전의 헌법과 다를 것이 없다.

이와 같이 국회가 구성에 종전보다 깊이 관여할 수 있게 한 이유 는 대법관도 국민(구체적으로는 그들을 대표하는 국회)의 지지를 받아야만 선임될 수 있도록 함으로써 사법부에 대한 국민의 감시를 달성한다는 데 있을 것이다.

이제 소위 여소야대의 국회가 됨으로써 대법관의 임명에도 국회의 동의를 얻도록 한 위의 규정은 새로운 의미를 획득하게 되었다. 만일 대부분의 사람이 예측한 것대로 이번 총선에서 여당이 다수의 의석을 차지하였더라면 대법관의 임명방법에 대한 위와 같은 사소한 변화는 별로 주목받지 못하고 넘어갔을 것이다.

인권 신장에 매진할 인물을

즉, 대통령이 국회에 동의를 요청한 대법원장이나 대법관은 국회에서 당연히 다수의 지지를 얻었을 것이기 때문이다. 그러나 이제는 더 이상 그와 같은 식으로는 통하지 않게 되었다. 야당은 자신이 의도하기만 하면 어떠한 대법원장이나 대법관도 그 임명을 저지할 수 있게 된 것이다.

그러나 그것은 어디까지나 소극적으로 저지할 수 있는데 그치는 것이고, 자신이 원하는 대법원장이나 대법관을 적극적으로 임명하게 할 수는 없다. 어디까지나 그 임명권자는 대통령이며 대통령이 국회에 동의를 요청하지 않는 한 국회가 나서서 어떤 사람을 대법원장이나 대법관으로 임명하게 하지는 못하는 것이다. 이와 같이 국회와 대통령이 맞물려 있기 때문에 사태는 극히 미묘하게 되었다.

이러한 상황 아래서 여당이나 야당은 파당적 이해관계를 떠나 사법부의 독립과 인권의 신장을 위하여 필요한 인물을 신중히 가려주기 바란다. 그리고 그러한 사람을 가려내기 위한 자료는 시도하기에 따라서는 얼핏 생각하기보다 훨씬 풍부하게 존재하므로 사람이 없다는 변명은 허용되지 않을 것이다.

월간조선 1988년 7월호, 291면 이하

04
사법부는
개혁의 금역禁域인가

지난 5월 말에 야당이 참가를 거부한 가운데 임시국회가 열려서 박준규朴浚圭 씨를 새로운 국회의장으로 뽑았다. 신문을 보니 여당 내부에서 국회의장을 박 씨로 내정하는 과정에서 "대통령도, 대법원장도 경상도 사람인데, 국회의장까지 경상도 사람이 되면 모양이 좋지 않다"는 논의가 제기되었던 모양이다. 이러한 입장에 대하여 "대법원장은 12월에 임기가 만료되니 문제가 없다"는 반론이 있어 그대로 정해졌다고 한다.

이 삽화는 지역감정이라고 하는 것이 어느 만큼 우리의 정상적인 사고를 알게 모르게 왜곡시키고 있는가를 나타내는 하나의 예이기도 하다. 원칙으로만 따지면 공평무사한 성품과 우리 정치현실에 대한 예리한 통찰을 갖춘 사람이라면 그 사람의 고향이 어디인지 도대체 문제될 것이 없어야 할 것이다. 그러나 여기서 지역감정 얘기를 하려는 것은 아니다.

아닌 게 아니라 대법원장의 정년은 70세인데, 현재 대법원장을 하고 있는 이일규李—珪 씨는 오는 12월 16일로써 만 70세가 된다. 그러므로 그때를 전후해서는 새로운 대법원장이 임명되어야 한다. 헌법 제104조 제1항에 의하면 대법원장은 국회의 동의를 얻어 대통령이 임명하도록 되어 있다. 따라서 아마도 금년 후반기쯤 국회에 후임 대법원장에 대한 임명동의안이 정부로부터 제출될 것이다.

대법원장이 무슨 일을 하는 사람이기에 미리부터 챙기는가 하고 묻는 이가 있을지 모르겠다. 법관이야 다른 공무원들하고는 달리 그 한 사람 한 사람이 독립하여 재판을 하는 것이니, 누가 대법원장이 되든 법관들 각자가 소신껏 재판을 하면 될 것이 아니겠는가? 그러나 문제는 그리 단순하지 않다.

정부 마음대로 법관 심을 수 있는 제도

대법원장은 대법원을 비롯하여 사법부를 어떠한 사람으로 어떻게 구성할 것이냐 하는 인적 구성의 문제에 대하여 절대적인 권한을 가지고 있다. 우선 대법원을 구성하는 법관인 대법관의 임명을 보자. 임명 자체는 대통령이 하는데, 대통령이라도 아무나 임명할 수 있는 것이 아니라 대법원장이 임명제청을 한 사람만을 임명할 수 있다(아울러 국회의 동의를 얻어야 한다). 그러니 정부에서 아무리 마음에 드는 사람이라도 대법원장이 제청하지 않으면 임명할 도리가 없다. 반면 대법원장이 줏대 없이 정부의 말을 잘 듣는 사람이라면 정부는 그를 통하여 자신이 원하는 사람을 얼마든지 대법원에 '심어 놓을'

수 있다.

여당이 국회에서 절대다수를 점하고 있는 요즘에는 국회의 동의는 쉽게 얻을 수 있는 것이기 때문에 그것은 별다른 견제장치가 되지 못한다. 하기야 이번에 새로이 임명될 대법원장은 약 3년 반 후에야 대법관의 임명제청을 할 기회를 가지게 될 것이다. 현재의 대법관들의 임기(6년으로 중임할 수 있다)는 모두 그때 가서야 종료되기 때문이다.

그러나 대법원장은 대법원의 구성에만 관여하는 것은 아니다. 대법관 아닌 법관은 모두 대법원장이 직접 임명한다. 여기서도 대법관 전원으로 구성된 대법관회의의 동의를 얻어야 하도록 되어 있지만, 대법관회의가 동의하지 않는 경우란 상정하기가 어려운 실정이다. 실제로 법관의 임명은 주로 사법연수원을 바로 수료한 또는 그 수료 후 군법무관을 거친 사람들을 일정한 기준에 따라 일괄 임명하여 왔으므로 별로 문제될 것이 없다(물론 법관의 임기 10년이 끝나서 재임명을 받는 단계에서는 얘기가 다르다). 사실상 훨씬 중요한 것은 임명이 아니라 법관의 보직이다.

법관의 보직 인사는 법원 인사의 핵심을 이루는 것이다. 우리나라 법관제도는 직업법관제(career system)를 취하여 사법연수원을 나오면 바로 법관으로 임용되고, 이어서 일정한 서계序階를 밟아 승진을 거듭하여 고등법원장까지 올라가도록 되어 있다(그 이상의 대법관으로의 임명은 위에서 본 대로 다른 임명방식을 취하고 있다). 이는 애초의 법조계에의 입문은 변호사의 자격으로 하고 상당 기간 재판 이외의 법률사무에 종사한 다음 그 중에서 판사를 임용하는 이른바 법조일원제와 현저한 대비를 이루는 것이다.

이와 같은 우리나라의 제도 아래서 누가 부장판사가 되고 누가 지방법원장이나 고등법원장이 되며 누가 지방법원에서 고등법원으로 올라가는가를 정하는 권한을 바로 대법원장이 가지고 있다. 또 나아가서 어떤 법관이 어느 법원에서 근무하고, 그 법원에서 무슨 일을 할 것인가도 대법원장이 정한다. 그리고 그러한 보직권의 행사는 대법원장이 해당 법관의 동의 여부를 불문하고 할 수 있고, 또 사전에 대법관들 기타 어느 누구와도 협의하거나 자문을 할 필요 없이 완전히 단독으로 할 수 있도록 되어 있다.

이와 같이 대법원장이 보직의 전권專權을 가지는 인사제도는 법관의 보직을 대통령이 행하였던 소위 유신헌법 시절을 제외하고서는 제5공화국에서 처음 도입된 것인데, 오늘날도 여전히 그대로 유지되고 있다. 법조일원제를 취하는 영국이나 미국은 차치하고, 직업법관제를 취하는 서독이나 프랑스, 일본의 예만 보더라도 어느 나라나 법관의 인사이동에는 본인의 동의를 얻도록 하고 있고, 또 인사위원회 같은 잘 균형 잡힌 기관을 두어 법관의 인사문제를 관장하도록 하는 경우가 많다. 이에 비하여 우리나라의 제도는 매우 특이한, 사법부 독립의 이념과는 어긋나는 비민주적인 것임이 분명하다(금년 3월에 대한변호사협회에서 건의한 법원조직법 개정안에 의하면, 대법원장이 법관의 보직인사를 행할 때에는 대법관회의의 동의를 얻도록 하자는 것인데, 충분하지 못하다고 생각된다).

인사 불이익 우려로 소신 판결 주저

물론 대법원장이 이 권한을 사전에 알려진 객관적 기준(그것이 글로 쓰여진 것이든 사실상의 관행이든)에 의하여 행사한다면 별로 문제가 없다고 할지도 모른다. 그러나 불행하게도 그 권한이 남용된 경우가 여러 차례 있었다.

대표적인 예가 1985년 8월에 당시의 유태흥兪泰興 대법원장이 서울민사지방법원에 근무한 지 3일밖에 안 되는 판사를 저 먼 울산으로 전보시킨 경우이다. 그 판사가 대법원장이 행한 법관 인사에 대하여 의문을 표시하는 글을 발표하였기 때문에 그리되었던 것이다. "군 인사를 흉내낸 듯 장군을 이등병으로 강등하는 것과 비슷한 꼴의 인사나 아직 움직일 때도 안 된 사람을 이른바 유배지로 몰아세우는, 사람에 맞추어 원칙을 세우는 인사……" 운운한 이 글은 대법원장이 그 전에 광주고등법원의 어느 부장판사를 광주지방법원 장흥지원의 지원장 직무대리로 전보발령을 냈는데(이 판사는 '대법원장의 숨은 뜻에 좇아' 1주일 후 사표를 냈다) 이를 비판한 것이었다.

이와 같이 대법원장이 전권을 휘두를 수 있는 보직권, 즉 인사권이 법관들에게 얼마만큼의 압력으로 작용하는가. 조금 오래된 것이기는 하나, 1980년 1월에 서울제일변호사회에서 법관들을 상대로 실시한 설문조사에 의하면, 법관이 그들에게 가해지는 유형·무형의 압력을 거부하였을 때 그들이 현실적으로 당하는 불이익으로서 '보직 내지 재임명에 있어서의 불이익'을 든 것이 응답자 171명 중 47.4%인 81명에 달하였다.

이렇게 보면 대법원장이 사법부의 인적 구성 및 보직에 대하여 가지는 권한을 통하여 법관들에게 영향을 미칠 소지가 얼마나 큰가를 알 수 있을 것이다. 반대로 대법원장이 외부의 압력에 굴하지 않고 이를 물리칠 수 있는 곧은 성품의 소유자라면, 그는 그만큼 법관들이 자신의 소신에 다른 재판을 할 수 있도록 만들어 줄 수 있는 것이다.

따라서 우리가 사법부의 독립과 법관들의 양심과 소신에 따른 재판에 의미를 부여하고, 그것이 우리 사회의 민주화에 필수적인 요소라고 믿고 있다면, 우리는 누가 대법원장이 되는가에 대하여 무관심할 수 없다. 특히 여당이 국회에서 절대다수의 의석을 차지하게 된 이 시점에서, 따라서 정부를 견제할 장치가 많이 무력화된 이 상황 아래서, 정부가 어떠한 인물을 대법원장으로 정하는가를 통하여 우리는 과연 이 정부가 진정한 민주화의 의지를 가지고 있는가를 가늠해 볼 수 있을 것이다.

여기서 우리는 1988년 여름에 있었던 대법원장 임명을 둘러싼 일련의 일들을 상기해 볼 필요가 있다. 당시 새로운 헌법(제6공화국 헌법)이 그 해 2월 25일부터 효력을 발휘하고 그에 의한 국회의원 선거가 끝나자, 이제 대법원도 새 헌법에 따라 새롭게 구성되어야 했다. 그런데 정부·여당이 당시의 대법원장이던 김용철金容喆 씨를 그대로 다시 임명하기로 하였다는 풍문이 파다하게 퍼졌다.

대법원장 임명 파동은 왜 일어났는가

그러자 전례 없는 일이 일어났다. 그 해 6월 15일에 주로 서울에서 근무하는 소장법관 102명이 '새로운 대법원 구성에 즈음한 우리의 견해'를 발표하여 "사법부의 자세와 역할을 상징적으로 표상하는 사법부의 수장 등 대법원의 면모를 일신하여야 한다"고 주장한 것이다. 이 성명서는 사법부에 대한 신뢰가 땅에 떨어졌음을 개탄하고 "1987년 6월 이래 폭발적으로 분출된 온 국민의 민주화 열기의 와중에서도 사법부가 아무런 자기 반성의 몸짓을 보여주지 못했다는 점에 오늘날 사법부가 직면한 위기의 원천이 있다"고 하였다. 그리고 "우리 법관들은 과연 우리 국민의 높은 민주의식에 따라갈 수 있을지 숙연한 두려움마저 느끼며 오로지 헌법과 법률에 의하여, 그리고 양심에 따라 심판할 것을 다시 한 번 다짐한다"고 덧붙였다.

흔히들 "법관은 판결로만 말한다"고 하여 판사가 사법부 독립 등 어떠한 문제에 대해서든 이러한 형태로 자신들의 의견을 밝히는 것은 극도로 터부시되어 왔었던 것인데, 이 성명서는 그러한 금기를 과감하게 깨고 나온 것이다. 위 성명이 있은 지 며칠 후 김용철 대법원장은 스스로 사퇴하였다.

그로부터 2주일이 채 지나지 않은 그 달 말에 정부는 대법원장으로 당시 대법원판사로 있던 정기승鄭起勝 씨를 내정하고 그 임명에 동의하여 줄 것을 국회에 요청하였다. 그러자 이번에는 우리나라 변호사들 전체의 대표기관인 대한변호사협회가 그 사람이 "개인적인 흠이라는 관점에서가 아니라 실추된 사법부에 대한 국민의 신뢰를

265

회복시키기에는 부족하다고 믿는다"고 하여 그의 대법원장 임명에 반대하는 성명서를 발표하였다.

그 반대의 이유는 "안보를 핑계로 인권이 무시되던 제5공화국 시대의 대법원은 역대 서울형사지방법원장으로 재직하면서 시국사건 재판에 있어서 외부의 의사를 재판에 반영시켰다는 의심을 받고 있는 인사 전원이 대법원장 및 대법관에 임명되어 왔다는 슬픈 역사를 안고 있으며, 그와 같은 시대에 임명된 현 대법관[정기승 씨는 서울형사 지방법원장을 하다가 대법원판사가 되었다]이 새 대법원장에 임명된다는 것은 민주시대를 여는 이 시점에서는 받아들이기 어렵다고 믿기 때문"이라는 것이다(꺾음괄호 안은 인용자). 그리고 나아가서는 이제 갓 사법시험에 합격하여 연수과정에 있는 사법연수생들까지도 그 임명에 반대하는 의사를 집단적으로 밝혔다.

그런데 더욱 극적인 것은 정기승 씨에 대한 임명동의안이 당시의 이른바 여소야대 국회에서 아주 적은 표차로 결국 부결된 것이다. 당시의 민정당이 공화당의 지지를 믿고 표결에 부쳤으나, 신문의 보도에 의하면 일부 국회의원들의 표가 표결방식 미숙으로 무효로 처리됨으로써 재석 과반수를 넘지 못하고 만 것이다. 그러자 정부는 이일규 씨를 새로운 대법원장으로 정하였고 그 임명동의안은 국회에서 재석 292명중 275명의 압도적 찬성으로 가결되었다.

왜 이러한 일들이 벌어졌는가. 그것은 결국 당시 대법원을 정점으로 하는 사법부가 많은 국민들의 신뢰를 얻지 못하고 있다는 것이 법관들 자신이나 기타 뜻있는 사람들의 공통된 인식이었고, 따라서 이러한 사법부의 위기를 벗어나기 위한 심기일전의 계기를 대법원 구성의 면모 일신에서 찾고자 하였던 데 그 연유가 있었다고 할 것이다.

오래 전에 금간 국민들의 신뢰

대한변협은 대법원장 임명문제가 제기되자 구체적인 후보자가 거명되기 전인 그 해 6월 중순에 이미 '대법원장의 임명동의에 관한 의견서'를 국회의원 전원에게 송부한 바 있었는데, 거기서 '사법권의 독립에 대한 확고한 신념을 가진 사람'을 대법원장의 적격기준의 첫째로 꼽았다. 그리고 새로운 대법원장 임명 문제의 중요성을 다음과 같이 지적하였는데 그 내용은 당시의 법조계 일반의 생각을 잘 반영한 것이라고 할 수 있다.

"우리가 적격기준에 합당한 새 대법원장을 희망하는 것은 지난날 사법부가 독립성을 잃고 외부의 눈치를 보며 공정하지 못한 재판을 하여 죄를 지은 일이 없는 사람이 형벌을 받거나 경한 형벌로써 충분한 사람이 중한 형벌을 받게 되고, 심지어는 대법원의 판결에도 불복하는 하급법원의 반항적 재판마저 생기게 되어, 많은 국민의 권리와 자유가 비참하게 침해된 데 대한 책임이 너무나 크다고 믿고 있기 때문입니다. 그러나 이것이 모두 대법원장 개인의 책임이라는 것은 아닙니다. 그것은 오히려 사법부의 성격상 재판을 담당한 법관의 책임이라고 보는 것이 옳습니다. 그러나 갖은 유혹을 물리치고 정의와 양심에 따라 재판을 하였는데도 타 지방으로 좌천되기도 하고, 더러는 사표를 내고 변호사를 개업하는 자유조차 박탈되기도 하는 경색된 분위기가 계속되면서 권력과 타협하는 비굴한 자세를 갖는 사람이 생겨나더니 어느덧 사법부 안에 현실적응의 풍조가 팽배하게 되었습니다. 이제 어느 누구의 잘잘못을 따질 의도는 추호도 없습니다만, 법관의 타협적인 자세와 혼탁한 분위기를 쇄신하여 지난날의 과오를 일단 청산하지 아니하고는 사법부의 독립도 공정한 재판도 기대할 수 없다고 확신하기 때문에 새로운 인사가 제6공화국의 대법원장으로 임명되기를 바라는 것입니다."

사법부에 대한 국민들의 신뢰에 금이 가기 시작한 것은 어제 오늘의 일이 아니나, 특히 우리들의 기억에 새로운 것은 권인숙 양 사건이다. 권 양 사건은 두 가닥으로 이루어져 있다. 하나는 권 양이 이른바 위장취업을 하기 위하여 주민등록증을 변조하였다고 하여 공문서변조죄로 구속기소된 것이고, 또 하나는 그 수사과정에서 권 양에게 말로는 차마 못할 성고문을 한 담당형사를 소추하여 법의 심판대에 올리기까지의 과정이 그것이다. 말하자면 권 양은 한편에서는 형사피고인이고, 다른 한편에서는 사건 피해자였다.

권 양 사건이 사법부에 대한 신뢰를 결정적으로 추락시키게 된 경위는 대개 다음과 같은데(아이러니컬하게도 권 양의 부친은 당시 법원의 일반직원이었다), 특히 그 시기에 주목하여 당시의 정치상황과 연결지어 볼 필요가 있다. 권 양은 형사피고인으로서 1심법원에서 1년 6월의 실형을 선고받았고, 나아가 1987년 3월에는 제2심인 서울고등법원에서도 권 양의 항소를 기각하였다. 권 양은 법원은 믿을 만한 것이

못 된다고 하여 상고를 포기하였고 이로써 1년 6월의 실형이 확정되었다. 과연 위와 같은 사안에 대하여 그와 같은 형량이 적정한가 자체도 문제이거니와, 특히 권 양을 능욕한 그 형사는 그 전에 검찰에 의하여 기소유예 처분을 받아 공소조차 제기되지 않았으니 도대체 형평에 맞지 않는다는 것이 국민들의 생각이었던 것이다.

그 기소유예처분에 대하여는 권 양의 변호인들이 그를 기소하여야 한다고 주장하여 법원에 재정신청을 냈다. 이에 대하여 위 판결이 있기 전인 1986년 10월에 서울고등법원은 성고문을 한 사실을 대부분 다 인정하면서도 재정신청을 기각함으로써 검사의 기소유예처분을 타당하다고 하였으니, 이는 더욱 이해되지 않는 일이었다(그러나 대법원은 이른바 6·29선언이 있고 난 1988년 1월에 이르러서야 재정신청을 기각한 것이 잘못되었다고 하여 원심결정을 파기하였다). 이러한 상황에 처하여 뜻있는 국민들이 사법부에 대하여 어떠한 생각을 가지고 있는가를 잘 말해주는 것이 권 양 사건의 제1심 판결에 대한 항소이유서라고 생각되어 장황하더라도 인용하기로 한다.

"오늘날 사법부의 유감스런 현실에 대하여 우리는 굳이 장황하게 말씀드리려 하지 않습니다. 그러나 그 현실에도 불구하고, 우리는 적어도 이 성고문 재정신청 사건에 관해서만큼은 사법부에 대하여 한 가닥 기대를 버리지 않고 있었습니다. … 국민 누구나가 납득하지 아니하는 문귀동[권 양에 성고문을 가한 형사]에 대한 기소유예결정, 검찰 스스로도 납득하지 아니할 그 상식에 어긋난 기소유예결정을 그래도 명색이 사법부에서 설마 그대로 시인할 리가 있겠는가, 결정을 하지 않은 채 시일을 끄는 일은 있을지언정 차마 재정신청을 기각하기야 하겠는가 하는 것이 우리의 솔직한 심정이었습니다. 그러나 우리의 이같은 기대는 물거품으로 돌아갔습니다. … 이것은 결코 독립된 사법부가 스스로의 법률적 양식과 양심에 입각하여 내린 판단일 수가 없습니다. 여기에 이르러 우리는 오늘 우리 사법부의 몰락을 봅니다. 아무리 뼈아프더라도 이 말을 들어 주십시오. 사법부는 그 사명을 스스로 포기한 것입니다. … 용기가 없는 사법부, 스스로의 사명을 스스로 저버린 사법부는 국민의 신뢰와 지지를 기대할 자격이 없습니다. 우리는 비통한 심정으로 말하거니와 이 재정신청 기각결정으로 인하여 이제 더 이상 사법부의 독립성을 믿는 사람은 거의 없게 되었다고 하여도 과언이 아닐 것입니다. 사법부의 존립 자체에 대하여 의문을 제기하지 않을 수 없는 이 사태의 위험성에 대하여 사법부에 몸담고 있는 모든 법관들이 깊이 통찰하고 사법권의 존엄을 스스로 지키기 위한 건곤일척의 몸부림을 시작하지 않으면 아니 될, 더 이상 늦출 수 없는 역사적 순간이 도래하였다고 우리는 믿습니다."

벗어나야 할 부정한 '꿀'

사법부의 권위에 대한 도전은 심각한 것이었고, 그 심각성은 사법부 내부에서도 준열하게 의식되고 있었다. 1987년 8월에 어느 대법원판사는 당시의 사법부의 상황에 대하여, "형사법정에서 출정 거부, 재판 거부, 법관에 대한 모욕, 법정에서의 물리력 행사 등 사법부에 대한 유형적인 도전이 빈번하게 일어나고 있고, 심지어는 민사사건에 있어서도 '모멸에 찬 내용의 재항고 이유서' 등과 같이 서면에 의한 행패는 그 빈도가 높을 뿐만 아니라 그 기재내용이 극히 불손하고 나아가 법관에 대한 인신공격까지 담고 있어 일종의 협박장처럼 느껴지는 사례도 있다"고 토로하였다. 그리고 결론으로서 "사법부가 겪는 시련은 법관 개인이 당하는 시련으로부터 시작합니다. 법관 개인이 느끼는 그로 인한 아픔을 사법부 자체의 고통과 일치할 때가 많습니다. … 그것은 바로 우리의 양심에 대한 시련이라고 할 수 있습니다. 그 시련은 사법부의 발전을 위한 고귀한 경험이 되어야 한다고 생각합니다"라고 끝맺고 있다.

다시 한 번 말하거니와 1988년 여름에 대법원장의 임명을 둘러싸고 사법부 안팎에서 일어난 일들은 민주화에의 큰 흐름 속에서 사법부가 새롭게 태어나기 위한 자구自救의 몸부림이었다. 지나간 시대의 얼룩지고 상처 입은 모습에서 떨쳐 일어나 국민들의 신뢰를 회복하고 정의와 인권보장의 최후의 보루라는 본래의 사명을 완수하기 위하여 사법부는 우선 과거와 단절의 몸짓을 보인 것이었다.

그것이 불과 2년 전의 일이다. 이제 다시 새로운 대법원장의 임명이 눈앞에 닥쳐왔다. 우리는 이 시점에서 과연 법원은 그들이 겪은 시련의 의미를 '사법부의 발전을 위한 고귀한 경험'으로서 뼛속에 깊이 새기고 있는지, 그동안 무엇이 달라졌는가를 물어 볼 필요가 있다.

만일 법원이 여전히 구태의연하게 높은 사람의 눈치에 구애되고 유형·무형의 압력에 굴복하여 인권과 정의의 수호자라는 본래의 사명을 다하지 못하고 있다면, 자신들의 '독립된' 지위에 안주하여서 이 사회의 모든 부정한 꿀을 향락하는 데만 정신이 팔려 있다면, 준엄한 자기반성 없이 종래에 해 왔던 누년의 적폐에 눈을 감고 있다면, 1988년 여름의 소동은 당시의 대법원장과 정기승 씨를 희생양으로 바침으로써 자신들의 죄값을 값싸게 치러 넘기려 한 1막의 더러운 연극에 불과하였다는 비난을 면하기 어려울 것이다.

그동안 사정은 많이 달라졌다. 예를 들면 권 양에 대한 가해자는 1988년 2월 형사소추되어 결국 징역 5년의 실형을 선고받았다. 권 양은 국가에 대하여 자신이 겪은 고통에 대한 금전적 배상을 청구하여 작년 6월에 제1심에서 3천만 원의 지급을 명하는 판결을 받았다(이 판결에 대하여는 쌍방에서 항소하였다). 이 민사판결에서는 권 양이 성적 모욕을 받았다고 주장한 것이 소위 의식화 투쟁의 일환으로서 사실을 날조하여 수사기관의 위신을 실추시키고 정부의 공권력을 무력화하려는 음모의 실행이었다는 관계기관 실무자들이 작성한 '보도자료'의 내용이 악의에 찬 억지였음이 정면으로 인정되었다.

서울형사지법은 작년 7월에 대공수사 피의자들이라도 변호인과 접견하는 것을 금지하는 것은 위법이라고 하여 안기부에 대하여 변호인 접견 불허처분을 취소하라는 결정을 내렸다. 이 결정은 당시의 신문 사설에 의하면 "수십 년 동안 지당한 것이 좀처럼 지당시되지 않는 우리의 현실에서는 특기할 만한 사건"이었다. 금년 3월 말에는 대법원이 사법정책 연구계획안을 호가정하여 사법제도의 민주적이고 선진적인 개혁을 위한 준비작업에 착수하였다.

그러나 이러한 '대단히 발전적인 현상'들에도 불구하고, 사법부는 여전히 '시련' 속에 있는 것처럼 느껴지는 것은 필자 혼자만의 생각일까. 요즈음도 신문은 법정, 특히 형사법정에서의 각종 소란을 연일 보도하고 있다. 재판거부, 구호와 노래제창, 퇴장명령, 강제퇴장, 법정소란을 이유로 하는 감치명령 또는 그 취소 등등. 이러한 사태는 만에 하나 그것이 단지 자유민주체제를 거부하는 세력이 사회의 모든 권위를 부정하는 활동의 한 형태라고 하더라도, 법원의 모습이 전과 달라지지 않았다고 느끼게 하는 안타까운 장면을 이룬다.

위헌법률로 내려 온 수많은 판결들

요즈음의 사법부의 위상과 관련하여 또 하나 지적하여야 할 것은 마땅히 법원이 하여야 할 일을 구민들의 눈에는 헌법재판소라는 낯선 이름의 기관이 대신하여 수행하고 있는 것으로 비치고 있다는 사실이다. 또는 많은 국민들은 헌법재판소와 법원을 하나의 사법부에 속한 두 개의 다른 기관으로 오해하고서는 헌법재판소가 하는 일에 박수를 보내면서 그것을 법원이 하는 민주화에의 기여 노력이라고 오해하고 있다.

가령 1989년 7월 19일자의 조선일보 사설은 '사법부, 최근에 힘냈다'라는 제목 아래 '일련의 인권옹호 결정들'을 칭양하고 있는데, 그 내용은 오히려 헌법재판소의 결정들이 더욱 비중 있게 다루어지고 있다. 어떻게 보면, 국민의 권리와 자유의 보호라는 좋은 역할은 추상적인 규범통제를 하는 헌법재판소가 맡고, 법원은 구체적인 사건에서 국민에게 형벌 등 기타의 제재를 가하는 악역을 떠맡은 듯하게도 보인다.

　법률의 위헌심사나 헌법소원을 과연 유럽대륙형으로 법원과는 별도의 기관에서 처리하도록 하는 것이 나은가, 아니면 미국이나 일본처럼 법원이 처리하도록 하는 것이 더 좋은가 하는 것은 그 전문가가 아닌 필자가 쉽사리 논의할 수 있는 성질의 것이 아니다. 그러나 적어도 법원이 헌법 감각을 가지는 것은 법원의 장래의 위상을 위해서도 극히 의미 있는 일이라고 생각된다. 만일 그것 없이 법원이 재판을 하게 되면 법률의 위헌심사가 무효인 법률에 따라 재판을 하였다는 비난을 사기 쉬운 것이다.

　예를 들면 헌법재판소는 사회보호법상의 보호감호처분 제도를 위헌이라고 결정하였는데 법원은 그 전까지 수없이 많은 보호감호처분을 해 왔다. 또 헌법재판소는 국가를 피고로 하는 민사소송 사건에서 국가가 패소한 경우에는 일반인이 피고인 경우와는 달리 가집행선고(재판이 확정되기 전이라도 임시로 강제집행을 할 수 있도록 허용하는 제도)를 붙이지 못한다고 한 법규정을 법 앞의 평등에 반하여 무효라고 결정하였다. 그러나 법원은 그 전까지 오랫동안 위 규정을 들어 국가 패소 소송에 대하여는 가집행선고를 붙이지 않았던 것이다. 결국 어느 경우나 법원은 헌법에 반하여 무효인 이러한 법규정들(그러한 주장이 종전부터 줄기차게 있어 왔다)을 적용하여 왔으니(위헌제청을 한 일도 없다), 생각 있는 국민들은 헌법재판소의 위와 같은 결정들을 보고 법원에 대하여 냉소를 금할 수 없었을 것이다. 그렇게 보면 최근에 특히 하급심에서 위헌제청을 하는 경우가 종종 눈에 뜨이는 것은 극히 고무적인 일이라고 하겠다.

법원의 무딘 헌법감각과 인권감각

이와 같이 위헌의 의심이 있는 법규정을 가려내는 것도 큰일이거니와, 명백히 합헌인 법규정이라도 그 해석 운용을 함에 있어서 국민의 기본권을 수호한다는 법원의 사명을 보다 철저하게 의식하는 것은 더욱 중요한 일이라고 생각된다. 법원이 이러한 헌법감각 내지 인권감각을 충분히 발휘하였는지를 의심하게 하는 한 가지 예로, 1986년 5월에 서울형사지법이 소위 서노련 사건의 피의자들이 신청한 고문 흔적의 증거보전 신청을 기각한 결정을 들 수 있을 것이다. 이 결정 내용은 현재에도 의미가 있으므로 잘 따져 볼 필요가 있다.

우리나라 형사소송법은 검사 이외의 수사기관, 가령 경찰이나 군 수사기관이 작성한 피의자 신문조서(피의자를 심문한 내용을 수사관이 작성한 조서)에 대하여는 공판기일에 피고인 측이 그 내용이 진실한 것이라고 인정하지 않으면 그 신문조서를 유죄의 증거로 쓸 수 없다고 정하고 있다. 그러나 피의자가 스스로 작성한 진술서는 공판기일에 작성자의 진술에 의하여 그 성립의 진정(내용의 진실 여부는 묻지 않고, 그 서면이 작성자의 의사에 기하여 작성되었다는 것)이 인정되면 증거로 할 수 있는 여지가 있고, 그 경우 피의자 신문조서와는 달리 작성자가 그 내용이 진실에 맞지 않는다고 주장하더라도 증거가 될 수 있다.

실제 수사에 있어서 피의자로 하여금 우선 스스로 자술서를 쓰게 하고 이것을 기초로 하여 피의자 신문조서를 작성하는 것이 보통이며, 고문 등의 가혹행위는 이러한 진술서 또는 자술서를 작성하게 하는 과정에서 가해지는 것으로 알려져 있다. 그리고 경찰 수사단계에서 가해진 고문이 검찰에서의 수사과정에도 영향을 미친다는 것도 종종 확인되는 잘 알려진 사실이다(그 두드러진 예는 검찰에 송치된 후에도 경찰이 구치소로 찾아가 경찰 조서대로 검사에게 진술할 것을 협박하였던 이른바 고숙종 여인 사건).

위 사건에서 피의자들은 자술서, 진술서, 피의자 신문 조서가 고문에 의하여 작성되었다고 주장하여 고문의 흔적을 증거보전해 달라고 신청하였던 것이다. 고문의 사실이 입증되면 성립의 진정도 부인될 수 있기 때문이다. 그런데 담당판사는 "검사 이외의 수사기관이 작성한 피의자 신문조서나 그 앞에서 작성된 진술서 또는 자술서는 피고인이나 그 변호인이 공판정에서 그 내용을 인정할 때 한하여 증거로 할 수 있고 그 내용을 부인하면 증거가 될 수 없으므로 나중에 공판정에서 내용을 부인하면 되지 미리 증거보전절차를 밟을 필요는 없다"고 하여 위 신청을 기각하였다.

그러나 피의자신문조서와 진술서를 동일하게 다뤘다는 법이론상의 의문은 차치하고서라도, 담당 판사가 앞에서 말한 바와 같은 우리나라의 수사 실태를 고려하였더라면, 그리고 그 과정에서 일어나는 국민에 대한 인권 침해를 파헤쳐야 한다는 인권 감각과 투지가 있었더라면, 위와 같은 형식 법논리를 앞세우는 결정은 내리지 않았을 것이다.

이와 같이 법원이 헌법에서 보장된 국민의 기본권을 지킨다는 사명을 소홀히 하거나 헌법의식이 무디어 있었기 때문에, 결국 새로운 헌법에서 위헌법률심사권 등의 가장 중요한 권한이 다른 기관에 넘어가게 되었다고 할 수 있지 않을까(들리는 말 중에는 당시의 대법원장이 사법부가 위헌법률심사권을 가지는 데 반대하였다는 것도 있는데, 만일 그것이 사실이라면 이것이야말로 헌법에 대한 법원의 무감각을 웅변으로 증명하는 것이다).

왜 판사들은 고뇌하지 않는가

법원이 자신의 본래 위치를 되찾고 국민들의 신뢰를 얻기 위하여는, 법관들이 당할지도 모르는 유형·무형의 부정한 압력을 배제할 '사법부의 독립에 대한 확고한 신념을 가진 사람'이 대법원장에 임명되어야 할 필요가 있다. 나아가 그러한 압력이 미치는 것을 원천적으로 막기 위하여 인사제도 등을 포함한 사법제도 전반의 끊임없는 개혁을 꾸준히 도모해 나가지 않으면 안 된다. 그러나 그와 아울러 법관들에 대하여 그들에게 보장된 여러 가지의 지위와 '꿀'에 상응하는 책임의 수행과 고뇌와 용기를 요구하는 것도 지나친 것이라고는 할 수 없다.

아무리 '압력'이 강한 것이라 하더라도 이에 감연히 맞서는 용기를 법관들에게 기대해 보는 것이다. 좋은 법관의 요건은 법률지식과 아울러 흔들리지 않는 양심과 정의를 정의라고 선언할 수 있는 용기를 가지는 것이라고 한다면, 법관에게 양심과 용기를 기대하는 것은

'좋은 법관'이 되어 달라는 성원 이외의 아무것도 아니다. 사법권의 독립이 최종적으로 의지하는 것은 바로 법관의 양심과 용기인 것이다.

그런데 법관들은 이 점에서는 예나 지금이나 크게 달라진 것으로 생각되지 않는다. 언젠가 다시금 독재자가 나타나 강권을 휘두른다면 그때 법관들에게 그에 맞서는 양심과 용기를 기대할 수 있을까. 만일 요즈음 사법부가 힘을 냈다고 한다면, 이것조차 좋은 시절에 편승한 일시적 기분풀이가 아니기를 간절히 빈다.

이른바 6·29선언이 있기 전에 법원에 정통한 어느 기자는 법관들에 대하여 다음과 같이 말한 바 있다.

"판사들은 늘 검은 법복을 입고 '신의 대리인'이니 '성직자'니 하는 말을 들어가며 높은 법대에서 아래로 척 내려다보는 생활을 해 왔다. 그들이 대해 온 사람들은 거개가 판사들의 관용을 비는 범죄자들과 판사들의 말 한마디로 행·불행이 결정되는 목 타는 사람들이었다. 이런 온실 생활을 해 온 법관들이 압력에 대하여 보일 수 있는 반응은 단호하든지, 허무할 정도로 허약하든지 대체로 양 극단이다. 한국에서는 단호한 사람들이 소수라는 것은 확실한 듯하다. 더 확실한 것은 그 압력이라는 게 무고한 사람을 3년이나 5년쯤 한 평 반짜리 독방에 가두는 결과를 불가피하게 할 만큼 드세지는 않다는 것이다.

판사들이 소신을 굽혔을 대 일어나는 구체적인 피해—심할 땐 억울한 죽음, 약할 땐 억울한 옥살이—의 가혹함에 비할 때 그 압력에 맞서는 판사들의 고뇌가 너무 미미하다는 것, 이것이 오늘날 한국의

사법부가 직면한 문제의 근본일 터이다." (조갑제, '판사들의 고민', 월간 조선 1987년 5월호)

이 지적은 문제의 가장 중요한 핵심을 찌르고 있다. 왜 판사들은, 또는 많은 판사들은 고뇌하지 않는 길을 택하는가, 그것은 그들이 그동안 살아오면서 쌓아온 생활철학 또는 생활습관이 '고뇌의 길'과는 멀다는 데 있다고 필자는 나름대로 추측해 본다.

법관들은 대개 교육과정에서부터 엘리트의 길을 밟아온 사람이거나 아니면 동시에 '역경'을 자신의 노력과 능력으로 딛고 일어선 입지전적 인물들이다. 그들의 골수에까지 파고든 이 엘리트의식은 경쟁대열에서 조금이라도 뒤처지는 것, 즉 승진에서의 누락, '유배지'로의 좌천, 또는 재임명에서의 탈락을 무엇보다도 견딜 수 없게 만드는 것이다. 그러므로 뒤처질 위험이 있게 하는 어떠한 모험도 하려 하지 않고, 자신을 뒤처지게 할 권한을 가진 사람의 기색을 살피는 것을 게을리 하지 않는다.

그러한 심리구조는 결국 우리 사회의 병폐의 투영 이외에 아무것도 아니다. 그러므로 법관의 용기를 기대하려거든 우리 사회의 이 '출세구조' 자체를 바꾸는 것이 급선무이다. 그렇게 하지 않는 한 우리는 몇 사람의 의인義人을 목마르게 기다릴 수밖에 없는 것이다.

『세계와 나』 1990년 7월호, 100면 이하

05
대법관
제청과 의견 수렴

얼마 전 대법관 여섯 명이 새로 임명됐고 엊그제에는 법원장급의 인사가 이어졌다. 대법관의 임기는 6년이기 때문에 이번에 새로 임명된 분들은 2000년까지 그 막중한 임무를 짊어지게 된다.

임명과정에서는 청문회를 해야 된다느니 전력前歷을 따져야 된다느니 해서 말도 많았었지만, 이제 이러한 소란은 물에 흘려버려도 될 것이다. 그러나 대법관의 임명절차에 대하여는 생각해 보아야 할 점이 있는 것으로 여겨진다.

이번에 말이 나온 것이지만 사실 대법관의 임명과 관련하여 청문회를 여는 것이 온당한지에는 의문이 없지도 않다. 유럽대륙의 여러 나라는 물론이고 이웃 일본에서도 최고법원의 판사를 선임하는 절차로 청문회를 연다는 얘기는 별로 들어 보지 못했다. 미국에 그러한 예가 있다고 하나, 미국과 우리나라와는 사정이 다르다. 미국에서는 많은 경우 판사를 주민의 선거로 뽑거나 주민의 심사를 거친다. 어떤 사람이 판사가 되느냐 마느냐는 그가 주민들로부터 어느만큼 신망 내지는 인기를 얻고 있느냐에 따라 결정되는 것이다. 그러므로 정당이 판사 후보자를 밀어주기도 하고 배척하기도 한다. 다만 연방법원의 판사는 대통령이 임명하기는 하는데, 국민의 대표자인 의원들이 그 적임 여부를 감시하는 수단으로 행하여지는 것이 바로 청문회가 아닌가 한다.

이런 미국의 제도가 나쁘다는 것이 아니다. 판사의 임명에 대한 사고방식이 유럽대륙형의 사법제도를 갖고 있는 우리와는 기본적으로 다르다는 것을 말하는 것뿐이다. 우리나라의 제도는 정치가 직업적인 법관을 임명하는 데 관여해서는 아니 된다는 생각을 밑바탕으로 하고 있고, 이러한 생각은 나름대로 근거가 있는 것이다. 그러니까 국회가 굳이 청문회를 열겠다고 한다면 열지 못할 것은 없다 해도 그것이 과연 바람직한 것인지 쉽게 수긍되지는 않는다.

그런데 각도를 달리 해서 청문회를 열자고 주장하는 이유에 들어가 보면 그에도 일리가 없지 않다. 그 주장에는 누가 대법관이 되는가가 우리 사회에서 법이 어떠한 모습을 갖는가에 큰 영향을 미칠 수 있다고 하는 지난날의 경험에서 얻은 통찰이 담겨 있다. 재판은 법관 한 사람 한 사람이 혼자서 양심과 법만을 기준으로 삼아서 하는 것이고, 또 그렇게 되어야만 한다. 누구도 구체적인 사건에 대해 이래라 저래라 할 수 없다. 그러므로 우리가 법에 대하여 가지는 희망과 기대도 궁극적으로는 개개의 법관에게로 향해질 수밖에 없는 것이다.

대법관은 법의 해석과 적용에 대하여 최종적인 권한을 가지는 사람이니까 그러한 자리에 오르는 사람이 국민의 기본권을 지키기에 적합한 식견과 용기를 가졌는가 등을 따져 보아야겠다는 것도 당연한 주장이라고 하겠다. 문제는 이러한 당연한 주장을 제도적으로 수용할 수 있는 방도가 무엇인가 하는 데 있다.

현재의 제도 아래서 대법관의 임명에 국회 동의를 얻도록 한 것도 실은 그것을 위한 것이다. 그러나 우리나라의 실정에서 이는 유명무실하기 쉽다. 다른 한편 이 절차를 활성화하려다 보면 자칫 대법관의 임명이 정치에 휘말리게 될 우려가 있다.

여기까지 생각해보면 잘 이해가 되지 않는 것이 대법원장이 대법관 후보자를 대통령에게 제청함에 있어서 적어도 제도적으로는 누구의 의견을 듣거나 할 필요가 전혀 없어 혼자의 판단으로 하도록 되어 있다는 점이다. 물론 양식 있는 대법원장이라면 그것이 제도로 정해지기를 기다릴 것도 없겠고, 신문보도에 따르면 윤관 대법원장도 이번에 변호사협회장 등 여러 사람의 의견을 들었다고 한다.

그러나 어느 한 사람의 지혜보다는 객관적인 제도를 믿는 것이 법치주의의 기본이다. 그렇다면 차제에 각계의 의견을 수렴하는 절차를 공식화시킬 필요가 있다고 생각한다. 그 당시로서는 최선의 방책이라고 자부하였겠지만, 예를 들어 신분과 임기가 보장된 중견 법관을 불러다가 이런저런 이유를 들어 사표 쓰기를 종용했다든지, 판사가 써서 발표한 글이 마음에 들지 않는다 해서 하루아침에 서울서 울산으로 쫓아 보내던 지난 시대의 경험은 우리로 하여금 한 사람의 양식만에 의지할 수 없게 하는 것이다.

중앙일보 1994년 7월 22일자, 5면

06
대법관 인사청문회에 바란다

이번에 새로 대법원장이 임명제청한 6명의 대법관에 대하여 7월 초에 국회에서 인사청문회가 열린다. 얼마 전에 열린 국무총리에 대한 청문회가 텔레비전으로 생중계되다가 시청률이 낮다고 해서 방송사에서 중계를 중단하였다고 한다. 얼굴이 널리 알려지고 그 동정이 언론에 줄곧 보도되는 정치적 인물에 대하여도 국민의 관심이 이 정도이니, 보통 사람들이 이름도 잘 모르는 대법관 피제청자에 대한 인사청문회가 어느 만큼 본래의 취지를 살릴 수 있을지 의심스럽기도 하다.

전부터 인사청문회제도를 도입하여야 한다는 주장이 줄기차게 제기되어 왔고, 그 결실로 이번에 인사청문회법이 제정되었다. 인사청문회가 있는 대표적인 나라는 미국이다. 주지하는 대로 미국은 각 주州가 모여서 하나의 나라를 이룬 연방국가인데, 연방 차원에서 결정되고 시행되는 일이 주의 운명에 심중한 영향을 미치니까 누가 연방의 고위 공무원이 되는가에 대하여 주로서도 관심이 없을 수 없다. 이와 같이 연방대통령이 임명하는 연방의 고위 공무원을 각 주의 입장에서 심사·견제할 필요가 있으므로, 주의 대표가 모여 있는 상원에서 인준받도록 한 것이고, 인준 여부를 결정하려면 사람의 자질을 알아보아야 하니 인사청문회를 두게 된 것이다.

우리나라에서도 인사청문회는 대통령의 인사권을 견제해서 그 권한 행사의 공정성을 높이고 부패하거나 무능한 사람이 고위 공직자가 되지 못하게 한다는 취지에서 도입되었다. 일단 도입한 이상에는 역사적인 경위나 현실적 바탕이 혹 서로 다르더라도 그 제도가 유명무실하게 되지 않도록 운용되어야 할 것이다. 우선 인사청문회가 열린다는 사실 자체가 임명권자나 제청권자로 하여금 신중한 인선을 하도록 할 것이고, 보도에 의하면 이번 대법관의 제청에서도 이 점이 아울러 고려되었다고 한다. 그렇게 보면 인사청문회 도입의 목적은 이미 상당 부분 달성되었다고 할 수도 있겠다.

또 미국의 예에서 보듯이 인사청문회는 대법관 후보자들이 공개된 장소에서 자신의 가치관이나 법에 대한 기본철학을 솔직하게 드러내고 능력과 품격을 검증받음으로써 국민으로부터 신뢰를 얻어낼 좋은 기회가 될 수도 있다. 의약분업을 둘러싼 분쟁에서 드러난 대로 점차로 이해관계의 대립이 첨예하여지는 소용돌이 속에서 법이 무엇인가, 쉽게 말하면 자유와 권리의 한계가 어디에 있는가를 선언하는 직무를 담당하는 대법원으로서 국민들 사이에 이와 같이 소리 없는 믿음을 심는 것은 우리 사회의 앞날을 위해서도 매우 중요한 일이다. 그러므로 대법관 피제청자들도 자신의 재판경험이나 생각을 꾸밈없이 사실대로 진술하여야 한다.

한편 우리는 대법관에 대한 인사청문회가 정치적 선정주의에 좌우되는 것을 경계하지 않을 수 없다. 대법관 후보자들은 그동안 민사든 형사든 행정사건이든 사람들의 분쟁에 대해 판단을 내리면서 살아 왔다. 법적 판단은 당사자 모두를 만족시킬 수는 없는 경우가 많고, 불만을 품는 사람도 있을 수 있다. 그러한 마당에 제대로 확인되지도 아니한 사실을 청문회에 들고나와 폭로성 공세를 펴고 그것이 그대로 국민에게 전달된다면, 오랜 세월 법률가로 일해 온 그들이 개인적으로 큰 상처를 받을 뿐만 아니라 나아가서는 사법부 자체의 신뢰성에 심각한 피해를 입게 될 것임은 불을 보듯 뻔한 일이다.

인사청문의 제도는 국가의 막중한 직무를 수행하는 자리에 맞는 자질을 가진 인물인지를 가리기 위한 절차이다. 이러한 절차를 통하여 나라의 됨됨이 하나하나에 국민적 정통성이 부여되는 것이다. 청문회 자리에 있는 국회의원이나 공직후보자 모두가 국민을 상대로 국민을 위하여 하는 일이라는 자세를 가지고 겸허하고 진지하게 임하여야 할 것이다. 그리고 이번 경험이 우리에게 아직은 낯선 청문회제도를 성숙한 모습으로 정착시키는 계기가 되기를 바란다.

조선일보 2000년 7월 3일자, 7면

07
대법관 공개추천
재고해야

최근 대법관의 임명을 둘러싸고 활발한 논의가 이루어지고 있다. 일부 사회단체에서는 오는 9월에 임명될 대법관 후보로 특정인을 공개추천하기도 하였다.

의견수렴과정 왜곡 우려

이러한 변화는 법원의 역할과 구성에 대하여 국민의 관심이 높아졌음을 보여주는 것으로 좋은 일이라고 볼 수도 있다. 또 그 중에는 대법관 자리를 법관 기수별 승진의 최종단계로 만들어서는 안 된다는 바람직한 주장도 있다. 그런데 그 논의의 내용을 보면 우려되는 점도 없지 않다.

우선 대법원이 어떤 사람으로 구성되어야 하는가는 대법원이 하는 일, 해야 할 일이 무엇인가를 생각해 보는 데서 실마리를 풀어나가야 할 것이다. 우리나라에서 대법원은 일반의 민사 · 형사 · 행정사건에서 최종심으로 위치한다. 국민들은 대부분 자신이 당사자가 된 사건이라면 당연히 사법부의 정점에 있는 대법원에까지 가서 재판을 받아보아야 한다고 생각하고 있다.

대법관들은 하급법원에서부터 홍수처럼 밀려들어 오는 상고사건으로 그야말로 쉴 틈이 없다. 헌법재판을 주로 하는 미국의 대법원에서 대법관 전원이 1년 내내 판결하는 사건 수는 모두 합해서 100건 내외밖에 안 된다. 우리는 한 사람의 대법관이 한 달에 200건이 넘는 사건을 처리하는 놀랄 만한 일이 벌어지고 있다.

그런데도 상고사건의 제한이나 대법관 수의 증원 등으로 이 문제를 해결하자는 의견은 그렇게 열심히 주장되었음에도 재판을 받을 국민의 권리를 제한해서는 안 된다는 주장에 밀려 거의 받아들여지지 못했다.

그러니 대법원이 지금과 같은 직무를 처리하도록 되어 있는 한에서는 대법관도 재판업무를 적정하게 처리할 수 있는 능력을 가장 중요한 임명기준의 하나로 할 수밖에 없지 않을까. 만일 다른 기준을 앞세우려면, 대법원에 계류된 사건이 처리될 때까지 4~5년쯤은 예사로 기다려야 하는 사태를 각오해야 할 것이다.

또 대법관 후보로 특정인을 공개적으로 거명하여 추천하는 것은 다른 어느 나라에서도 쉽사리 찾아볼 수 없는 일이다.

우리나라의 헌법은 대법관을 대법원장이 제청해서 국회의 동의를 거친 다음, 대통령이 임명하도록 규정하고 있다. 대법관 제청권을 대법원장에게 준 것은 대법관 후보자의 물색에 사법부의 수장인 대법원장이 가장 적절한 지위에 있다고 여겨졌기 때문이다. 물론 대법원장은 대법관을 제청하기 전에 임명요건을 충족하는 모든 사람을 대상으로 광범위하게 의견을 들어야 한다.

이번에 법관인사제도개선위원회에서 법에 관련된 직무를 대표하는 사람들로 하여금 대법관제청자문위원회를 구성, 대법원장의 대법관 제청에 필수적으로 참여하되 그 내용을 엄격하게 비밀로 하자는 제안을 한 것도 종전에 행하여져 왔던 그 의견수렴과정을 제도화하여 한층 객관성을 높이자는 취지에서 나온 것이다. 그런데 대법관 후보로 특정인을 공개적으로 거명하는 것은 그 의견수렴 과정을 왜곡할 우려가 적지 않다.

반대집단의 재판 불신 올 수도

우리 사회는 입장과 이익을 달리하는 수많은 집단이 서로 대립하는 다원화 사회가 되고 있다. 그것은 우리가 추구해 온 민주사회에서는 당연한 일이다. 그러나 어느 집단이 그 입장과 이익에 따른 왜곡 없이 진정 믿을 수 있는 자료와 정보에 입각하여 사람을 추천할 수 있을지 의문이 아닐 수 없다.

또 한 집단이 자신의 이익과 목표에 부합하는 인물을 공개적으로 추천하여 그가 대법관이 된 경우에 어떤 일이 벌어질까? 그 추천 집단과 생각을 달리하는 집단은 그 대법관이 한 재판을 객관적인 법에 따른 것이라고 믿기가 쉽지 않을 것이다. 바로 그러한 우려 때문에 대법관 피제청자에 대하여 다름아닌 국민의 대표인 국회로부터 동의를 얻도록 하고, 또 그 과정에서 인사청문회를 열도록 제도가 마련되어 있는 것이다.

모든 사람에게 평등한 법에 대한 믿음, 그리고 공정한 법 운용에 대한 신뢰가 깨진다면 법원은 그 존립의 근거를 잃게 될 것이다.

조선일보 2003년 8월 5일자, A27면

08
청탁에 대하여
―법관에 대한 신뢰와 우리 사회의 문법

1.

얼마 전에 친구가 부친상을 당하여 빈소에 갔습니다. 조문을 마친 후에 아는 사람들과 둘러앉게 되었습니다. 상을 당한 친구가 삼성과 긴밀한 관계가 있었던 탓인지, 화제가 '이재용 재판'으로 돌아갔습니다. 이재용(경칭 생략)은 당시 구속 중이었는데 제1심에서 징역 5년이 선고되었고, 항소심 재판이 진행되고 있었습니다.[1]

내 앞에 앉아 있던 다른 친구가 불쑥 말을 던졌습니다. "요즈음 이 재판 돌아가는 걸 보면 중국이 생각나. 중국에서는 사법부 독립이라는 것은 아예 없고, 공산당의 방침을 충실하게 집행하는 꼭두각시에 불과하거든. 우리나라 법원은 안 그럴 줄 알았는데, 크게 다르지 않

─────── 1 여러분들이 잘 아시는 대로 이재용은 지난 2월 5일에 항소심에서 징역 2년 6월 집행유예 4년의 형을 선고받아 석방되었습니다.

은 것 같아."

그 친구도 어쩌다가 삼성의 밥을 먹고 있는 처지이기는 했지만, 그래도 남들이 부러워하는 대학에서 교육받았고 사회나 사람을 보는 안목이 있는 그의 입에서, 우리나라에 영향이 큰 어느 나라에서 대사 일까지 맡아 보았던 바로 그의 입에서, 그리고 대법관으로 일하였던 친구를 앞에 두고 태연히, 대담하게 그런 말이 나오는 것을 듣고 매우 놀랐습니다. 아니, 우리의 법관들이 권력의 꼭두각시라고 말하는 것인가요?

2.

재작년, 즉 2016년 전반기는 대통령이 아직 탄핵당하지도 않았고 정권이 교체되지도 않은 때이었습니다. 그런데 그즈음 해서 우리나라의 법원 또는 법률가 계층에 대한 국민의 신뢰를 원천적으로 무너뜨리는 사건이 적지 않게 일어났습니다.

어느 지방법원의 부장판사는 그때부터 이름이 언론에 널리 알려진 화장품 기업가로부터 그가 받고 있는 재판과 관련하여 재판부 등에의 청탁을 위하여 외제 자동차를 비롯하여 1억 8천만 원 상당의 뇌물을 받았다는 혐의로 구속되어서, 이에 대한 재판이 진행되었습니다. 이와 같이 현직 법관이 구속 상태에서 뇌물죄로 재판을 받는 일은 1948년 이래 처음이라고 합니다. 당시의 대법원장은 직접 TV 카메라 앞에 나와서 "사법부를 대표하여 국민 여러분께 끼친 심려에 깊이 사과하며 앞으로 밝혀질 내용에 따라 엄정한 조치를 취할 것을 약속한다"는 내용의 사과문을 낭독하였습니다.

또 지방법원 부장판사를 지내다가 변호사 개업을 한 어느 여자 변호사는 앞서 말한 기업가가 해외에서 도박을 해서 구속된 사건을 맡으면서 재판부에 청탁한다는 등의 명목으로 수임료로 무려 50억 원을 받았는데 보석신청이 기각되자 그 중 30억 원을 돌려주었다고 합니다. 그 변호사는 무슨 투자회사 대표가 투자사기를 혐의로 구속기소된 사건도 맡았는데 여기서도 재판부에 청탁한다는 명목으로 50억 원을 받았다는 것이 검찰이 그 변호사를 기소한 내용입니다.

또 검사장급인 대검찰청 무슨 부의 부장을 지낸 변호사는 앞서 말한 기업가로부터 검찰에서 수사 중인 사건에 청탁한다는 명목으로 억대의 돈을 받은 것, 그리고 탈세한 것 등을 혐의로 하여 역시 구속되어 재판을 받았습니다.

이들 사건에 대하여는 이미 유죄판결이 확정된 것도 있지만, 아직도 재판이 진행되고 있는 것도 있고 그렇다면 그 기소된 혐의점이 사실로 인정되어 유죄판결이 내려질 것인지 단정할 수는 없습니다. 그러나 잇달아 보도되고 또 많은 부분은 유죄판결이 확정된 이들 사건에서 때로는 상상을 훨씬 뛰어넘는 그 돈의 액수만으로도 사람들의 이목을 끄는 이러한 사건들은 이미 우리나라의 법원, 나아가 법률가 계층에 대한 국민들의 신뢰를 근본적으로 흔들었음은 분명합니다.

그런데 저는 여기서 법률가의 개인적 범죄행위보다는 법원에의 신뢰를 좀먹는 우리 사회의 어떠한 기본적 문법 몇 가지에 대하여 생각하여 볼까 합니다.

3.

위의 사건들에서 단연 핵심을 이루는 것은 '청탁'이라는 단어입니다.

기회에 사전을 찾아보니, 청탁이란 "무엇을 해 달라고 청하며 부탁하는 것"을 말합니다. 저는 고등학교 시절에 교내 신문을 편집하는 일을 문예신문반의 다른 친구들과 같이 했었는데, 그때는 줄곧 외부의 인사에게 신문에 실을 글을 '원고 청탁'이라는 제목의 서면을 보냄으로써 청하곤 했었습니다. 그 청탁에는 어두운 그림자가 조금도 드리워 있지 않았습니다. 그러나 지난 2016년 11월부터 효력을 가지는 「부정청탁 및 금품 등 수수의 금지에 관한 법률」의 이름에서도 알 수 있듯이 이제 '청탁'은 '부정不正'이라는 말과 불가분으로 손을 잡게 되었습니다. 청탁은 이제 무언가 구린 것, 해서는 안 되는 것이 되었습니다.

그리고 위 법률이 그만큼 사람들의 입에 오르내리는 것도 그만큼 우리 사회에서 '청탁'이 흔히 그리고 쉽사리 행하여져 왔기 때문일 것입니다.

4

우리 사회에 이처럼 '청탁'이 흔히 그리고 쉽사리 행하여지는 이유는 무엇일까요? 저는 그것이 우리 사회에서 어떤 사람이 '좋은 사람'으로 평가되는가 하는 근본적인 문제와 깊은 연관이 있다고 생각합니다. 그리고 그것은 우리 사회의 법을 생각하는 데 있어서도 결코 소홀히 할 수 없는 논소論素라고 할 것입니다.

우리 사회에서 사람의 '좋음(goodness)'은 어떠한 기준으로 평가되는가요? 그 기준의 중요한 부분은 다른 사람의 절실한 희망에 부응한다는 것입니다.

(1) 효孝와 충忠을 중심으로 한 유교 이데올로기에서는 가족이나 국가 기타 집단을 개인보다 앞세웁니다.

가령 무슨 일이 벌어져 손해를 보면 가해자의 부모나 그와 가까운 유력자를 찾아가 '해결'을 구하면서 "자식이나 아랫사람을 잘못 둔 것 또는 잘못 가르친 것에 대한 책임을 지라"는 식으로 은근히 압력을 가합니다. 부모 또는 유력자 근친도 마지못해 진심은 그렇지도 않으면서 "내가 어떻게 해 보겠다"고 공허한 한마디를 던집니다. 그러면 그것을 빌미로 해서 법적으로 책임을 지기를 한 것이라면서 소송을 제기합니다.

또 아내가 빚을 져서 갚지 못하면 채권자들은 남편을 찾아가서 옥죕니다. 그러면 견디다 못한 부부는 거죽으로라도 이혼이라는 것을 해서 이제 남남이 되었다는 것으로 방패를 삼습니다.

저는 이러한 양상이 모두 우리나라의 기본 이념인 개인의 자유와 독립과 어울리지 않은 연좌제적 발상의 구현이라고 여깁니다. 아버지가 월북했다고, 심지어는 납북되었다고 아들이 공무원 임명이나 취직 등에서 불이익을 받는 그러한 연좌제만 있는 것이 아닙니다.

(2) 이와 같이 개인의 독립, 독립된 개인을 좌표의 원점으로 삼
지 않고 사람을 무엇보다도 어떤 집안 또는 가문의 누구, 어느 부모
의 자식이라는 식으로 파악하는 사회에서는 결국 '관계'라는 것이
매우 중시됩니다. 우리 사회에서는 남의 간절한 희망은 그 내용이
어떠한 것이든 간에 들어주는 것이 '좋은 사람'이라고, '사람이 좋
다'고 말하여집니다. 그 남이 **가까운 관계**에 있을수록 더욱 그러합니
다. 자신이 중요하다고 여기는 객관적 가치를 실현하려고 열심히 노
력하는 사람이 아니라, '사람좋은 사람', 즉 남의 간절한 희망을 잘
들어주는 사람이 훨씬 '나은', '웃질의' 사람입니다.

이러한 사회에서는 이른바 청탁이라는 것이 넘쳐 납니다. 취직 부
탁, 융자 부탁, '애로 처리' 부탁 등 각종 청탁이 뒤덮고 있습니다. 이
러한 사회에서는 자신과 가까운 사람이 잘 되는 것이 청탁을 들어줄
가능성을 높이는 것이 되고, 결국 혈연·지연·학연 등이 중요하게
됩니다. 예를 들면 변호사 선임도 수사하는 검사, 재판하는 판사와
지연·학연 등으로 '가까운' 사람을 찾아갑니다. 더 넓게 보면 이러
한 사회의 기본적 '문법'으로부터 호남이니 영남이니 충청이니 하는
지역 갈등도 발생하는 것이 아닌가 하는 생각까지 하게 됩니다.

그리고 그렇게 청탁을 할 만한 '관계' 또는 '연'을 가지지 못한 사
람, 적어도 그와 같은 관계에 있는 사람을 '살' 만한 —"변호사를 **산**
다"고 하는 표현은 절묘합니다— 돈도 없는 사람은 이 사회를 원망

하고 분노하게 되지 않을까요?

5.

우리는 8·15 광복을 맞이한 지 이미 70년이 더 지났습니다. 사람들이 이 땅에서 죽 이어 살아온 마당에 시간을 일정한 단위로 끊어서 평가하는 것에 무슨 커다란 의미가 있을까요. 그러나 어디에선가 마디를 지어서 과거를 돌아보고 '새출발'을 다짐하는 것은 아무래도 모자라기 그지없는 인간이 자신을 추스르기 위하여서라도 필요한 듯싶습니다.

(1) 우리에게 지난 70년이 새삼스러운 것은 무엇보다도 그사이에 우리의 생각과 행동의 규준에 결정적인 변화가 일어났기 때문입니다. 이는 ─식민지의 기간은 별도로 하고─ 그 전의 백 년, 아니 수백 년과 비교하여 보면 바로 알 수 있습니다. 왕을 정점으로 하여 양반만이 특권을 누리던 신분제 사회는 무너졌습니다. 그리고 이 체제를 설명하고 정당화하던 유교 이데올로기도 정통성을 상실하였습니다. 이제는 각 개인이 골고루 가지고 누리는 '자유'와 '권리'가 사회 구성의 출발점이 되었습니다. 모든 정치적 권력은 국민의 의사에서 나오고 정권은 단지 국민으로부터 일시적으로 이를 위탁받은 데 불과합니다. 이러한 '근본원리'의 전면적인 변화는 그 자체로 가히 혁명이라고 부를 수 있지 않을까요.

(2)   또 지난 70년 사이에 우리의 경제생활도 결정적으로 변화하였습니다. 한 마디로 농업국이 공업국이 되었고 먹고 입고 머무는 바를 얻기 위하여서 하는 인간 활동의 내용이 판이하게 달라진 것입니다. 전에는 인구의 80% 이상이 농어촌에 거주하였는데, 이제는 90% 이상이 용도지역 기준으로나 행정구역 기준으로나 모두 '도시'에서 삽니다. 일인당 평균 소득, 국민 총생산량, 경제성장률, 수출입액 등의 흔히 듣는 경제적 지표·수치를 여기서 일일이 나열할 필요는 없을 것입니다. 나의 조부모가 산 삶과 나의 삶은 판연히 다르지 않은가 여겨집니다. 요즈음의 젊은이들이 1945년 또는 그 몇 년 후에 우리나라를 다녀간 외국 사람들이 적어 남긴 탐방기를 읽는다면, 그것은 먼 나라의 이야기처럼 느껴질 것이 틀림없습니다.

(3)   그러한 발전을 가능하게 하고 그 밑바탕에서 우리의 정신세계를 지탱하게 한 것은 무엇일까요?

저는 그것을 무엇보다도 우리가 1948년에 나라를 세우면서 앞으로 실현하여야 할 가치의 지표를 표현하고 있는 헌법에서 찾아야 한다고 생각합니다. 미국에서 「독립선언서」와 「헌법」에서 채택·선언된 이념이 오늘날의 번영을 가져 왔듯이, 쉽게 말하면, 개인의 자유·평등과 창의를 앞세우는 것입니다. 제헌헌법의 제1장 '총강總網'에 규정된 제5조는 "대한민국은 정치, 경제, 사회, 문화의 모든 영역에 있어서 **각인**各人의 자유, 평등과 창의를 존중하고 보장하며 공공복리의 향상을 위하여 이를 보호하고 조정하는 의무를 진다"고 정하고 있습니다.[2] 그것을 조금 구체적으로 보면 정치적으로는 자유민주주의로, 경제적으로는 시장경제로 나타나는 것입니다.

그러한 가치들은 당시로서는 현실과 거리가 먼 것이었습니다. 남녀는 평등하지 않았고, 성년의 남자라도 하더라도 정부(사법부를 포함하여) 공무원들에 대한 관계에서는 자유가 없었습니다. 결국 1948년에 우리나라는 현실이라는 관점에서는 한 마디로 조선과 다름없는 유교국가, 그것도 빈한한 유교국가이었습니다. 그럼에도 우리가 삼강오륜三綱五倫의 신분제 사회 이데올로기와는 전혀 방향을 달리하는 가치좌표를 설정한 것에는 다시 한번 말씀드리지만 '혁명'의 이름을 붙여도 좋다고 생각합니다. 4·19혁명만이 혁명이 아니라 우리나라의 건국 자체가 혁명이었다고 할 것입니다. 미국에서 1765년 이후 10여 년 동안에, 프랑스에서 1789년에 일어난 혁명을 우리는 그로부터 160여 년 후인 1948년에 일으킨 것입니다.

그 혁명은 1917년의 '러시아혁명'을 정면으로 거부하는 것이었습니다. 그리고 저는 이 선택이 매우 현명했다고 봅니다. 이것을 당시 38도 이남을 '점령'했던 미국의 압력으로 돌려서 그것이 아니라면 우리도 사회주의 체제를 택하였을 것이고 그러면 6·25를 피할 수 있었을 것이라고 말하는 것은, 우선 제헌헌법이 우리 국민의 압도적

───────

2 이것은 현재의 헌법 제10조에서 "모든 국민은 인간으로서의 존엄과 가치를 가지며, 행복을 추구할 권리를 가진다. 국가는 **개인**이 가지는 불가침의 기본적 인권을 확인하고 이를 보장할 의무를 진다"고 정하는 것에 직결됩니다. 여기서 '개인'을 내세우고 있는 것도 주목되어야 할 것입니다.

지지를 받았다는 것을 무시하는 것이고, 나아가 사회주의 체제의 세계사적 실험은 실패로 끝났다는 사실을 굳이 외면하는 것입니다.

(4) 저는 지난 70년 동안의 우리 역사를 혁명의 수행, 즉 제헌헌법에서 선언된 가치를 현실로 만드는 노력으로 규정할 수 있다고 생각합니다. 여러분도 다 잘 아시는 대로 문제는 모든 혁명에서 그렇듯이 그 혁명의 이념을 현실화하는 것입니다. 결국 우리나라가 지향·실현하여야 할 가치로서의 개인의 자유와 평등을 실현하는 것이 우리나라의 과제인 것이고, 아직도 우리는 이러한 혁명의 도상에 있는 것입니다.

그리고 저는 우리의 앞날에 대하여 기본적으로 낙관적입니다. 지금까지를 '성공'이라고 감히 평가할 수 있을 것이고, 또 우리 국민의 노력과 지성至誠, 그리고 이성理性을 믿으므로, 비록 우리의 앞길에 만만치 않게 어려운 문제들이 가로놓여 있기는 하지만 앞으로의 일이 굳이 크게 잘못될 것이라는 생각이 쉽사리 들지 않습니다. 세월호 사건은 자칫 흐트러지기 쉬운 우리의 혁명정신을 다시 깨우친 귀중한 희생이 아닐까요?

6.

그런데 우리는 그 사이에 혁명이 일어났다고 하는 사실을 명확하게 의식하고 있는가요? 우리는 나라가 뒤집어지고 피를 흘리는 혁명을 겪지 않아서인지 혁명이 일어났다는 사실 자체를 잘 인식하지 못하고 있습니다.

(1) 1945년에 일본의 식민지 지배로부터 벗어나서 새로운 나라를 건설하였던 즈음이야말로 혁명의 시작이었습니다. 그런데 아쉽게도 해방 직후의 이데올로기 대립과 분단, 건국 후 얼마 되지 않아서 일어난 동족상잔의 전쟁, 그로 인한 고난과 빈궁 등으로 해서, 이 나라의 '새로움'은 생존을 둘러싼 싸움의 열기 속에 묻혀 버리고 말았습니다.

무엇보다도 식민지의 경험이 우리의 자존심에 입힌 상처는 매우 큰 것이어서, 이를 달래기 위해서라도 일단 우리의 고유성 또는 '주체성'에 집착하는 경향이 고착된 것은 어쩔 수 없는 측면이 있었다고 하겠습니다. 이는 '찬란한 문화를 낳은 우리 민족'의 우수성 또는 '반만년의 유구한 역사'의 연속성은 강조하면서도, 과거를 떨쳐 버리고 새 출발을 하여야 하는 역사의 비연속면非連續面, 말하자면 근대적 정신의 수련과 제도의 내면화에 대한 감수성은 무디어지게 되었던 것입니다. 저는 조금 과격하게 말하면 일본의 식민지 지배가 아직도 우리의 본원적 현실, 즉 한편으로 한반도의 분단을 초래하여 우리를 끈질기게 괴롭히고 있고, 다른 한편으로 감정적 민족주의를 저 정신의 근원에 제일의第一義로 뿌리박게 하여서 여러 가지 어려운 문제를 일으키고 있다는 생각을 할 때가 있습니다.

(2) 이로써 신생新生의 나라에 어울리는 '새로운 사람'의 추구도

어느덧 빛을 잃고 누구도 주목하고 강조하지 않게 되었습니다. 혁명의 시대에는 반드시 새로운 윤리와 책임의식을 갖춘 혁명적 인간성이 제시되고, 그 실현을 위하여 교육과 프로파간다와 강제가 행하여지는 법입니다. 우리는 최근에 이르기까지도 민주사회의 시민이라는 이름에 값하는 인간 모델의 형성과 실현에 별로 주목하지 못하였던 것이 아닐까요? 우리는 장 자크 루소도, 벤자민 프랭클린도, — 가깝게는 이른바 '메이지유신'을 겪은 일본을 예로 들자면— 후쿠자와 유키치도 가지지 못하였습니다.

(3) 우리는 여전히 혁명의 도상에 있다는 것을 철저하게 의식할 필요가 있을 것입니다. 우리의 혁명이념은 자유롭고 독립된 개인, 즉 하나의 줏대 있는 인간을 사회 운영의 원점에 놓는 것입니다. 그리고 자신이 욕망 충족의 주체가 되는 것처럼 다른 사람도 자기와 똑같은 욕망의 주체로 인정해야 합니다. 이러한 주체들이 같은 사회에서 공존하려면 자신의 욕망을 다스리는 일정한 도덕률이 필요합니다. 아직 혁명은 끝나지 않았습니다. 무엇보다 이러한 혁명을 끌고 갈 수 있는 새로운 인간, 제 생각으로는 '도덕률을 갖춘 개인'으로 거듭나야 하는 과제가 남아 있는 것입니다.

(4) 특히 법을 해석·적용하는 법관들은 이러한 점을 유념하고 잘 이해하여서, 이를 자신이 하는 재판에서 살려야 하고, 뿐만 아니라 무엇보다도 자신이 하는 재판에서 그 이념을 체화體化하여야 할

것입니다. 독립된 개인, 하나의 줏대 있는 인간은 아무리 가까운 사람이 무어라고 말하여도 객관적인 법을 엄격하게 적용하여야 할 것임은 두말할 여지가 없습니다. 헌법 제103조에 "법관은 헌법과 법률에 의하여 그 양심에 따라 독립하여 심판한다"고 정하는 것이 바로 그것을 엄하게 명하고 있는 것입니다.

7.
물론 어느 사회에도 '청탁'이라는 것은 행하여지고 있습니다. 하나의 예로, 말론 브란도와 알 파치노가 주인공 역을 한 『대부』라는 영화를 보면 알 수 있습니다. 브란도가 연기한 비토 코를레오네는 자신의 맏아들인 소니가 마피아의 다른 계파로부터 총격을 받아 죽자 그들과의 화해를 시도하여 뉴욕 부근의 마피아 두목들을 모두 한 곳에 모읍니다. 그때 어느 마피아 두목이 코를레오네 파에 대한 불만을 이렇게 슬쩍 털어놓습니다. "그쪽에서는 정치인과 판사를 손안에 틀어쥐고서 우리와 나누려고 하지 않는다"는 것입니다. 허긴 이와 같이 판사를 '손안에 틀어쥐었다'고 한다면, 그것은 이미 그저 '청탁'이라고 부르기조차 민망한, 그것을 훨씬 벗어난 범죄조직과의 '결탁'의 차원인지도 모르겠습니다. 앞의 2.에서 본 우리 법률가들의 추태도 오히려 그와 같이 이해되어야 하겠지요.
그런데 미국의 경우는 그와는 다른 측면도 있는 것 같습니다. 얼마 전에 미국 연방대법원의 어느 대법관에 관한 전기를 들추다가 그 안에 따로 사진들을 모아 놓은 페이지들을 살펴보게 되었습니다. 거기에는 그가 대법관으로 있으면서 그의 친구로서 워싱톤D.C.에 사무실을 차려 개업을 하고 있는 어느 변호사와 식사를 같이하는 사진이 실려 있었습니다. 만일 우리나라에서 대법관이 현직에 있는 동안에 개업 변호사와 사적으로 식사를 같이 하는 사진이 일반에 공개되었을 경우에 벌어졌을 수 있는 일들을 상상하여 보면, 미국에서는 혹 법관들이 청탁에 흔들리지 않을 것이라는 관념이 지배적이지 않은가 하는 추측을 해보기도 합니다.

그러나 우리나라에서는 청탁이 그야말로 보편적·일반적으로 행하여지고 있고, 그것은 가까운 사람의 간절한 요청에는 응답이 있어야 좋은 사람이라는 관념이 큰 역할을 하는 것으로 생각됩니다. 그러니까 법관도 혈연·지연·학연 등으로 가까운 연고가 있는 사람이 간절하게 청탁을 해 오면 이에 맞추어 법을 왜곡한다고, 항상 그런 것은 아니더라도 많은 경우에, 많지는 않더라도 적어도 가끔은 그렇게 한다고 우리 국민들은 일반적으로 믿고 있는 것이 아닐까요? 앞서 본 헌법 제103조의 명령은 그야말로 법에서나 하는 말이고, 실제의 사회는 그렇게 움직이지 않는다는 것인가요? 법관도 사람인데, 사람이라면 가까운 사람의 간절한 요청에는 응답하여야만 좋은 사람인 것이므로, 그것은 당연한 일인가요? 아니면 앞에서도 말씀드린 대로 우리 사회에서 사람은 각자가 독립하고 자유로운 주체이므로 법관이라면 더욱이나 자신의 일인 사건의 심판을 객관적인 기준에 쫓아, 즉 "헌법과 법률에 의하여 그 양섬에 따라" 행하고 있어야 하지 않을까요?

8.

무슨 다른 일로 유진오兪鎭午 선생에 관한 자료를 뒤적이다가 선생이 중학교 2학년의 '중등 사회생활과'용으로 집필한 '국가생활'이라는 교과서에 적은 다음과 같은 구절이 눈에 선연하게 들어왔습니다. 마지막으로 그것을 인용하여 둡니다(고딕체에 의한 강조는 原文대로이고, 한자를 괄호 안에 넣은 것도 원문대로입니다. 밑줄은 인용자가 그은 것입니다).

"사법권의 독립이라 함은 법원이 재판을 할 때에 국회나 정부나 기타 어떠한 인물이나 기관의 간섭도 받지 않고, 오로지 헌법과 법률을 따라서만 재판을 하여야 함을 말하는 것이다. 사법권이 이와 같이 독립하여야 하는 까닭은 재판이란 다투는 양편 당사자當事者의 주장을 듣고 법원이 판단을 내리어, 한편 쪽의 불법행위로 인해 침해를 받은 권리나 이익을 보호해 주거나 또는 범죄자를 처벌하는 작용이므로, 무엇보다도 **공정**公正을 생명으로 하기 때문이다. 만일 재판이 공정하지 못하다면, 그 나라는 세상없이 좋은 법률을 가지고 있다 하여도, 아무 법률도 없는 나라와 다를 것이 없다 할 것이다."[3]

본질과 현상 제51호(2018. 봄), 110면 이하

3 유진오, 국가생활. 공민 2, 1963년판, 54면 이하. 이 책은 '1963년판'이나, 그 머리말이 1961년 3월에 쓰여진 것으로 되어 있으므로 아마도 그 해 봄에 발간되었던 것으로 보입니다 그런데 위 책, 133면 이하에서 '수정부록'을 붙여서 '5·16 혁명' 후의 '국가재건비상조치법' 등으로 달라진 법상황을 설명하고 있습니다.

09
상고제도의 개선에 관하여

　대법원은 엄청난 수의 사건을 처리한다. 실은 일반 국민들이 쉽사리 상상할 수 있는 범위를 벗어난다. 더욱 중요한 것은 대법원에 올라오는 사건의 수가 해마다 빠르게 증가하고 있다는 사실이다.

　2006년에 대법원에 접수된 본안사건(즉 상고의 제기로 본격적인 심리 · 판단이 행하여지는 사건)은 모두 22,900건이었는데, 2017년에는 46,400건으로 10년 남짓 동안 2배 이상 증가하였다(2018년 통계는 아직 나오지 않았다). 대법원은 대법원장과 13인의 대법관으로 구성되는데, 대법원장은 전원합의체 사건에만 관여하고, 대법관 중 1인은 법원행정처장의 직을 맡아서 재판 일을 전혀 맡지 않는다. 또 대법원장을 포함하여 대법관 전원으로 구성되는 전원합의체에 회부되는 사건은 1년에 30건 전후에 불과하므로, 결국 12인의 대법관이 사건 전부를 처리한다고 해도 된다. 대법원의 사건에는 모두 대법관 한 사람을 주심으로 정하여 그가 대체로 사건 해결의 방향을 정하는 만큼, 근자에는 대법관 1인이 본안사건만도 1년에 3천5백 건 내외를 주심으로 처리하는 셈이다. 즉 하루에 무려 10건의 사건에 대하여 결론을 내야 하는 것이다.

놀랄 만한 부담이라고 하지 않을 수 없다. 물론 우리나라에서는 대법원에 상고하는 것에 별다른 제한이 없으므로(유일한 예외는 소송 가액이 3천만 원 이하인 이른바 민사소액사건이다), 예를 들어 운전자가 교통신호 위반을 했는지와 같이 순전히 사실관계를 다투는 사건도 대법원에 오는 형편이기는 하다. 그렇지만 어려운 법문제를 담은 사건 역시 많은 터에, 하루에 10건씩을 심리·판단하여야 하는 일은 결코 대법관 한 사람이 제대로 감당할 수 있는 범위를 훨씬 넘어선다. 그렇다면 대법관들의 개인적 능력이나 성실함 여부를 떠나, 대법원 재판에 대하여 국민들 사이에서 일반적으로 의문이 제기되는 것은 거의 필연이다.

그러니 대법원이 일찍부터 대법원의 사건 부담 경감을 위하여 노력하여 온 것은 충분히 이해될 수 있다. 내 생각에는 많은 다른 나라에서와 같이 일정한 종류의 중대한 사건만을 대법원이 처리하도록 하거나 아예 대법원 스스로가 '상고 허가'를 통하여 자신이 심판할 사건을 선별하도록 하는 이른바 상고 제한의 제도를 도입하는 것이 정도正道이다. 그러나 대부분의 국민이 아직도 '삼세판'의 문법에 고착되어 있는 처지에서 그러한 내용의 개혁안이 국회의 지지를 얻을 전망은 별로 없다.

그리하여 2005년에 취임한 이용훈 대법원장 시절에는 고등법원에 '상고부'라는 것을 새로 두어서 여기서 상고사건을 일반적으로 처리하고 대법원은 최종적으로 중요사건만을 처리하는 방안이 추진되었으나, 결국 실현되지 못하였다. 요즈음 사람들의 입에 오르내리는 양승태 전 대법원장의 '상고법원'이라는 것도 사실은 기존의 고등법원에 설치되는 상고부라는 것을 독립한 별개의 법원으로 격상시켜 상고사건을 다룬다는 것으로서, 내용적으로 보면 별 차이가 없다.

필자는 2014년에 대법관의 자리에서 물러나면서 퇴임사에서 '대법원이 제도적 차원에서 시급히 해결하여야 할 과제'로서 두 가지를 들었는데, 하나는 헌법재판소와의 관계이고, 다른 하나가 상고사건 부담의 경감이다. 후자에 관한 부분을 여기에 옮겨보면, "대법원에서의 사건 처리의 부담도 이 수준에 이르면 이미 한계를 넘어선 것입니다. 더 이상의 '무리'가 있기 전에 이쯤에서 상고심의 지위와 기능에 대하여 본원적인 반성·검토를 하고, 이를 바탕으로 무엇보다도 현실적인 대응책이 구체적으로 마련되기를 간절히 바랍니다. … 이들은 더 이상 법원만의 문제가 아니라 법치주의의 원만한 실현 및 국민들의 권리보호의 신장이라는 나라의 기본 과제와 관련됩니다. 그러므로 모든 국민이 이에 관심을 기울여야 하고, 국회 기타 정치권도 이를 더 이상 방치하여서는 안 될 것입니다."

김명수 대법원장은 이 절실하고도 시급한 문제에 대하여 국민들 또는 정치권을 납득시킬 만한 어떠한 구상을 가지고 있는지 이 자리를 빌려 묻고 싶다.

매일경제신문 2019년 3월 15일자, A34면(「매경의 창」란)

제 5 부

세상 사는 이야기

01
인간의
얼굴을 한 사회주의

미국의 국제적인 시사주간지 『타임』이 1980년대의 인물로 소련의 고르바초프를 선정하였다고 한다. 그만큼 그가 하고 있는 일, 그리고 그 일의 추진을 뒷받침하고 있는 생각이 주목할 만한 것임을 말하여 주고 있다.

그러나 모든 역사적인 사건이 그러하듯이, 그러한 '고르바초프 현상'도 하루아침에 돌연 생겨난 것이 아니다. 우선 눈을 소련이라는 한 나라의 비교적 가까운 과거에 한정해 보더라도, 1956년의 저 유명한 '스탈린 비판' 이래 소련 내부의 도도한 자유화의 움직임이 정치 현실에서 하나의 결실을 이룬 것이 글라스노스트(개방)요, 페레스트로이카(개혁)라고 할 수 있다. 그러한 자유화의 물결을 억누르려는 구세력, 스탈린주의자들의 반동이 얼마나 가혹한 것이었는가. 그것은 솔제니찐의 소설 『수용소 군도』 하나만 읽어보아도 충분히 짐작할 수 있다.

소련에 이런 얘기가 떠돌아다닌다고 한다. 하느님 앞에 여러 나라의 대표자들이 모여, 그들의 희망이 실현되는 날이 언제인가를 묻기로 했다는 것이다. 예를 들면 미국 대표는 모든 사람이 오늘날의 백만장자와 같은 생활을 할 날이 언제 올 것인가를 물었다. 하느님이 50년 후라고 답하자, 그는 그때라면 나는 이미 죽어 없을 것이라고 하며 울었다. 이와 같이 각국의 대표들은 모두 자기의 희망이 먼 훗날에야 실현될 것을 슬퍼하였다. 마지막으로 소련의 대표가 소련에서 사람이 인간답게 살아갈 수 있는 날이 언제인가를 물었다. 그러자 이번에는 하느님이 먼저 슬피 울더라는 것이다.

얼마 전 사망한 사하로프 박사의 장례식에 고르바초프가 참석하여 애도의 뜻을 정중하게 표시하였다는 외신 기사가 있었다. 참으로 세월이 바뀌었음을 알게 하는 일이라고 하지 않을 수 없다.

사하로프는 1953년 32세의 젊은 나이에 소련의 과학아카데미의 정회원으로 선임될 만큼 우수한 이론물리학자이었다. 그는 1948년 이래 소련의 수소폭탄 개발에 있어서 중요한 역할을 하였는데, 당시 그는 그것이 세계의 평화를 위하여 불가결한 일이라고 굳게 믿었다고 한다. 그러나 후에 그 폭탄의 가공可恐함을 절감하고, 1958년 그 실험 중지를 당국에 요청하였으나 물론 받아들여지지 아니하였다. 이 일을 계기로 그는 소련의 정치체제의 현실에 눈떠, 체제 비판에 이르게 되었다고 한다.

그는 1968년에「진보, 공존 그리고 지적知的 자유」라는 에세이를 서방세계로 내보내 발표함으로써 세계의 주목을 받았다. 그 글에서 그는 인간의 이성과 정신에 대한 신뢰를 피력하면서, 이성의 자유로운 전개를 가로막는 냉전체제 등 여러 가지 요소를 비판하고 인권, 특히 지적 자유의 보장을 강력하게 요구하였다. 그리고 1970년에는 소련인권위원회의 결성을 주도하여 소련 내의 무자비한 인권 탄압에 항의하여 왔다. 이러한 활동으로 그는 1975년에 노벨평화상을 받았으나, 소련 당국은 그를 가택연금하거나 외부와의 접촉을 금지하는 등으로 탄압하였고, 급기야 1980년에는 그를 모스크바로부터 추방하여 멀리 떨어진 소도시에서 경찰의 감시 아래 살게 하였다.

고르바초프가 집권한 후로 그는 점차 자유롭게 활동할 수 있게 되었다. 예를 들면, 그와 그의 처가 출국하여 그들의 양자가 살고 있던 미국을 방문할 수 있었다든지, 모스크바로 돌아와 살게 되었다든지, 외국의 인사와 자유롭게 접촉할 수 있게 되었다든지 하는 것이 그것이다.

이제 소련의 '반체제'의 상징으로 이름높은 사하로프의 장례식에서 '체제'의 고르바초프가 머리숙이는 것을 보면, 비록 때로 걸음이 어지럽기는 해도, 그래도 역사는 이성과 자유를 향하여 진보한다는 믿음을 굳히게 된다.

제2차 세계대전 이후 서구의 사회주의는 사상으로서도 정치세력으로서도 다음과 같은 몇 가지 방향 전환을 하였다는 것이 일반적으로 인정되고 있다.

첫째, 폭력적 혁명에 의한 권력 장악을 포기하고 의회제도를 전적으로 수용한다.

둘째, 당은 오직 노동자의 이익만을 대변하는 계급정당이 아니며 일반적인 복지라는 보다 포괄적인 이상을 추가하는 국민정당이어야 한다.

셋째, 민주주의는 단순히 부르주아 지배의 입에 발린 장식물이 아니라, 사회주의의 이념과 불가분의 관계가 있다. 언론의 자유, 정치적 결사의 자유, 따라서 반대의 의견을 말할 자유는 보장되어야 한다.

넷째, 모든 생산수단의 국가 소유는 사회주의의 1차적인 목표이거나 목표 달성을 위하여 필요불가결한 수단이 아니며, 소위 '혼합경제'가 가능한 최선의 경제체제일 수도 있다.

이상과 같은 방향 전환은 아마도 20세기 후반의 산업사회에서 사회주의가 주름잡는 식의 단순한 공론이 아니라 적어도 하나의 현실성 있는 이념으로 살아남기 위하여 불가피하게 겪지 않을 수 없었던 궤도수정이라고 하여야 할 것이다. 그러나 제2차 세계대전 후 영국의 노동당 정권이나 독일의 사회민주당 정권의 귀결이 보여주는 것처럼, 그러한 방향 전환으로써 충분한가 하는 점은 여전히 음미해 볼 가치가 있다고 생각된다. 그렇다고 하면, 동구권에서 주장되는 소위 '인간의 얼굴'을 한 사회주의, 고르바초프의 페레스트로이카라는 것은 이러한 관점에서 더욱이나 문제가 없는 것은 아닐 것이다.

대학의 벽에는 "한 사람의 열 걸음보다 열 사람의 한 걸음을!"이라는 구호가 붙어 있다. 그것을 보면 여러 가지 착잡한 생각이 일어나는 것도 어쩔 수 없는 일일 게다.

후 기

이 글은 1989년 11월에 베를린장벽이 무너지기 전에 쓰인 것으로, 독일의 통일이나 소련을 포함한 동구권 사회주의의 급격한 몰락은 그로부터 1년 이상을 더 기다려야 했다. 이미 40년 가까이 전의 일이나, 우리가 살았던 시대를 스스로 다시 한 번 되새겨 보게 한다.

02
남과
다르면 불안한 사회

우리 사회에서 사람을 '남들과 같이' 행동하도록 하는 압력, 뒤집어 말하면 남들과 다르게 행동하는 것을 억누르는 압력은 대단한 것이다. 이 압력을 분석하고 평가하는 일은 우리 사회가 앞으로 나아갈 모습을 정하는 데도 여러 가지 시사하는 바가 많으리라고 생각된다.

쉬운 예를 하나 들어보자. 필자가 거기서 일하고 있으니까 오히려 드러내놓고 말할 수 있는데, 예를 들면 전국 고등학교의 인문계 학생은 성적이 허용하기만 하면 대체로 서울대 법대를 지망한다.

전에 학력고사 성적만을 가지고 대학입학이 결정되던 시절에는 그것을 분명히 알 수 있었다. 서울대 법대의 커트라인이 대체로 학력고사 성적 5백 등 내외이었다. 당시의 입학정원이 300명이었으니까(지금은 270명이다) 선두 5백 등까지 중에서 3백 명, 즉 60%가 서울대 법대에 들어왔다는 말이다. 이러니 서울대 법대에 올 수 있는 성적을 가지고 다른 대학에 지원한 학생은 스스로의 '용기 있는' 선택에 대하여 한번쯤은 의문을 가져보았음직도 하다.

솔직히 말하면 나는 학교에서의 성적이 좋다는 것을 아무것도 아닌 양 여기지는 않는다. 그렇게 말하는 사람은 오히려 열등콤플렉스가 있거나 위선자의 냄새가 난다고 여겨지는 일도 있다. 물론 그 이외에도 성격이나 교양, 상상력, 감수성, 체력 등도 중요하지만, 그러나 역시 학교성적이 좋다는 것이 그 사람의 우수성을 나타내는 징표 중 하나라고 생각한다(물론 그 역은 진眞이 아니므로 학교성적이 나쁘다고 해서 우수하지 않다는 것은 아니다).

오히려 서울대 법대에 들어오는 학생 중 40% 이상이 특별시나 직할시가 아닌 중소도시 또는 그보다 인구가 적은 곳의 이름 없는 고등학교 출신이라는 것(올해 새로 입학한 학생들의 지도교수를 맡았으므로 이 글을 쓰기 위해 엄정하게 따져보았다)은 말하자면 우리 사회에서 아직도 사회계층 간의 유동성流動性이 살아 있다는 한 증거가 아닐까 하는 한심한 생각까지 해본다.

그러나 이처럼 성적 좋은 학생들이 하나같이 서울대 법대를 지망하는 현상은 나를 슬프게 한다. 그리고 그 배후의 유형무형의 압력, 스스로 알고 있거나 모르는 압력을 생각하면 끔찍해진다. 서울대 법대에 들어온 학생들은 무엇을 하는가. 언론에도, 금융에도, 기업에도, 노조에도 가려고 하지 않는다. 또 처음부터 법학을 일생동안 연구해보겠다고 하는 학생은 거의 없다. 대부분, 그러니까 80% 이상은 사법시험을 준비한다.

언제부터 그럴까. 대개 늦어도 2학년 초부터다. 그리고 대학 다니는 동안 내내 이에 매달린다. 소수이지만 어떤 학생은 4학년 2학기에 합격한다. 끈기가 문제이지 꾸준히 매달리기만 하면 대학 졸업 후 3년 안에는 대체로 합격하는 듯하다. 요즘 사법시험 합격자의 수는 280명 내외다.

이 중 절반 이상은 서울대 법대에 다니고 있거나 졸업한 사람이다. 나머지 서울대 법대 학생 중 일부는 역시 행정고시나 외무고시와 같은 국가시험 준비를 하고 또 합격한다. 사법시험에 합격한 사람은 사법연수원에 들어간다. 거기에서 2년의 연수기간을 거치면 군대에 가거나 판사·검사로 임명을 받거나 변호사가 된다. 군대에 간 사람도 복무를 마치면 판검사로 임명을 받거나 변호사가 되므로 결국 남들이 말하는 '법조인'이 되는 것이다.

법조인 중에서 어떠한 직업을 택하느냐도 대개 획일적으로 정해지고 있지 않은가 싶다. 요즘은(그렇지 아니한 때도 있었다) 성적이 되기만 하면 판사가 되고 그에 모자라면 검사가 되며 그에도 모자라면 변호사가 되는 것이 통상이다. 그렇지 아니한 경우, 그러니까 판사가 될 수 있는데도 막바로 변호사를 하기로 정하는 데도 역시 상당한 용기가 필요하였을 것이라고 추측해 본다.

내가 슬퍼하는 것은 많은 우수한 학생이 사법시험을 공부한다거나 법조인이 된다는 것이 아니라, 그들이 어쩌면 그렇게 한결같은가 하는 점이다. 그들로 하여금 한결같이 그런 인생길이 괜찮은 것이라고 생각하게 하는 것은 도대체 무엇인가. 아는 사람은 알고 있겠지만, 최근 몇 년 사이에 서울대 법대의 학생 3명이 자살하였다. 대학에서는 학생들이 이념이나 권력에의 저항 등 때문에만 분신 혹은 투신해 자살하는 것이 아니다. 부모로부터 사랑을 듬뿍 받고 주위로부터 기대를 한몸에 받으며 승승장구하던 이들로 하여금 삶의 고통을 더 이상 견디지 못하도록 만든 것은 무엇인가. 어버이를 잔혹하게 죽인 아들과 자신을 잔혹하게 죽인 아들 사이에는 아무래도 무슨 공통점이 있을 것만 같다.

중앙일보 1994년 8월 18일자, 5면

『명심보감明心寶鑑』의
시대는 지났다

나이든 사람들이 젊은이들("요즘 젊은 것들")에 대해서 무기력하며 도덕적으로 건전하지 못하다고 걱정하는 것은 양의 동서를 막론하고 또 예나 지금이나 별로 다를 바 없다. 이제 몇 사람의 젊은이들이 사람을 계획적이고 무차별로 죽이기로 작정하고 실행하였다는 끔찍한 사실이 드러나자 우리 사회의 부도덕을 한탄하는 소리가 더욱 드높다.

그리고 이에 대한 처방으로 이러저러한 주장이 들리는 것도 당연한 일이다. 그런데 그 중에 충효에 대한 교육을 강화하여야 한다든가 또는 『명심보감明心寶鑑』을 읽혀야 한다는 말도 나오는데, 이는 생각해 볼 문제가 아닌가 한다.

가령 『명심보감』에는 사람이 수양하고 처세하는 데 도움이 될 교훈이 가득 실려 있다. 그런데 다음과 같은 말도 있다. "옳다, 그르다 하는 일이 있을지라도 그것에 마음쓰지 않으면 저절로 무사하다",

"내가 만일 남에게 욕을 먹더라도 일부러 귀먹은 체하여 따지지 말 것이다", "입과 혀는 화와 근심을 불러들이는 문이요 몸뚱이를 망치는 도끼와도 같다" 등등.

그렇지만 민주사회의 시민은 자기의 의견을 명확하게 말할 줄 알아야 하고, 또 자신의 권리나 이익의 주장을 주저하거나 게을리하는 사람은 법의 보호를 받을 자격이 없다고 하는 것은 이제 상식에 속하는 일이다.

거기에는 이런 말도 있다. "늙은이와 젊은이, 어른과 아이는 하늘이 정해 놓은 질서이니 이치에 어긋나게 해서 도의를 상하지 말 것이다", "위에는 일을 지시하는 임금이 있고, 중간에는 이 지시를 받아 다스리는 관리가 있고, 그 아래에는 여기에 따라가는 백성이 있다." 그러나 다른 한편으로 우리는 인민에 의한, 인민을 위한, 인민의 정부를 추구하고, 대통령을 포함한 모든 관리는 국민의 종이라고 하며, 심지어 '백성'의 뜻에 명백하게 거스르는 정부를 뒤엎을 권리까지도 국민에게 있다고 한다. 그리고 나이를 더 먹었다는 것만으로는 젊은이의 비판을 면할 수 있으리라고 생각하지 않는다.

또 "배부르고 따뜻하게 지내면 공연히 음탕한 마음이 생기게 되고, 배를 주리고 춥게 지내야 도의道義의 마음이 생긴다", "사람이 가난하게 살면 자기의 단점을 알 수 있고, 복이 돌아오면 마음도 영특해진다"고도 한다. 그러나 가난을 당연시하고 부의 추구를 악으로 알아서는 사회의 풍요로운 물질적 기초를 쌓을 수 없으며, 자본주의 경제는 있을 수 없다.

이상은 단지 순서 없이 골라낸 몇 가지 예일 뿐이다. 『명심보감』의 논리 중에는 오늘날 실현하고자 애쓰는 가치나 사회구성의 원리와는 양립할 수 없는 점이 있는 것으로 생각된다. 그러므로 우리의 도덕교육의 교재로 명심보감을 쓰자는 것은 일종의 시대착오가 아닐까. 어쩌면 '도덕'을 개인의 내적 각성에 의해서가 아니라 언필칭 '도덕회복운동'이나 구호에 의해 강요하는 것 자체가 허망한 일일 것이다.

나는 동양의 지혜를 무조건 배척하자는 것이 아니다. 또 역사에서 도약이란 있을 수 없고, 전혀 아무것도 없는 데서 새출발할 수는 없다. 그러나 우리는 이미 명심보감의 시대로부터 돌아갈 수 없는 다리를 건너왔다. 우리는 개인의 독자성과 존엄, 그리고 책임을 원리로 하는 사회를 만들어가지 않으면 안 된다. 비록 거기에 수많은 문제가 가로놓여 있다고 하더라도 말이다.

막스 베버는 근대자본주의에 대하여 다음과 같이 말한 바 있다. 그 사회에서 사람들은 자기의 전문 일에 전념하지 않을 수 없고 따라서 파우스트적인 인간의 총체성, 풍요로운 인간성이라는 것은 단념하지 않을 수 없다. 그러한 '전념과 단념' 없이는 오늘날 어떠한 가치 있는 행위도 행해질 수 없다. 그래서 결국 남는 것은 "정신이 없는 전문인, 심정이 없는 향락인"이라는 것이다.

과연 그럴까? 그렇다면 이야말로 끔찍한 일이다. 그러나 그럼에도 불구하고 다시 옛날로 돌아갈 수는 없는 것이다.

후 기

1. 글 서두에서 "몇 사람의 젊은이들이 …" 운운한 것은 당시 조
   직폭력배가 사람 여럿을 무자비하게 살해한 이른바 '지존파
   사건'을 말한다.

2. 위 글이 발표되기 전에 홍일식 교수는 고려대학교의 총장이
   되고 얼마 지나지 않아 『명심보감』을 오늘날에 현창하여야
   하므로 고려대 학생들에게 이를 배우도록 하겠다는 뜻을 밝
   힌 바 있었다. 이를 받아서 고려대학교는 1995년에 '신명심보
   감(동양의 지혜)' 과목을 개설하고 이를 교양필수과목으로 지정
   하였다. 이에 대하여 고려대학교의 교수협의회는 "『신명심보
   감』이 내포하고 있는 봉건제적 군주이념이 민주주의 헌법과
   고려대 학칙에 위배된다"고 반발하기도 했다.

   그 후 총장이 바뀌자 그 교양필수과목은 폐지되었다.

04
부끄러웠던
한 해

한 해가 저물어 간다. 간담을 서늘하게 하는 사건이 많았던 한 해였다. 사람을 무차별적으로 죽이고 '처리'하기로 계획하고 이를 실행한 젊은이들이 있었는가 하면, 하루에도 수만 명이 태평하게 이용하는 큰 다리가 중간에서 뚝 끊겨 차가 물속으로 곤두박질치는 일도 있었고, 도시 한복판에서 가스가 터져 영화에서나 보았던 엄청난 불길에 사람이 죽고 많은 집이 타기도 하였다. 그리고 전국에서 일부의 공무원들이 국민이 낸 세금을 가리지 않고 도둑질하였다고 한다.

작년에는 배가 가라앉고, 비행기가 떨어지고, 기차가 탈선하였었다. 이제 사람들은 쑥덕이기를, 남은 것은 지하철뿐이라고 한다. 이러한 불안을 뒷받침이라도 하듯이 신문을 보면 지하철도 어지간히 엉망인 듯하다.

도대체 어째서 이 꼴인가라는 탄식이 절로 나오게 하는 끔찍한 일들이다. 우리들이 나날이 살고 있는 이 사회의 생활기초가 허술함을 이보다 더 잘 알게 하는 일은 없을 것이다. 말로는 국제화國際化니 세계화世界化니 하는데, 이러한 사건들 모두는 국제적으로 세계적으로 창피한 일이다. 오늘날은 각자가 살아가는 데 필요한 것들을 자기 스스로 생산해내는 것이 아니라 남들에게 의존하는 세상이다. 그러니 사람들이 자기 일을 허술하게 처리하면 그것은 대체로 다른 누구에게 해를 끼치게 마련이다. 이와 같은 엄청난 상호의존성相互依存性 속에서 우리는 살아가고 있는 것이다. 이것은 한 나라 안에서만이 아니라, 세계적인 차원에서도 그러하다. 그러므로 부끄럽고 어이없는 이러한 일이 연달아 터지는 나라에서 온 사람은 아마 어디에서도 제대로 대접받기를 기대할 수 없을 것이다.

그런데 이러한 일들을 바라보는 사람들은 그렇다고 해서 이 세상이 곧 두 조각이 날 것처럼 호들갑을 떨고 있느냐 하면 전혀 그렇지 않은 것처럼 보인다. 이 소용돌이 속에서도 우리 백성들의 생활은 이런 생각, 저런 느낌을 남기면서 예전과 별로 다를 것 없이 그냥 그렇게 진행된다. 경찰관은 도둑을 잡아들이고, 싸움을 말리고, 여전히 뇌물을 받는다. 택시운전사는 요리조리 잘도 빠져나가면서 교묘한 운전솜씨를 자랑하고, 가능하면 합승도 시킨다. 그리고 불안한 한강다리를 하루에도 여러 번씩 잘도 넘는다.

이런 기회에 목청을 높이는 것은 일부 잘난 사람들이다. 그들은 걸핏하면 총체적 위기總體的危機라고 부르짖는다. 마치 이 사회 전부를 세탁기에 집어넣고 오래 빨아내야 할 것처럼. 이 사회에 가득 차 있는 적당주의適當主義, 기회주의機會主義, 배금주의拜金主義, 또 무슨

주의를 허다하게 욕한다. 이 제도를 바꾸고, 저 법률을 뜯어고쳐야 할 뿐만 아니라, 나아가서는 사람들의 사고방식과 행동양식이 통째로 달라져야 한다고 한다. 마치 사고방식이라는 게 자동차부속품과 같은 것이어서, 고장 난 것을 빼내고 새것을 가져다 끼우면 만사가 해결되기나 하는 것처럼. 그 사람들의 말을 들으면 잠시 엄숙해지기는 한다. 스스로를 반성하고 다 바꾸어야 한다는데 그러한 '총체적 반성'이란 터무니없는 것이어서 결국 공허하다. 오히려 이러한 훈계들은 사람을 주눅들게 하고 또 해결되지 아니한 것을 해결된 것처럼 보이게 하여 사람의 의식을 마취시킨다는 점에서 참으로 해로운 것이라는 생각이 드는 것이다.

독일이 제2차 세계대전에서 패망한 후에 철학자 하이데거는 사람이 가져야 할 마음가짐으로 침착 또는 태연(Gelassenheit)이라는 것을 강조하였다. 그것은 본 것을 보지 못한 척하라거나 감수성을 죽이라는 말은 아닐 것이다. 오히려 바깥의 사태가 격동하고 때로 절망적일수록 그 사태를 객관적으로 관찰하고 그것을 근원에까지 올라가서 숙고하는 꾸준한 정신의 온전함을 말하는 것이 아닐까. 이 위태롭고 바탕 없는 사회에서 과연 누가 그러한 침착함과 태연함을 가지고 있을까. 실로 사람을 불안하게 하는 것은 바로 이 점인 것이다.

이제 한 해가 저물어 간다. 내년에는 이런 일들이 일어나지 않기를 바라지만, 그러나 아마도 그것은 단순한 희망에 그치게 될 것이다. 그러한 일은 어느 한 사람의 한 순간의 실수로 일어나는 것이 아니라, 바로 우리들 모두의 어떠한 근본적인 궁핍이 지은 바이고 또 그 궁핍은 아직 해소되지 않았기 때문이다.

중앙일보 1994년 12월 29일자, 5면

327

05
'서울대특별법' 제정:
찬성의견

　필자는 「서울대학교법」의 제정을 추진하는 일에 전혀 관여하지 않고 있다. 그러나 요즈음 이를 둘러싸고 행하여지고 있는 논의를 눈여겨보면, 그 중에는 오해도 없지 않다고 여겨진다.

　먼저 서울대학교법의 발상은 다른 대학에는 없는 어떠한 특권적인 지위나 특혜를 서울대에 보장하려는 이기적인 의도에서 나왔다는 생각이 적지 않는 듯하다. 그렇지 않아도 한정된 교육에의 재정지원을 서울대에서 보다 많이 차지하게 되면, 다른 대학은 반사적으로 이를 덜 받게 될 것이 아니냐는 것이다.

　그러나 서울대학교법은 그러한 의도에서 나온 것이 아니라고 알고 있다. 서울대학교법은 서울대가 전부터 꾸준히 추구하여 오고 있는 연구 중심의 대학으로 발돋움하기 위하여 연구·교육·행정조직을 개편하고 이를 뒷받침하는 인사와 재정의 자율성을 최대한 확보하려는 것이 그 핵심이다. [연구 중심의 대학이라는 목표는 보통 「대학원 중심 대학」이라는 표어로 더 잘 알려져 있다. 필자는 평소에 이 표어는 학부과정을 전적으로 폐지한다는 오해를 불러일으킬 소지가 있어서, 적절하다고는 할 수 없다고 생각하고 있다. 그러나 요컨대] 서울대는 교수가 수행하는 학문의 연구를 세계적인 수준으로 끌어올리고 또한 이를 바탕으로 하여 학문후속세대를 양성하는 것에서 그 존재이유를 찾고자 하는 것이다. 그리하여 학문을 닦으려면 대학을 마치고도 이른바 외국의 「명문대학」으로 다시 유학을 떠나야 하는 우리나라의 부끄러운 현실을 근본적으로 바꾸어 보려는 것이다.

서울대는 이러한 목표를 추구하기 위하여 20년 전부터 이를 구체화하기 위한 계획을 착실히 준비하고 제시하여 왔다. 그런데 그러한 목표를 달성하려면 아무래도 대학원과정이 적어도 지금보다는 월등하게 중요한 자리를 차지할 수밖에 없다는 것에는 누구나 공감할 것이다. 그런데 오늘날 모든 대학에 균일하게 적용되고 있는 교육법은 기본적으로 학부과정을 주된 규율대상으로 해서 만들어진 것이다. 또한 현재의 대학 관계 법령은 한 마디로 권위주의적 구시대의 유물로서, 교과과정의 편성, 각종 연구기자재의 운용방법, 교수가 하여야 할 강의의 시간수, 교수연구실의 넓이 등등까지 일일이 간섭하고 있다. 이는 헌법 제31조 제4항이 보장하라고 명하고 있는 '대학의 자율성'과 상충된다고 하지 않을 수 없다. 서울대가 교육법과 그 부속 법령이 정하는 그러한 규제와 제약을 받고 있는 한에서는 언제까지나 앞서 말한 바와 같은 목표를 달성할 수 없으며 대학의 자율성을 실질적으로 확보함으로써 학문연구에 불가결한 자유롭고 창의적인 정신을 되살려야 한다는 절실한 위기의식이야말로 서울대학교법을 만들자는 생각의 출발점이라고 믿고 있다. 이것을 가지고 「특권의식」이니 「이기적」이니 하는 것은 초점이 맞지 않은 비판이라고 하겠다.

그렇다면 왜 하필 서울대만이 그렇게 나아가야 하는가, 다른 국·공립대학이나 사립대학은 그대로 두어도 좋은가 하고 이의를 제기할지도 모른다. 다른 대학도 서울대와 같은 목표를 추구하고 장래의 계획을 세우고 있는 한에서는, 이와 같은 이의는 당연하다고 생각된다. 그런데 얼마 전에 교육개혁위원회에서 최종적으로 마련한 교육개혁안에 따르면, 교육에 대한 법제를 전면적으로 개편하여 대학교육에 관하는 별도의 법률을 마련하는 것으로 되어 있다. 그렇다면 현재 국립대학교의 설치근거로 되어 있는 「서울대학교설치령」과 「국립대학교설치령」을 각각 법률의 차원으로 격상시키라고 주장하는 것은 그러한 흐름에 비추어 보아도 오히려 자연스러운 일이라고 할 수 있지 않을까 한다. 서울대학교법을 제정할 것을 주장한다고 해서, 이것이 다른 대학이 그 법적 근거를 대통령령으로부터 국회가 제정하는 법률로 격상되는 데 대하여 이의를 제기하는 것은 결코 아닌 것이다.

법을 만드는 것만으로 앞서 말한 목표를 달성할 수 없음은 누구보다도 서울대의 교수들 스스로가 더 잘 알고 있다고 믿는다. 그러나 서울대학교법을 제정하여야 한다는 주장은 정부와 국민을 향한 하나의 비명이라고 할 수 있다. 그것은 동시에 언필칭 「민족의 대학」이라는 서울대학교의 뒤떨어진 실상에 대한 참담한 고백이기도 한 것이다.

중앙일보 1996년 4월 20일자, 7면

후 기

1. 이 글은 중앙일보에서 「논쟁 '서울대특별법' 제정 필수다, 특혜다」라는 제목을 달아 행한 논의에서 찬성 의견으로 쓰인 것이다.
2. 발표 지면에서는 일정 부분이 삭제되었으나, 이번에 원래대로 살렸다.

06
개헌改憲의 필요성

김영삼 대통령은 자신의 임기 중에는 어떠한 일이 있어도 헌법을 개정하지 않겠다고 말하였다고 한다. 그러나 개헌이 비록 요즈음 현실정치의 양상과 맞물려 매우 민감한 사안이라고 하여도, 이 시점에서 개헌문제가 정면으로 제기될 필요가 있지 않을까. 여기서 개헌문제란 다름아닌 권력구조에 관한 헌법규정, 그 중에서도 특히 대통령의 임기를 5년으로 하면서 중임할 수 없다고 정하는 헌법 제70조를 개정하는 것이다. 나는 이 규정을 하루 빨리 개정하여 대통령의 임기를 4년으로 하고 1차에 한하여 중임할 수 있는 것으로 바꾸어야 한다고 생각한다.

우리 헌법 아래서 대통령은 외국에 대하여 우리나라를 대표하는 국가원수일 뿐만 아니라, 나아가 국정의 최고책임자이며 동시에 행정부의 우두머리이다. 한 마디로 권력은 온통 대통령에게 집중되어 있다. 물론 국회의 견제를 받기는 하지만, 여당이 국회에서 다수당을 차지하는 한 이 견제는 실제로는 큰 역할을 하지 못한다. 심하게 말하면, 대통령은 절대군주와 크게 다를 것이 없다. 다만 그것이 핏줄에 의해서가 아니라 국민의 선거에 의하여 정하여진다는 점, 그리고 종신직이 아니라 임기가 있다는 점에서 차이가 있을 뿐이다.

권력을 가지면 그에 따른 책임을 져야 하는 것이 민주주의의 당연한 요청이다. 오히려 대통령에게 그처럼 무소불위의 권력이 주어지는 것은 그만큼 큰 책임을 져야 하기 때문이라고 하여야 할 것이다. 문제는 우리 헌법 아래서 과연 국민이 대통령에 대하여 책임을 묻는 길이 보장되어 있는가 하는 점이다. 현재의 5년 단임제 아래서는 국민이 대통령이 수행한 그동안의 국정운영에 대하여 직접 심판을 할 기회를 가질 수 없다. 대통령의 처음 임기가 끝날 때에 즈음하여 현직 대통령과 다른 후보자들을 놓고 다음 대통령을 뽑는 것은 바로 그러한 심판으로서의 의미가 있는 것이다. 그리고 이러한 건곤일척의 심판을 항상 의식하여야 하는 대통령과 그러한 엄청난 견제를 받지 아니하는 대통령은 그 국정수행의 자세에 있어서 다를 수밖에 없지 않겠는가.

그리고 이러한 심판을 무사히 통과한 대통령은 국민의 지지를 기반으로 재차의 임기 동안 일관되게 자신의 정책을 밀고 나갈 수 있고, 동시에 때로는 선거결과를 국정수행에 대한 반성의 자료로 삼을 수도 있다. 이와 같이 하여 대통령제의 장점인 「강력한 정부」의 추진력을 내실 있게 살리게 되는 것이다. 현재의 5년 단임제 아래서는 개혁의지의 이름 아래 일과성의 태풍은 많이 불어 닥칠지 몰라도, 그때그때를 복지부동으로 모면하고 나면 다시 구태의연한 부패와 무사안일이 자리잡게 될 우려가 크다. 도대체 5년의 세월로는 제대로 일을 하기에 모자라거나, 아니면 인기성 정책에 집착하기 쉽게 한다.

우리 헌법이 채택하고 있는 대통령중심제의 모국인 미국에서는 현직 대통령의 재선을 거부한 예가 얼마든지 있다. 먼 옛날로 돌아가지 않더라도, 1980년에는 카터가, 또 1992년에는 부시가 주로 대외정책이나 경제정책의 실패로 국민의 재신임을 얻지 못하였음은 우리의 기억에 아직 생생하다. 우리는 다른 나라의 이러한 경험을 신중하게 음미하여 볼 필요가 있다.

물론 현재의 5년 단임제는 그 나름대로의 역사적 배경을 가지고 있다. 그것은 다름 아니라 일인장기독재를 막고 이른바 「평화적 정권교체」에 대한 국민의 여망에 부응하려는 것이다. 그러나 선거라는 정당하게 형성된 국민의사의 표시에 의한 심판절차에 의하여서가 아니라, 현직 대통령을 아예 차기의 대통령선거에 출마할 수 없게 함으로써 평화적 정권교체를 달성하려는 것 자체에 문제가 있다고 생각된다. 그것은 민주정치의 기본방식인 선거에 대한 불신에서 오는 태도로서, 비틀리고 궁색한 오늘의 정치문화를 상징적으로 보여준다. 장기집권의 위험은 중임을 1차에 한함으로써 대처할 수 있지 않을까. 다른 나라의 예를 찾아보더라도 우리와 비슷한 제도를 택하고 있는 나라는 6년 단임제를 정하는 멕시코 정도인 것이다.

한편 위와 같은 개헌이 이루어진다고 하여도 새로운 규정은 헌법 제128조 제2항에 의하여 현직의 대통령에게는 적용되지 못하도록 되어 있다. 그러므로 김 대통령 자신에게 무슨「야욕」이 있다는 비난을 두려워 할 이유가 전혀 없다. 그렇다면 이 시점에서 개헌을 추진하는 것이야말로 김 대통령이 국가의 장래를 위하여 반드시 하여야 할 일이 아닐까 한다.

한국일보 1996년 11월 14일자, 5면

07
제2외국어와
'세계화'

고등학교나 대학교의 교과과정에서 제2외국어라고 하는 것은, 쉽게 말하면 프랑스어, 독일어, 스페인어, 중국어, 러시아어, 일본어 등을 말한다. 그에 반하여 영어는 부동의 제1외국어이다. 그러니까 영어 이외의 외국어를 전부 몰아서 제2외국어라고 부르는 것이다. 그런데 영어는 당연히 가르치고 배워야 하는 과목으로 되어 있지만, 제2외국어는 가령 필수과목으로 되어 있다고 하여도 그 여럿 중에 하나를 택하여 이를 가르치고 배우면 족한 것으로 되어 있다. 그러니까 그 경우에도 다른 외국어를 전부 합한 것이 영어와 같은 대접을 받는 것이다. 가령 프랑스어는, 적어도 공교육의 차원에서는 영어와 대등한 위치를 차지하여 어깨를 나란히 하는 외국어가 아니며, 엄연히 계급이 다르다.

이와 같이 그야말로「하급의」외국어인 제2외국어가 그나마 요즈음 고등학교나 대학교에서 소홀히 취급되고 있다. 이대로 가면 제

2외국어는 아예 고사하는 것이 아닌가 걱정이 될 정도이다.

우선 대학교를 보면, 제2외국어는 대체로 선택과목으로 되어 있는데, 최근에 이를 수강하고자 하는 학생이 급격하게 적어지고 있다. 이를 강의하는 교수 측에 관련하여서도 이와 맞물려, 제2외국어 담당의 전임교수를 더 이상 늘리지 않는 것은 물론이고, 현재의 인원에 결원이 생겨도 이를 보충하지 않는다. 하물며 시간강사는 그 수가 현격히 감소하고 있다.

나아가 고등학교를 보면, 여기서는 무엇보다도 수학능력시험에서 제2외국어가 배제되었다는 사실이 중요한 역할을 한다. 내가 실제로 경험한 바를 여기서 들어보자. 지난해 대학입시에서 면접시험에 참여하였는데, 모 외국어고에서 지원한 학생이 독일어과를 다닌다고 하였다. 그래서 독일어를 좋아하느냐고 물어보았다. 그 학생이 답하기를, 독일어는 수능과목이 아니라서 단지 내신성적을 유지하는 범위에서 형식적으로 공부할 뿐이며, 수업시간에도 다른 과목을 공부하는 일이 많고 담당선생님도 이를 묵인한다는 것이다. 그가 이름을 아는 독일의 작가는 괴테와 헷세의 둘뿐이었다. 이러한 대답은 그 후에 면접한 다른 응시생의 경우에도 별로 다를 바가 없었다.

그러나 제2외국어 교육의 이러한 현상은 걱정을 일으킨다. 우리에 있어서 외국어의 교육은 각별한 의미가 있다. 그것은 기본적으로 우리의 오늘날의 문화상황에서 오는 것이다. 그 전에도 그러하였지만 우리는 19세기 후반 이래 일차적으로 선진의 외국에서부터 배우는 것을 통하여 우리를 세우는 것을 지향으로 하여 왔다. 그것은 단순히 과학기술이나 전문지식에 한하지 아니하며, 사고와 표현과 행동방식, 세계에 대한 이해와 평가, 무엇이 좋은 삶인가에 관한 관념 등을 모두 포함하는 것이다. 이러한 엄청난 문화이전文化移轉의 소용돌이에 닥쳐서 이를 능동적으로 헤쳐 나가는 제1차적인 수단은 무엇보다도 다른 나라의 언어를 습득하는 것이다. 언어의 실용적인 측면도 무시할 수 없지만, 오히려 중요한 것은 그것을 통하여 자연스럽게 다른 나라의 문화와 습속에 접하고 익히게 된다는 점이다.

전에 우리는 그러한 목적으로 한문을 배우면 족하였다. 그러면 요즈음에는 영어만 배우면 충분한 것인가? 언필칭「세계화」라는 것은 결국 오늘날 세계의 패권을 쥐고 있는 미국처럼 되는 것, 즉「미국화」인가? 내 생각에는 미국은 우리의 사회형성의 모델이 되기에는 적절하지 아니한 측면이 있다. 기본적으로 미국은 불과 이백년 전에 생명·재산·사상의 자유라는 극히 추상적인 이념을 내걸고 낯선 사람들이 의식적으로 뭉쳐 만든 살벌한 인공국가인데 거기다가 엄청난 자원을 갖추었다. 이러한 나라의 사회구성원리와 우리나라처럼 오랜 세월 동안 좁은 땅 위에서 많은 사람이 살을 맞부비며 희소한 자원을 나누고 살아온 한겨레의「작은」나라의 사회구성원리가 아주 같을 수는 없다. 우리의「배움」은 영어문화에 한정될 수 없으며, 그야말로 세계로 눈을 돌려 다양한 선진문화와 접하여 시야를 넓혀야 한다. 이러한 진정한 의미의「세계화」에로 나가는 손쉬운 첫 걸음은 아마도 제2외국어를 제대로 대접하는 일이 아닐까 한다.

後 記

이 글은 일본어 및 영어로 번역되어 각기 "第二外國語と「世界化」", コリア・フォ-カス—最近の話題と論調(韓國國際交流財團 발행) 제5권 1호(1997. 1·2), 49면 이하 및 Globalization and Foreign Languages, *KOREA FOCUS on current topics*(Korea Foundation), Vol.5 No.1(1997), p. 162 ff.에 수록되었다.

─·ᴔᴥᴔ·─

08
용납할 수 없는
세 가지

거칠게 말하면, 우리나라에는 힘의 중심이 세 개 있다. 하나는 정
부 또는 정치권력이고, 또 하나는 재벌이고, 또 하나는 언론이다. 그
외에도 힘센 곳이 없지 않지만, 대체로 보아 이들 셋에는 뒤진다.

정부는 국민이 국가를 조직하면서 위임받은 바에 의하여 힘을 가
진다. 국민은 스스로는 물리력을 행사하지 않기로 하고 그 대신 정
부로 하여금 그것을 독점적으로 행사하여 자신을 보호하여 주도록
맡긴 것이다. 그래서 정부는 무기로 외적을 막고 경찰로 질서를 유
지하고 범죄자를 체포하여 가두고 재판한다. 또 정부는 국민의 생명
과 자유와 재산을 신장하고 발전시키는 데 필요한 법률과 정책을 수
립하고 집행한다. 이 모두가 힘이다. 이와 같이 정부는 애초부터 힘
을 가지도록 국민으로부터 지정된 것이므로, 그 힘은 안정되고 정당
성의 면에서 모자랄 것이 없다. 다만 이 힘을 구체적으로 행사하는
사람은, 그가 국회의원이든 행정공무원이든 법관이든, 이를 함부로

쓸 우려가 크므로, 그러지 못하도록 온갖 장치를 다 마련해 두고 있다. 그래서 정치권력의 담당자 개개인, 가령 대통령을 두고 보면, 이 힘은 당연히 각종의 제한을 받는다. 이 힘은 나누어서 여럿이 서로 견제하면서 쓰도록 되어 있고, 또 많은 경우에는 한 사람이 오래 힘을 쓰지는 못한다.

재벌은 돈을 집중적으로 많이 가지고 있다. 돈은 힘이다. 하루 벌어 하루 사는 사람 또는 한 달 벌어 한 달 사는 사람에게 돈은 한낱 생존의 수단일 뿐이지마는, 돈을 엄청나게 많이 가지고 있는 사람은 돈으로 많은 다른 사람을 부린다. 또 돈은 사람의 극도로 다양한 욕망을 잘도 충족시키는 가지가지의 수단을 만들어 내어, 이것으로 사람을 움직인다. 우리 사회에서 재화와 용역의 움직임, 즉 사람의 생존과 욕구 충족은 기본적으로 재벌에 달려 있다. 정부가 아무리 재벌한테 무어라고 간섭을 하여도, 재산의 자유로운 보유와 처분이라는 원칙이 유지되는 한, 거기에는 한계가 있다. 그래서 재벌은 일단 다이아몬드처럼 영원하다. 그런데 재벌은 돈의 논리에 의하여 지배된다. 그것은 쉽게 말하면 다른 사람이 가진 많은 돈과 경쟁을 하여야 한다는 것이다. 사람의 욕망은 변덕스러우므로, 언제 다른 사람의 돈에 휩쓸려 갈지 알 수 없다. 항상 정신을 바짝 차리고 내 돈을 계속 불려가야만 그 돈이 유지되는 괴상한 존재이다.

언론은 사람의 눈과 귀, 다시 말하면 머릿속을 쥐고 있다. 사람들에게 세상에서 무슨 일이 벌어지고 있는지, 그것이 자신이 살아가는 데 어떠한 의미를 가지는 것인지, 무엇이 즐거움이고 무엇이 슬픔이며 무엇이 사랑이고 무엇이 미움인지를 알려 주는 것은 오늘날에는 신문과 라디오와 텔레비젼이다.[1] 교육이 제대로 된 바탕을 마련하여 주지 못하는 터라, 이제 사람의 생각은 대체로 언론이 전하는 바, 말하는 바에 의하여 정하여진다. 이것이야말로 힘이다. 정부의 힘이 국민의 의사에서 나오고, 재벌의 힘은 사람의 욕망에서 나온다면, 언론의 힘은 사람의 느낌 또는 생각에서 나온다. 국민이 정부에게 힘을 맡기는 주인이고, 사람이 재벌에게 돈을 벌어주는 욕망의 주인이므로, 국민 또는 사람이 어떻게 느끼고 무슨 생각을 하는지는 정부에게나 재벌에게나 보통 중요한 문제가 아니다. 그런데 언론은 물리력도 돈도 없고, 오로지 말과 정신뿐이다. 그리고 정신은 우리가 그려러니 하는 것보다 실은 훨씬 약한 것이다. 돈의 유혹에, 권력의 유혹에, 자신의 근거 없는 신념에. 그래서 언론의 힘은 언제나 이러한 약함을 스스로 성찰하고 경계하는 바탕 위에서만 정당화되는 힘이다.

내가 차마 눈 뜨고 볼 수 없는 것은, 정부 또는 정치권력이 재벌과 한통속이 되는 것, 재벌이 언론과 한통속이 되는 것, 언론이 정치권력과 한통속이 되는 것, 이 셋이다. 국민은 이런 일을 절대로 용납하여서는 아니 된다. 그러므로 정치권력과 재벌이 한통속이 된 요즈음의 한보사태도 결코 용납될 수 없는 것이다.

─────   1 이제라면 여기다가 인터넷을 더하여야겠다.

1. 이 글의 원래 제목은 "새로운 삼권분립 ─ 정부와 재벌과 언론"이었는데, 신문의 편집자가 이와 같이 바꾸었다.
2. 각주는 이번에 책을 엮으면서 새로 붙인 것이다.
3. 글 말미의 '한보사태'란 1997년 1월 재계 서열 14위이던 한보그룹(이하 '한보')의 부도를 발단으로 이와 관련된 권력형 금융부정과 특혜 대출 비리가 드러났는데, 이러한 일련의 사건을 총칭한다. 건국 후 당시까지는 최대의 금융부정사건으로 기록되었다. 사건은 한보가 부도를 내면서 불거졌는데, 부실 대출의 규모가 5조 7천억 원에 달하는 엄청난 액수였다. 그러나 더욱 문제인 것은, 정태수鄭泰守 당시 '한보그룹 총회장'과 관련하여 위와 같이 큰 돈을 대출하는 과정에서 정계와 관계官界, 금융계의 핵심부가 유착하면서 부정이 행해졌다는 사실이다. 금융계는 한보가 벌이는 사업의 타당성에 대한 상세한 검토도 없이 외압에 따랐던 것으로 드러났다. 이 사건으로 1997년 5월에 정태수 회장이 징역 15년을, 한보로부터 돈을 받은 정치인과 전직 은행장 등 10명이 징역 20년 내지 5년을 선고받았지만, 이 역시 빙산의 일각이라는 평과 함께 시간 속에 묻혀버렸다. 당시 김영삼 대통령의 차남 김현철과 국가안전기획부(나중의 국가정보원) 운영차장 김기섭 역시 구속되는 상황이 벌어졌다.
4. 요즈음이라면 '내가 차마 눈 뜨고 볼 수 없는 것', 그리고 '국민은 이런 일을 절대로 용납하여서는 아니 되는 일' 셋 중에서 단연코 '언론이 정치권력과 한통속이 되는 것'을 강조하여야 할 것이다.

09
아들 허물은 아비 허물?

김영삼 대통령이 지난 2월 25일에 「취임 4주년을 맞아 국민에게 드리는 말씀」이라는 이름으로 한 담화의 내용을 보면, 우리 사회에서 책임을 지는 또는 책임을 지우는 방식의 어떠한 면에 대하여 다시금 생각하게 하는 바가 있다.

대통령은 거기서 "이번의 한보사건과 관련하여 진실 여부에 앞서 제 자식의 이름이 거명되고 있다는 사실 자체가 저에게는 크게 부끄러운 일"이라고 하고, "세상의 모든 아버지들과 마찬가지로 저도 아들의 허물은 곧 아비의 허물이라고 여기고 있습니다. 매사에 조심하고 바르게 처신하도록 가르치지 못한 것, 저 자신의 불찰입니다"라고 하였다.

그런데 문제된 그 「아들」은 30세 후반의 나이이고, 무슨 정신적이나 신체적인 결함이 있는 것도 아니라고 듣고 있다. 보통 사람들이라면 부러워하는 고등학교와 대학교를 다녔고, 박사학위까지 받았다고 한다. 그렇다면 그는 자기 스스로의 판단으로 결정하고 행동할 수 있어야 하고, 또 그렇게 할 수 있는 것이다. 그렇게 다 큰 어른이 한 일에 대하여도, 그의 아버지가 「부끄러움」을 느끼고 그것을 공적으로 표현하는 것을 당연하게 여기는 것이 우리 사회이다.

이러한 「아비의 죄송스러움」의 토로를 듣고 있으면, 묘하게 불안해진다. 나 자신이 두 아이의 아비이다. 그런데 나는 도대체 그 아이들의 일에 대하여 언제까지 어떠한 범위까지 책임을 져야 할 것인가? 나는 죽을 때까지 이 「집안」의 가장家長 또는 가주家主로서, 내 아이들이 장가들고 시집간 후에도 그들에게 또 그들의 자식에게 또 그 자식의 자식에게 일어난 모든 일을 나의 일이라 여기고 「책임」을 져야 하는가? 이러한 무한의 연대책임을 떠올리면, 왠지 온몸이 오그라드는 것 같다.

나를 더욱 불안하게 하는 것은, 아직 그 「아들」이 한 일이 무엇인지 전혀 밝혀지지 아니하고("진실 여부에 앞서"), 단지 그 이름이 들추어지고 있을 뿐인 상황에서도, 아비의 「부끄러움」과 「죄송스러움」에 대하여 말하여지고 있다는 점이다. 남들이 내 아들 또는 내 딸이 무슨 커다란 스캔들에 관련된 것으로 수군대고 있으면, 나는 그 말이 사실인지 알아보기도 전에 일단은 부끄럽고 죄송스러워 해야 하는가?

물론 위의 담화는 정치적인 조치로서 행하여진 것이다. 그러니까 위와 같은 발언은 아버지로서의 말이라기보다는 노련한 정치인으로서 한 말이라고 보아야 하므로, 정치인도 아니면서 그런 것을 자기 개인의 일과 결부시키는 것이 우습다고 생각될 수도 있다.

그런데 그렇다면, 더욱 문제가 있다. 대통령담화에는, 아들을 "일체의 사회활동을 중단하는 등 근신토록 하고 제 가까이 두지 않음으로써 다시는 국민에게 근심을 끼쳐 드리는 일이 없도록 하겠다"고 하였다. 도대체 지금까지는 아들이 대통령의「가까이」에서 어떠한 일을 하였다는 말인가. 대통령의「가까이」에서 그 아들이 대통령이 하여야 하는 국사에 관한 결정에 직접적으로 영향력을 행사하였다면, 그렇게 하여 대통령의 이름으로 내려진 결정에 무슨 허물이 있다면(허물이 없다면, 새삼 가까이 두지 않을 이유가 어디 있겠는가?), 그것은 아들의 허물이라기보다는 대통령 자신의 허물이다.「부끄러움」은 아들의 잘못을 정치적으로 대신 떠안는 대위책임代位責任으로서가 아니라, 스스로의 잘못에 대하여 응분의 책임을 진다는 자기책임自己責任으로서 운위되어야 마땅하지 않을까? 대통령의 아들이 마약을 한다거나 하는 등의 경우와는 다른 것이 바로 이 점이다.

그러므로 "아들의 허물이 곧 아비의 허물"이라는 말로 국민의 여린 심정을 자극하여「죄 없는 아비」에 대한 동정을 불러일으키는 결과가 되어서는 안 된다. 오히려 진정으로 문제되어야 할「아비」자신의 허물을 명확하게 의식하는 책임 있는 지도자의 자세가 아쉽다.

한국일보 1997년 3월 13일자, 5면

10
기본도덕 살아 있나

중국 명나라 말에 진백사陳白沙라는 사람이 있었다. 잘 알려진 왕양명王陽明보다 44세 위로서, 양명으로부터도 존중을 받았던 철인인데, 저술에는 별로 뜻이 없었다. 진백사가 말하기를, "사람이 칠척의 몸을 갖추었어도, 그에 마음이라고 하는 것, 도리라고 하는 것을 빼면 존중할 것이 없다. 기껏해 보아야 한 주머니의 피진물, 한 무더기의 뼈다귀뿐이다. 배 주리면 먹고, 목마르면 마시고, 추우면 옷지어 입고, 음욕을 행하고, 가난하고 천하면 부귀를 생각하고, 부귀하면 권세를 탐하고, 화가 나면 싸우고, 서운하면 슬퍼지고, 궁지를 몰리면 함부로 대들고, 즐거우면 푹 빠진다. 어느것 하나 혈기가 이끄는 대로 하지 않음이 없이 지내다가, 늙으면 죽는다. 그러니 이를 이름하여 짐승이라 하여도 가할 것이다."

오늘날 우리에게 「마음이라고 하는 것」, 「도리라고 하는 것」이 과연 있는지 새삼 물어보고 싶어진다. 세상일을 도덕의 잣대로 재어 말하는 것이 많은 경우에 위선에 불과하고 복잡하게 얽힌 사회의 문법을 획일적인 단순공식으로 억지로 재단하는 것이 되기 쉬움은 잘 알려져 있다. 그렇지만 요즈음에는 도대체 우리 사회에 기본도덕이라고 하는 것이 살아 있는지 묻지 않을 수 없는 것이다.

거짓말이 너무나도 공공연하게 행하여지고 있다. 거짓말을 해 보지 않은 사람은 없다. 그러나 공적인 지위에 있는 이가 공적인 사항에 대하여 공개적으로 또 반복해서 거짓말을 하였고, 또 그것이 관련된 사람 중 예외적인 한두 사람이 아니라 그 거의 전부라고 하면, 이는 문제가 다르다.

전·현직의 국회의원, 지방자치단체의 장 기타 통틀어 정치인이라고 부를 수 있는 사람들이 한보로부터 돈을 받았는지에 대하여 하나같이 이를 부인하였었다. 그런데 이제 검찰의 조사를 통하여서 점차로 그것이 거짓임이 드러나고 있다. 아마도 이를 부인할 때에는 사실이 드러나지 않으리라고, 한보 돈을 받은 사람이 그리 많으니 이를 파헤쳐서는 정치권 전체가 타격을 입을 것이니 감히 이를 파헤치지 못할 것이라고, 그러니 입을 모아 일단 이를 부인하여 두면 그대로 덮어두게 되리라고 생각하였을 것이다. 또 혹 선거철에 재벌로부터 선거자금 등을 받아쓰지 않고는 선거를 치를 수가 없으니 돈을 받은 것이 무슨 큰 잘못이랴 하는 자기 위안도 곁들여지지 않았을까. 심하게 말하면, 이것은 이 나라의 정치가 돌아가는 「구조」의 핵심에 관련되는 사항이니 이를 밝혀 드러내는 것은 나라를 뒤엎을 생각이 없이는 있을 수 없다는 생각까지 하였을지도 모른다.

사실 우리 사회에서 항용 행하여지는 거짓말은 대체로 이와 유사한 억지논리를 갖추는 경우가 많다. 제도가 잘못 되어 있는데 그 제도 안에서 살아가려면 혹은 살아남으려면 어쩔 수 없이 거짓말을 하지 않으면 안 된다는 것이다. 그러나 이러한 변명을 말기의 암환자에게 가족이나 의사가 사실을 숨기는 것과 같이 취급할 수는 없는 것이다.

설사 우리의 정치자금 구조에 어떠한 결함이 있다고 하여도, 그 규정에 벗어나는 일을 저지른 것이 쉽사리 정당화되지는 못한다. 그 구조를 지어낸 사람이 그들이며, 또 문제가 있다면 이를 고칠 권한이 있고 또 고쳐야 하는 사람이 바로 그들인 것이다. 하물며 일단 행하여진 일에 대하여 그러한 일이 아예 없었다고 잡아떼는 것은 이와는 전혀 차원이 다른 잘못이다. 이것은 기본적으로 인격의 모양새와 관련된다. 그들이 국민으로부터 위임받은 권세를 국민의 이름으로 휘두르는 사람이기에 더욱 그 점이 아쉽다.

중국 청나라 말에 금난생金蘭生이라는 사람이 있었다. 그가 말하기를, "사람이 일생 살아가는 데 불행한 것은, 말을 잘못하였는데도 화를 입지 않는 것, 계획을 잘못 세웠는데도 요행히 일이 성사되는 것, 행동이 거친데도 작은 이익을 얻는 것이다. 그러면 그것이 버릇이 되어 개의치 않게 되고, 결국 행실을 그르치고 스스로를 반성하지 않는 것보다 더 큰 환난은 없다."

한국일보 1997년 4월 17일자, 5면

11
나에게
자아自我가 있나

　요즈음은 어디를 가도 대통령이 되겠다고 나선 사람들에 대한 이야기를 들을 수 있다. 신문은 언제나 그들의 동정과 언행과 과거 행적을 적은 기사를 싣고 있다. 친구들이나 아는 사람을 만나면, 화제가 달리 없는 것이 아닌데도, 그 사람들의 지역연고가 어쩌고 당내 역학이 어쩌고 아버지가 어쩌고 경제에 대한 안목이 어쩌고 하는 이야기를 나누게 된다. 정치에 대한 국민들의 관심이 이렇듯 대단한데도 여전히 우리 정치는 삼류라고도 하고 그것도 못되어 사류라고도 하니, 무언가 큰 문제가 있음에는 틀림없다. 그 열렬한 관심이라는 것이 반드시 공동체가 되어가는 모습에 대한 시민으로서의 책임의식에서 우러나오는지에는 의문이 없지 않다. 혹시 이와는 상관없이, 단순히 저 먼 곳에서 「인물」들이 벌이는 싸움에 대한 구경꾼으로서의 흥미나 권력의 귀추에 따른 파당적 이해에서 오는 것이나 아닌지 물어보게 된다. 어쨌거나 이렇게 획일적인 관심의 집중에서 오히려 정신의 황량함이나 편협함 같은 것을 엿보게 되는 것은 웬일일까.

　사람들은 아마도 벌써 잊어 버렸을지 모르지마는, 얼마 전에 한보 청문회에서 증언대에 섰던 전직 은행 임원의 자살 같은 사건이야말로 우리의 정신상황에 대하여 음미해 보아야 할 문제를 제기하지 않는가 여겨진다.

　사람이 자살이라는 행위에 이르게 될 때까지 그의 내면에서 어떠한 일이 벌어졌는지를 누구라서 다 알 수 있으랴. 그러나 신문에 보도된 바에 의하면, 그 사람은 한보 청문회에서 대출을 둘러싼 외부의 개입에 대하여 사실을 말하였고 그것이 그가 몸담았던 은행 그리고 유관기관에 「누를 끼친」 결과가 되었음을 괴로워하여 자살하였다는 것이다. 그리고 그는 평소의 업무처리에 있어서 적어도 남보다는 공정하고 사사로운 욕심이 적었다고 한다. 결국 진실을 밝힌 것이 선량한 사람을 죽음으로 몰고갔다는 말이 된다.

　문제는, 어째서 우리 사회에서는 진실을 공적으로 밝히는 일이 선량한 사람으로 하여금 스스로 목숨을 버리게 할 만큼 괴로워할 일이 되는가 하는 점이다. 어느 부모도 교사도 자식에게 또는 학생에게 거짓말을 하여서는 아니 된다고 가르친다. 그런데 그 가르침은 실제로는 어느 범위에서 유효할까. 우리는 몸이 아파도 아프지 않다고 하면서 열심으로 근무하는 사람을, 친구 집을 방문하였을 때 배가 고파도 고프지 않다고 하면서 친구 어머니가 밥을 차려 주려는 것을 막는 사람을, 원하는 것을 솔직히 말하기보다는 말하지 않는 사람을 「착하다」고 한다. 어찌 보면 거짓은 우리 사회의 소중한 도덕적 문법을 이루고 있기도 하다.

더욱이나 나의「윗사람」이 사실이 아닌 것을 애써 주장하고 있는데, 아랫사람인 내가 알고 있는 사실을 밝혀 말하는 것은, 곧 그 윗사람이 거짓증언을 하였다고 고발하는 결과가 된다. 이는 우리 사회에서 가르쳐지고 있는 또 하나의 덕목, 즉 윗사람에의 공순恭順에 반하는 것이다. 특히 그 윗사람이 나에게 '은혜'라는 것을 베푼 사람이거나 적어도 고락을 같이하여 친한 사이였다고 하자. 그 때에 윗사람의 주장에 반박하여 사실을 말하는 것은 소위「의리」를 저버리는 일이 아닐까. 이러한 경우에 자기를 억누르고 사실을 말하지 않는 것은 오히려 일종의 자기희생으로서 칭송받아야 될 일이라고 하여야 하지 않는가.

이렇게 보면 우리는 어떠한 기본적 선택을 강요당하고 있지 않은가 하는 생각이 든다. 과연 우리 각자에게 남에게서 긍정적인 평가를 받는 것과는 전혀 무관하게 자기의 원칙이라는 이유만으로 지켜야 하는 덕목이 있는가. 바꾸어 말하면 과연 우리에게 자아라고 부를 수 있는 것이 있는가. 그것이 없다면 정치 또는 권력의 목적으로 헌법이 내건 기본가치, 즉「개인의 존엄」이란 과연 무엇인가.

한국일보 1997년 5월 15일자, 5면

12
혁명의
완성을 위하여

한 세기가 저물어가고, 새로운 세기가 온다. 사람들이 이 땅에서 죽 이어 살아온 마당에 시간을 백 년 단위로 끊어서 평가하는 것에 무슨 커다란 의미가 있을까. 그러나 어디에선가 마디를 지어서 과거를 돌아보고「새출발」을 다짐하는 것은, 아무래도 모자란 인간이 자신을 추스리기 위하여서라도 필요한 듯싶다.

우리에게 지난 일백 년이 새삼스러운 것은, 무엇보다도 그 사이에 우리의 생각와 행동의 규준에 결정적인 변화가 일어났기 때문이다. 이는 그 전의 백 년, 아니 수백 년과 비교하여 보면 바로 알 수 있다. 왕을 정점으로 하여 양반만이 특권을 누리던 신분제 사회는 무너졌다. 그리고 이 체제를 설명하고 정당화하던 유교 이데올로기도 정통성을 상실하였다. 이제는 각 개인이 골고루 가지는 자유와 권리가 사회구성의 출발점이 되었다. 모든 정치적 권력은 국민의 의사에서 나오고 정권은 단지 국민으로부터 일시적으로 이를 위탁받은 데 불과하다. 이러한 「원리」의 전면적이고 근본적인 변화는 그 자체로서 가히 혁명이라고 부를 수 있지 않은가.

또한 그 백 년 사이에 우리의 경제생활도 결정적으로 변화하였다. 한 마디로 말하면 농업국이 공업국이 되었고, 먹고 입고 머무는 바를 얻기 위해서 하는 인간활동의 내용이 판이하게 달라진 것이다. 전에는 인구의 80% 이상이 농어촌에 거주하였는데, 이제는 80%가 인구 5만 이상의 도시에서 산다. 일인당 평균소득, 국민총생산량, 경제성장률 등등의 흔히 듣는 수치를 여기서 나열할 필요는 없을 것이다.

나의 증조부모가 산 삶과 나의 삶은 판연히 다르지 않은가 여겨진다. 요즈음의 젊은이들이 영국의 비숍 여사가 19세기 말에 우리나라를 탐방하여 쓴 책 『조선과 그 이웃 나라들』을 읽는다면, 그것이 먼 나라의 이야기처럼 느껴지는 일도 없지 않을 게다. 그런데 우리는 그 사이에 혁명이 일어났다는 사실을 명확하게 의식하고 있는가. 특히 지난 세기의 중간쯤인 1945년에 일본의 식민지 지배로부터 벗어나서 새로운 나라를 건설하였던 즈음이야말로 혁명의 시작이었다. 그런데 아쉽게도 해방 직후의 이데올로기 대립과 분단, 건국 후 얼마 되지 않아 일어난 동족상잔의 전쟁, 그로 인한 고난과 빈궁 등으로 해서, 이 나라의 「새로움」은 생존을 둘러싼 싸움의 열기 속에 묻혀 버리고 말았다. 또 무엇보다도 식민지의 경험이 우리의 자존심에 준 상처는 매우 큰 것이어서, 이를 달래기 위해서라도 일단 우리의 고유성 또는 「주체성」에 집착하는 경향은 어쩔 수 없었다고 하겠다. 이는 「찬란한 문화를 낳은 우리 민족」의 우수성 또는 「반만년의 유구한 역사」의 연속성은 강조하면서도, 과거를 떨쳐 버리고 새출발을 하여야 하는 역사의 비연속면, 말하자면 근대적 정신의 수련과 제도의 내면화에 대한 감수성은 무디어지게 되었던 것이다. 이로써 새로운 나라에 어울리는 「새로운 사람」의 추구도 어느덧 빛을 잃게 되었다. 혁명의 시기에는 반드시 새로운 윤리와 책임의식으로 무장한 혁명적 인간상이 제시되고 그 실현을 위하여 교육과 프로파간다와 강제가 행하여지는 법인데, 우리는 아직까지도 민주사회의 시민에 어울리는 인간모델의 제시와 형성에 별로 주목하고 있지 못하고 있다.

결국 우리는 여전히 혁명의 도상에 있다. 이것을 철저하게 의식할 필요가 있다. 지난 백 년 동안 식민지와 분단의 쓰라린 경험을 겪으면서도 우리는 많은 것을 이룩하였다. 민주정치와 시장경제라는 기본적으로 옳은 노선을 채택하였고, 거듭된 시행착오와 수많은 희생에도 불구하고 조급함으로까지 보이는 엄청난 열정을 가지고 이를 밀고 나왔다. 세계는 우리 자신보다 훨씬 더 긍정적으로 우리를 평가하고 있다. 그러나 아직 혁명은 끝나지 않았다. 그리고 그 혁명을 지탱하는 기본체제조차 확고하지 않다. 우선 분단을 극복하여야 하고, 나아가 민주정치를 명실상부하게 달성하고 또 활기차고 정의로운 시장경제를 이룩하여야 한다. 그리고 무엇보다 이러한 혁명을 끌고 갈 수 있는 새로운 인간, 즉 「도덕률을 갖춘 개인」으로 거듭나야 하는 과제가 남아 있는 것이다.

한국일보 1997년 6월 19일자, 5면

13
처량한
우리 대학

외국의 대학에 와서 지내다 보면 언제나 절실하게 느끼지 않을 수 없는 것이 우리 대학의 처참한 상황이다.

대학이 어떠한 모습이어야 하는가에 대한 인식은 나라마다 다를 수 있다. 대학도 사회 안의 존재인 만큼, 대학의 이상도 그 사회에서 보편적으로 인정되는 가치나 그 사회의 경제적, 사회적 구조나 대학에 대하여 사람들이 거는 기대 등등 여러 가지의 변수에 의하여 정하여진다. 또 그것은 하나의 사회에서도 시대의 흐름에 따라 변하지 않을 수 없다. 조선시대의 유일한 국립대학이라고 할 수 있는 성균관과 요즈음의 대학을 비교하여 보는 것만으로도 이를 알 수 있을 것이다.

우리나라의 경우는 어떠한가. 교육법 제108조를 보면, 대학은 국가와 인류사회 발전에 필요한 학문의 심오한 이론과 그 광범하고 정치한 응용방법을 교수 연구하며 지도적 인격을 도야하는 것을 목적으로 한다. 물론 대학의 목적이 법률의 조항 하나에 의하여 정하여질 수 있는 성질의 것이라고는 생각하지 않지만, 아마도 이러한 목적 설정은 오늘날 일반적으로 납득될 만하다고 여겨진다. 결국 대학은 학문의 연구를 바탕으로 하고, 거기에다 더하여 이를 학생들에게 전하고 또 이를 통하여 지도적 인격을 닦아 나아가도록 한다는 것이다.

그런데 학문의 연구에는 막대한 자원의 투입이 필요하다. 특히 인간과 세계에 대한 지식과 설명이 하루가 다르게 변모하고 발전하여 가는 오늘날에는 그에 관한 정보를 모으고 정리하는 것으로도 엄청난 설비와 노력이 요구된다. 기왕 말이 나왔으니 하는 말인데, 미국은 말할 것도 없고 유럽의 주요한 국가가 나라의 온힘을 기울여서 수행하여야 하는 전쟁이나 혁명 따위를 겪지 않고 지내고 있는 것이 벌써 50년이 넘었다. 아마 그들의 역사에서 이러한 태평성대는 별로 없었을 것이다. 그리하여 이들 나라는 전에 없는 물질적 풍요를 누리고 있으며, 이를 바탕으로 학문연구도 기하급수적으로 발전하고 있다. 수많은 젊은이들이 전쟁터에 나가 덧없는 죽음을 맞이하는 대신, 이제는 대학과 연구소에서 밤을 지새우며 연구에 몰두하고 새로운 인식과 발견의 기쁨을 맛보고 있는 것이다. 그리하여 일단 궤도에 오른 지적 노력들이 시너지효과를 내면서, 그 전개에 가속도가붙어 하루가 다르게 그 모습을 새롭게 하고 있다. 이는 무엇보다도 얼마 전부터 종전보다 훨씬 세분된 분야의 전문 학술잡지가 속속 창간되어 새로운 성과들을 보여주고 있다는 사실에서 증명될 수 있다.

그 평화가 유지되는 한 이러한 학문의 값진 열매들은 앞으로도 끝을 모르게 쏟아져 나올 것이다.

문제는 이러한 지적 생산에 있어서의 우리의 위치이다. 이를 떠맡고 나아가야 할 우리의 대학은 진정으로 한심한 처지에 놓여 있다. 내가 몸담고 있는 대학의 예를 들면, 교수의 연구를 뒷받침하는 인적·물적인 설비는 교수가 아무런 연구도 하지 아니하는 것을 전제로 하여서 마련되어 있는 데 불과하다고 하여도 하등 과장이 아니다. 관련되는 논문이나 책을 도서관에서 찾아보아도 없는 경우가 있는 경우보다 훨씬 많다. 허긴 서울대학교 전체의 1년 동안의 도서구입비가 10억원에도 미치지 않으며, 이를 대학별, 과별로 쪼개다 보면 예를 들어 법대의 경우는 2천만원이 조금 넘는 정도이다. 게다가 들리는 바에 의하면, 예산 당국은 경쟁력 10% 높이기의 취지에 따라 금년도의 도서구입예산을 기계적으로 10% 삭감하는 몰지각한 일을 벌였다고 한다.

이제 우리의 대학은 덩치만 크고 내실이 별로 없는 불량품제조업체가 되었다. 그러니 대학을 나와서도 연구자가 되려면 당연히 외국에 유학가서 과정을 다시 밟아야 한다는 학생들 사이의 인식을 탓할 수만도 없는 노릇이다. 그러한 의미에서 우리는 여전히 식민지에서 살고 있는 것이다. 다른 나라들에 전적으로 기대지 않고서는 국민과 시대의 요구를 충족할 수 없는 나라를 식민지라는 이름 이외의 어떠한 이름으로 부를 것인가.

1. 이 글은 1997년 여름의 방학에 일본의 도쿄대학에 연구를 위하여 잠시 체류하는 동안에 쓰여졌다. 한국일보의 '한국일보 김경희 차장님' 앞으로 보내는 팩스에는 "여기까지 와서도 글 빚을 갚아야 하는 처지가 한심합니다"라는 푸념이 덧붙여져 있다.

2. 본문에서 인용하던 당시의 교육법 제108조에서 정하던 「대학의 목적」은 이제 고등교육법 제28조가 되었다. 즉, "대학은 인격을 도야陶冶하고, 국가와 인류사회의 발전에 필요한 심오한 학술이론과 그 응용방법을 가르치고 연구하며, 국가와 인류사회에 이바지함을 목적으로 한다"는 것이다.

3. 이 글을 쓸 당시 필자는 서울대학교 법과대학에서 근무하고 있었다. 『서울대학교 60년사』는 서울대학교 도서관의 자료구입에 관하여 다음과 같이 적고 있다. "소장 자료의 경우, 지난 1960년대는 자료구입비 부족으로 구입도서보다 수증도서가 훨씬 많았고, 1970~1980년대는 양자가 균형을 이루었다면, 1990년대 들어서는 도서구입비 증가로 구입도서가 수증도서를 넘어서게 되었다. 일반적으로 계획에 따라 구입한 도서가 수증도서보다 도서관장서 구성에 훨씬 좋은 결과를 가져온다는 점을 감안한다면, 이는 고무적인 신호라고 하겠다."(145면)

   그 후 서울대학교 도서관의 '총 자료구입비' 예산은 2000년 즈음부터 50억 내외로 증액되었다(위 책, 같은 곳). 이 역시 태부족이라고 할 것이다.

4. 근자에 본문과 유사한 취지로 "우리 대학의 우울한 현실", 매일경제신문 2019년 4월 26일자, A34면(「매경의 창」란)을 발표한 일이 있다.

14
'대쪽'이라는
이미지

금년 12월 대통령선거까지는 바야흐로 「정치」의 계절이다. 이 계절에 사람들은 더욱 신문을 열심히 읽고 텔레비전을 보는 시간이 더 많아지고, 그만큼 더 언론의 힘은 뚜렷해질 것이다. 그런데 요즈음 이회창 씨 아들들의 병역문제를 둘러싸고 벌어지는 일을 보고 있으면 언론이라는 것 등에 대하여 생각하게 하는 바가 없지 않다.

내가 나에게 필요한 것 중의 극히 작은 일부밖에 만들어내지 못하고 나머지는 모두 남이 만들어내는 것에 의존하고 있으며, 그래서 남이 하는 일이 나에게도 결정적으로 중요한 의미를 가지게 되는 이 사회에서는, 나는 남이 무슨 일을 어떻게 하고 있는지에 대하여 관심을 가지지 않을 수 없다. 이렇게 복잡하게 얽힌 오늘날의 세상에서 그날그날 일어나는 일을 전하여 퍼뜨리는 것이 바로 언론이다. 그런데 그것은 사람들에게 세상에서 무슨 일이 벌어지고 있는지를 알려 줄 뿐만 아니라, 또 그 일들이 자신이 살아가는 데 어떠한 영향을 미치며 어떠한 의미를 가지는지에 대하여 해석을 주고 평가를 내린다. 심지어는 무엇이 즐거움이고 무엇이 슬픔이며 무엇이 사랑이고 무엇이 미움인지 하는 감정까지도 만들어내고 설명하여 준다. 언론은 사람의 눈과 귀, 다시 말하면 머리 속의 생각을 거머쥐고 있는 것이다. 프랑스의 작가 카뮈가 소설 「이방인」에서 주인공의 입을 통하여 "요즈음에 사람이 하는 일이란 간통을 하고 신문을 읽는 것이 전부"라고 중얼댈 때, 그것은 비단 그 소설의 배경이 된 프랑스어를 사용하는 어느 나라의 이야기만은 아니다.

선거란 국민들이 인물과 정책에 대한 생각을 정해서 이것을 투표라는 행위로 나타내는 절차이다. 그러니 평소에도 위세가 등등한 언론이 권력의 향배를 정하는 대통령선거에 즈음해서 사람들의 눈과 귀를 거머쥐게 됨은 지극히 당연한 일이다. 특히 대통령선거에서는 국회의원선거나 지방자치단체선거에서 그나마 후보를 여러 가지의 연고에 의하여 직접 아는 일이 드물지 않은 것과는 달리 그야말로 국민의 거의 전부가 한 번도 말을 나누어 본 일도 없는 사람을 두고 선택을 하여야 하는 것이다. 결국 국민은 언론이 알려주는 바를 통하여 후보들의 됨됨이를 알게 된다. 또는 안다고 생각하게 된다.

그런데 사람들은 다른 일에 대해서도 마찬가지지만 어떤 사람의 「됨됨이」에 대하여도 하나의 표어 또는 상징으로 이를 단순화하려는 경향이 있다. 자기 스스로를 들여다보면 금방 알 수 있는 대로, 사람이라면 누구나 너 나 할 것 없이 사실은 엄청나게 복잡한 것이다. 그런데도 사람들은 복잡함을 있는 대로 받아들이고 이해하려고 하기보다는, 어떠한 계기에 그 사람으로부터 얻은 이미지나 느낌으로써 그 사람을 받아들인다. 그리고 일단 그 이미지의 안경을 쓰고 나면 그 사람이 하는 일은 모두 그 안경에 맞추어서 해석되고 평가된다. 이미지가 바로 그 사람이 되는 요술이 벌어지는 것이다. 그리고서는 그 이미지에 맞지 않는 일이 밝혀지거나 하면 그것은 「정체」를 가장한 배신이 되어서 때로는 엄청난 비난을 받게 된다. 그것은 어쩌면 오늘날의 대중정치에서 불가피한 일인지도 모른다.

이회창 대표에 대하여 「대쪽」의 상징을 부여한 것은 다름아닌 언론이다. 어디서 시작되었는지 알 수 없으나 그 배경은 아무래도 그의 법관으로서의 경력일 것이다. 그런데 1960년부터 유신헌법과 군사독재정권을 거쳐 오면서 그가 쓴 수많은 판결들이 과연 한 치의 틈도 없이 모두 「대쪽」의 이미지대로인지는 누구도 객관적으로 검증하여 본 바가 없다. 또 생각해 보면 사람의 무한정 다양한 주름과 그늘을 다루는 재판에서 과연 「대쪽」이 항상 바람직한 것인지를 누가 확신을 가지고 말할 수 있겠는가. 그런데도 언론이 전하는 「대쪽」의 이미지를 대부분의 국민은 사랑하였다. 국민들은 어쩌면 그러한 사람을 목마르게 구하였던 것이나 아닌가. 그리하여 그것이 정치적으로 큰 자산이라고들 하더니, 이제는 사실 여하와는 관계없이 그 이미지의 파탄 또는 파탄가능성에 웃고 운다. 사람은 여전히 그 사람인데 말이다. 정치란 그런 것인가.

한국일보 1997년 9월 18일자, 5면

363

15

종말에야
아는 행복

하늘이 맑고 대기가 청명한 것이 바라만 보고 있어도 사는 기쁨을 느끼게 해 준다. 거기다가 며칠간의 휴식과 반가운 이들과의 만남으로 마음까지 풍족한 사람들에게 대체 무슨 엉뚱한 수작을 붙일 수 있을 것인가. 옛날이야기를 해 보는 것도 나쁘지는 않을 듯 싶다.

그리스의 가장 오래 된 역사책인 헤로도토스의 『역사』를 보면, 다음과 같은 이야기가 나온다. 나중에 그리스의 현명한 사람 일곱 중의 하나로 손꼽히게 되는 아테네의 솔론이 10년 예정으로 여러 나라를 돌아다니다가, 당시 위세를 떨치던 리디아의 수도 사르디스에 도착하였다. 그 나라의 왕 크로이소스는 멀리서 온 이 유명인을 맞아들여서, 우선 호화로운 재보財寶로 가득 찬 자신의 보물창고를 보여 주었다. 그리고는 솔론에게 당신이 본 사람 중에 누가 제일 행복한가 하고 물었다. 속으로는 자신일 거라고 생각하면서. 그런데 솔론은, 아테네의 텔로스라는 사람이 제일 행복하다고 대답하였다. 그이유는 우선 "번영하는 나라에서 태어났고", 다음으로 "훌륭한 자식을 두었고, 또 그들 모두에게서 아이들이 태어나 한 사람도 빠짐없이 잘 살았으며", 마지막으로 아테네가 이웃나라와 전쟁을 할 때용감하게 싸워 적을 패주시키고 전사하여서 "그 임종이 실로 훌륭하였다"는 것이었다.

여기서 우리는 그 나라에서 태어난 것이 사람을 행복하게 하는, 또 그 나라를 위하여 싸우다 죽는 것이 훌륭한 죽음이 되게 하는 그런 나라를 생각해 본다. 그것을 단지 정치가인 솔론이 모든 일을 나라라는 관점에서 평가하기 때문이라고만은 할 수 없지 않을까. 그 「행복한 나라」는 필경 거기 모인 사람들이 그것을 자기의 존재가 그것 없이는 영위될 수 없는 필연의 전제라고 생각하는 나라, 또 나라의 일이 되어가는 모습에서 자기 삶의 진정한 보람을 찾을 수 있는 나라, 다시 말하면 독립적이고 도덕심 있는 개인이 나라 일에 스스로의 책임을 느끼는 그러한 공동체이지, 그것을 상관없는 남의 일로나 여기게 되는 나라는 결코 아닐 것이다.

어쨌거나 자신의 기대와는 다른 이 대답을 듣고 왕은 속을 끓이다가, 다음으로 행복한 사람은 누구냐고 물었다. 이번에도 엉뚱한 대답을 들은 왕은 화가 나서 외쳤다. "아테네의 친구여, 그대는 나를 그러한 서민들에게도 미치지 못하는 존재라고 보는데, 그대는 나의 이 행복을 아무 가치도 없다고 생각하는가?" 이에 대한 솔론의 대답은 대체로 다음과 같은 것이었다.

사람의 일생을 70년이라고 하면 2만 몇 천 일이 되는데, 그 가운데 하루라도 똑같은 날이 없다. 사람이 이처럼 오랜 세월 살아가는 동안에는 온갖 일이 다 벌어진다. 그러니 "어떠한 일에 대해서도 그것이 어떻게 되어 가는지 그 결말을 끝까지 살피는 것이 중요합니다." 아무리 부유한 자라도 「끝까지 훌륭하게 일생을 마칠 수 있는 행운」을 가지지 못하는 한, 결코 행복하다고 할 수 없다. 그리하여 솔론은 말한다. "인간은 모든 것을 다 갖출 수 없습니다. 저것이 있으면 이것이 없는 터인지라, 될 수 있는 한 부족한 것이 적은 상태에서 지낼 수 있고 그 위에 훌륭한 죽음을 맞이할 수 있는 사람, 왕이시여, 바로 이러한 사람만이 행복하다고 불릴 가치가 있다고 저는 생각합니다." 그러니 결국 사람은 죽어서야 행복한지 아닌지를 알 수 있게 된다는 말이다.

　　고대의 역사가 헤로도토스에 의하면, "솔론의 이 이야기는 크로이소스에게 아무런 감흥도 주지 못했다. 그리하여 그는 현재의 번영을 제쳐두고 모든 것의 「결말」을 보라는 솔론을 어리석은 자라고 확신하고 냉담한 태도로 떠나보냈다." 그러나 그 후 크로이소스 왕은 아들을 멧돼지 사냥에서 잃어 실의의 나날을 보내다가, 결국 페르시아의 키로스 2세의 공격을 받아 수도는 점령당하고 그는 포로의 몸이 되었다. 그의 왕국, 그리고 그의 「행복」은 이로써 종말을 고하였던 것이다.

　　지금 조그만 마음의 풍족을 느끼는 이때에, 또는 어떤 대망의 자리를 다투어 앞뒤 가릴 수 없는 이때에, 뒤집어 모든 것의 결말을 보아야 한다는 말은 귀기울일 만하지 않은가.

한국일보 1997년 9월 18일자, 5면

16
우리나라는 아직 …

요즈음은 대통령 되려는 사람들과 대통령을 만들어 내려는 사람들을 둘러싼 온갖 이야기, 지난 일들, 앞으로의 일들로 정신이 어지러울 정도로 시끄럽다. 왜 이렇게 야단인가 하면, 적어도 겉으로 내세우는 것은 하나같이 대통령이 되어서 또 대통령이 되도록 하여서 결국 국민들을 더 잘 살게 해 보겠다는 것이다. 그런데도 대통령을 뽑아 나가는 과정에서 이렇게 몇 달씩이나 국민들의 얼굴을 잔뜩 찌푸리게 해도 되는 것인지, 국민들이 우리나라는 아직 멀었다고 '불행한 느낌'을 가지게 해도 되는 것인지 알다가도 모를 일이다. 신문에서 이 사람들 얘기를 이제 더 이상 듣지 않게 될 날이 빨리 왔으면, 그러니까 대통령선거날인 12월 18일이 어서 지나갔으면 하는 것이 솔직한 심정이다.

우리나라는 아직 멀었다고 생각하게 하는 일이 한두 가지가 아니지마는, 일전에 선배하고 잡담을 하는 중에 우리나라의 보통 국민들이 제일 간절하게 원하는 것이 무엇인가를 꼽아 본 일이 있다. 대체로 다음의 셋이 아닐까 하는 데 의견이 일치하였다. 첫째는, 살 만한 집을 가지는 것, 둘째는, 자식이 어느 만큼 똑똑하다면 마음껏 공부시키는 것, 셋째는, 병이 났을 때 걱정 없이 치료받는 것이다. 그동안에 시행착오도 많았지만 그래도 각고의 노력으로 이러한 요구들이 어느 만큼 해결되기는 하였다. 그러나 충분하다고 하기에는 멀었다는 것은 누구나 다 아는 일이다. 예를 들면, 우리나라 전체 가구 중 반 가까이는 아직도 남의 집을 빌어서 살고 있다. 잘 산다는 다른 나라에서도 누구나 다 자기가 소유하는 집에 살지는 않지만, 우리나라에서처럼 전체 가구의 반이 1년 또는 2년에 한 번씩 이사를 하여야 하는「위험」에 처해 있는 것은 아니다. 그러니 집을 마련하기 위하여 온갖 희생을 무릅쓰는 일이 벌어지는 것이다.

이상의 과제는 그야말로 '기본'에 해당하는 것이지만, 다른 한편 우리가 사는 삶을 돌아보면, 아쉬운 것이 적지 않다. 좀 맥락이 다르게 생각될지는 몰라도, 예를 들면 서울 한복판에 뉴욕의 센트럴파크나 런던의 하이드파크나 베를린의 티어가르텐 같은 널찍한 공원이 있으면 좋을 것이다. 그렇게까지는 아니라도 거리를 걷다가 다리가 피곤해지면 잠깐 앉아서 쉴 수 있는 나무그늘이 드리운 곳이 많았으면 좋겠다. 그러면 저 옹색하기 짝이 없는 지하도 또는 지하철 역 안의 휴게공간은 없애 버려도 될 것이다. 주말이면 좋은 음악회가 걸어서 갈 수 있는 곳, 아니면 적어도 지하철을 타고 갈 수 있는 곳에서 열렸으면 한다. 지금의「예술의 전당」은 보통 사람들은 접근하기가 쉽지 않다. 그리고 입장권을 사는 데 큰돈이 들지 않았으면 더욱 좋을 것이다. 그림구경도 저 과천의 한참 차를 몰고 가야 하는 곳까지 가지 않고도 할 수 있었으면 훨씬 낫겠다.

그런데 이런 일은 돈은 매우 많이 드는데, 새 길을 내거나 공장을 짓는 것처럼 겉으로 표가 나지 않는다. 그러나 여유 또는 '문화'를 사람들 가까이에 가져다 놓는 것은 단순히 사는 것이 아니라 그 삶의 질을 생각함에 있어서는 빠뜨릴 수 없는 일이다.

사람 사는 일이 다 그렇듯이 나라일도 기본이 중요하다. 시원한 풀밭에 아무일도 하지 않고 앉아 있거나 미술관에 들어가서 좋은 그림을 한참 보거나 좋은 음악을 들으면 누구라도 마음이 풍요로워지는데, 이런 것들이 늘상 가능하도록 만드는 것이 곧 공동체, 즉 나라가 할 일인 것이다. 이러한 것은 나라에 여유가 있을 때 가외로 베풀어 주는 혜택이 아니라 당연히 해야 하는 중대한 과제라고 생각을 바꾸시는 것, 단지 생존의 유지가 가능하도록 하는 것만이 아니라 풍요롭고 여유 있는 삶을 살 수 있는 공동의 바탕을 마련하는 것이 아니면 나라가 있어야 할 필요가 없다고 생각하시는 것, 이것이 요즈음 대통령 되려고 또는 만들려고 애쓰시는 분들에게 부탁하고 싶은 말이다.

한국일보 1997년 10월 16일자, 5면

17
초심으로
돌아가라

지난 백 년 넘게 우리는 서양을 배워 왔다. 우선 이 사실을 인정하고 그 의미를 잘 생각해 보아야 한다. 우리가 만드는 물건을 남의 나라에 팔려면 당연히 그 나라의 사정을 알아야 한다는 실제적 필요성도 있었겠지만, 그것은 오히려 사소한 것이다. 그보다 훨씬 중요한 것은, 우리가 어떠한 사회를 만들어 갈 것인가 하는 기본적 태도를 정함에 있어서 서양을 모델로 설정하였다는 점이다. 비유하여 말하자면, 춘향전 속에서는 '영원한 인생'도, '인간'도, '성격'도 발견할 수 없었기 때문에 우리는 의식적으로 과거와 단절하고자 하였던 것이다. 그리하여 우리는 우리가 해결하여 할 어떠한 문제에 대해서도 미국, 영국, 프랑스, 독일, 일본 등에서 그것이 어떻게 처리되고 있는지를 살펴봄으로써 해결의 실마리를 얻곤 하였다. 수많은 젊은이들이 이들 나라를 향하여 배움의 길을 떠났고 또 떠나고 있다.

사람이 '더 좋은 것'을 향하여 품는 정열이란 무서운 것이다. 원효가 의상과 함께 유학에 가던 길에 한밤중에 노숙하면서 일어났던 일을 우리는 전설처럼 들어 알고 있다. 그들은 요즈음이라면 북경에서조차 비행기로 세 시간 걸리는 저 먼 중국의 장안(오늘의 서안)을 향하여 걷고 있었던 것이다. 당시의 교통사정을 생각하여 보면, 그것은 엄청난 모험이었음이 틀림없다. 그럼에도 무엇이 그들로 하여금 그러한 모험을 저지르게 하였던 것일까. 깨우침, 마음의 어두움을 털어버리고 사람 일과 세상의 이치를 아는 것, 그것에 대한 납득할 만한 설명체계를 얻어 보겠다는 열망이 아니면, 쉽사리 이해가 가지 않는 일이다.

그리고 보면 우리에게 변하지 않는 것이 있다면, 그것은 무엇보다도 우리 정신의 준거를, 적어도 세계에 대한 정신적인 이해방식을 다른 나라, 다른 언어에서 얻어 왔다는 사실이다. 오늘날 우리가 문제해결의 방도를 찾기 위하여 다른 나라를 바라보는 것은 일백 몇십 년 또는 그 전에 우리의 조상들이 중국을 바라보았던 것과 하등 다를 바 없다. 우리를 유태민족에 빗대어 이 시대의 무수한 고난이야말로 우리 민족의 손으로 장차 수행될 전체 인류를 위한 정신적 대혁명의 준비라고 하는 『뜻으로 본 한국역사』의 저 허황된 해석이 전혀 허황되지 않게 다가오는 것은 무엇보다 인류의 문화사에 우리가 진 빚에 대한 뚜렷한 자각이 그 밑바닥에 깔려 있기 때문이다.

오늘날 우리의 앎은 어디에 있는가. 그것을 짚어 볼 수 있는 하나의 손쉬운 재료는, 일찍이 유학을 갔다가 돌아와 대학에 자리잡은 분들이 무엇을 하였는가를 살펴보는 일이다. 그들은 해방 직후 부득이 우리의 대학을 채웠던 제국대학帝國大學을 나온, 그러나 아무래도 정규의 학문적 훈련이 충분하였다고 할 수 없는 선배들과는 달리 앎의 새로운 지평을 열어 줄 것이라고 사람들의 기대를 한몸에 모았다. 서양의 유수한 대학의 박사학위를 받았다는 그것만으로도 학생들은 그 문하생이 되고자 하였다. 그런데 과연 결과는 어떠한가? 지난 봄 이래 대통령후보를 가리는 과정에서 사람들의 입에 오른 몇 분들이 따지고 보면 이를 최대의 자산으로 커 가서 그에 이르렀던 것을 생각하면, 우리나라 지성의 이러한 역사적 맥락이 상기되지 않을 수 없었다.

앞에서 수많은 젊은이들이 서양의 대학으로 유학을 떠나고 있다고 하였다. 우리 사회에서 여전히 앎의 중추적 역할을 담당하고 있는 우리 대학이 처하고 있는 참담한 현실에 비추어 보면, 이는 당연한 일이라고 하지 않을 수 없다. 그리고 이러한 현실은, 그 원인의 하나를 교수들이 우수한 후학들에게 제시하였던 또는 제시하고 있는 역할모델에서 찾을 수 있다고 생각한다. 실용적 기술을 발전시키는 것이야말로 대학이 할 일의 전부이고 당장 써먹을 수 있는 것이 아니면 없어도 된다고 여기는 듯한 정책 당국자의 편협함을, 일단 입학하였으므로 이제 편하게 학점을 채워 졸업하는 것만이 능사이고 그동안에 남들이 부러워하는 자격이나 따두면 금상첨화라고 여기는 학생들의 현세주의를 비난하기 전에, 어려운 환경 속에서라도 오로지 학문의 즐거움을 추구하는 자세 또는 힘은 도대체 어디에 있는가.

너도 나도 초심으로 돌아갈 일이다.

한국일보 1997년 11월 13일자, 5면

18
법학전문대학원 신설
─ 이래서 반대

이번에 발표된 새교육공동체위원회의 법학교육 개선안의 핵심
은, 법학전문대학원을 새로 설치하여 그 수료자에게 사법시험의 제
1차시험을 면제하도록 하고, 이를 설치한 대학은 학부 레벨에서 법
과대학을 둘 수 없도록 한다는 것이다. 대통령이 이 안을 다시 사법
개혁추진위원회와 협의하도록 하였으므로 이 안대로 확정될 것인
지 두고 볼 일이지만, 이 안으로는 법학교육의 개선, 나아가 좋은 법
률가의 양성이라는 목표를 달성할 수 없다고 생각한다.

무엇보다 문제는 기본적으로 이 안이 현재의 법학교육 및 법률가
양성제도와 어중간한 타협을 하고 있다는 데서 발생한다. 우선 이
안은 현행의 사법시험이나 사법연수원제도의 유지를 전제하고 있
다. 그리하여 법학대학원 수료자는 제1차시험은 면제받더라도 제2
차시험에는 합격해야 한다. 현재 제2차시험은 약 5:1의 경쟁률을 유
지하고 있어서, 법학전문대학원을 수료했다고 해서 사법시험에 최

종 합격한다는 보장이 없다. 그러니 법률가가 되려는 학생이라면 바로 학부 레벨에서 법학을 전공하여 제1차시험에 응시·합격하려 할 것이고, 굳이 법학대학원에서 법 공부를 시작하려 하지 않을 것이다. 더욱이 이 안에 의하면, 사법시험을 최종 합격하여도 다시 2년 과정의 사법연수원을 거쳐야만 법률가자격을 취득한다는 것이다. 그렇다면 학부부터 사법연수원 수료까지 최소한 9년이 걸리며, 거기다 제2차시험을 준비하는 기간과 남자의 경우 3년의 군복무기간을 합하면 법률가가 되는 데 대학 입학 후 13년, 14년이라는 막대한 시간과 그에 따른 비용지출을 요하는 것이다. 그러므로 이 안은 법학전문대학원이 유명무실하게 되거나 유능한 인재가 법률가 지망을 꺼리게 되는 자멸적 결과(아니면 혹 이것이 입시 과열의 완화 등과 어우러지는 이 안의 진정한 목표인가?)를 낳을 우려가 있다.

한편 다음과 같은 점도 지적할 수 있다. 법학전문대학원에서 충실한 전문적 법학교육을 실시한다고 하는데, 그것이 제1차시험 면제와 어떻게 연결되는지 알 수 없다는 것이다. 만일 법학전문대학원에서 다양한 전공의 대학졸업자를 상대로 '질 높은 교육'이 행하여진다면, 또 행하여질 수 있다면(필자는 현재 여건에서는 우리의 대학이 그 능력을 갖추지 못하였으며, 따라서 상당한 투자와 준비 없이는 미국식 로스쿨제도도 무리라고 생각한다), 그 수료자에게 가령 변호사시험을 거쳐 바로 법률가자격을 수여하지 못할 바 없으며, 또 3년의 법학전문대학원과 2년의 사법연수원을 병치한다는 세계 어느 나라에도 없는 제도를 마련할 필요도 없다. 다른 한편 법학전문대학원에서 단답식 제1차시험의 면제를 받을 정도의 교육밖에 실시할 수 없고 그래서 그 수료자에게 다시 제2차시험과 사법연수원 수료가 요구된다면, 이러한 전문대학원을 기존의 학부 법학과정과 별도로 둘 이유가 없는 것이다.

어설픈 현실 타협에 기한 제도를 「개혁」의 이름 아래 성급하게 도입하기보다는 우리에게 맞는 법률가양성방안을 전체적으로 조망·검토하는 것이 진정 요구된다고 하겠다.

조선일보 1999년 9월 12일자, 6면

19
오바마의 어머니

버락 오바마 미국 전 대통령의 삶을 살펴보면 오히려 그의 어머니에게 더욱 흥미가 끌리기도 한다.

오바마의 집안이 '복잡'한 것은 잘 알려져 있다. 아버지는 아프리카 케냐 사람인데, 미국으로 유학 와서 하와이대학교에 다닐 때 같은 학교의 미국 캔자스 주 출신 열여덟 살 처녀와 사랑에 빠졌다. 그래서 낳은 아들이 나중에 유색인종으로는 최초로 미국 대통령이 된 것이다. 이 집안에는 '최초'가 많은데, 예를 들면 아버지 오바마는 케냐 최초로 외국에 유학 간 사람이고 또 하와이대학교 최초의 흑인 학생이었다. 오바마 대통령의 이름 맨 앞의 '버락(Barack)'은 스와힐리어로 '신의 축복을 받은'이라는 뜻이다. 그에 이어지는 이름 '후세인(Hussein)'은 이슬람의 예언자 무하마드가 손자에 붙인 이름에서 연유한다. 여기서 드러나듯 오바마는 적어도 아버지의 뜻으로는 무슬림으로 태어난 것이다.

아버지 오바마는 대학 공부를 마치자 조국이 식민지 상태로부터 독립하는 과업에 헌신하기 위하여 케냐로 돌아갔다. 케냐에는 첫째 부인이 시부모, 즉 대통령의 할아버지·할머니와 같이 살고 있었다. 대통령의 어머니 앤이 케냐로 갈 준비를 하면서 남편에게 편지를 보내자 답장이 시아버지로부터 왔다. "우리는 아내를 여럿 둘 수 있어서 문제없지만, 자네는 괜찮겠느냐?"는 취지였다. 결국 어머니는 케냐로 가지 않았다.

그래서 오바마는 우선 아버지 쪽으로 그의 다른 세 부인이 낳은 남자 여섯, 여자 하나 도합 일곱 명의 이복형제가 있었다. 한편 어머니는 후에 인도네시아 사람(그도 국비장학생으로 미국으로 유학 왔다)과 재혼을 했고 그 사이에서 여동생이 생겼다. 그러니 그는 도합 여덟 명의 '형제'가 있는 셈이다.

오바마는 아주 어린 시절을 외가에서 지냈다. 그는 어머니를 '버리고' 떠난 아버지에 대해서 복잡한 감정을 가질 수밖에 없었지만, 어머니에 대하여는 그의 두 번째 자서전 『담대한 희망』에서 "아버지가 없는 가운데서도 나를 지탱해 주었고, 순탄치 못했던 내 청소년기에 희망과 꿈의 나무를 심어 주었으며, 언제나 옳고 바른 길로 인도해 주었다"고 말하면서 커다란 존경과 사랑을 표시하고 있다. 그의 어머니는 흑인과의 사이에서 '혼혈아를 가진 여자'라는 주위의 시선에도 불구하고 두려워하거나 비겁해지지 않았고, 오히려 당당하게 이들에게 인사하고 웃어주었다고 한다. 다시 오바마의 말을 빌리자면, "어머니는 사람들의 선량함과 우리 모두에게 주어진 삶의 가치에 대한 기본적인 신념을 가지고 있었다. 그게 무엇인가? 편견 없는 사랑이다. 인간은 피부 색깔에 관계없이 사랑받기 위하여 태어난다."

그런데 어머니는 직장에 다녀야 했기에 오바마는 외할아버지와 같이 지내는 시간이 더 많았다. 오바마가 태어나기 얼마 전까지만 해도 미국의 주 절반 이상에서 백인과 흑인이 결혼하는 것을 법으로 금지했고, 실제로 가혹한 벌로 다스렸었다. 외할아버지는 어린 외손자가 놀림감이 되지 않을까 각별히 신경을 썼다. 하루는 오바마를 데리고 공원을 산책하고 있던 중에, 그 아이가 손자라는 말을 들은 어느 백인 남자가 "아니, 백인 집안에 흑인 손자가 있다는 말이오?" 라고 하자 그 자리에서 그를 내팽개쳐 버리고는 집으로 돌아왔다. 그리고 혼자서 방에 들어가 가슴이 미어지게 울었는데, 그 울음소리를 오바마는 아직도 기억하고 있다고 한다.

앞서 말한 오바마의 새 아버지는 그 후 오바마 모자와 함께 인도네시아로 돌아왔다. 오바마는 여섯 살부터 열 살까지 자카르타에서 자라면서 학교를 다녔다. 그리고 자식들의 교육을 걱정한 어머니의 결단으로 하와이로 돌아와 명문 사립학교에 들어갔다.

나는 현재의 도널드 트럼프 대통령이 부동산업을 크게 한 사람으로 돈이 엄청나게 많다는 것 외에는 그가 어떠한 집안에서 어떻게 자랐고 어떤 교육을 받고 어떤 경험을 쌓았는지 잘 모른다. 그런데 그의 요즈음 언동을 보면, 왠지 모르게 적어도 어렸을 때는 오바마와는 아무래도 다르게 살지 않았을까 하는 느낌이 든다.

매일경제신문 2018년 10월 27일자, A27면(「세상 사는 이야기」란)

20
다나카 코이치라는 일본 기술자의 노벨상

이제는 다 잊혔는지도 모르겠다. 지금부터 16년 전인 2002년에 다나카 코이치(田中耕一)라는 일본 사람이 노벨화학상을 다른 나라의 두 사람과 함께 받은 바 있다. 그는 센다이의 토호쿠(東北)대학을 졸업한 후 '시마즈 제작소'라는 소박한 이름의 회사에서 일해 왔다. 그 기업은 자체적으로 또는 남이 개발한 과학 기술을 실용화하여 컴퓨터단층촬영장치(CT)와 같은 의료기기나 계측기기 등을 제작하는 것을 주업으로 하는데, 내부적으로 기초연구 개발에도 힘을 기울여 적지 않은 투자를 한다고 한다.

그는 생모가 자신을 낳은 직후에 출산후유증으로 죽었고 자신을 키운 것은 실제로는 작은어머니였다는 것을 대학에 입학할 즈음에 알게 되어 큰 충격을 받았다. 그 때문에 공부를 소홀히 해 대학 1학년을 유급해야 했지만, 이를 극복하고 전공 공부에 애써서 졸업 때에는 좋은 성적을 거두었다. 무언가를 만드는 것이 자기 성격에 맞는다고 생각하여 대학원에 진학하지 않고 취직을 결심하였다.

처음에 소니에 입사시험을 쳤으나 낙방했다. 그는 그 후 지도교수가 추천한 '시마즈 제작소'에 만 23살에 들어가서, 화학분야의 기술 연구에 종사하게 되었다. 그로부터 2년 남짓 후인 1985년에 그는 유전자 분석 등과 연결되는 '소프트레이저 탈이온화 질량분석기술'을 발견하였다. 그것이 17년 후의 2002년에 노벨상으로 이어졌던 것이다. 수상 당시 그의 직책은 이 회사의 '라이프사이언스연구소 주임'이었다.

그렇지 않아도 메이지유신 이래 국제적 인정에 목마른 일본에서 현역의 회사 샐러리맨, 그것도 겨우 '주임' 자리에 있던 전혀 알려지지 않은 사람이 노벨상을 받았으니, 소동이 벌어질 것은 불 보듯 뻔한 일이다.

먼저 다나카의 훌륭한 인품과 연구에의 성실한 몰두에 대하여 신격화라고 해도 좋을 최상급의 찬사가 쏟아졌다. 다나카 자신이 "제 자신과 TV에 나오는 다나카라는 남자가 전혀 다른 사람처럼 보였습니다. 말도 안 되게 '좋은 사람'이라는 이미지가 만들어져서, '그렇지 않습니다'라고 해도 고칠 수가 없습니다"라고 말하는 것을 보면 그가 소박한 인품의 사람인 것은 확실한 듯하다.

또 대학원에 적을 두어 본 일이 없는 그에게 명예박사학위가 주어졌고("고생도 안 하고 박사학위를 받게 되어 정말로 기쁩니다"), 도쿄대학을 비롯한 여러 대학의 객원교수가 되었다. 또 고향이나 근무 회사가 있는 쿄토시의 명예시민으로 추대되고, 일본 정부는 학예와 문화의 발전에 현저한 공적이 있는 사람에게 수여하는 최고 영예의 '문화훈장'을 수여하였다. 회사도 '시니어펠로우'의 타이틀을 주어서 이사 대우를 한다.

그러나 이 사태를 바라보는 외국의 언론매체는 그렇게 단순하지 않았다. 미국의 어느 문화비평지는 이 '노벨상 소동'에 대하여 "엄격한 전통적 구조 아래 사람들 간의 위계가 명확하게 정해져 있고 개인의 재능을 표현하는 것이 제한된 사회에서, 돌연 그 한 모퉁이에 스포트라이트가 비춰져서 지금까지 평범한 모래알맹이로 여겨졌던 것이 실은 빛나는 진주알이었음이 밝혀진다는 이야기는 언제 들어도 신선하다. 일본의 모든 샐러리맨은 더 이상 비극의 주인공이 되지 않아도 된다는 사실을 다나카 고이치는 가르쳐 주었다. 어쩌면 그들이 더욱 큰 개인의 자유와 인간의 위대한 가능성으로 가득 찬 세계를 만들어낼 수 있는 단초를 부여받았는지도 모른다"라고 말하는 것이다.

나는 법을 전공한 사람으로서 자연과학이나 이공계 기술은 잘 모른다. 그렇지만 앞서 말한 대로 실용 지향의 기업에서 연구개발에 종사한 다나카가 겨우 43세의 나이로 노벨화학상을 받기에 이르기까지의 사정, 그리고 그의 수상에 대한 일본 국내외의 반응을 들여다보고 있으면, 신이 날 일이 별로 없는 요즈음 우리나라에서도 다나카처럼 아예 무명의 월급쟁이가 노벨상이라도 받는 기적 같은 일이 벌어져서 뒤늦게라도 야단을 떨 수 있었으면 좋겠다.

매일경제신문 2018년 12월 22일자, A27면(「세상 사는 이야기」란)

제 6 부

인터뷰 모음

01
교수님과의 대화:
양창수 교수님을 만나다

양창수 교수님을 만나 뵈러 갔을 때는, 산수유 꽃이 막 피어났을 즈음이다. '카리스마적' 존재로 알려지신 양창수 교수님을 인터뷰해야 한다는 사실에 조금 걱정이 되었지만, 한편으로는 그런 분의 이야기를 직접 들을 수 있다는 사실에 내심 설렜다.

17동 4층에 위치한 교수님의 연구실에는 책이 가득했다. 넓은 방의 사면을 책으로 채운 것도 모자라서, 교수님이 쓰시는 책상 두 개와 커다란 1인용 안락의자를 제외한 나머지 공간에는 책꽂이가 빽빽이 들어차 있어 마치 도서관과도 같았다. 기자가 찾아갔을 때 교수님은 읽고 있던 책을 내려 놓으셨는데, 책을 내려놓을 곳이 없을 정도로 책상과 바닥 곳곳에는 책이 그득그득 쌓여 있었다. 교수님의 머릿속에 들어와 있다는 느낌이었다고 할까.

우리는 그 속에서 교수님과의 대화를 시작했다.

— 안녕하세요. 지난 학기가 안식학기셨는데 여가활동이나 학문적 활동 등 다양한 활동들 하셨을 것 같아요. 어떻게 지내셨는지.

뭐, 강의를 하지 않는다는 것을 제외하고는 다른 학기하고 별로 다를 것이 없었지요. 책 보고, 글 쓰고, 놀고 그랬어요.

— 학생들 중에서는 지난 학기에 교수님이 안식학기이었어서 교수님께서 집필하시는 교과서가 나오는 시일이 앞당겨지지 않을까 우려(?)한 사람도 있는 것 같습니다만.(웃음)

글쎄. 교과서를 어느 정도 쓰기는 했지. 그런데 아직 끝을 내지 못했어요. 교과서를 쓰다 보니 더 생각해야 할 것들이 많다는 걸 알게 됐지요. 법학이 충분히 발달한 다른 나라 같으면 이런 경우에 관련된 연구성과를 찾아서 그 내용을 정리하면 대체로 넘어갈 수 있지만, 우리는 아직 그렇게 못하지 않나요? 그러니 스스로 나서서 그걸 공부하지 않으면 안 되지요. 그러다 보면 교과서 쓰는 일 자체는 지지부진할 수밖에요.

— 그럼 요즘엔 어떤 일들을 하고 지내시는지 최근의 근황을 설명하신다면.

요즈음은 유럽민법 통합작업과 관련된 문헌들을 뒤져 읽고 있어요. 또 2002년 독일민법 대개정에 대한 비교법적이고 역사적인 평가에 관한 책을 읽고 있지요. 그리고 1년 남짓 전부터 학회의 책임을 맡게 되었지요. 예를 들면 민법 교수들이 모이는 한국민사법학회가 있고, 또 민법뿐 아니라 상법, 민사소송법 분야의 교수들과 판사들이 모인 민사판례연구회가 그렇지요. 학회 일이라는 것이 시간을 큰 단위로 한꺼번에 많이 앗아가지는 않지만, 자그마한 사항이라도 바로바로 결정을 해야 하는 경우가 적지 않더군요.

자기를 흥분시키는 거를 열심히 하면 되지.

— 그러면 이야기를 조금 바꾸어서. 교수님께서 하시는 강의를 들어보면 "공부를 열심히 해라. 하루에 10시간씩은 공부해야 한다"고 말씀을 하시는데요. 다른 한편으로는 교수님의 학창시절에 문학에 대해 지대한 애정을 갖고 계셨고 연극 활동도 하셨다고 알고 있습니다. 양창수 교수님께서는 대학 시절에 주로 어떤 활동을 하셨고, 공부와 취미를 어떻게 병행하셨는지를 알고 싶습니다.

"하루 10시간씩 공부하라"는 말은 학생들에게 자극을 주기 위하여 방법적으로 하는 말이니, 그렇게 긴장할 것 없어.(웃음) 나는 1970년에 대학에 들어왔어요. 당시는 1학년생들은 1년 기간으로 교양과정부라는 데 속해 있었어요. 교양과정부 연극반에 들어가서 공연을 두 번 했어요. 연극에 관심을 가지게 된 건 무엇보다도 고등학교 때 카뮈의 『시지프스의 신화』를 읽고 그의 연극론에 끌렸기 때문이지요. 그때 같이 연극한 친구들은 요즘도 가끔 만나는데, 그 중에는 연극계의 중견이 된 이도 있어요. 2학년이 되어서 동숭동의 법대로 와보니까 법대에도 연극부가 있었는데 활동이 활발한 것 같지는 않았어요. 친구들 몇이 모여 연극부 활동을 했습니다. 원래 나는 역사를 공부하고 싶었어요. 처음에는 함석헌의 『뜻으로 본 한국역사』와 같은 초월적 역사론에 끌려서 들어갔는데, 이기백의 『한국사신론』를 읽으면서 거기서 제기한 식민사관의 극복이라는 과제를 달성하는 데 기여하고 싶었지요. 그런데 집안에서 일단 법대에 들어가고 나중에 전과를 하든지 하라고 말씀하셔서 일단 법대에 입학했습니다. 2학년에 올라오면서 전과를 하려고 했는데, 이런저런 우여곡절 끝에 결국 법대에 그냥 눌러 있게 됐어요. 그래 처음에는 법공부를 하고 싶지 않았고, 하지도 않았지요.(웃음) 하여튼 법대 연극부에서 김승옥의 소설 「서울 1964년 겨울」을 각색해서 공연했고, 베케트의 「유희의 종말」을 연습하고 나운규의 영화 「아리랑」을 연극으로 만들어 보려고도 했지요. 그런데 한참을 애써서 무언가 될 만한 단계가 되면 학교가 문을 닫거나 집회가 금지되었기 때문에, 결국 공연은 못한 경우가 대부분이었지요.

그리고 문학은 고등학교 때 문예신문반에서 교내신문 만들고 교지 편집하면서 시나 소설을 쓰고 그랬지요. 당시는 실존주의 문학에 푹 빠져 있어서, 카뮈나 도스또예프스키, 카프카, 또 사르트르를 열심히 읽었지요. 물론 헤세나 괴테 같은 사람 것도 많이 보았지만, 지금으로 보면 아무래도 조금 치우치지 않았나 하는 생각도 해요. 이른바 고전을 더 팠으면 좋았다는 거지요. 잡지 『문학과 지성』이나 『창작과 비평』의 고정독자였지요. 학교 안이나 밖의 문학상 같은 것도 더러 받았어요. 법대로 오니까 「낙산문학회」라는 게 있었는데, 시 낭송의 밤도 하고 그랬지요.

— 연극활동하실 때 각본만 쓰셨는지 배우로서도 활동하셨는지?

배우도 했고 각본도 썼어요. 교양과정부 때는 이재현의 「사할린스크의 하늘과 땅」, 뒤렌마트의 「노부인의 방문」에 출연했고, 서울대 총연극회에서 공연한 셰익스피어의 「줄리어스 시저」에도 단역이지만 나갔어요. 뒤렌마트 때는 『대학신문』에 "연기가 좋다"는 기사까지 실렸지.(웃음) 사법시험 합격하고 사법연수원 들어가기 사이의 기간에는 후배들 데리고 카뮈의 「정의의 사람들」을 연출까지 했으니까.(웃음)

— 아까 전에 법대에 본의 아니게 입학하게 되셨다고 하셨는데, 어떤 계기로 법을 공부하기로 마음을 정하게 되셨는지요.

그건 일종의 모범생 기질 같은 건데요, 한 1년 동안 법공부는 별로 안 했는데 2학년 마칠 때쯤 다른 친구들이 열심히 공부하는 것을 보니 은근히 불안해지더군요. 내가 이제 와서 사학을 전공할 수도 없으니, 법도 좀 공부해야겠다고 마음먹게 된 거지요. 당시는 학교가 문을 닫는 일도 많았지만, 난 방학이나 학교가 문 닫은 때 집중적으로 법을 공부했어요. 학교가 열린 때는 다른 일을 하고. 내가 사시에 합격하자 친구들은 "너는 언제 공부했냐?"고 묻곤 했지만, 나도 공부 열심히 했지.(웃음)

— 저희가 볼 때는 교수님 되게 카리스마 있으시고, 뭔가 당당한 이미지를 갖고 계신데, 이야기를 듣다보면 도서관에 묻혀있는 책벌레였다는

느낌도 들거든요. 교수님 생각으론 어떤 대학생이셨는지?

대학 다니면서 이런 생각을 했어요. 삶이라는 건 유한하고, 덧없는 거다. 인간은 다 가련하고 동정받아 마땅한 존재다. 그런데 결정적으로 제한되어 있기는 해도, 생명이 있고, 생명은 하나의 가능성이지. 이 가능성을 끝까지 펼쳐보이는 게 좋은 삶 아니냐? 들판에 서 있는 풍성하게 잘 자란 나무를 보면, 왜 생명의 원초적인 희열 같은 게 느껴지잖아요? 그런 나무도 아주 조그만 씨앗에서 시작했거든. 그 씨앗이 가진 능력을 잘 발휘한 거죠. 나는 볼 수 있는 걸 다 보고, 느낄 수 있는 걸 다 느끼고, 알 수 있는 걸 다 알아보자고 생각했지요. 그게 내가 '성실함'이라는 말로 부르는 태도인데요, 공부라는 것이 결국 그런 성실함을 실현하는 방도지요. 우선 어떤 일에 처해서 내가 어떻게 느끼고 반응하는지를 스스로 살피고, 나아가 남이 어떻게 느끼고 반응하고 평가하는지를 관찰이나 경험이나 책 읽기를 통하여 살피는 거지요. 무엇보다 궁금하잖아요? 나는 이렇게 생각하는데 남들은 어떻게 생각하는지, 왜 이건 이렇게 돼 있는지, 다른 나라에서는 어떻게 하는지, 옛날에는 어떻게 살았는지. 법이든 내 자신이든 남이든 사회든 그런 새로운 것들을 알고 깨닫는다고 하는 것이 굉장한 기쁨이지요. 결국 자기를 흥분시키는 것을 열심히 하면 되는 거지요.

어렸을 때부터 생각을 했지만 '역시 공부하는 게 제일 신이 난다'는 생각이 들어.

— 교수님의 경력을 봤었는데요, 연수원과 군법무관 기간이 석사과정, 판사생활과 박사과정이 겹쳐서 있더라구요. 그래서 교수님께서는 언제부터 교수직을 해야겠다는 구체적인 생각을 하게 되셨는지 의문이 들었습니다.

대학을 졸업하고 나서 대학원에 진학했고 당시는 좋았던 시절이라 사법연수원에 다니면서 대학원에서 수업도 들었지만, 그건 꼭 대학교수가 되려고 그런 건 아니었고 실무만이 아니라 법공부를 계속하려면 그런 실제적인 계기가 필요해서였지요. 연수원을 수료하니 병역을 필하려고 당연히 법무관으로 군대에 갔고, 1979년에 제대하고서는 역시 당연한 것처럼 판사로 임관을 했어요. 대학으로 갈 수 있는 실제적인 전망이란 게 전혀 없었으니까요. 3년 가까이 서울민사지방법원에서 근무했는데, 당시는 지금처럼 판사에게 해외연수를 시켜 주는 제도는 없었고, 그저 DAAD(데아아데)라고 약칭되는 독일의 국제학술교류처에서 주는 장학금을 받으면 옷 벗지 않고 유학 가는 걸 인정해 주는 정도였어요. 다행히 1982년에 그 장학금의 수혜자로 정해져서 1983년 6월에 베를린자유대학으로 유학을 했지요. 그러면 판사 일은 없고 그냥 학생이니까 달리 할 일도 없어요. 공부 아니면 어디 여행이나 가는 것 외에는.

독일에서는 지금 생각해도 놀랄 만큼 열심히 공부했지요. 그런데 그때 보니 나라는 사람은 공부를 할 때 제일 신바람이 나는구나 하는 것을 알았어요. 그렇지만 그때는 "어디 학교를 가겠다" 이런 구체적인 계획도 없었지. 그런데 독일에서 돌아온 후 1년 남짓 있다가 1985년 정초에 곽윤직 선생님한테 세배를 드리러 갔더니, 이 분이 "학교로 올 생각이 없냐"고 하시는 거야. 내 석사논문을 지도하셨던 김증한 선생님이 내년 2월에 정년퇴임을 하시는데 그 자리에 올 사람을 이번에 채용하게 됐으니 생각을 한 번 해보라고 하셨지. 살다 보니 이런 일도 생기는구나 하는 생각이 절로 들더군요. 집안에서도 전에 역사 공부 하려던 뜻을 꺾었던 일이 있으니까 이번에는 차마 반대를 못 하셨고, 처도 독일에서 내가 가끔씩 웅얼거리는 말을 들은 일이 있으니까 내 생각대로 하라고 찬성해 주었지요.

배우기는 배우는데. 무엇을 어떻게 배우느냐, 또 배워서 뭘 하겠다는 이야기냐, 그런 것은 우리 관점에서 해야 돼. 우리도 법이 있거든요.

— 그렇다면, 그 때 교수님은 교수로서 법학에 있어 어떠한 방향성을 지향하셨는지 궁금합니다.

교수가 되고 학문을 내 일로 삼는다는 것은 단순히 남의 글을 읽는 것과는 차원이 다르지요. 나는 1980년대 초반까지의 우리 민법학에서 커다란 문제점이라는 것이 있다면, 그것은 우리나라에서 일어나는 실제의 법문제를 해결하는 데 별다른 도움을 주지 못한다고 할까, 자신의 작업대상을 우리 법에서가 아니라, 비록 그것이 민법학이 발달된 나라라고 해도, 다른 나라에서 찾는다고 할까 하는 점이라고 생각했어요. 1980년대 초까지 우리 사회에도 여러 가지 새로운 문제들이 대두했는데, 당장 사건을 해결해야 하는 법원의 실무가들은 내가 보는 한에서는 대체로 그 문제에 대해서 일본에서 어떻게 논의되고 있는지를 참고해서 판결을 했어요. 그런데 대학에 계신 선생님들은 외국, 특히 독일의 이론을 우리나라에 그대로 들여오는 그런 작업에 치중하시지 않았나 생각해요. 문제는 그 법이론이 우리나라의 법적 맥락에서 어떠한 의미 또는 기능을 가질 수 있는가를 충분히 검토하고 그렇게 했는지 의문이 없지 않았지요. 우리는 외국서 열심히 배워야 해요. 이 점은 논의의 여지가 없어요. 그런데 어느 한 나라에만 기울어지는 것은 혹 손쉬운 점이 있을지는 몰라도 병폐가 적지 않지요. 그 나라에서의 논의는 자신들이 안고 있는 문제를 해결하기 위한 것인 경우가 많거든요. 만일 그 논의를 그대로 끌고 들어오면, 자칫하면 그 나라로부터 우리에게는 있지도 않은 병을 같이 앓게 되지요. 또 그 나라의 법을 시간 속에 놓고 보면 법을 개정하거나 판례나 학설상황이 변하거나 해서 많이 달라져요. 그런데 배우는 입장에서는 어느 한 시점에서의 태도나 논의를 교조화敎條化하기 쉽지요. 그러다 보면 저쪽에서는 이미 극복된 것을 여기서는 여전히 부처님 모시듯 하는 경우도 없지 않단 말이예요. 그리고 기왕 배우는데 이 나라 저 나라 비교해서 더 나은 것을 배우는 게 좋고, 또 비교를 통해서 비로소 어느 한 나라의 제도를 더 잘 이해할 수 있지요.

이렇게 생각하면, 결국은 우리 민법학의 문제점은 문제의식의 좌표를 우리 법에 두지 않은 데서 오는 게 아닌가 하는 생각을 했지요.

그러니 우선 현재 우리 법이 어떻게 되어 있는지를 잘 인식하는 것에서 출발해야지요. 이 일은 흔히 생각하는 것처럼 쉽지만은 않습니다. 「판례의 태도」가 이렇다 저렇다 쉽게 말하지만, 그걸 정확하게 파악하는 건 간단한 일이 아니지요. 또 우리 민법전이 독일민법을 그대로 수입했다고 하는 분도 있는데, 얼핏 봐도 중요한 점에서 같지 않은 것이 많아요. 내가 독일서 공부하면서 절감한 게 바로 독일 민법과 우리 민법은 차이가 적지 않다는 거지요. 우리 민법은 한 나라의 것을 그대로 따왔다기보다는 여러 나라 것을 복합적으로 계수했거든요. 그리고 법은 하나의 체계를 이루고 있어서, 그 중 어느 한 부분이 외국서 수입되었다 해도 그게 그 전체 체계 안에서 가지는 의미 또는 기능이 그 외국과 같다고는 말하기 어려운 경우가 태반이죠. 표현이 어떨지 몰라도, 우리에게는 우리의 법이 있죠. 비록 문제가 적지 않다고 해도 말이예요. 나아가 그렇게 파악된 우리 법이 어떤 점에서 문제인지를 확인해야 되요. 사실 무엇이 문제인지를 정확하게 짚으면, 오히려 해법은 쉽사리 얻을 수 있는 경우가 많아요. 병을 앓는 경우에도 그렇잖아요?

물론 현재 우리 법의 인식이나 문제의 확인 자체가 보다 세련되고 적절한 이론틀의 구성에 달려 있는 경우도 있지요. 그리고 그런 이론틀의 구성에 우리보다 앞선 외국법의 이해가 기여할 수도 있어요. 여기서 이해의 대상이 되는 것의 파악과 이해의 준거틀 사이의 '해석학적 순환'을 끌어들 수 있을지도 몰라요. 그러니 문제는 그렇게 단순한 것은 아니지만, 어쨌거나 우리 법문제에 대한 천착 없이 외국의 논의를 직수입하는 태도는 득보다 실이 많다고 생각했어요.

― 교수님의 문제의식은 막 교수가 되었을 당시와 다름없이 지속되고 있는 건지요?

그렇지요. 그런데 이런 점은 확실히 있어요. 처음에는 보다 개별 문제 지향적이었습니다. 구체적인 법문제에서 의미 있는 이익상황 등을 다른 법제도와의 관련에서 살펴서 당해 문제에 적합하면서도 체계적인 해결을 얻는 데 치중했다는 생각이 들어요. 물론 그게 기본이라는 생각에는 변함이 없지만, 조금씩 다른 측면에도 주목하게 됐어요. 개별 법문제를 생각하다 보면, 결국은 그 배후에 어떠한 원리적인 가치나 평가의 충돌이 있음을 알게 되는 경우가 많아요. 자유나 책임이냐, 개인이냐 공동체냐 하는 보다 큰 것에서부터 예를 들면 금융의 원활한 공급이냐 자금사용자의 영업활동의 보장이냐 하는 보다 작은 것에까지. 권리의 보호냐 거래의 안전이냐 하는 것도 그 하나지요. 그런 보다 일반적인 문제에 대한 일정한 태도결정 같은 것이 필요하고, 그 태도결정을 하려면 무엇이 좋은 삶이냐, 우리 사회는 어떤 방향으로 어떤 전략을 가지고 나아가야 하느냐 이런 것을 고민해야 하지요.

교수는 늙어 죽을 때까지 자기가 책 보고 자기가 책 쓰고 그래요. 쉽게 이야기하면 심신이 고되지. 결국 성격 문제야.

― 교수님께서는 실무의 경험도 법학의 경험도 있으신데, 실무가인

판사와 법학자인 교수라는 직업 간에 차이가 있다고 보시는지요?

판사는 기본적으로 개별사건을 해결하는 게 일이야. 그리고 그 사건이란 자기가 찾아낸 게 아니고, 남이 해결을 해 주시오 하고 가져온 거지요. 그런데 교수는 자기가 일을 발견해서 하고, 또 보다 추상적인 문제를 다뤄요. 또 판사는 '자리'에 따라 하는 일이 많이 달라지지만, 교수야 항상 자신이 책 읽고 글 쓰고 뭐 평생 달라지는 게 별로 없지. 그렇게 보면, 교수에는 거기에 맞는 일정한 성격이 있는 것 같기도 해요.

— 그렇다면 교수님께서는 교수의 역할은 무엇이라고 생각하시는지요?

연구는요, 혼자 하는 게 아니에요. 남이 거둔 성과가 내려온 것을 잘 이해하고 자기가 거기다 조그마한 걸 뭐 하나 보탤 수 있으면 하는 거지, 아무것도 없는 데서 불쑥 나오는 것이 아니거든요. 강을 생각하면 되요. 여기저기서 나온 물이 모여서 흘러가잖아요? 교수는 모름지기 열심히 공부해서 얻은 것을 쉽게 납득할 수 있도록 표현하고 후속세대에 전해 주는 것이 핵심이지요. 그 외의 다른 것은 모두 지엽말단인지도 몰라요.

저는 사비니를 가장 평가합니다. 그리고 어떤 정신적인 자세라는 점에서 볼 때에는 노신을 아주 존경합니다.

— 우리 학교 학생들뿐만 아니라 많은 법학을 공부하는 학생들이 민

법을 공부함에 있어서 하나의 지향할 점을 바로 교수님의 강의나 저술에서 찾고 있는 것으로 알고 있습니다.

그래요? (웃음)

— 그렇다면 교수님 같은 경우에는 민법을 공부하면서 이상으로 삼는 모습이나 인물이 있는지요?

글쎄, 여러 사람이 있겠지만 저는 사비니를 평가합니다. 그리고 어떤 정신적인 자세라는 점에서 볼 때에는 노신도 존경합니다.

— 구체적으로 어떤 이유에서 그 분들을 존경하는지 들을 수 있을까요?

우선 사비니는 로마법을 학문적으로 가공하는 종전의 이른바 보통법학을 쇄신했지요. 로마의 개별적인 법원法源보다도 그 배후에 있는 보다 일반적인 법리나 이념을 파악해서 또는 재구성해서, 거기에 비추어서 개별 소재들을 새롭게 설명하는 예민한 감수성과 지적인 대담성, 그런 것을 수행할 수 있는 정신의 활기참을 유감없이 보여줍니다. 그리고 당시 독일이나 유럽에서 논의되던 여러 가지의 사상적·지적 조류를 파악해서 이를 법학에 투사하는 시야의 광대함이 발군이지요. 그 이후로 유럽대륙의 법학은 사비니를 빼놓고 말할 수 없습니다. 철학에서의 혁신자가 칸트라면 법학에서는 사비니지요. 또 표현이 평이하면서 정확해서 맑은 시냇물이 흘러가는 듯하지요. 파악이 생생하고 적확해서, 사태의 핵심을 잡아 논변을 전개하는 데 무어라 말할 수 없는 매력이 있어요.

그리고 노신은 엄청난 문화적 축적이 있는 중국이 19세기 중반부터 20세기에 걸쳐 서양에 의하여 그야말로 괴멸적으로 휘청거렸는데, 그 중국의 문제를 심각하게 고민한 사람입니다. 누구보다도 중국적 사고와 제도의 병폐를 예리하게 파악했고, 또 통절하게 아파했지요. 그렇지만 당시 적지 않은 사람이 주장했던 것처럼 중국 것이라면 무엇이든 싹 갈아치우자는 말은 결코 하지 않았어요. 그리고 혼란의 시기에는 어디서나 많이 나타나는, 쉽고 뻔한 답을 들고 나오는 위선자들을 죽도록 미워했습니다. 노신은 '서양에 부딪친 또는 부딪쳐 깨진 중국의 문제'를 근본적으로 다시 생각한 거지요. 우리가 그러한 반성을 거쳤는지 의문입니다. 요새 노신 번역도 많이 나왔는데, 수필집이라든지 짤막짤막한 글들도 많이 있으니까, 꼭 읽어보기를 권하고 싶어요. 재미있을 겁니다. 하여튼 기운이 처진다거나 할 때 노신을 읽으면 힘이 나지요.

저는 코미디 프로를 좋아해요. 그래서 아까 이야기한 대로 딸하고 둘이서 배꼽잡고 웃으면서 보는 게 큰 재미에요.

— 그럼 조금 개인적인 질문을 하도록 하겠습니다. 교수님께서 가정에서는 어떤 남편, 어떤 아버지이신가에 대해 알려주실 수 없을까요?

그건 처하고 애들한테 물어봐야지.(웃음) 처한테는 그저 고마울 뿐이지. 맨날 학교에만 붙어 있는 사람을 잘 이해하고 뒷받침해준 처에게는 감사의 마음을 가지고 있어요. 몇 년 전에 둘이 외국에 1년

간 있었는데 애들 가진 후로 처음으로 둘만의 시간을 가졌지. 좋던
데요.

— 수업시간에 저희가 보는 영화 이야기도 하시고 개그콘서트에 나오
는 개그도 하십니다. 연구나 학문적인 탐구에 늘 바쁘실 것만 같은데 도
대체 어느 시간에 그걸 다 보시는 걸까 궁금합니다.(웃음)

난 머리를 비우고 그냥 볼 수 있는 영화나 코미디를 좋아해요. 작
년 5월에 딸이 결혼을 했는데, 그 전에는 딸하고 둘이서 텔레비에서
하는 코미디 프로를 보는 게 재미있었지요. 둘이 깔깔 대고 웃고 있
으면, 그런 것에는 별로 취미가 없는 처는 부녀지간에 마주 보고 앉
아서 주책떤다고 뭐라고 해요.(웃음) 사람은 스스로도 자신을 잘 모
를 만큼 불가사의한 거예요. 그렇지만 어떤 사람에 대해서 어떤 이
미지를 가지게 되면 그 사람에게서 거기 맞는 것만 보게 되기 쉽죠.
실상은 그런 이미지와 틀리지요. 높은 도덕적 잣대를 가지고서 사람
은 이래야 된다 저래야 된다고 말하는 이들을 난 잘 안 믿어. 사람은
아주 지저분한 구석도 있어서, 내 표현으로 하면 방귀 뽕뽕 뀌면서
사는 거야.(웃음) 오히려 있는 그대로의 모습을 솔직하게 인정하고
이야기를 해야지요. 민법이 더 좋아지는 것도 민법은 욕심덩어리인
사람을 있는 그대로 시인하는 데서 출발하거든.

또 조금 다른 얘길지도 모르지만, 예를 들어 과실過失이라고 하면,
결국 사람이 그 입장에서 다른 선택의 가능성이 있었는가를 문제 삼
잖아요? 그건 그냥 주의의무 해태라는 추상적인 말로 도식화될 수

있는 게 아니고, 실제로 사람이 그 입장이 되어서 할 수 있었던 게 무엇인가, 이런 걸 잘 이해함으로써 판단되는 거지, 쓸데없이 높은 잣대를 들여대고 보면 모조리 잘못한 거 아니겠어요?

특히 작문에 있어서는 좋은 글들을 많이 읽고 또 많이 써보는 것을 꼭 좀 부탁하고 싶어요.

— 마지막으로 우리 법대생들에게 당부하고 싶은 말들이 뭐가 있는지 부탁드립니다.

아주 기본적인 걸 얘기하고 싶어요. 텍스트를 잘 이해하는 것, 그리고 자신이 느끼고 생각하는 것을 적절하게 표현하는 것이 참 중요하거든요. 이런 것은 초등학교 때부터 다 익히는 것인데도, 우리 서울법대의 학생들에게 이런 부분에서 조금씩 나빠지고 있다면 이건 우리나라 전체의 큰 문제지요. 그런데 이런 이야기는 기성세대가 항상 하는 거예요. 그 사람들 말대로 됐으면 세상은 천 번은 망했을 거야.(웃음)

교수님은 질문 하나하나에 성심성의껏 대답해주셨다. 인터뷰가 끝나자 무언가 가득한 느낌이 드는 것이, 인터뷰를 통해 '인생의 지혜'라는 선물을 한아름 가득 받은 것만 같다. 사진촬영을 위해 걸음을 옮기실 때, "좋아해 주는 사람이 있으면 당연히 기분이 좋지"라며 웃으시던 모습에서 교수님의 다정한 면모가 엿보였다. 우리들은 이번 인터뷰를 통해 '이미지'로 규정된 모습이 아닌 교수님의 진짜 모습을 조금은 알 수 있지 않았을까?

황경선 기자 | 황영근 객원기자

스누로(SNULAW)[서울대 법대 학생 자치잡지] 2006년 4월호, 30면 이하

02
문화초대석 :
"판사엔 엄청난 권력 … 상응하는 자기절제 필수"

법法이란 한자는 물 수水변에 갈 거去를 합친 글자로 '인간 사회를 물 흐르듯 순리대로 잘 돌아가게 한다'는 뜻이라고 한다. 또 그 갈 거는 외뿔사슴 록鹿에서 변화된 것으로 더러운 물을 마시면 죽는 외뿔사슴처럼 '맑아야 한다'는 뜻도 지니고 있다 한다.

그러나 지난 8월 16일은 우리 법조계가 법의 원론적 의미에서 얼마나 이탈해있는가를 단적으로 보여주는 하루였다. 대법원장은 법원이 더러운 물에 오염됐음을 시인하고 대국민사과를 했다. 헌법재판소는 신임 소장 지명과 관련, '물 흐르듯 순리대로 돌아가는 것'이 아니라 '대통령 코드에 따른다'는 논란에 휩싸였다.

이런 사법부의 우울한 분위기를 대변하듯 날씨마저 잔뜩 흐린 이날 오후 서울대학교 법과대학 양창수 교수를 그의 연구실에서 만났다. 그는 이날 인터뷰에서 신임 헌재 소장 지명 논란의 본질은 이념적 편향의 문제가 아니라 내가 편할 것 같은 사람을 챙기는 '정실주의'라고 비판했다.

— 판사로 5년 정도 근무하시고 다시 법학교수로 20여 년을 지내신 분으로서 최근 발생한 법조비리 사건을 보는 생각이 남다를 것 같은데.

솔직히 말하면 내가 판사로 근무할 때도 가끔 변호사들로부터 식사 대접을 받는 일이 있었다. 그러나 판사로서의 자부심이란 게 있어서 개인적으로 돈을 받는다는 것은 감히 생각을 하지 못했다. 그동안 사회가 많이 변하면서 판사의 윤리성 확보를 위한 객관적인 룰이 만들어졌고 그 결과 깨끗해진 면이 있는 것이 사실이다. 예를 들면 이제는 변호사가 판사실을 드나들면서 사건에 대해 청탁하는 일은 없어졌다고 들었다. 그러나 엄격한 객관적인 룰이 생기면서 오히려 내적인 자부심이나 자신에 대한 엄격함은 떨어진 게 아닌가 하는 생각도 든다. 물론 우리나라 법원에는 다른 어느 나라보다 우수한 인재가 모여 있고, 일도 대단히 효율적으로 처리한다. 그럼에도 불구하고 법원이 국민으로부터 받는 신망이라는 점에서 보면 많이 떨어지는 게 아닌가 하는 생각이 든다.

— 이번 법조비리 사건과 관련해 법조 후배들에게 하고 싶은 말이 있다면.

내가 전에 판사로 재직했을 때를 돌이켜 보면 요즘의 법관들이 '자기는 남들보다 공부도 잘 했고 열심히 일하고 있는데 사는 게 어째 이 모양인가' 하는 생각을 할 수도 있을 것 같다. 사실 대부분이 살기 어려웠던 과거와 달리 지금은 살림살이의 큰 차이가 판사들을 괴롭힐 수도 있다. 그러나 유념해야 할 것은 판사는 엄청난 권력을 행사하고 있다는 점이다. 역사적으로 보면 재판권은 정치권력의 가장 중요한 지표 중 하나다. 따라서 판사들은 자신이 그런 큰 권력을 쥐고 있는데도 불구하고 그 권력이 선거 등과 같은 민주적 절차를 거치지 않고 주어졌고 공무원과는 달리 행정적·정치적 책임을 지지 않는다는 사실을 명심해야 한다. 그런 만큼 판사들은 자신이 가지는 권력의 정당성을 국민들에게 납득시킬 만한 도덕적 노력이 필요하고 국민들이 무슨 생각을 하고 있는지 항상 귀를 기울여야 한다. 많은 판사들은 스스로를 자기희생적인 절제를 해야 하는 수도사라고 생각하는 경향이 있다. 그러나 수도사는 아무 권력이 없는데도 자신의 내적 도덕성을 높이기 위하여 노력하는 사람인 데 반해서 판사들은 자기희생적인 절제가 아니라 그들의 권력에 상응하는 절제를 해야 한다는 점을 직시하여야 한다. 즉 판사의 윤리적 태도는 개인적 도덕의 문제가 아니라 사법부가 오늘날 민주사회에서 가지는 권력적 위상에 맞는 최소한의 요구라는 점이다.

— 사법부 외부 인사의 판사 임용, 법관징계위나 인사위에 외부인사 참여 등 국민 의견을 수용할 수 있는 방법들이 논의되고 있는데.

최근 사법개혁추진위원회에서 논의된 내용도 기본적으로 그와 같은 방향을 모색하는 것이라고 생각한다. 한마디로 국민의 사법참여를 진작하고, '열린 법원'을 지향하여 가는 것이다. 예를 들어 종전에 일반 판사들의 인사人事에 대해서는 대법원장이 전권을 행사했다. 판사들이 가장 신경 쓰는 것 중 하나가 인사 문제인데 대법원장이 인사에 관해 전권을 행사하면 판사들은 국민의 소리보다 대법원장의 생각에 더 신경을 쓸 수밖에 없다. 요즈음은 이 부분이 많이 개선된 줄 알지만, 인사제도에 대하여는 다른 제도적 보완이 필요하다고 본다.

— 사법개혁추진위원회의 개혁안 중에는 배심제 도입도 포함되어 있는데.

배심제 역시 '국민의 사법참여'의 일환이라고 본다. 배심제는 현재의 사법절차에 비교하면 효율성이 떨어질는지도 모른다. 따라서 이를 도입해 운영하는 데에는 아마 일정 기간 상당한 시행착오가 있을 수 있다. 그러나 국민의 사법참여라는 큰 흐름에서 보면 역시 무시할 수 없는 추세가 아닌가 생각한다.

— 법조비리의 한 원인으로 고무줄 양형문제가 지적되면서 양형기준제 도입 주장도 제기되고 있는데.

법조법리를 양형기준제를 통해 해결하겠다는 것은 빈대 잡기 위해 초가삼간 태우는 격이 아닐까 한다. 예를 들어 살인죄의 형량은 5년 이상의 징역, 무기 또는 사형으로 그 폭이 대단히 넓다. 이는 살인의 다양한 동기나 정황을 고려해서 그 구체적인 사정에 맞는 형량을 내리기 위해서일 것이다. 법조비리를 없앤다는 명분으로 양형에 엄격한 기준을 두면, 아마 구구절절한 사정을 형량에 반영하지 못하는 경우도 적지 않을 것이다.

— 오늘 신임 헌법재판소 소장으로 내정된 전효숙 재판관에 대하여 코드인사 논란이 제기되고 있는데.

전효숙 내정자에 대해 진보 성향이라는 평가가 있는 것으로 안다. 그러나 전 내정자는 요즈음 일부 언론이나 정치권에서 우려하는 것과 달리 법원에 있을 때나 헌재 재판관으로 있을 때 자신의 정치적 입장에 의해서라기보다 자신의 법적 소신에 따라 재판을 해왔다고 생각한다. 앞으로 헌재 소장이 돼도 마찬가지일 것이다. 물론 헌법재판은 정치적인 의미가 두드러지는 경우가 많으므로 자신의 정치적인 성향이 드러날지도 모른다. 그러나 헌법재판소가 특정한 이념적 경향성을 가지게 된다는 것은 기우라고 생각한다.

— 미국에서는 연방대법원 대법관 임용시 과거 판결 등을 들어 이념적 성향에 대한 논란을 제기하기도 하는데.

전 내정자에 대한 코드인사 논란은 대통령 탄핵이나 수도이전 사건 등을 두고 제기되는 것 아닌가. 그러나 그 사건들은 헌법이 수호하는 기본가치에 대한 입장 차이를 드러내는 것은 아니라고 본다. 우리나라의 경우에는 국가보안법의 위헌성에 대한 판단이 그러한 차이를 명백하게 드러낼 수 있는데 이 문제에 대한 헌재 재판관들의 판단을 보면 그들 사이에 커다란 견해 차이를 보이지 않는다. 따라서 이번 인사의 문제는 이념적 성향보다는 우리 사회에 뿌리깊은 정실주의, 즉 내가 아는 사람, 나에게 편할 것 같은 사람을 챙기는 것이라고 본다.

— 최근 시민단체에서 대법원판례 바꾸기 운동 등을 통해 판결을 공론의 장으로 끌어내리려는 시도를 하고 있고 판사들은 이를 재판에 대한 압력이라고 반발하고 있는데.

사회가 민주화됨에 따라서 판례에 대해서도 다양한 의견이 나오는 것은 필연적인 추세다. 대법원에서 어떤 법 문제에 대하여 한 번 태도를 정했다고 해서 그것이 당연히 영속되어야 한다는 논리는 이해할 수 없다. 판례 역시 사회의 변화에 좇아 재검토돼야 한다. 주장은 얼마든지 가능하다. 특히 앞서 말한 대로 민주적 정통성의 차원에서 논의의 여지가 있는 사법부에 대하여는 더욱이 국민의 직접적인 의견이 개진되어도 좋다고 본다. 다만 문제가 되는 것은 그러한 의견 개진이 이에 대한 판사들의 영합적 태도를 부추긴다든가 판사들의 배척이나 퇴진을 주장하는 정치적인 압력이 되어서는 안 된다는 점이다.

인터뷰 = 박민 차장, 정리 = 조성진 기자

문화일보 2006년 8월 17일자, 26면

1. 본문에서 말하는 이용훈 당시 대법원장의 '대국민사과'는 서울고등법원의 모 부장판사가 1억 원대의 뇌물을 수수하였다는 사건에 관한 것이다. 한편 '헌법재판소장 임명 논란'이란 본문에서 밝혀져 있으므로 부언을 요하지 않을 것이다.

2. 이 인터뷰 기사의 한 구석에는 "양 교수는 누구"라는 단락이 자그맣게 마련되어 있다. 위 인터뷰를 한 박민 차장이 작성한 것인데, 거기에는 이렇게 쓰여 있다.

"양창수 교수는 서울대 법과대학에서 인기 있는 교수다. 그의 민법 강의는 신청자들이 몰려 법대에서 가장 수강신청을 하기 어려운 강의로 통한다. 그의 수업시간에 앞자리에 앉기 위해서 긴 줄을 서야만 한다. 이같은 그의 인기는 그가 실무와 이론을 접합시키고 우리의 법현실과 선진 법이론 및 제도를 조화시키려는 진지한 노력 때문이다.

사법시험 16회에 합격, 5년간 판사로서 서울 민·형사지법과 부산지법에 재직하던 그는 85년 모교인 서울대 법과대학으로 자리를 옮긴다. 최근에는 판사들의 대학행이 잦아졌지만 당시로서는 대단히 용기 있는 결정이었다. 이후 그는 전공인 민법 연구에 전념, 1991년부터 2005년까지 8권에 달하는 『민법연구』를 내놓는 등 민법연구가로서 탁월한 업적을 쌓아왔다.

이에 따라 그는 지난 1999년부터 법무부 민법개정위원으로 선임돼 5년간 활동했으며 지난 6월에는 법률가로서의 실력을 인정받아 유력한 대법관 후보에 오르기도 했다.

지난 16일 방문한 그의 연구실은 학문에 대한 열정을 보여주듯 작은 책상 2개와 낡은 1인용 소파를 제외하고는 모든 공간이 책장으로 가득차 있었다. 그는 판사라는 기득권을 버리고 학문의 길로 들어섰듯이 학문 연구에 있어서도 '당대의 영화를 바라지 않고 학문의 커다란 물줄기에 한몸을 내던지는 무사無私의 정신'을 강조한다.

더불어 그는 법학연구에 있어 외국의 법이론과 법제도를 비판적으로 수용하는 노력을 지속해왔다. "저는 '우리'와 '외국' 사이에서 끊임없이 동요하면서 최근 30년 사이에 급격하게 변하고 있는 우리 사회에서 홍수처럼 새롭게 제기되는 민법 문제에 설득력 있는 답을 제공할 수 있는 이론적인 틀을 마련하기 위해 애쓰고 있습니다"고 말했다."

03
우리를 위한 민법,
그 체계화를 위한 끊임없는 천착
— 상허대상 수상한 서울대학교 법대 양창수 교수

대한민국에서 법 공부를 했던 사람치고, 양창수 교수의 이름을 모르는 이는 아마도 없을 것이다. 그가 쓴 『민법입문』은 사법고시 준비생들에게 '민법의 바이블'로 통할 만큼 명성이 자자하다. 수많은 연구서와 논문집을 냈지만, 지금도 그는 민법의 체계화를 위하여 열심히 고심 중이다.

그를 만나기 위해 찾은 서울대학교 법대의 교수연구실, 켜켜이 쌓인 책 때문에 그의 방은 발 디딜 틈조차 넉넉하지 않았다.

"이렇게 꽉 막힌 연구실에 앉아 있다가 호화찬란한 시상식에 불러주시니 어리둥절하더군요. 저로서는 늘 하던 일을 사람들이 알아준다니 그저 기쁜 일이지요."

누구에게나 '민법학의 대가'로 인정받는 그는 국내 민법학에 있어서 빼놓을 수 없는 존재다. 그러나 사법고시 16회로 5년간 판사생활을 하다 서울대 교수로 임용되어 명강의를 펼치고 있는 그이지만, 처음부터 그가 법학을 자신의 길로 여겼던 것은 아니었다.

"원래는 역사를 공부하고 싶었어요. 나름 문학에도 관심이 많았고, 연극부 생활도 했지요. 그래도 모범생 기질은 사라지지 않는지, 다른 친구들이 다하는 법 공부를 혼자서만 등한히 여기는 게 마음에 걸렸어요. 2학년 끝날 때쯤부터 보이지 않는 곳에서 열심히 공부를 했습니다. 덕분에 사시 합격 후에 '언제 공부했냐'는 질문을 꽤나 받았습니다.(웃음)"

판사생활 중 떠난 독일유학 시절, 공부를 할 때 가장 신바람이 난다는 걸 깨달은 그는 은사님들이 권하는 것을 기회로 교수직을 결심했다. 그러나 학문을 자신의 일로 삼는다는 것은 단순히 남의 글을 읽는 것과는 차원이 달랐다. 우리나라 민법의 태생이 우리와는 상황이 다른 외국에서 들여온 것이라는 점도 그가 민법연구를 멈출 수 없는 한 가지 원인이 됐다.

때문에 그는 현실에서 쓰이는 법이 형평감각에만 휘둘리지 않도록 체계적인 이론으로 정리하는 일이 반드시 필요하다고 말한다. 계속해서 사회가 변하는 만큼 이전에는 상상하지도 못한 문제들이 속속 나타나기에, 민법연구는 아무리 계속해도 멈출 수 없다면서. 그래서 그는 후진양성을 중요하게 생각한다. 국내 최고 인재들이 모인 서울대 법대지만, 정작 학문을 하는 사람들은 드문 것이 현실인 까닭이다.

"전 제가 공부한 것을 다음 세대에 전달하는 것을 매우 중요하게 여기고 있어요. 물론 그보다 중요한 것은 학문연구일 겁니다."

정년까지 남은 10년이라는 기간 동안 제대로 된 민법 체계서를 완성하고 싶다는 양창수 교수. 여전히 법학은 할 일이 많이 남아 있다며 연구실로 돌아가는 그의 발걸음 뒤에는 학문을 향한 애정이 그득히 묻어났다.

Dream건국 제117호(2008년 Summer), 26면

후 기

나는 2008년에 재단법인 상허문화재단에서 수여하는 「상허대상」의 법률부문('상허법률대상') 제1회 수상자로 정하여졌다. 상허常虛는 건국대학교의 설립자인 유석창劉錫昶 선생의 호로서, 위 재단은 그의 뜻을 기리기 위하여 만들어졌다. 이 인터뷰를 행한 「Dream건국」은 건국대학교의 홍보실에서 편집·발간하는 정기간행물이다.

04
서울제주도민회신문:
양창수 대법관 인터뷰

— 양 대법관께서 제주 출신으로서 처음으로 2008년도에 대법관에 취임하여 제주인 모두가 자랑스럽게 생각합니다. 또한 학계 출신으로서도 처음이라고 들었습니다.

제가 대법관에 취임한 것을 저의 고향분들이 그와 같이 평가하여 주신다면 저로서는 더 이상 기쁜 일이 없습니다. 그리고 우리나라에서는 다른 나라와는 달리 법분야에서 이론과 실무, 즉 대학과 법조 사이에 인적인 교류가 별로 없었던 것이 실정이었습니다. 저도 대학을 졸업하고 잠시 판사로 일한 경험이 있지만, 우리 사회에서 일어나는 다수의 어려운 법문제를 제대로 처리하려면 역시 체계적인 법이론이 필요하다는 생각이 법학자를 최고법원의 구성원이 되도록 이끌지 않았나 생각합니다.

— 서울법대를 수석으로 입학하고 사법시험 합격 후 5년간 판사로 재

직한 뒤 서울법대 교수로서 20여 년간 민사법을 연구 · 강의하여 온 한국 민법학의 최고 권위자로 명성이 높습니다. 요즈음 사법부가 하여야 할 일이 무엇이라고 생각하십니까.

제가 판사로 일했던 것은 1979년부터 1985년까지였고, 그 사이에 독일정부의 장학금을 받아 독일에 유학을 했습니다. 그때로부터 25년 이상 지났습니다마는, 법원에 돌아와 보니 우리 사회가 얼마나 현격하게 변했는지를 절감하게 됩니다. 우리는 그 짧은 기간에 산업화와 민주화를 한꺼번에 달성하였으나, 이러한 급작스러운 변화로 인하여 생각지도 못했던 각가지의 분쟁이 일어나고 있습니다. 가정이나 기업의 모습도 많이 변했고, 윤리관도 전과 같지 않지요. 이들 분쟁을 해결하는 소송과정에서 판결을 통하여 사람들에게 설득력 있는 행동준칙이 제시하는 것이 법원의 역할입니다. 그런데 우리나라는 각자가 자신의 행복을 추구할 수 있는 평등한 권리를 가진다는 이념 위에 세워졌으므로, 결국 문제는 각자가 자유롭게 행동할 수 있는 범위가 어디까지인지를 정하는 것이라고 할 수 있겠습니다.

— 시중에서는 대법관의 성향을 진보인지 보수인지로 구분하고 있습니다. 양 대법관께서는 어느 쪽인지 말씀해주세요.

제가 대법관으로 임명되기 전에 단지 제청을 받은 상태에서도 그런 질문을 많이 받았습니다. 그러나 제 생각에는 우리나라에서 법은 그 자체로 매우 개혁적인 의미가 있습니다. 우리는 일반적으로 가족이나 국가 기타 공동체에 결정적인 의미를 두고 있지만, 법은 역시 개인 및 개인의 권리를 출발점으로 하기 때문입니다. 사실 아직 우리 사회에서 "개인이 자신이 원하는 대로 행동할 수 있는 것이 원칙이다"라는 이념이 충분히 소화되고 이해되고 있는지 의문이 없지 않습니다. 예를 들어서 법원은 그러한 생각에 기초해서 성전환性轉換을 인정하고 있고 저도 찬성인데, 이것은 우리가 통상 말하는 보수냐 진보냐 하는 문제와는 맥락이 전혀 다르지 않습니까?

— 법률서적 번역이 가능할 정도로 영어·독어·불어·일어를 완벽하게 구사하시고, 한국학술진흥재단이 선정한 '국가석학' 15명에도 포함됐습니다. 법을 공부하려는 후학들이 갖추어야 할 자세에 대해서 말씀해 주세요.

그들 외국어를 '완벽하게 구사'하려면 아직 한참 멀었습니다. 단지 제가 전공하는 우리 민법이 독일·프랑스·일본의 영향을 많이 받았기 때문에 공부를 위해서 그 말을 잘 익히려고 애썼을 뿐입니다. 법공부도 다른 공부와 마찬가지로 할 만한 일이라는 것을 스스로 납득하는 것이 우선 중요합니다. 또 우리 법을 공부하려면 외국 것을 그대로 들여오려고 해서는 안 되고, 우리 사회의 문제가 무엇인지, 우리가 실현해야 할 가치가 무엇인지를 잘 생각해서 그러한 좌표에 입각해서 법을 만들고 또 해석·운용하여야지요.

— 양 대법관께서는 명실상부한 한국 최고의 엘리트 코스를 성공적으로 살아왔다고 봅니다. 고향 후배들에게 삶의 교훈이 되는 인생조언을 간

략히 말씀해주세요.

어리석고 게으른 저에게 과찬의 말씀이십니다. 저는 그저 이 세상에 태어나 한정된 시간을 사는 생명이라면 거기에 담겨진 가능성을 최대한 실현할 수 있도록 성실하게 노력하는 자세를 잃지 않는 것이 가장 중요하다고 봅니다.

— 서울제주도민회가 회원들에게 도민회 신문을 발행, 무료로 배포하고 있습니다. 신문의 편집방향이나 기타 내용에 대해 조언해 주세요.

도민회 신문을 통하여 서울에 계신 도민 여러분의 소식을 많이 알게 됩니다. 앞으로 많은 발전이 있기를 진심으로 기원할 뿐입니다.

서울제주도민회신문 제64호(2011.9.25), 2면

05
중앙일보 인터뷰:
내달 7일 퇴임하는 양창수 대법관

판사 6년, 법학 교수 24년, 대법관 6년. 퇴임 후 한양대 로스쿨 정교수로. 법조계에서 양창수(62 · 사법연수원 6기) 대법관의 존재는 독특하다.

제주에서 태어난 그는 역사학도를 꿈꿨다. 그러나 일제 때 판사 · 변호사를 거쳐 해방 후 제주지검장을 지낸 할아버지(양홍기)의 뜻에 따라 서울대 법대로 갔다. 수석 입학이었다. 대학을 졸업하던 해 사법시험에 합격해 판사로 임용됐으나 5년여 만에 돌연 대학교수의 길을 택했다. 민법학 권위자로 꼽혔던 그는 2008년 9월 이용훈 전 대법원장의 제청으로 대법관에 발탁됐다. 서울대 법대 교수 출신 첫 대법관이다. 대법원 구성의 다양성 확보 차원이었다.

양 대법관이 6년간의 외도(?)를 마치고 다음달 7일 퇴임한다. 그는 대법관 생활이 어땠느냐는 물음에 주저없이 "대법원은 대단히 설비가 좋은 감옥"이라고 말했다.

서울 서초동 대법원 청사 901호 집무실에서 양 대법관을 이달 두 차례 만나 심층 인터뷰했다. 그는 앞으로 민법 교과서를 쓰고 대법관 시절 겪었던 내밀한 경험도 책으로 내겠다고 포부를 밝혔다.

— 서울대 법대 교수와 대법관 중 어느 쪽이 어려운가.

법대 교수는 강의 같은 의무도 있지만 하고 싶은 일에 시간을 할애할 자유가 있다. 반면 대법관은 자기 뜻과 무관하게 배당되는 사건들을 처리해야 한다. 대법관 한 명이 1년에 주심으로 처리해야 할 사건이 대략 3,000건이다. 대단히 설비 좋은 감옥이라고 할 수 있다. 대법원에서 결론이 나면 소송 당사자들은 달리 호소할 데가 하느님 밖에 없다. 누구를 감옥에 보내고, 돈을 주라고 하고, 이혼하라고 심판하는 중대한 일이다. 압박감이 대단하다. 줄곧 법원에서 일해 온 분들은 어땠을지 모르지만 나로서는 자유를 뺏기고, 일 많고, 심리적 부담이 컸다. 사소한 사건은 걸러야 한다. 대법원이 중요한 사건 심리에 집중할 수 있도록 해야 한다.

— 민법 분야 권위자여서 민사사건이 형사사건보다 쉬웠을 것 같다.

아니다. 유무죄를 다투는 형사사건에 대한 대법원 심리는 거의 전부가 사실 인정, 즉 증명의 문제에 집중된다. 오히려 민법을 전공했기 때문에 생각이 복잡해서 그랬는지 민사사건이 더 어려운 측면이 있었다. 실제로 사건기록을 통해 민사 분야에서 그동안 상상조차 하지 못했던 일을 많이 알게 됐다. 또 이해 당사자가 수백 명, 수천 명이 되는 재개발·재건축 사건이 많았다. 몇 백 억, 몇 천 억의 이해관계가 걸린 사건도 적지 않았다. 내게는 지적으로 큰 도전이었고 그것을 처리하는 과정에서 정말 많이 배웠다.

― 통상임금 사건, 이혼 시 퇴직금 분할 사건에 대한 전원합의체 판결에선 어떤 입장이었나.

퇴직급여 분할 사건의 주심이었다. (분할해야 한다는 쪽으로) 전원 일치 판결이 났다. 상여금을 통상임금으로 인정한 사건에서는 단체협약의 효력을 인정해야 하는 것 아닌가 생각도 있었으나 우여곡절 끝에 다수의견 쪽으로 갔다. 두 전원합의체 판결도 과거와 달라진 현실에 비춰 어떤 법리가 타당한지에 대한 고민을 반영한 것이다.

― 판결 이전에 입법으로 해결할 수도 있는 문제들 아닌가.

그렇다. 법원은 현재 존재하는 법의 틀에서 벗어나기 힘들다. 외국의 예를 보더라도 사회적 이해 충돌에 대해서는 국회의원들이 적정한 타협점을 찾아 신속하게 입법으로 해결하는 것이 원칙이다. 국회가 국민의 다양한 요구를 반영해 객관적 룰을 만들고 사정이 바뀌면 새로운 룰을 만드는 순환 과정이 원활해야 하는데 그런 선순환이 부족해 아쉽다.

― 전원합의체 합의 과정선 어떤 일이 벌어지나.

구체적인 사건에 대한 합의 내용을 공개하는 것은 법률로 금지돼 있다. 전원합의에서 여러 가지 재미있는 일을 겪었지만 여기서 말할수는 없다. 확실한 것은 대법관 전원이 참여하는 전원합의체 합의과정을 보면 우리의 사회적 양상이 얼마나 다양해지고 숙고를 요구하는 단계에 왔는가를 잘 알 수 있다는 것이다. 신물이 나도록 논의하고 또 논의한다. 한 번에 끝내지 못하고 같은 사건을 여러 차례 다루는 일도 빈번하다.

— 그러다 보면 대법관들 사이가 멀어지기도 할 것 같다.

의견이 다르면 상대방이 미워지기도 한다. 그래서 전원합의가 끝나면 저녁 자리를 함께하며 술도 한잔씩 한다. 앙금을 남기지 않으려는 뜻이 있지 않은가 추측한다. 그런 의미에서 대법관들은 형제다. 아무리 의견이 달라도 사람을 흉보는 얘기는 하지 못한다. 나중에 대법관으로서 겪은 경험을 책으로 낼 계획이다. 남다른 경력을거치게 된 나에게 주어진 의무이기도 하다.

— 다양한 배경의 대법관을 임명해야 한다는 지적이 있다.

여러 여건상 직업 법관도 필요하지만 동시에 다른 관점에서 생각해 볼 수 있는 분도 필요하다. 단순한 인적 징표 차원의 다양성에 머물러선 안 된다. 남성들만 있으니 여성이 있어야 하고, 어느 지역 또는 어느 대학 출신이 발탁돼야 한다는 주장에 동의하지 않는다. 제일 중요한 건 우수한 법률가가 와야 한다는 것이다. 그리고 배경이되는 경험이 다양해야 한다.

— 대법관들을 보수와 진보로 나누는 시각을 어떻게 보나.

보수 · 진보, 좌파 · 우파 법률가라는 구분을 강조하는 것에는 찬성하지 못한다. 우리 사회는 기본문법이 집단주의다. 가족 · 기업 · 회사 · 나라 · 민족 등 집단 가치에의 동조를 앞세운다. 하지만 법의 기본정신은 개인의 독립성 · 자유를 보장하는 것이다. 법을 자유주의적으로 보느냐, 사회민주주의적으로 보느냐는 부차적인 문제다. 그보다는 법을 제대로 실현하느냐의 의미가 열 배는 크다.

— 진보 · 보수 성향 대법관 간에 판결의 편차가 있는지 궁금하다.

구체적 사건을 놓고 보면 두드러질 정도의 차이는 없다. 제대로 된, 우수한 법률가라면 결론이 달라지는 경우가 별로 없다. 대법원에서 2013년 처리한 본안사건만 3만 5천 건 내외인데, 그 중에서 대법관들 사이에 의견이 달라서 다수의견 · 소수의견이 나뉘는 사건이 그 중 10건도 되지 않는다. 그러니까 99.97%는 대법관들의 의견이 일치된다는 셈이 되는데, 그런 처지에 어떻게 보수 · 진보를 나눈다는 말인가? 이런 구분들 자체가 미국의 연방대법원에 대한 이해를 반성 없이 옮겨놓은 것이라고 생각한다. 아니면 우리도 그렇게 되었으면 좋겠다는 것이거나. 진보 성향의 대법관 5명을 지칭하는 이른바 '독수리 5형제'라는 분들과도 일했지만 의견이 다른 경우는 거의 없었다. 다르다고 해도 이념보다는 법 지식이나 경험의 차이에서 비롯됐다는 게 솔직할 것이다.

— 평소 견지해 온 철학이 있다면.

원칙의 중요성이다. 법에 따라 계약을 하고도 막상 분쟁이 생기면
봐달라고 하는 경우가 적지 않다. 물론 계약 체결 당시의 사정도 잘
따져 봐야 하고, 정도程度의 문제도 있다. 봐주는 쪽으로 가면 오히려
약자를 비겁하게 끌어내리는 결과를 가져올 수 있다.

— 교수, 대법관으로서 보람을 느꼈던 때는.

교수 때 논문집을 도합 9권 냈다. 그 중 1권부터 6권까지를 수백
질 법원이 2002년께 구입해 일선 법원에 배포했을 때 기뻤다. '교과
서' 안 쓰고 논문을 쓰는 것으로도 교수 생활의 승부를 걸 수 있다는
걸 이것으로 인정받았다고 생각하게 됐다. 교수로 있으면서 바꿀 필
요가 있다고 생각했던 종전 판례를 대법관 시절 전원합의체 판결로
여러 건 바꾼 것도 보람이 컸다. 개별적인 사건에 대한 재판은 원칙
적으로 그 구체적 사건의 맥락을 넘어서 끌어들이는 데 신중하지 않
으면 안 된다.

— 존경하는 우리나라 법조인은.

해방 이후 법조계 인물 랭킹을 들자면 김병로 초대 대법원장을 선
두에 꼽는 분이 많다. 강직한 성품으로 건국 초기 법률가들의 도덕
적 기틀을 세우셨다. 제 할아버지가 일제 때 경성전수학교(경성법학
전문학교의 전신)를 다녔는데 김병로 선생에게서 직접 배웠다고 한다.
김앤장의 김영무 변호사도 존경한다. 판검사 등 공직이 선호되던 시

절에 선견지명을 갖고 프라이빗 섹터(민간 영역)에 천착해 국제적인 법률사무소를 키워냈다.

— 퇴임 후 계획은.

한양대 로스쿨로 갈 계획이다. 지금까지 개별 문제 연구에 몰두했다면 이제 민법 분야에서 전체를 조감하는 학문적 체계서를 쓰고 싶다.

글: 조강수 기자

중앙일보 2014년 8월 30일자, 12면~13면

후 기

이 인터뷰 기사에는 다음과 같은 박스 기사가 딸려 있다.

양창수 대법관의 집무실에는 작은 도서관이 있다. 2008년 대법관에 취임하면서 부속실 공간을 책방으로 개조했다. 벽쪽에는 큰 책장이, 나머지 공간에는 도서관에서 사용하는 대형 책꽂이가 5줄로 놓여 있다. 서가에는 이름도 생소한 독일의 모르(Mohr) 출판사 발간 법학연구서 시리즈, 대법원 판례집 등으로 가득 차 있었다. 비전공 서적은 사실私室에 둬 찾기 쉽게 했다. 그의 법학적 사유의 산실이다.

― 장서가 얼마나 되나.

권수를 세어 본 적이 없다. 6년 전 대법원으로 오면서 일할 때 필요한 것을 가져왔다. 대법원 창고와 집 창고에 150박스가 더 있다. 이거 정리하는 게 제일 큰일이다.

― 책의 의미는.

지적인 각성제다. 법이라고 하는 것이 창조적 작업의 측면이 많다.

― 언제부터 모았나.

1985년 서울대 법대로 일터를 옮겼는데 도서관에 가니 있는 것보다 없는 게 더 많았다. 당장 논문을 써야 하는데 답답했다. 기회 있을 때마다 책을 사 모았다. 당시 도서관에 책을 비치하라는 요구를 많이 했다. 그 시절 현대아파트 한 채가 10억 원, 한 동이면 1,000억 원대였다. 그거 한 동만 있으면 서울대에 부족한 자료가 없을 텐데 왜 안 할까. 국가 경영전략의 문제라고 생각했다.

그는 학창시절 '문학청년'이었다. '이방인'의 작가 알베르 카뮈와 중국의 노신을 좋아한다. 논어論語는 읽으면 읽을수록 다른 면이 발견되는 책이라고 했다.

06
인터넷한양 인터뷰:
학자의 길로 돌아온 법관, 양창수 교수
— 판사에서 학자로, 학자에서 대법관으로
   그리고 다시 학자의 길로

대한민국 헌법 제10조: "모든 국민은 인간으로서의 존엄과 가치를 가지며, 행복을 추구할 권리를 가진다. 국가는 개인이 가지는 불가침의 기본적 인권을 확인하고 이를 보장할 의무를 진다." 지난 2014년 9월 대법관의 임기를 마치고 우리 대학으로 온 양창수 교수(법학전문대학원)는 헌법 제10조를 직접 읽어 주면서 우리나라가 나아갈 기본 방향이 이 조문에 담겨 있다고 설명했다. 양 교수가 생각하는 대한민국의 존재이유와 기본 가치, 가지게 되기까지 어떤 삶을 살았을까. 학자이자 교수로서의 삶으로 돌아온 양 교수를 만나봤다.

법관과 교수 사이에서
양창수 교수(법학전문대학원)는 1976년 군법무관을 시작으로 법률가로서의 삶을 시작했다. "당시 저는 서울대 법대, 사법고시, 사법연수원, 군법무관, 판사로 이어지는 법관의 전형적인 트랙을 밟고 있었어요." 하지만 그는 판사직에 오래 머무르지 않고 독일 유학 후인 1985년 서울대 법대 민법 교수로 자리를 옮긴다. 점점 복잡하고 다양한 모습을 보이는 우리 사회에서 구체적으로 제기되는 어려운 법제들에 대해 보다 이론적이고 체계적인 해답을 위한 학제적 연구가 절실히 필요하다고 생각했기 때문. "고등학교 시절부터 공부를 하는 학자 생활을 동경했습니다. 짧지만 판사 생활 중 사건을 다루면서 우리 사회의 맥락과는 무관하게 소개되는 법이론만으로는 실질적인 법문제를 해결하는 데 턱없이 모자라는 느낌을 지울 수 없었습니다."

서울대 교수 24년째인 2008년, 양 교수는 임기 6년의 대법관으로 제청되었다. 그는 대법원으로 자리를 옮기고 나서도, 주어진 사건을 처리하는 법관과 이론적으로 생각하는 학자 사이에서 끊임없이 동요하지 않을 수 없었다. "법관이라면 사건의 내용에 맞는 결론을 너무 늦지 않게 내리는 것에 주안을 두어야 하겠지만, 저는 그와 같은 결론이 내려지는 이유를 이론적으로 다시 한 번 면밀히 검토하고 그 모색의 결과를 판결문에 담고자 했습니다." 그러나 대법원에 쏟아지는 엄청나게 많은 사건들은 어쩌면 대립되는 이 두 입장 모두를 만족시키는 것을 쉽사리 용납하지 않았다. "문제 해결에 대한 학자의 방법과 판사의 방법이 조금은 달랐던 거죠."

우리 사회의 변화속도만큼 종전의 판례 중에는 성급하게 나온 것이 많아 현 상황에 비추어 새롭게 재고되어야 할 것도 적지 않았다. 대법관으로서 보다 적절한 새로운 법리를 판시하고 무비판적으로 존중되던 판례를 재검토하는 기회를 가졌을 때 큰 보람을 느낄 수 있었다고. "재판 또한 시대 상황을 고려하지 않을 수 없지요. 뿐만 아니라 새로운 거래형태, 새로운 유형의 범죄는 계속해서 생겨나요. 그것에 대하여 잘 음미된 법적 판단을 내리는 것이 대법관의 책무이죠." 그렇게 대법관으로서 6년의 임기를 마친 양 교수는 2014년 우리 대학 법학전문대학원 교수로 취임하였다.

'내가 선택할 수 있다는 것'의 소중함

1985년 판사직을 그만두고 서울대에서 교편을 잡았을 때만 하더라도 판사가 교수가 되는 경우는 거의 없었다고 한다. "자신의 의사와는 관계없이 배당된 사건을 의무적으로 처리해야 하는 판사와는 달리 교수는 자유가 있잖아요. 자신이 하고자 하는 일을 스스로 택해서 연구할 수 있으니까요." 이러한 양 교수의 성향은 '우리나라 법이 지향하는 기본가치는 어떤 것인가'에 대한 질문에도 그대로 반영됐다. "인류의 발전 경험을 지표로 만든 것이 법이라고 생각합니다. 헌법 제10조를 보세요. '모든 국민은 인간으로서의 존엄과 가치를 가지며, 행복을 추구할 권리를 가진다. 국가는 개인이 가지는 불가침의 기본적 인권을 확인하고 이를 보장할 의무를 진다.' 이건 모든 사람은 남을 해치지 않는 한 자신이 좋아하는 방식대로 살 권리가 있다는 의미입니다." 국가가 국민에게 권리를 하사하는 것이 아닌,

개인이 국가 이전에 가지는 기본적 권리를 수호하는 것이 법의 존재 이유라는 양 교수.

이와 같은 견지에서 양 교수는 '개인'이 '국가'에 앞서는 것이 바람직하다고 주장한다. "선공후사先公後私이나 멸사봉공滅私奉公, 이런 말들이 나온 실질적인 맥락은 충분히 이해할 수 있지만 그 말 자체로는 헌법정신에 위배된다고 생각합니다. 전체를 개인에 앞세우거나 전체를 위하여 개인이 희생되어야 한다는 생각은 기본적으로 우리 법의 정신에 맞는다고 볼 수 없습니다." '개인 한 사람 한 사람이 자신이 진실로 원하여서 자신이 그것을 추구함으로써 행복하게 될 수 있는 바가 무엇이냐? 그걸 어떻게 보장해 줄 것이냐?'에 대한 질문이 이젠 필요하다고 생각하는 양 교수. 이 질문이야 말로 양 교수를 지금 이 자리까지 오게 만든 원동력이었다.

양 교수는 이젠 시대가 예전과 달라졌다고 한다. "기본 가치는 이미 1948년의 제헌헌법을 통해 선언됐어요. 사회의 기본이념과 이를 실현하기 위한 체제가 달라졌으니 이것이야말로 혁명이라고 부를 만하지요. 광복 이후 기아와 전쟁 그리고 분단에 시달리는 바람에 이러한 혁명의 이념은 충분히 주목되지 못하였고 국가를 위해 많은 개인들이 희생되었지만, 이제는 다릅니다." 개인적 성찰을 통해 자신이 진정으로 원하는 바를 고민할 수 있는 시기가 도래했다는 것. 이를 위해 그가 생각하는 가장 시급한 문제는 학교 교육이었다. "제가 그동안 학생들을 가르치면서 절감한 것은 올바른 지향점과 가치관을 제시하는 교육이 필요하다는 것이었어요. 모든 혁명에는 그 혁명의 인간상에 맞는 교육이 반드시 따라야 합니다." 교육은 자유롭게 자신의 지향점을 탐구할 수 있는 개인의 육성을 목표로 해야 한다. 결국 그가 원한 것은 자유롭게 자신의 원하는 바를 추구하고 정부는 이를 뒷받침해 주는 나라였다.

사람에 대한 관찰이 법 적용의 기반

양 교수는 법조계, 특히 판사를 꿈꾸는 학생들이 갖춰야할 능력 중 하나로 '법공부에 대한 성실한 태도'와 함께 '사람에 대한 관찰'을 꼽았다. 삶의 가치를 실현시키기 위해서는 성실함이, 사건 당사자의 언행의 의미나 그 배경을 이해하고 재구성하기 위해서는 사람에 대한 예리한 관찰력이 필요하기 때문. "사람의 인생이 100억년 우주의 시간에 비하면 굉장히 짧지만 그 사이에 있어서 최선을 다하자는 것이 제 인생의 원칙입니다. 그리고 법이라는 인류 발전의 지표를 전공으로 선택한 저에겐 사회 자체 보다는 그 속의 개인이 더 크게 다가왔습니다." 성실함과 개인에 대한 관심이 그의 삶의 지표였다는 의미. 양 교수와의 인터뷰는 법이 사람을 위해 만들어졌다는 것을 다시금 상기시켰다.

인터넷한양 2016년 10월 23일자(http://hanyang.ac.kr/surl/jUqB)

[인터뷰] 양창수 전 대법관:
"법학 교육에 변화 있어야 할 때"

'대법관' 하면 웃음기 없는 근엄함에 더러는 까다로움이 더해진 모습을 떠올릴 것이다. 그러나 법률저널이 만난 양창수 전 대법관은 함박웃음을 머금은 얼굴에 부드러운 어조의 따뜻한 이미지를 갖고 있었다.

교수로서 대법관이 된 첫 사례의 주인공인 양창수 전 대법관은 대법관으로 재직하는 동안에도 학계가 그리웠다고 말한다. 그의 연구실은 수많은 책이 꽂힌 책장과 책 더미들로 빼곡하게 차있어 사람은 겨우 한명씩만 일렬로 지나다닐 수 있는 모양새였다.

"공부, 재밌잖아요"라며 큰 소리로 웃는 그에게서 오늘날의 법과 법학, 그리고 법학교육의 여러 문제에 대한 애정 어린 조언을 들어보았다.

— 대법관 임기를 마치고 학계로 복귀하시면서 '로스쿨은 파탄나게

돼 있는 제도'라고 발언하신 것으로 보도된 바 있습니다. 로스쿨에 재직하신 지 1년이 지났는데요, 그 생각이 아직도 변함없으신가요?

그 부분은 오해가 있습니다. 그런 취지로 말하지도 않았고 그런 단어를 쓴 일도 없거든요. 애초 그렇게 생각하지 않으니까요. 그런데 한 신문이 그렇게 제목을 뽑은 것이 일부 다른 언론들의 인용으로 그냥 퍼지게 되더군요.

대법관을 퇴임한 후 강의를 시작하기 전에 취임 특강으로 법학전문대학원 학생들에게 해 줄 일반적인 이야기를 해 달라기에 그렇게 하기로 했지요. 그때 했던 말은 "이제 법조인 양성의 시스템이 바뀌었다. 열심히, 제대로 공부해서 좋은 법률가가 되어 달라"는 내용이었습니다. "종전의 시스템에서는 최소한 법과대학 4년에 연수원 2년이던 것을 법전원은 3년으로 줄였으니 그만큼 더 열심히 해야 한다", 또 "우리 사회의 큰 과제인 법치주의의 달성에는 제대로 된 법률가 계층이 필수적이다"라고 하고, "여러분이 이러한 요청을 충족하지 못한다면, 사법시험의 문제점이 한계를 넘었다고 판단되어 법전원 제도가 도입된 것처럼 20년, 30년이 지난 후에 혹 법전원에 대한 비판으로 제도 개혁을 맞게 될지 누가 아느냐"라고 말했죠. 그러니까 그 취지는 '로스쿨 제도는 파탄나게 되어 있다'는 뜻이 아니고, 공부를 열심히 하라는 격려 차원이지요.

우리가 언론 보도를 통해 어떤 사람을 알게 되는 경우가 많이 있죠. 하지만 개인적으로는, 언론의 보도도 비판적으로 받아들여 의문을 제기해 볼 수 있지 않았나는 생각도 들어요. 상식적으로 이제 막

법전원 교수가 된 사람이 "법전원 제도는 파탄나게 되어 있다"라고 말했겠어요?

— 로스쿨 도입 이전에 학교에서 법학을 강의하실 때와 로스쿨 체제 하에서 강의를 하시는 지금을 비교했을 때, 특별히 강의에 변화를 주신 바가 있나요?

아주 많죠. 법전원 도입 이전에는 일반적으로 민법전의 편별에 따라서 총칙, 물권, 채권 등을 순서대로 가르쳤죠. 강의내용도 추상적인 법리 설명이 대부분을 차지했습니다. 그것이 구체적 분쟁에 어떻게 적용되고 분쟁을 어떻게 해결할지는 학부 4학년을 대상으로 하는 연습 강좌에서 조금 다루어질 뿐이고, 대체로는 사법시험을 합격한 후 사법연수원에서 배우게 되지요.

하지만 이런 교육 방식으로는 법전원 제도의 취지나 목표를 달성할 수 없지요. 법전원을 마치면 바로 변호사가 되니까, 그 교육도 법적 분쟁의 실제적 처리에 상당한 무게를 두지 않을 수 없습니다. 현실 속의 분쟁은 민사적으로만 보더라도 민법전의 편별대로 일어나지 않고 물권 분쟁, 채권 분쟁이 따로 있지 않거든요. 가령 매매 목적물에 하자가 있다면 채권각칙의 담보책임이나 해제, 채권총칙의 채무불이행도 그렇지만 드물지 않게 경우 총칙의 착오나 사기 법리도 문제될 수 있고, 그 결과 계약이 해제되거나 취소되었다면 소유권의 복귀나 원상회복이라는 물권법리 또는 부당이득법리가 주장되지요. 결국 법제도들 사이의 기능적 연관이 문제인 거지요. 물론 이건 제가 법전원 도입 이전에도 강조는 했지만, 현실적으로 그 점을 전면에 내세우지는 못했죠. 지금 법전원에서는 이와 같이 문제 해결 지향의 관점에 비중을 두어 강의하고자 노력합니다.

— 교수님께서는 아직 교과서를 내신 것이 없고 연구에 전념하여 논문을 많이 쓰신 것으로 알고 있습니다. 교수님이 보시기에 우리나라의 법학에는 어떤 문제가 있는가요?

저는 군법무관 마치고 1979년에 서울민사지방법원 판사로 임명되었는데, 그때가 막 경제성장의 결실이 맺기 시작되면서 사회 변화가 심하여 이전에 없던 법문제들이 많이 생겨나던 시점이에요. 국내 문헌을 찾아보면, 학부에서 학생들을 가르치거나 고시공부를 위한 교과서는 적지 않게 있는데 구체적인 법문제를 다룬 논문은 거의 없었어요. 부장판사님한테 물으니 "일본 자료를 찾아보라"고 하셔서 도서관에 가보니 일본 자료들만 즐비하더군요. 그때 저는 우리가 일본으로부터 독립을 했다지만 법학에서는 아직도 식민지가 아닌가 하는 생각을 하였습니다. 법대생 시절에도 독일민법상의 무슨 이론을 두고 벌이는 논쟁이 우리의 현실이나 법문제와 무슨 관계가 있는가, 우리 민법전의 규정이나 판례는 어떻게 되어 있나 등과는 별 상관 없이 벌어지고 있다는 느낌이었습니다. 법원은 일본, 대학은 독일로 말하자면 '분할통치'되고 있었지요. 저는 우리의 법문제를 설득력 있게 체계적으로 해결할 수 있는 법이론을 내 머리로 제시해 보자는 생각을 가지고 학교로 왔습니다.

법학은 물론이고 모든 학문의 출발점은 "무엇이 문제인가"를 인식하는 것, 즉 문제의 발견에 있죠. 여기서 문제란 남의 것이 아니라 바로 우리의 문제여야지요. 중국의 호적胡適은 '부작무병지신음(不作無病之呻吟. 병도 없으면서 앓는 소리 말아라)'을 새로운 중국 문학이 갖추어야 할 자세의 하나로 들은 바 있지요. 먼저 우리 법의 문제를 정확히 파악하고, 그 해결을 다른 나라의 관련 연구도 착실히 참고하면서 자신의 이성으로 모색하여야 합니다. 그러려면 학자들이 우리의 현실은 물론이고 '현재 있는 법', 쉽게 말하면 우리 법규정과 판례를 제대로 인식하고 있어야 하지요. 물론 문제의 발견 자체를 위해서도 다른 나라의 연구에서 배울 것이 있으니 그렇게 간단한 일은 아니지만요.

— 판례 말이 나왔는데, 판례에 대한 일반적인 이해에는 별 문제가 없나요? 또 판례연구는 어떻게 하는 것이 바람직한지요?

많은 사람이, 판례란 대법원의 판결이유 중에서 법규정상의 용어를 뜻풀이한 부분 또는 추상적인 법리를 설시하는 부분을 가리키고, 그것이 타당한지를 따지는 것이 판례연구라고 생각하지요. 저는 생각이 조금 다릅니다. 대법원의 판결이라도 당해 사건의 결론에 별다른 영향을 미치지 않는 법리를 열거하기도 합니다(영미법에서는 이런 부분을, 보통 방론이라고 번역되는 obiter dictum이라고 하지요). 또 그 사건에서 결론이 그렇게 내려진 실제의 이유가 대법원판결에서는 나오지 않지만 사실심법원이 인정한 사실관계의 어떤 부분에 있을 수도 있습니다.

판례를 논하는 가장 중요한 이유는 앞으로 일정한 사건에 대한 재판이 어떻게 행하여질지를 예측하는 데 있습니다. 그런 예측에서는, 우선 당해 사건의 사실관계를 꼼꼼히 분석한 다음에 당사자들이 그에 기하여 어떤 법적 주장을 했는데 그에 대하여 당해 판결이 어떤 실질적 이유로 어떤 결론을 내렸다는 것을 확인하여야 하지 않겠습니까? 그 '실질적 이유'를 알려면, 그 판결 자체를 면밀히 읽는 것도 중요하지만, 관련되는 다른 재판례들에서는 어떠한 이유로 어떠한 결론을 냈는지, 특히 그들 사이의 차이가 사실관계 또는 법적 주장의 어떠한 점에서 나오는지 등도 살펴보아야겠지요. 그러니까 판례는 어느 하나의 판결에 나오는 추상적 법리만으로는 충분하지 않고, 관련 재판례를 포함하여 사실관계나 법적 주장을 면밀히 분석하여서 분쟁의 구체적 양상을 파고들어야 제대로 인식할 수 있지요. 그것이 바로 판례연구이고, 거기에는 시간과 노력이 많이 드는데, 제가 보기에 우리나라에서 이처럼 공이 많이 드는 작업을 특히 교수들은 별로 하지 않지요.

― 법학전문대학원 제도 아래서는 법학교수의 양성에 공백이 생겨서 앞으로 큰 문제가 될 것이라는 의견도 있습니다. 교수님께서는 이 문제를 어떻게 보시나요.

이 문제는 극히 중대합니다. 현재의 법학전문대학원 제도에는 법학자 내지 법학교수의 양성에 대하여 별다른 대응이 없습니다. 그렇다고 전에 흔히 그랬던 것처럼 장차 교수가 되고 싶은 학생이 외국에 가서 박사학위를 따오는 식으로는 해결될 일이 결코 아니지요. 이제라도 적극적으로 그런 프로그램을 만들어야 합니다. 장차 법학연구에 종사할 일정수의 학생들에게는 졸업 후 일정한 연구기간 동안 생활이 보장될 만한 지원금을 주는 제도 같은 것도 생각해 볼 수 있지요.

— 손아람 작가는 자신의 소설 「소수의견」에 등장하는 염만수 교수의 실제 모델이 양창수 교수님이라고 밝혔는데요. 탁월한 지성으로 다소 이상주의적인 소수의견을 설파하지만 시대흐름이 점차 그러한 소수의견을 상식으로 만들어간다는 내용이죠.

소설은 읽어 보지 못했는데 그 영화는 봤습니다. 그 교수가 비중은 크지 않지만 멋진 인물로 그려졌더군요. 그런 인물의 모델이 저라니 영광입니다.

— 대법관으로 일하면서 기억에 남는 일 또는 기억에 남는 사건이라면 무엇이 있을까요? 대법원에서 처리하신 판결 중에 아쉬움이 있는 것으로는 어떤 것이 있을까요?

우선 저는 전원합의체에 참여했던 일을 들고 싶습니다. 국민들에게 대법원의 전원합의체에서 심리와 판단이 어떻게 행하여지는지 그 논의 과정이 잘 알려져 있지 않지요. 아무런 격의나 제한이 없이 진행되어 대법관 각자가 하고 싶은 모든 말을 하고 의견을 나눕니다. 당연히 시간이 많이 걸리지요. 더 검토하거나 생각해 보아야 할 사항이 있으면 한 번에 끝나지 않고 몇 번이고 반복됩니다. 그런 결과로 나오는 게 전원합의체 판결이에요. 대법관들이 폐쇄적인 분위기에서 격식 차리며 몇 마디 하다 그치는 게 전혀 아니었어요.

그리고 대법관으로 임명되기 전에 판례평석 등의 형태로 의견을 제시했던 것에 기초해서 판례의 변경을 이끌어낸 경우가 여럿 있습니다. 이 점도 보람이 크지요.

또 소수의견을 냈던 전원합의체 판결 중에서 하나만 든다면, 이른바 존엄사 사건입니다. 그 판결에서 판시된 존엄사의 요건 자체에 대하여는 별다른 이견이 없습니다. 그러나 존엄사란 연명장치를 떼면 얼마 지나지 않아, 길어야 며칠 사이에 죽게 되어 있는 상태에 놓인 것을 전제로 논의되는 것인데, 제가 보기에 당사자인 김 할머니는 기록상 아직 그러한 상태가 아니었습니다. 김 할머니는 대법원판결로 결국 연명장치를 떼고도 200일 이상을 더 살았습니다. 즉 구체적인 사실관계가 존엄사의 요건을 판시하기에 적합하지 않았죠. 아무리 중요한 법문제라고 해도 대법원이 당해 사건의 사실관계와 연관이 없이 판단을 해서는 안 된다고 봅니다. 이 점은 법원이 하는 일 전반에 관하여 중요한 의미가 있죠.

— 또 대법관으로 일함에 있어 특히 중시하셨던 점이 있다면?

대법관이 되기 전에 대법원 판결을 보면서 아쉬웠던 점은 그 판단을 뒷받침하는 이유의 제시가 미흡하다는 점, 그리고 반대 주장에 충분히 대응하지 않는 점이었습니다. 그래서 저는 대법관으로서 이런 점에 더 신경을 써야겠다고 생각하고 어지간히 노력했습니다.

그런데 대법원에 오는 사건이 너무 많다 보니 생각처럼 되지를 않더군요. 제가 대법관이 되었던 2008년에 본안사건만 2만 8천건이 대법원에 왔는데, 퇴임한 2014년에는 3만 7천여 건이었습니다. 그러니 대법관 한 명이 주심으로 맡는 사건이 1년에 3천 건 정도, 하루 10건 꼴이 되는데, 이 중에 잘 검토해 보아야 할 사건이 단 하나만 있어도 감당하기가 쉽지 않지요.

— 학자로서의 길을 걸어오신 동안 기억에 남았던 일이나 뿌듯했던 일을 소개해 주세요.

앞서 말한 대로 민법을 연구하는 사람으로서 우리의 법문제를 설득력 있게 체계적으로 해결할 수 있는 법이론을 제시해 보자는 생각을 가지고 학교로 왔습니다. 저는 그 전에 선배 교수님들이 공을 많이 들였던 교과서 쓰기와는 거리를 두었습니다. 교과서는 아이를 낳아 기르는 것과 같아서 계속해서 엄청난 수고를 요구해요. 저는 그 에너지를 앞서 말한 연구에 쓰리라 생각해서 그 결과로 적지 않은 논문이 쓰였는데, 그걸 모은 게 『민법연구』 총 9권입니다. 그 책이 제5권까진가 나왔을 때 대법원이 몇 백 질을 구입해 전국 법원에 배포했고 그 후 나온 것도 마찬가지였죠. 저의 연구 방향이 결실을 맺었다고 생각되어서 여간 기쁘지 않았습니다.

또 곽윤직 선생님 주도로 나온 『민법주해』에 편집위원으로 관여하였습니다. 저는 도합 19권으로 나온 그 책에서 신의칙, 물권적 청구권, 채무불이행, 부당이득을 맡아 썼습니다. 제가 집필한 부분을 다 합치면 1천5백 페이지 이상 되는데요, 40대의 많은 부분을 여기에 쏟아 부었지요.『민법주해』는 교수는 물론이고 법관·변호사 등 실무가들에게 없어서는 안 될 자료가 되었으니 대견하지요. 현재 제가 제2판의 편집을 맡아 집필을 의뢰하여 둔 상태입니다.

— 법학전문대학원 재학생 등 법학을 공부하는 청년들이 어떤 마음으로 법학을 공부하면 좋을지 조언 부탁드리겠습니다.

법률가를 지망하는 학생들이 법을 어떻게 공부하느냐가 앞으로 실제로 법이 어떻게 운용되는가에 많은 영향을 미칩니다. 법의 중요성은 그것이 권력의 틀을 정한다는 점에도 있지만, 그 전에 사람의 권리, 즉 기본적 인권을 말한다는 점에 있어요. 우리나라의 법은 개인을 출발점으로 합니다. 조선시대에 비하면 사회원리의 패러다임 대전환이죠. 나라라는 것도 개인의 권리를 보장하기 위한 수단인 거예요. 우리는 식민지 경험, 전쟁, 분단, 가난 등으로 아직 그 점을 확실히 깨닫지 못하고 있습니다.

우리 법은 개인이 하고 싶은 것은 다 해도 된다는 원칙 위에 서 있지요. 그리고 타인에게 피해를 주거나 사회에 해악을 끼친 경우에는 분명히 책임을 지라고 말하죠. 억지로 어떤 사회적 압박에 의해 스스로를 희생하는 것은 우리 법의 정신에 맞지 않습니다. 자신의 판단으로 자발적으로 헌신하는 것과는 다르지요. 그러나 우리 사회는 아직도 바탕에서는 가족·기업 등을 위하여 자신을 억누르기를 요구하지 않나요?

　법 공부는 단지 추상적 법리를 외우는 것이 되어서는 안 되고, 법이 그렇게 정하는 기본 이유는 무엇인가, 우리 법은 어떠한 가치를 추구하는가를 이해한 바탕 위에 법의 적용과 문제 해결, 법제도 간의 기능적 관계를 입체적으로 고려하는 공부를 해야지요. 그리고 스스로 자신의 법 공부가 그렇게 되고 있는지를 항상 점검해야 해요.

인터뷰: 김주미 기자

법률저널 제911호(2016.11.11), 5면

후 기　　이 기사는 그 후, 인터뷰어 김주미, 이 시대 법조인 36인이 말하는 법과 오늘(2017.11), 46면부터 57면까지에 그대로 수록되었다.

08

한획이 만난 사람

한양대학교 법학전문대학원 양창수 교수

한획은 제1호부터 매년 다양한 법조인들의 이야기를 듣고 이를 전달해 오고 있다. 지금까지 총 3호가 발간되었고 그동안 실무에서 활동하는 변호사 분들의 이야기를 주로 담아왔다. 이번 제4호에는 약간의 변화를 계획해 보았다. 기존의 실무가 위주의 인터뷰에서 벗어나 법학 연구와 후학 양성에 힘쓰시고 계시는 분의 이야기를 듣고자 하였다.

이번 '한획이 만난 사람'은 한양대학교 법학전문대학원의 민법 교수로 재직 중인 양창수 교수이다. 양창수 교수는 1979년 서울민사지방법원 판사를 시작으로 대학교수와 대법관으로 활약했으며 현재 한양대학교 법학전문대학원의 교수로 재직하고 있다. 그리고 2017년 2학기를 마지막으로 2018년 2월 말로 위 교수의 직에서 퇴임한다.

양창수 교수와의 인터뷰를 통해 퇴임을 앞둔 소회와 함께 법학 특히 민법에 대한 생각과 법학전문대학원 교단에서 느끼는 점, 그리고 퇴임 후의 계획에 대한 이야기를 들을 수 있었다.

대담은 가능한 그의 생각과 시선을 그대로 전달하기 위하여 원문 그대로를 살리려 노력하였다.

— 내년 2월에 정년을 맞으십니다. 정년을 앞둔 느낌이 어떠신가요?

내년 2월 말로 정년퇴임하게 됩니다. 삶의 또 하나의 고비에 오지 않았나 하고 막연히 느끼고 있지요. 지금까지를 되돌아보면 "아, 그게 전환점이었구나" 하고 생각하게 되는 일들이 있곤 하였지요. 나는 스스로를 대학에서 공부하는 사람이라고 여기고 있으니 퇴임이라는 게 아무튼 여러모로 형편이 바뀌는 계기가 되지 않을까 추측하고는 있습니다. 그런데 사실을 말하면 앞으로 무엇이 어떻게 바뀔는지 아직은 잘 모르겠습니다. 지금까지처럼 읽고 생각하고 쓰는 생활을 계속하려고 하니까, 불안하다든가 어지럽다든가 하는 느낌은 별로 없고 오히려 짐을 덜어서 홀가분한 점도 있습니다.

어쨌거나 민법 공부를 힘이 다할 때까지 계속하려고 합니다. 물론 사람에게 앞으로 무슨 일이 있을지는 아무도 모르는 거지요. 하여튼 저는 여러분들과 지내는 게 좋습니다. 눈이 초롱초롱한 젊은이들과 함께 열심히 일하는 거지요.

— 그동안 참으로 바쁜 나날을 보내오신 것으로 압니다. 이제 정년퇴임에 이르기까지 어떤 가치를 중요하게 여기면서 살아오셨는지요?

1966년 겨울에 중학교를 마칠 즈음이라고 기억되는데 저는 그 또래의 학생들처럼 "인생이란 무엇인가?", "왜 사는가?" 또는 "어떻게 살아야 하는가?"와 같은 문제들을 열심히 생각해 보게 되었습니다. 그런 맥락에서 외국의 소설, 특히 독일의 괴테, 헤세나 카프카, 프랑스의 카뮈·말로, 러시아의 도스토예프스키 등의 소설이나 희곡, 또 몽테뉴의 에세이나 문학사 같은 책을 많이 읽었습니다. 이제는 다 잊었지만 당시는 위성葦聲문고나 양문陽文문고와 같은 문고판 책들, 동아출판사·을유문화사나 정음사의 세계문학전집이 나왔고, 을유문화사에서는 본격적인 세계사상전집도 출간되고 있었으며, 종전과는 확실히 기풍을 달리하는 『창작과 비평』도 막 창간된 즈음이었습니다. 지금 되돌아보면, 그 전에 기본 교양을 제공하던 일본 책들이 6·25동란의 혼란이 가라앉으면서 서서히 우리말로 된 책으로 교체되던 시기였다고 할 수 있지요. 나는 문예신문반에 들어가서 교내 신문과 교지를 편집하였습니다. 그러면서 앞으로 무엇을 일생의 일로 삼을 것인지를 탐색하였습니다.

파스칼이 그렇게도 힘써 말한 인간의 비참이나 허무함을 다 이길 만한 무슨 가치라거나 의미를 찾기 어려웠고, 지금도 자신 있게 말할 수는 없지 않나 생각합니다. 내가 왜 저기가 아니라 여기에, 그때가 아니라 지금 있는지 알 수 없습니다. 이 엄청난 공간, 백억 년 시간의 영원한 침묵 속에서 이제 얼마를 살고 죽어 사라지게 되어 있는 사람이라는 것이 한 마리의 벌레는 물론이고 바닷가의 모래 한 알보다 더 나은 게 무언지 잘 확신하지 못합니다.

그런데 거기서 돌이켜서 나는 이 아무것도 아니라는 게 하나의 큰 가능성이라고 생각하게 되었습니다. 나란 존재가 어차피 별게 아니니까 아예 죽어버릴 수도 있고 허랑방탕하게 살 수도 있지만(어쩌면 도스토예프스키가 그런 인물들을 잘 그려냈지요), 오히려 그러니까 이 목숨을 다해서 무엇인가를 꾸며내 볼 수 있지 않을까 하는 것입니다. 그것은 굳이 가져다 붙이자면 내 현존재에 성실하다는 것에 귀착되는데, 그 무엇이란 결국 '사랑하고 일한다'는 것입니다. 카뮈 등에게서 많은 영향이 크지요. 제가 대학 1학년의 교양과정부 때 제2외국어로 프랑스어를 배웠습니다. 그 교재에서라고 기억되는데요, "사람은 사랑하고 일하려고 산다(On vit pour aimer et travailler)"라는 말에 접하여 정신이 번쩍 들었습니다. 괴테도 『빌헬름 마이스터의 편력시대』에선가 "사랑에 애쓰고, 실행으로 생활을 채워라"라는 뜻을 말했습니다. 헤매고 헤매서 종국에는 평범하기 그지없는 지표로 돌아온 셈인데, 그렇게 헤매서인지는 몰라도 시시하게 하려거든 아예 그만두라는 생각이 항상 제 삶의 밑바닥에 깔려 있습니다. 그러다 보니 나쁘게 말하면 좀 악착스러운 데가 있는 게 흠이지요.

— 교수님과 얘기하면서 민법 얘기를 뺄 수 없을 것 같습니다. 민법 공부를 선택한 이유가 있으신지요?

아무래도 오늘은 옛날 이야기를 많이 하게 되겠군요. 처음부터 무대가 펼쳐져 있으니 올라가 보고 싶다, 뭐 이런 것은 아니었습니다. 대학을 1974년 2월에 졸업하고 대학원에 가게 되었는데 그때는 유신헌법 시절이었습니다. 그래서 헌법은 별로 공부하고 싶지 않았습니다. 형법의 경우에는 당시에 목적적 행위론이니 해서 행위론이 많이 논의되는 등으로 학문적 관점에서는 말하자면 총론지향적이라는 생각이 들었습니다. 행위론 같은 법이론이 형사적 사태의 본질로 여겨지지 않았고, 그보다는 사람이 실제로 살아가는 모습, 범죄에 이르기까지의 심리적인 또는 생활상의 양상 또는 주변의 압박 등이 더 문제되어야 한다고 생각했는데, 우리 학계에서 그러한 지향은 별로 없지 않나 여겨졌습니다. 민법은 사람들이 자신의 법률관계를 주체적으로 형성해 나가는 것을 기본으로 하니까 오히려 매력을 느꼈던 것 같습니다. 허긴 이건 나중에 가져다 붙인 얘기인 듯도 싶고, 그냥 당시 따르고 싶었던 분이 민법 교수님이었다는 게 정확할지 모릅니다.

— 민법에는 다른 법에 비해서 어떠한 특색이 있다고 할 수 있을지요?

글쎄요. 우선 말할 수 있는 것은, 근대적 의미에서의 민법이 역시 역사가 제일 오래 됐고, 그만큼 오랜 시간에 걸쳐 지적知的인 정련을 거쳤다는 점입니다. 우리의 민법은 유감스럽게도 근대에 유럽대륙의 여러 나라들에서 행하여지는 제도들을 '수입'하여서 만들어진 것입니다(이런 현상은 일반적으로 '법이식(legal transplants)' 또는 '법계수(legal reception 또는 Rechtsrezeption)'이라고 불리는데, 세계의 역사에서 빈번하게 일어난 일입니다). 그런데 그 다른 나라의 민법이라는 게 모두 로마법 또는 그것을 12세기 이후에 유럽의 학자들이 꾸준히 연구하고 가공한 결과물의 강력한 영향 아래서 형성된 것이지요. 그것은 민법이 사람이라면 누구에게나 결정적으로 중요한 생존의 유지를 위한 자원의 취득·소비 그리고 '가족' 생활을 다루는데, 그 각각이 다양하기 그지

없어서 이를 법적으로 처리하는 일이 일찍부터 그만큼 어렵고 또 복안적複眼的 시각을 요구하는 것과 깊은 관련이 있을 겁니다. 저는 잘 모르지만, 예를 들어 헌법은 민주주의가 정착한 후에, 형법의 경우도 아마 그것이 근대에 이르러 죄형법정주의라고 하는 것이 확립된 후에 아주 새로운 양상을 가지게 된 것과 현저한 대비가 되지 않을까 생각합니다.

그런데 이와 같이 기본적으로 역사적 형성물인 민법을 우리가 외국에서 이식해 왔다는 사실은 우리에게 중요한 의미가 있습니다. 무엇보다도 민법의 태도를 상대화할 필요가 있다는 겁니다. 과연 우리 민법의 선택이 충분히 설득력 있는지를 역사적으로 또 다른 나라의 경험에 비추어서 항상 음미하여야 합니다. '현재 있는 민법'을 정확하게 인식하면서도 이를 역사적 · 비교법적으로 비판적으로 바라보는 자세가 필요하지요. 나아가 우리 사회는 지난 몇 십 년 동안 엄청나게 변했으니까 그러한 변화를 법적으로 어떻게 처리할 것인가도 문제되지 않을 수 없습니다. 그리고 중요한 것은 민법의 기본이념을 잘 이해 · 납득하여 이를 사회에서 실현해 나가야 한다는 자세라고 봅니다.

— 법 공부를 시작하는 저희에게 하고 싶으신 말씀이 있으신지요?

우리 사회에는 법을 단지 하나의 도구, 그것도 권력 쥔 자들의 도구로 여기거나, 아니라도 '좋은 사람' 되는 것과는 거리가 멀게, 일방적으로 정한 무리를 강요하는 것이라고 치부하는 흐름이 아직도 강합니다. 그러나 대한민국의 존재이유가 인간의 존엄과 가치, 즉 그 핵심인 개인의 자유와 독립을 보장하는 데 있고, 그 보장의 내용과 방책을 담은 것이 법임을 잘 이해할 필요가 있습니다. 그것이 인류 역사의 보편적인 발전방향이지요. 뒤집어 말하면 법률가가 되고자 한다면 우리 법의 지향이 기본적으로 옳은 것임을 스스로 이해하고 납득하여야 합니다. 법은 한낱 밥벌이나 출세의 방편 또는 이 세상을 '무시당하지 않고' 살아가는 수단으로 공부할 것이 아니라, 무엇이 옳은지, 왜 옳은지를 깨우쳐가는 과정이어야 합니다. 이것은 아무리 강조해도 지나치지 않습니다. 법학전문대학원 학생들은 법 공부를 교과서에 쓰여 있는 문자나 재판례를 외우는 것에 그치지 않고 그야말로 잘 배우고 자신의 내적인 기둥으로 삼아서 살아가는 과정의 다양한 구체적 국면에서 이를 자발적으로 실천해 나아가야 할 것입니다.

또 하나, 제가 강의에서도 늘 하는 말입니다만, 법 공부는 평생 꾸준히 하여야 하는 공부입니다. 법은 삶 그 자체를 다루니까 그것을 충분히 안다는 것이 3년으로 끝날 성질의 것이 아닙니다. 또한 사회는, 특히 우리 사회는 급속도로 변해 왔고 앞으로도 변할 것입니다. 법도 세부에 있어서는 그에 좇아 자신을 끊임없이 변화하여 갑니다. 그 변화의 양상과 방향을 제대로 파악하지 않고서는 법을 잘 알 수 없습니다. 항상 자기 자신과 주위를 깨어 있는 감수성과 상상력, 그리고 또 용기를 가지고 살피고, 느끼고, 질문하고, 도전하여야만 좋은 법률가가 될 수 있다고 믿습니다.

하나의 예를 들면, 양성평등의 문제가 있습니다. 내가 보기에는,

우리나라의 여성들은 일반적으로 현실에서 많은 괴로움을 안고 있습니다. 서양에서도 문제가 아직 다 해결되었다고 할 수 없다고 합니다. 우리 사회에는 아직도 가정과 일 양쪽에서 무거운 짐을 지면서 실제로는 남성과 동등한 대우를 받지 못하는 점이 많고, 또 "여자란 모름지기 어떠어떠해야 한다"는 등 사회적 문법의 질곡이 있습니다. 양성평등뿐만 아니라, 부모와 다 큰 자식 사이에도 억압의 관계가 있지 않습니까? 법률가는 우리 사회의 실제를 파고들어가서 예민한 문제들에 대해서도 현명한 해결, 설득력 있는 해결을 모색해야 하지요.

— 이제 교단에서 교수님의 모습에 대해 이야기 해보고 싶습니다. 교수님이 대법관을 지내시고 한양대학교에 오셨을 때 로스쿨 제도로 변화가 있었습니다. 학생들을 가르침에 있어서 변화가 있으셨는지요?

제가 서울대 법대의 교수로 있다가 대법원으로 간 것이 2008년 9월입니다. 그때는 법학전문대학원제도가 그 도입이 확정되기는 하였어도 실제로 시행되지는 않고 있었습니다. 6년의 임기를 마치고 저는 새로운 법학전문대학원의 정교수로서 특히 그 교육 현장에 임해 보고 싶었고, 그 구체적 방안에 대하여 적잖게 고심했습니다. 종전의 제도 아래서는 변호사자격을 얻기까지 대체로 7~8년의 교육을 받았습니다. 그 중에서 사법연수원의 2년은 전적으로 법 실무의 습득에 바쳐지고 그에 앞선 대학 등에서의 공부는 주로 '쓰여 있는 법'을 이해하는 것으로서, 양자는 엄격히 분리되었다고 해도 좋겠습니다. 이제는 기본적으로 3년

안에 이 둘을 모두 익혀야 하지요.

사실 전에 법과대학에 있을 때부터 교과서에 쓰어 있는 것을 그대로 옮겨 설명하는 것으로는 제대로 된 법강의가 안 된다는 생각을 했습니다. 그 법제도 또는 법리가 실제로 어떤 국면에서 어떻게 적용되는지, 다른 제도와는 어떻게 관련되는지를 살펴야 한다는 거지요. 법정지상권을 예를 들어보면, 요건과 효과를 추상적으로 열거하는 데 그치지 말고, 출발점은 토지와 건물이 별개의 물건이라는 것, 따라서 각각 따로 소유권의 객체가 된다는 것에서 시작하는 것입니다. 이로부터 생기는 여러 가지 문제, 하나의 예를 들면 건물의 존립을 위한 토지이용권, 가령 건물 소유 목적의 토지임대차나 지상권 등 용익물권에도 언급하게 되고, 또 법정지상권은 기본적으로 토지소유자의 건물철거청구에 대하여 건물소유자가 방어하는 법적 수단이므로, 건물철거청구를 뒷받침하는 민법 제214조의 소유물방해배제청구권에 대해서도 그 기본적인 틀이 지적되어야 합니다. 이러한 관련에서 비로소 법정지상권제도가 어떤 의미를 가지는지가 선명하게 드러납니다. 그리고 저당권의 실행을 통하여 법정지상권이 성립하므로, 저당권의 실행절차인 임의경매도 비록 민법 강의이기는 하지만 끌어들이지 않을 수 없습니다. 저는 법학전문대학원에서는 이런 방식을 훨씬 강도 있게, 광범위하게 밀고 나가야 한다고 생각합니다.

법학전문대학원 교육과 관련하여 문제되는 다른 시각을 법률행위를 예로 들어 살펴보겠습니다. 다른 기회에도 말한 일이 있는데, 이 개념은 상법으로 가면 상행위·어음행위가, 소송법에서는 소송행위가,

행정법에서는 행정행위가 됩니다. 모두 행위자의 의사내용대로 법률효과가 생기는 것을 공통점으로 하는 법개념으로서의 법률행위를 각 법분야마다 다르게 부르는 겁니다. 그렇다면 상행위·어음행위·소송행위·행정행위 등을 상법, 소송법, 행정법 강의에서 각기 처음에서 끝까지 따로 가르칠 것이 아니라, 법률행위에 관한 기본 법리를 민법에서 잘 익힌 다음에, 이것이 다른 법분야의 어떠한 특성으로 말미암아 어떻게 수정·보완된다고 가르치는 것이 우선 이해가 쉽고 또 효율적일 것입니다.

변호사업무를 해보면 알겠지만, 실제의 법문제가 법분야별로 따로따로 발생하는 게 아닙니다. 예를 들어, 교통사고라면 경찰의 조사부터 시작해서 형사문제가 되고, 다른 한편으로 손해배상이, 또 운전면허의 정지·취소가 문제됩니다. 손해배상만 해도 불법행위법이나 자동차손해배상보장법뿐만이 아니라 보험도 당연히 고려되어야 합니다. 그런데 지금은 법학전문대학원의 교과과정을 보면, 종전대로 편성되어 있고 연습과목이라고 해도 민사법연습, 형사법연습 등등 종전의 법분야별로 나누어져 있습니다. 문제는 법영역을 가로지른다는 시각 자체가 충분히 강조되지 않고 있다는 것입니다. 지금까지는 교수님들이 법학전문대학원제도를 그 폐지론자들로부터 옹호하기 위해서 발언을 삼가는 경향도 없지 않은 듯한데, 이대로 그냥 두기에는 매우 심중한 문제라고 생각합니다. 그냥 놓아두면 이것이 또 하나의 관성적 힘이 되어서 그대로 굳어질까 걱정이 됩니다. 어떻게 보면 교수님들이 법률가의 선발·양성의 중대한 직무 내지는 권리는 이를 모두 손안에 넣게 되었지만, 종전의 교육방식을 근본적으로 손본다는 성가신 일에는 큰 수고를 들이지 않았다고 말할 수도 있겠습니다. 앞으로 꾸준히 조금씩이라도 고쳐가야 하리라고 믿습니다.

— 대법관에서 퇴임하고 바로 법학전문대학원 교수가 되셔서 이제 3년이 넘었습니다. 그 사이에 법학전문대학원 학생들과 법과대학의 학생들 사이에 무슨 차이를 느끼신 게 있는지요?

없지 않지요. 하나만 말하자면, 사법시험 시절에는 그 시험에 한두 번 불합격하는 것이 그렇게 큰 문제는 아니었습니다. 워낙 합격률도 낮고 하니까 얼마든지 다음에 또 도전해 보는 거지요. 그런데 지금의 변호사시험은 이른바 초시初試에 낙방하면 다음번에는 합격한다 해도 그 자체로 취업도 어렵게 되는 등 여러모로 타격이 크지 않습니까? 그러니 법학전문대학원 학생들이 그야말로 변호사시험을 겨냥한 공부에 몰두하는 것도 이해되지 않는 것은 아니지요. 게다가 이제부터는 변호사시험의 성적도 어떠한 형태로든 공개된다고 하니 더욱 그러한 경향이 두드러질 것으로 추측됩니다. 그러나 어떠한 어려운 시험이라도 그 시험에 특화된 말하자면 '수험 기술'이라는 것이 있는데, 그런 기술에만 초점을 맞춘 공부는, 비록 막판에는 혹 필요할지 몰라도, 매우 위험합니다. 특히 그 시험이 전문적 자격의 부여와 직결되는 것이라면, 그만한 자격을 얻어 누릴 만한 실체적 능력·자질을 충분히 갖추는 것에는 소홀하기 쉽지요. 저는 지금의 법학전문대학원 학생들을 보면 그와 같이 줄기나 뿌리는 소홀히 하고 가지만을 훑는 공부를 한다는 의심을 떨치기 어렵습니다. 그들이 우리 법의 장래를 떠매고 갈 사람이므로 이러한 문제는 아무래도 심각하다고 하지 않을 수 없지요.

— 지금까지 교단에서 교수님의 모습에 대해 들어 보았습니다. 이제 퇴임을 하시면 교단을 떠나시게 됩니다. 큰 전환점이 될 것 같은데, 퇴임을 앞둔 시점에서 퇴임 이후에 어떤 계획을 가지고 계신지요?

퇴임 후 학교를 떠나는 것은 아니고 석좌교수로 여전히 학교에 있게 될 예정입니다. 석좌교수로 있으면서도 강의는 제 스스로를 위해서도 웬만하면 해 볼 생각입니다.

— 많은 연구와 업무들로 바쁘신 나날을 보내오셨을 것 같습니다. 혹시 퇴임 후 여행 등 휴식 계획이 있으신지요?

사실 저는 여행을 좋아합니다. 꼭 퇴임 후라서 갑자기 한가하게 어디를 여행 다니게 되는 그런 게 아닙니다. 금년 여름에는 집사람과 프랑스 시골로 갔었지요. 파리 공항에서 차를 빌려서 보름쯤 그 서북 방향의 노르망디로 갔다가 부르고뉴 지방도 돌았지요. 이제는 느긋하게 어느 한 지방의 조그만 마을들, 여행안내서에 아무것도 안 나오는 평범한 곳들이라도 그저 천천히 즐기면서 여기저기 돌아다니는 게 좋더군요. 이제는 인터넷으로 책상머리에서 미리 모든 여정을 계획하고 예약할 수 있는데, 그렇다고 별로 탈난 일이 없습니다. 내년에는 그리스·터키 쪽을 잘 아는 친구가 있어서 그리로 같이 가자고 하는데 어떨는지요.

— 인터뷰를 통해 교수님의 인간적인 모습을 많이 느낄 것 같습니다. 그런 맥락에서 또 하나 질문을 드리면, 평소에는 어떤 취미 생활을 갖고 계신지 혹은 공부하시다가 스트레스 받으실 때 어떻게 해결하시는지요?

글쎄요, 특별히 취미라고 할 만 한 건 따로 없습니다. 그저 헌책방 돌아다니는 정도가 있겠네요. 저희가 공부하던 1960년대 후반이나 1970년대는 그야말로 살벌한 시절이어서, 읽고 싶은 책들을 구하기가 어려웠습니다. 사회주의 서적은 말할 것도 없고, 하다못해 정지용이나 백석, 이용악 같은 시인만 해도 이름은 바람결에라도 소문으로 들어 알았지만 그 시집을 일반 서점에서 구할 수 없었습니다. 그때는 청계천이나 인사동에 헌책방이 죽 늘어서 있었고, 그 외에도 여기저기 가볼 만한 고서점이 많았습니다. 그런 곳에 자주 출입해서 주인과 친해지기라도 하면 그 양반이 슬쩍 "학생, 이런 책 알아?" 하면서 진귀한 책들을 내밀곤 했지요. 지금도 특히 기억나는 건 동대문 바로 옆의 쓰러져 가는 판자집의 고서점입니다. 주인이 일제 때 일본의 중앙대학인가를 다녔다는 나이든 분인데, 신세를 많이 졌습니다. 그리고 청계천 8가에 문학·예술 서적을 많이 취급하던 헌책방에도 자주 드나들었는데, 어느날 주인이 "학생, 이제 장사 끝이야" 하더군요. 놀라서 이유를 물었더니, 하버드대학의 옌칭연구소에다가 그 책방의 책들을 통째로 넘기기로 했다더군요.

언제부턴가 이런 일은 상고尙古 취향에서가 아니고 실은 연구자료의 구득이라는 실제적인 필요로 하게 되었습니다. 저는 대학원에서 공부하면서 학설사(독일어로 Dogmengeschichte라고 합니다)에 눈이 떠져서 19세기 독일의 보통법학에 관심을 가지게 되었습니다. 그 관심을 지속할 수 있었던 실제적 바탕으로는 그에 관한 문헌을 서울대 도서관의 구관舊館 도서, 즉 경성제대 시절의 책들 중에서 적지 않게 발견할 수 있었던 사정이 큽니다. 그렇지만 아무래도 충분하다고는 할 수 없어서 독일·프랑스 등 유럽의 고서점들과 거래를 하게 되었고, 외국에 유학하거나 연구교수로 나가서 공부할 때는 더욱 그러한데 오늘날도 마찬가지입니다. 8·15 해방이 되고 나라가 새로 섰어도 지금까지도 우리 대학은 연구자료, 나아가 연구환경에 대한 기본적인 목마름을 시원하게 풀어주지 못하고 있다는 게 가슴 아픕니다.

서울대에 있을 때는 머리가 좀 아프다 싶으면 신림동 등지의 헌책방을 다니곤 하였습니다. 예를 들면 거기서 옛날 등사판으로 찍어낸 『대법원판례집』 제1집을 구하기도 했는데, 그 중 '민사판례' 부분에는 사건번호가 '1947년민상民上' 또는 '1948년민상'으로 된 판결들 7개와 '단기4281년민상'으로 된 판결 1개 도합 8개의 판결이 실려 있더군요. 고서 얘기 시작하면 끝이 없습니다. 요즈음은 대부분 컴퓨터로 검색하지만, 여하튼 헌책방 뒤지면서 재미있는 일이 많습니다.

그리고 한양대 후문 쪽으로 가면 청계천 물줄기를 따라서 좋은 산책로가 있습니다. 점심 먹고 나서 한 바퀴 돕니다.

— 이제 인터뷰를 마무리 하려고 합니다. 혹시 못 다 하신 말씀이나 전하고 싶은 말씀 있으신지요?

법학전문대학원에 다닌다면 이제 나이로 성인成人인 건 물론이고 예비사회인입니다. 사회인, 나아가 시민으로서의 기본적인 태도와 매너를 익혀야지요. 여기 건물 입구의 문에 "문을 닫아주세요"라는 팻말이 붙어 있는데, 냉방이나 난방 중인데도 대체로 그냥 몸만 빠져나갑니다. 사소한 것 같지만, 얼핏 그 마음의 됨됨이, 얼개를 들여다보는 듯합니다. 공적인 것은 자기와는 상관없다고 생각해서는 법률가로서는 문제가 있지요. 자신의 안과 바깥을 일치시키려고 노력하고 별 생각 없이 하는 것들을 항상 되돌아 살펴보기 바랍니다.

또 하나, 앞서 법률가로서 일생 공부하여야 한다고 말씀드렸는데, 법 공부만이 아니라 그냥 공부의 즐거움을 알았으면 합니다. 배워서 알고 깨닫는 것, 즐겁지 않습니까? 마음의 밭을 잘 갈아야지요.

한획(한양대학교 법학전문대학원 로리뷰) 제4호(2018.1), 150면 이하

著者略歴
서울대학교 법과대학 졸업
법학박사(서울대학교)
서울대학교 법과대학 교수
대법관
현재 한양대학교 법학전문대학원 석좌교수
　　　서울대학교 명예교수

主要著述
(著)　民法研究 제 1 권, 제 2 권(1991), 제 3 권(1995), 제 4 권(1997),
　　　　제 5 권(1999), 제 6 권(2001), 제 7 권(2003), 제 8 권(2005),
　　　　제 9 권(2007), 제10권(2019)
　　　민법 Ⅰ: 계약법, 제 2 판(2015)(공저)
　　　민법 Ⅱ: 권리의 변동과 구제, 제 3 판(2017)(공저)
　　　민법 Ⅲ: 권리의 보전과 담보, 제 3 판(2018)(공저)
　　　민법입문, 제 7 판(2018)
　　　民法散考(1998)
　　　민법산책(2006)
　　　民法注解 제 1 권, 제 4 권, 제 5 권(1992), 제 9 권(1995),
　　　　제16권(1997), 제17권, 제19권(2005)(분담 집필)
　　　註釋 債權各則(Ⅲ)(1986)(분담 집필)
(譯)　라렌츠, 正當한 法의 原理(1986)
　　　츠바이게르트/쾨츠, 比較私法制度論(1991)
　　　독일민법전 ― 총칙·채권·물권, 2018년판(2018)
　　　포르탈리스, 民法典序論(2003)
　　　독일민법학논문선(2005)(편역)
　　　로슨, 大陸法入門(1994)(공역)

노모스의 뜨락

초판인쇄   2019년 6월 20일
초판발행   2019년 6월 25일

지은이   양창수
펴낸이   안종만 · 안상준

편 집   김선민 · 이승현
기획/마케팅 조성호
표지디자인   조아라
제 작   우인도 · 고철민

펴낸곳   (주) 박영사
            서울특별시 종로구 새문안로3길 36, 1601
            등록 1959. 3. 11. 제300-1959-1호(倫)

전 화   02)733-6771
f a x   02)736-4818
e-mail   pys@pybook.co.kr
homepage   www.pybook.co.kr
ISBN   979-11-303-3315-1   03360

정 가   29,000원